원리가 보이는

파이썬 빅데이터 분석 기초와 실습

천세학 지음

지은이 **천세학** sehakflower3@gmail.com

서울과학기술대학교 경영학과 교수로 재직 중입니다. 한림대학교 경영학과에서 근무했으며, 일리노이주립대학교, 인디애나주립대학교의 초빙 교수를 지냈습니다. 관심 연구 분야는 기계 학습, 인공지능, AI자동매매시스템, 복잡계경제학, 행복경제학이며 최근에는 'AI머신러닝 기반의 패턴 추출시스템을 통한 자동주식매매시스템', '파이썬을 이용한 복잡계와 게임이론을 통한 행복경제학'에 대한 연구를 진행하고 있습니다. 현재 국내외 학술지에 논문을 게재하고 있으며, 저서로는 『디지털경제와 e-비즈니스』, 『디지털경영과 인터넷비즈니스』, 역서로는 『콤무니타스 이코노미』, 『경영정보시스템의 이해』가 있습니다.

원리가 보이는
파이썬 빅데이터 분석 기초와 실습

초판발행 2023년 6월 25일
2쇄발행 2025년 7월 30일

지은이 천세학 / **펴낸이** 전태호
펴낸곳 한빛아카데미(주) / **주소** 서울시 마포구 연희로2길 62 한빛아카데미(주) 2층
전화 02-336-7112 / **팩스** 02-336-7199
등록 2013년 1월 14일 제2017-000063호 / **ISBN** 979-11-5664-643-3 93000

총괄 박현진 / **책임편집** 유경희 / **기획·편집** 김미정 / **교정** 박서연 / **진행** 안비단
디자인 표지 박정우 내지 박정화 / **전산편집** 김희정 / **제작** 박성우, 김정우
영업 김호철, 김태진, 김성삼, 이정훈, 임현기, 이성훈, 김주성, 심지연

이 책에 대한 의견이나 오탈자 및 잘못된 내용은 출판사 홈페이지나 아래 이메일로 알려주십시오.
파본은 구매처에서 교환하실 수 있습니다. 책값은 뒤표지에 표시되어 있습니다.

홈페이지 www.hanbit.co.kr / 이메일 question@hanbit.co.kr

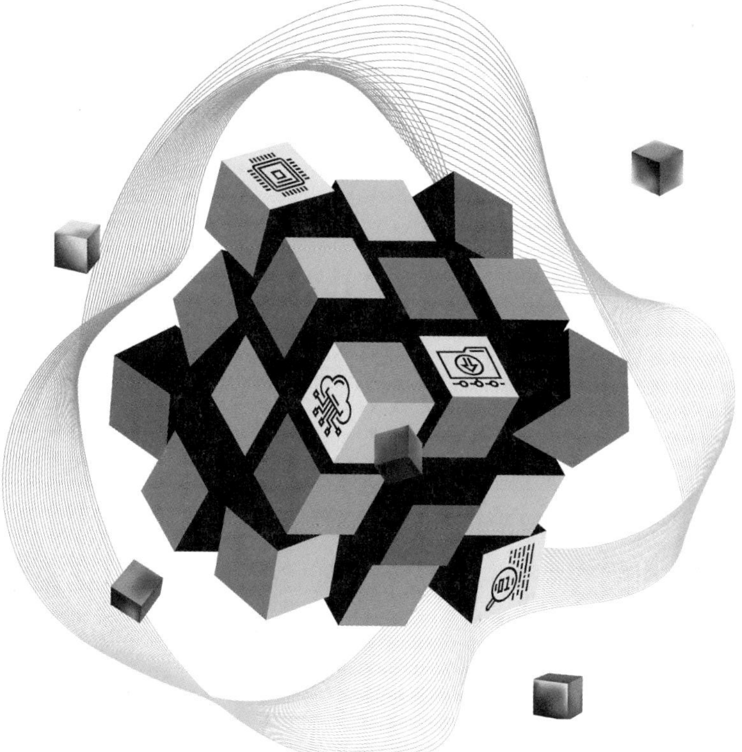

원리가 보이는

파이썬 빅데이터 분석 기초와 실습

천세학 지음

한빛아카데미
Hanbit Academy, Inc.

지은이 머리말

데이터를 정보로 만드는 흥미진진한 빅데이터 분석의 세계

데이터의 홍수가 반가운 세상입니다. 데이터를 처리하는 컴퓨터의 성능이 발달하면서 데이터 분석을 용이하게 만드는 라이브러리도 많아지고 있습니다. 또 많은 데이터 과학자들이 예측과 분류 성능을 향상시키는 알고리즘을 개발하고 있습니다. 이러한 세상에서 데이터로부터 정보를 찾는 것은 흥미진진한 도전과 과제라 할 수 있습니다.

저자는 2014년 미국에서 교환 교수로 있을 때 파이썬을 처음 접하고 귀국 후에 파이썬을 강의하였는데, 엑셀에 의존하던 데이터 전처리나 통계 패키지에 의존하던 방법론에 실제 통계적 방법론과 머신러닝 기법의 원리를 활용하여 설명하고 싶었습니다. 그리고 그러한 고민의 결과를 이 책에 담았습니다.

이 책에서는 먼저, 데이터 분석에 필요한 파이썬 기초 문법을 소개합니다. 그리고 널리 공개되어 있는 타이타닉 승객 데이터를 이용하여 데이터 전처리를 연습합니다. 이어서 넘파이를 이용한 선형대수 기초를 설명하고 기초 통계, 상관분석, 회귀분석 그리고 인공신경망의 원리를 설명합니다. 특히 회귀분석은 최소자승법과 경사하강법을 이용해 예측값을 구하는 방법을 소개하고 인공신경망은 순전파와 역전파가 어떠한 원리로 진행되는지 설명합니다. 다양한 머신러닝 기법을 모두 다루지는 않지만 누구라도 쉽게 데이터 분석의 원리를 이해하고 실습할 수 있을 것입니다.

이 책이 나오기까지 도와준 서울과학기술대학교의 장재원, 윤주영, 한은주 박사 과정 학생에게 감사드립니다. 또한 원고의 오류, 디자인과 배치 등 편집에 수고해주신 한빛아카데미 임직원께도 감사의 마음을 전합니다. 아무쪼록 이 책이 데이터를 분석하는 좋은 길잡이가 되길 바라며 많은 독자들의 질문과 관심을 기다립니다.

지은이 **천세학**

– 이 도서는 서울과학기술대학교 교내연구비 지원으로 연구 개발되었습니다.

이 책의 사용 설명서

|강의 보조 자료|

한빛아카데미 홈페이지에서 '교수회원'으로 가입하신 분은 인증 후 교수용 강의 보조 자료를 제공받을 수 있습니다. 한빛아카데미 홈페이지 상단의 [교수전용공간] 메뉴를 클릭하세요.

http://www.hanbit.co.kr/academy

|학습 보조 자료|

학습에 필요한 자료는 아래 주소에서 내려받을 수 있습니다.

http://www.hanbit.co.kr/src/4643

|연습문제 해답 안내|

이 책은 대학 강의용 교재로 개발되었으므로 연습문제 해답은 제공하지 않습니다.

|주요 내용|

❶ 파이썬 프로그래밍 기초(1~4장)

1장에서는 파이썬 실습 환경, 변수 및 데이터형 등 파이썬 기초 사용법을 살펴봅니다. 2장에서는 파이썬 복합 데이터형인 리스트, 튜플, 집합, 딕셔너리, 그리고 기타 데이터형을 살펴보고 3장에서는 제어문과 함수, 4장에서는 클래스와 모듈, 패키지에 대해 배웁니다.

❷ 데이터 추출 및 전처리(5~7장)

5장에서는 데이터 분석에 필요한 판다스의 기본 문법을 소개합니다. 6장에서는 판다스를 활용한 데이터 전처리 과정을 배우고 7장에서는 머신러닝 기법에 적용하기 위해 학습 데이터와 테스트 데이터로 전처리하는 과정을 배웁니다.

❸ 넘파이와 선형대수(8~9장)

8장에서는 숫자형 데이터 분석에 필요한 넘파이 기본 문법을 소개합니다. 9장에서는 넘파이를 이용한 선형대수 기초를 소개하는데 특히 선형대수의 기본 개념을 활용해 순전파와 역전파 신경망을 구현하는 실습을 합니다.

❹ 실전 데이터 분석과 머신러닝 기법(10~12장)

10장에서는 빅데이터 분석 실전 연습으로 소비 데이터를 분석하고 머신러닝 기법을 적용해 승객 생존율을 예측합니다. 11장에서는 라이브러리 없이 상관분석과 회귀분석 실습을 하는데 특히 최소자승법과 경사하강법을 라이브러리 없이 도출하는 방법을 알아봅니다. 12장에서는 데이터 분석 결과를 시각화하는 방법을 알아봅니다.

|구성 요소|

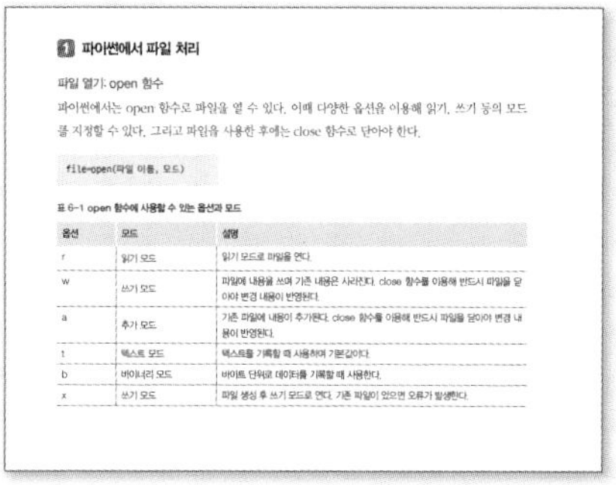

본문

데이터 분석에 필요한 파이썬 기초 문법과 데이터 분석의 주요 개념을 다양한 그림과 표를 사용해 쉽게 설명합니다. 분석에 필요한 속성 및 함수 형식은 회색 박스로 정리해 쉽게 찾아볼 수 있게 구성했습니다.

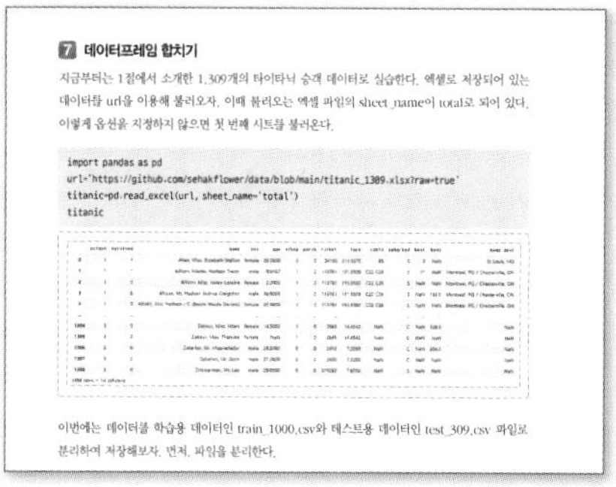

실습

파이썬 문법과 데이터 분석 이론이 어떻게 적용되는지 구글 코랩 실습으로 바로 확인할 수 있게 구성했습니다. 주피터 노트북 사용자를 위한 추가 설명은 학습 자료로 제공하는 예제 소스에 코드와 함께 담았습니다.

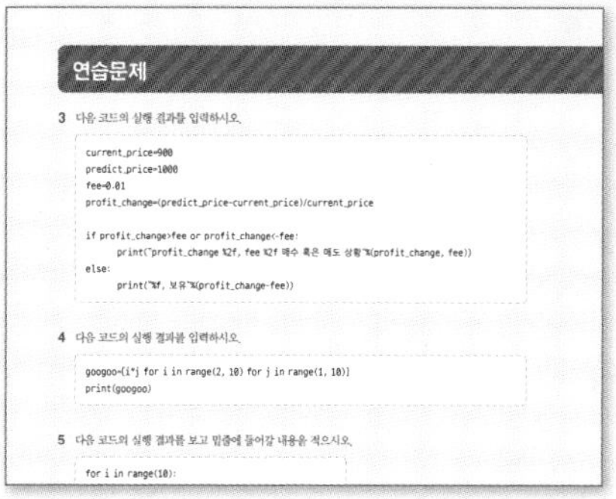

연습문제

해당 장에서 배운 내용을 문제 형식으로 점검해봅니다. 본문에서 배운 내용에 기능을 추가하거나 코드의 빈 부분을 채워넣거나 직접 작성하는 문제를 통해 자신의 실력을 확인하고 응용력을 기를 수 있습니다.

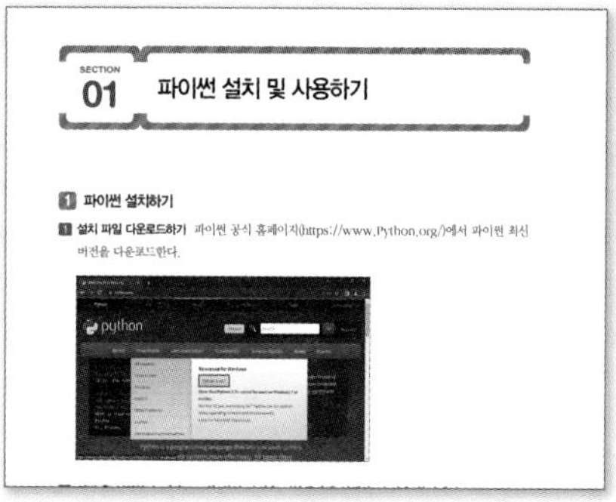

부록

본문 실습 환경인 구글 코랩 외에 사용할 수 있는 파이썬 IDLE과 주피터 노트북을 설치하는 방법과 주요 기능을 따라하기 형식으로 안내합니다.

목차

Chapter 03 제어문과 함수 65

Chapter 04 클래스, 모듈, 패키지 105

목차

목차

CHAPTER 01

파이썬 소개 및 기초 사용법

학습목표

- 데이터 분석에 사용할 파이썬 언어의 전반적 내용을 소개한다.
- 다양한 파이썬 실습 환경을 알아본다.
- 파이썬의 기초 데이터형인 숫자형과 문자형을 사용하는 방법을 배운다.

SECTION 01

파이썬 소개

1 파이썬의 등장과 발전

이 책에서는 데이터 분석을 위해 가장 인기 있는 프로그래밍 언어인 파이썬을 사용한다. 본격적인 공부에 앞서 파이썬의 발전 과정과 특징, 전반적인 코딩 규칙 그리고 파이썬 활용 분야를 알아본다.

파이썬Python은 네덜란드 출신의 프로그래머인 귀도 반 로섬Guido van Rossum이 1991년에 발표한 프로그래밍 언어다.

파이썬은 문법이 간단하여 쉽게 배울 수 있다. 오픈 소스로 제공되어 무료로 사용할 수 있으며 라이브러리(패키지)를 확장해서 필요한 작업을 할 수 있다. 오픈 소스인 파이썬에는 전 세계 개발자들이 개발한 라이브러리가 추가되므로 빅데이터 분석 같은 새로운 작업을 위한 좋은 라이브러리가 빠르게 제공된다. 사용자가 늘고 새롭게 개발된 라이브러리도 많아지면서 다양한 분야의 작업이 가능해졌고, 이는 사용자가 더 느는 선순환을 반복하여 파이썬은 계속해서 성장하고 있다.

파이썬은 구글Google, 넷플릭스Netflix와 같은 대표적인 글로벌 기업부터 코로나 백신 개발로 전 세계에 이름을 알린 아스트라제네카AstraZeneca, 인공지능AI 기반 신약 개발 기업인 엑사이언티아Exscientia에 이르기까지 여러 기업에서 다양하게 활용되고 있다.

그림 1-1 파이썬을 적극 활용하고 있는 대표적인 기업 예

2 파이썬의 특징

파이썬 공식 홈페이지에서는 파이썬의 특징을 다음과 같이 소개하고 있다.

> 파이썬은 배우기 쉽고, 강력한 프로그래밍 언어다. 효율적인 자료 구조들과 객체 지향 프로그래밍에 대해 간단하고도 효과적인 접근법을 제공한다. 간결한 문법과 동적 데이터형은 인터프리터적인 특징들과 더불어 대부분의 플랫폼과 다양한 문제 영역에서 스크립트를 작성하고 빠르게 응용 프로그램을 개발하는 데 이상적인 환경을 제공한다.

요약하면 파이썬은 플랫폼에 독립적이며 인터프리터식, 객체 지향적, 동적 데이터형Dynamically Typed이 가능한 대화형 언어다. 각각의 특징을 살펴보자.

- **인터프리터 언어** 파이썬은 컴파일러compiler를 사용하는 C 언어나 자바 언어와 달리 인터프리터에 의해 실행되는 스크립트 언어다. 인터프리터는 실행할 때마다 코드를 한 줄씩 기계어로 변환하기 때문에 컴파일러 언어에 비해 실행 속도가 다소 느리지만, 작성된 부분까지 바로바로 테스트할 수 있고 대화형 기능을 통해 코드를 즉시 수정할 수 있다.
- **객체 지향 언어** 파이썬은 변수라는 속성과 함수라는 기능을 묶은 객체를 재사용하거나 일부 수정하여 사용할 수 있는 객체 지향Object Oriented 언어다. 따라서 독립된 객체끼리 상호작용을 하도록 프로그래밍할 수 있다. 프로그램이 복잡해짐에 따라 객체 지향 프로그래밍의 필요성이 더 커지게 되었다. 객체 지향 방식은 기존의 코드를 개발자가 수정하여 사용할 수 있어 생산성이 향상된다는 장점이 있다.
- **동적 데이터형 지정** 파이썬은 실행 시간에 데이터형을 검사해 동적으로 지정한다. 변수 선언 시점에 데이터형을 명시해주어야 하는 C 언어와 달리 파이썬은 해당 변수에 할당되는 값에 따라 데이터형이 동적으로 지정되어 메모리 낭비 없이 사용할 수 있다.

  TIP • 자바 언어는 제네릭(Generic) 기능을 통해 동적 데이터형을 지원하지만 한번 지정되면 형 변환(Type Casting)을 하지 않는 한 데이터형이 변하지 않는다.

3 파이썬의 활용

파이썬은 앞서 소개한 특징을 기반으로 다음과 같이 다양한 분야에서 폭넓게 활용되고 있다.

- **정보 수집 및 업무 자동화** 웹 문서를 특정 조건에 맞게 csv 파일 형식으로 추출하거나 텍스트와 이미지를 가져올 수 있고, 특정 조건에 맞는 데이터에 대한 알림도 가능하다. 파이썬을 활용해 자동화 시스템을 만들면 검색 시간을 줄여 업무를 효율적으로 수행할 수 있고 웹에서 정보를 자동으로 수집하는 웹크롤러를 개발할 수도 있다. 또, 워드나 엑셀 등 마이크로소프트사의 오피스 소프트웨어를 업무 자동화에 이용할 수 있도록 도와준다.

- **인공지능/데이터 과학 분야에 활용** 파이썬의 다양한 라이브러리가 등장하면서 이를 활용할 수 있는 기회가 많아지고 있다. 기본 라이브러리로 넘파이Numpy, 싸이파이SciPy, 판다스Pandas, 맷플롯립Matplotlib 등이 있으며 인공지능 분야에서는 텐서플로TensorFlow, 케라스Keras, 파이토치PyTorch 등을 활용할 수 있다. 그 외 티아노Theano, 사이킷런Scikit Learn, 자연어 툴킷NLTK, 스파크Spark 등의 라이브러리도 활용할 수 있다.

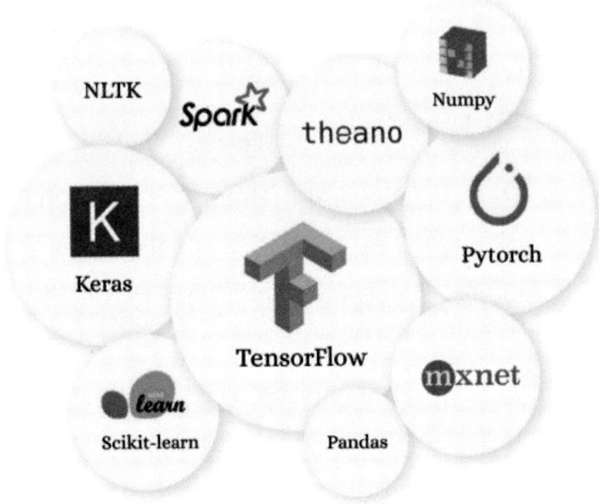

그림 1-2 다양한 파이썬 라이브러리

- **웹 응용 프로그램 개발** 파이썬을 활용해 드롭박스, 인스타그램, 핀터레스트 등과 같은 웹 응용 프로그램을 개발할 수 있다.
- **빅테크 및 블록체인 활용** 파이썬은 다양한 빅테크 분야에서 활용되고 있으며 블록체인도 구현할 수 있다.

이외에 파이게임Pygame 모듈을 이용해 게임을 제작하거나 라즈베리파이와 같은 임베디드 시스템에 사용할 응용 프로그램도 제작할 수 있다. 이 책에서는 파이썬의 다양한 활용 중 인공지능/데이터 과학 분야에 활용하기 위한 분석을 다룬다.

SECTION

02 실습 환경

1 파이썬 사용 방법

파이썬은 다음과 같이 다양한 방법으로 사용할 수 있다. 이 책에서는 웹에서 바로 실습할 수 있는 코랩을 사용한다.

표 1-1 파이썬을 사용할 수 있는 다양한 실습 환경

방법	설명
파이썬 IDLE	파이썬만 설치하면 파이썬에서 기본으로 제공하는 통합 개발 환경인 IDLE(Integrated Development and Learning Environment, '아이들'로 읽음)을 사용할 수 있다.
아나콘다	주피터(Jupyter) 노트북은 물론, 데이터 분석에 사용하는 Numpy, Scipy, Pandas, IPython, Matplotlib, Scikit Learn, StatsModels 등 수백 개의 라이브러리를 한꺼번에 설치할 수 있는 파이썬 배포판이다. 특히 주피터 노트북은 웹 기반에서 개발 환경을 제공하고 문서에 코드를 바로 넣어 실행해 볼 수 있어 편리하다.
통합 개발 환경	파이참(PyCharm)이나 VSCode 같은 전문적인 통합 개발 환경(IDE)을 설치한 후 아나콘다와 연결해서 사용한다. 전문 개발자들이 많이 이용하는 파이참은 추가 패키지를 설치해 사용할 수 있다. 통합 개발 환경은 코드 작성 시 오류를 체크해주는 기능을 활용할 수 있어 매우 편리하다.
구글 코랩	별도의 준비 없이 웹에서 바로 실습할 수 있어 편리하다.

여기서는 구글 코랩 사용 방법을 간단히 살펴본다. 그 외 파이썬 IDLE과 아나콘다 주피터 노트북의 설치 및 사용 방법은 부록(435쪽)을 참고한다.

2 구글 코랩 사용하기

간단한 실습을 통해 코랩 사용 방법을 익혀보자.

1 구글 코랩 홈페이지에 접속한다. 환영 메시지와 함께 사용 환경을 제공한다. 코랩 메인 화면을 살펴보기 위해 [취소]를 누른다. 나중에 코랩 사용이 익숙해지면 이 화면에서 [새 노트]를 눌러 바로 사용할 수 있다.

- 구글 코랩 홈페이지: https://colab.research.google.com/?hl=ko

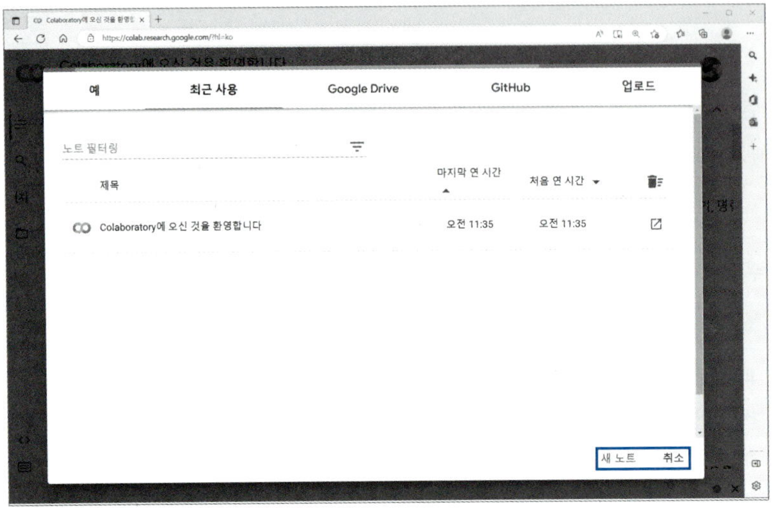

2 메인 화면이 나타나면 [파일]–[새 노트] 메뉴를 선택해 새 노트를 연다.

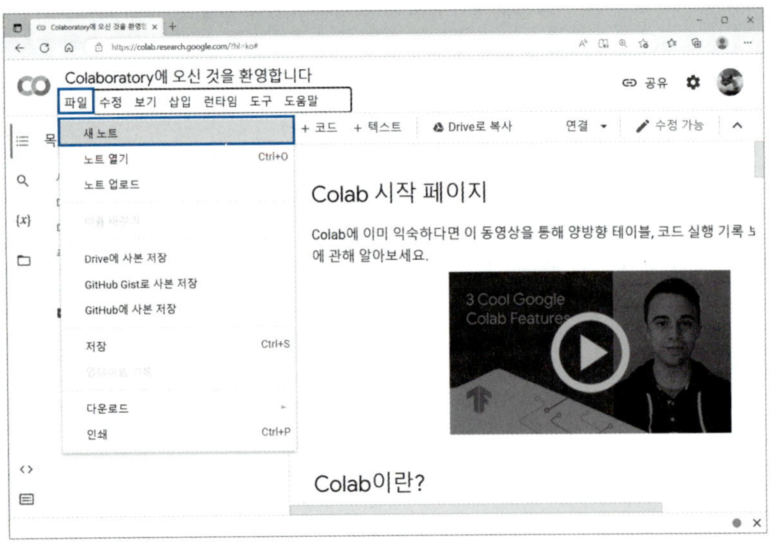

3 새 노트가 나타나면 파일 이름을 수정한 뒤 입력창에 다음 코드를 입력한다.

```
print("hello Python")
```

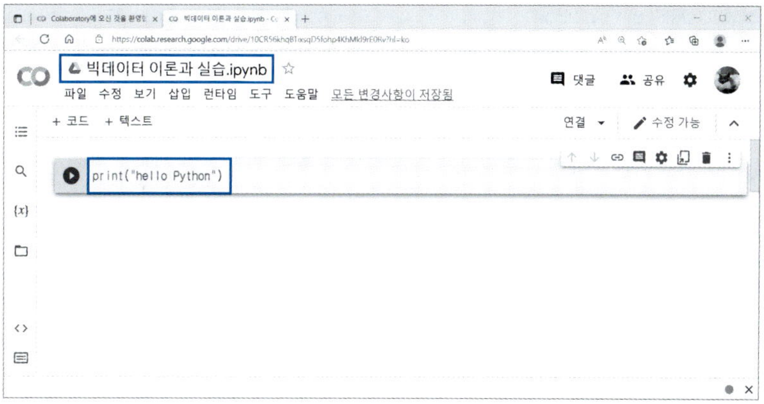

4 실행 버튼을 누르면 하단에 실행 결과가 출력되는 것을 확인할 수 있다.

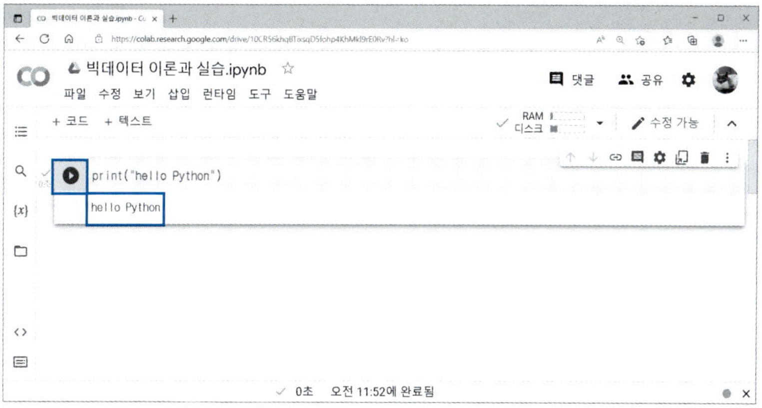

좀 더 다양한 코랩 사용 방법은 실습을 진행하면서 설명한다.

SECTION 03

파이썬 기초 사용법

이 절에서는 코랩을 이용해 간단한 파이썬 문법을 직접 실습하면서 익혀본다. 특히 파이썬 코드를 이해하기 위한 기초 용어를 알아보고 숫자형과 문자형 데이터의 기본 사용법을 배운다.

1 코딩 규칙

모든 프로그래밍 언어가 그렇듯 파이썬도 코딩 규칙Coding Convention이 있다. 주요 규칙을 간단히 정리하면 다음과 같다.

- **들여쓰기** 코딩 블록을 표시하기 위해 들여쓰기Identation를 사용한다. 코딩 블록은 Space 4칸으로 지정하는데, 통합 개발 환경IDE에 따라 Tab을 코딩 블록으로 자동 변환해주는 경우도 있다.
- **글자 수** 한 라인의 최대 글자 수는 79자이며 긴 조건문의 경우에는 역슬래시(\)로 나누기도 한다.
- **주석문** 주석문Comment은 앞에 #을 붙여 표시한다.

2 기초 용어

변수

변수는 데이터를 저장하는 컴퓨터의 메모리 공간으로, 프로그래밍 언어에서는 데이터를 담는 그릇 역할을 한다. 즉 변수는 저장된 데이터(값, 원소)를 담는 그릇의 이름이다. 예를 들어 다음은 이름이 a와 b인 그릇(변수)에 100과 50이라는 값이 저장된 상태다.

그림 1-3 변수의 개념

파이썬에서는 변수를 미리 정의(선언)하지 않는다. 그리고 변수에 저장하는 데이터에 따라 변수의 데이터형이 결정된다. 변수에 값을 저장하는 것을 할당Assign 또는 선언이라고 한다.

데이터형

데이터형은 프로그래밍에서 사용하는 숫자, 문자 등의 형태를 말한다. 파이썬에서는 저장하는 값에 따라 변수의 데이터형이 결정된다고 했는데 이 데이터형은 크게 기초 데이터형과 복합 데이터형으로 나눈다. 여기서는 기초 데이터형에 대해 살펴보고 복합 데이터형은 2장에서 살펴본다.

파이썬에서 자주 사용하는 기초 데이터형은 크게 숫자형과 문자형으로 나눈다. 숫자형은 다시 정수형과 실수형으로 나눌 수 있는데 정수형은 소수점이 없는 양수, 음수, 0이며 실수형은 소수점 이하 자릿수로 표시하는 숫자형이다. 문자형은 한 개 이상의 문자열 또는 문자열 형태의 숫자로, 큰따옴표나 작은따옴표로 묶어 사용한다. 그 외 참과 거짓을 판단할 때는 불형Boolean, 순서가 있는 데이터는 리스트와 튜플, 매핑형 데이터는 딕셔너리, 집합형은 집합을 사용한다.

표 1-2 파이썬 기초 데이터형의 종류와 사용 예

종류		사용 예
숫자형	정수형	a=10
	실수형	a=10.12
문자형	문자열	a='10'

데이터 분석은 데이터형에 따라 방법이 달라지므로 데이터형에 대한 이해가 가장 기본이다. 특히 2장에서 실제 예제와 함께 살펴보는 복합 데이터형에 대해 잘 알아두도록 한다.

제어문

제어문은 프로그램의 실행 흐름을 제어하는 명령문이다. 조건에 따라 특정 명령문을 실행하는 조건문과 특정 명령문을 반복해서 실행하는 반복문이 있다. 조건문은 if 문, 반복문은 while 문과 for 문이 대표적이다.

함수

함수는 특정 작업을 편하게 하기 위해 미리 지정된 명령문이다. 예를 들어 반복 작업을 함수로 만들어 사용하면 편리하다. y=f(x)라는 수학의 함수처럼 프로그램에서는 x라는 입력값이 y 값으로 출력될 수 있는 규칙(함수)을 정한다. 함수는 사용자가 규칙을 만드는 사용자 정의 함수와 파이썬에서 제공하는 내장 함수가 있다.

클래스

클래스는 붕어빵 틀과 같이 어떤 재료와 기능을 이용해 똑같은 일을 자주 할 때 사용한다. 클래스는 속성과 메서드로 구성되는데 속성은 클래스가 가지는 변수, 메서드는 클래스가 가지는 함수다. 이런 클래스(붕어빵 틀)로 찍어 나온 하나하나를 객체(붕어빵)라고 한다. 이 책에서는 특별히 구분해야 하는 클래스를 다루는 4장을 제외하고는 메서드와 함수를 함수로 통일해서 사용한다.

모듈과 패키지

모듈은 함수의 집합이고 패키지[Package]는 모듈을 모아 놓은 폴더다. 패키지는 모듈을 디렉터리 형식으로 구조화한 것으로 .을 이용하여 불러올 수 있다. 예를 들어, A.B인 경우 A는 패키지, B는 모듈이다.

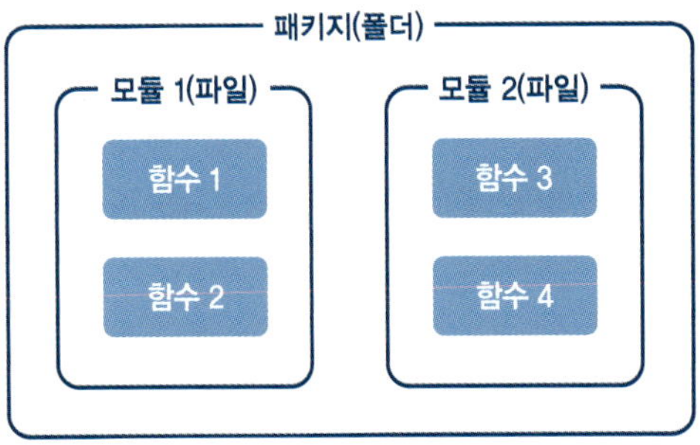

그림 1-4 패키지와 모듈

3 변수와 데이터형의 기본 사용법

변수의 사용

파이썬에서 변수 이름은 원하는 만큼 길게, 혹은 짧게 만들 수 있으나 이름을 정할 때 몇 가지 규칙이 있다. 우선 변수 이름에 영문, 숫자를 사용할 수 있는데 영문의 경우 대소문자를 구분한다. 언더바(_)는 사용할 수 있지만 중간에 공백은 들어갈 수 없으며 숫자로 시작할 수 없다. 또한 대부분의 특수문자(+, −, *, /, $, ., ., ', ")도 사용할 수 없고 파이썬 예약어도 사용할 수 없다.

다음은 파이썬 예약어다.

```
False, None, True, and, as, assert, break, class, continue, def, del, elif, else, except,
finally, for, from, global, if, import, in, is, lambda, nonlocal, not, or, pass, raise,
return, try, while, with, yield
```

다음은 변수 이름을 정하는 규칙이다.

- 숫자와 영문자는 사용 가능하며 영문은 대소문자를 구분한다.
- 언더바(_)는 사용 가능하다.
- 공백은 사용 불가능하다.
- 숫자로 시작하는 변수 이름은 사용 불가능하다.
- 특수문자(+, −, *, /, $)는 사용 불가능하다.
- 파이썬 예약어는 사용 불가능하다.

다음은 변수 이름을 잘못 사용한 예다. 실행 결과가 SyntaxError로 나와 철자 오류처럼 보이지만 def라는 파이썬 예약어를 사용해 발생한 오류다.

```
def=5
print(def)
```

```
SyntaxError: invalid syntax
```

변수에 값을 할당할 때는 ❶과 같이 변수 하나에만 할당할 수도 있고 ❷와 같이 동시에 여러 변수에 할당(다중 할당)할 수도 있다. 변수에 할당된 값을 출력할 때는 변수 이름만 입력해도 되고 print 함수에서 서식 문자 %를 사용해 원하는 형태로 출력할 수도 있다.

❶ 하나의 변수에 값 할당

```
stock_price=85000
stock_price
```

```
85000
```

❷ 동시에 여러 변수에 값 할당

```
ss, lg, sk=80000, 140000, 200000
print("ss: %d" % ss)
```

```
ss: 80000
```

숫자형과 문자형의 기본 사용

숫자형은 숫자 형태로 이루어진 데이터형으로 산술 연산 및 대소 비교가 가능하다. 파이썬은 변수에 숫자형을 저장할 때 숫자 형태에 따라 정수형과 실수형으로 자동 저장한다.

먼저, 100000이라는 값(숫자형)을 amount 변수에 할당한 후 값을 출력해보자.

```
amount=100000
amount
```

```
100000
```

이번에는 quantity에 15를 할당한 후 앞서 할당한 amount 변수를 이용해 주식 한 주당 가격을 계산해보자. amount를 quantity로 나누면 한 주당 가격을 계산할 수 있다. 앞의 amount는 정수값을 객체(원소)로 저장했다. 그러나 price 변수는 나눗셈 결과로 소수점이 생겨 파이썬에서 자동으로 실수형으로 저장하였다.

```
quantity=15
price=amount/quantity
price
```

```
6666.666666666667
```

문자형은 숫자형과 달리 변수에 값을 저장할 때 따옴표를 사용한다. 따옴표로 묶으면 숫자도 문자열로 인식한다. 다음 예에서 stock_price 변수에 저장된 85000은 문자형(str)이다.

```
stock_price="85000"
print(stock_price)
```

```
85000
```

문자열을 변수에 저장할 때는 작은따옴표와 큰따옴표를 모두 사용할 수 있다. 또 문자열이 여러 줄일 경우에는 작은따옴표 또는 큰따옴표 세 개를 사용해 변수에 할당할 수 있다. 다음 예에서 \n은 줄 바꿈을 할 때 사용한다.

TIP • \n은 실행했을 때 표시되는 글꼴에 따라 \n으로 표시되기도 한다.

```
string1="사느냐, 죽느냐? 그것이 문제다.\n"
string2='어떤 것이 더 고귀한 것일까?\n'
string3= """Whether 'tis nobler in the mind to suffer
the slings and arrows of outrageous fortune,
가혹한 운명의 돌팔매와 화살을 견디는 것이 더 고귀한 것일까?\n"""
string4='''Or to take arms against a sea of troubles,
And, by opposing, end them?
아니면 고통의 바다에 맞서
무기를 들고 싸워 그 고통을 끝내는 것이 더 고귀한 것일까?'''
print(string1, string2, string3, string4)
```

```
사느냐, 죽느냐? 그것이 문제다.
어떤 것이 더 고귀한 것일까?
Whether 'tis nobler in the mind to suffer
the slings and arrows of outrageous fortune,
가혹한 운명의 돌팔매와 화살을 견디는 것이 더 고귀한 것일까?
Or to take arms against a sea of troubles,
And, by opposing, end them?
아니면 고통의 바다에 맞서
무기를 들고 싸워 그 고통을 끝내는 것이 더 고귀한 것일까?
```

데이터형의 확인

파이썬은 저장하는 숫자의 형태에 따라 자동으로 정수형과 실수형으로 저장한다. type 함수를 이용하면 저장된 데이터형을 확인할 수 있다. 다음 예를 통해 85000은 정수형(int)으로, 128.5는 실수형(float)으로 저장된 것을 확인할 수 있다.

```
stock_price=85000
apple_stock_price=128.5
print(stock_price, type(stock_price))
print(apple_stock_price, type(apple_stock_price))
```

```
85000 <class 'int'>
128.5 <class 'float'>
```

4 숫자형 연산

변수에 값을 차례로 할당해 연산을 해본다. 사칙연산은 +, −, *, / 기호를 사용한다. 연산 결과와 type 함수를 이용해 데이터형의 종류를 확인해보면 amount는 정수형(int), total_fee는 실수형(float)임을 알 수 있다.

```
stock_price=85000
quantity=10
amount= stock_price*quantity
fee_rate= 0.01
total_fee=amount*fee_rate
print(amount, type(amount))
print(total_fee, type(total_fee))
```

```
850000 <class 'int'>
8500.0 <class 'float'>
```

숫자형 연산에서 **는 제곱, **0.5는 제곱근, /는 나누기, //는 몫, %는 나머지를 구하는 기호다.

```
a=1
b=2
c, d, e=3, 4, 5
print(a+b, a-b, a*b, a/b)
print(c**b, b**0.5)
print(e/b, e//b, e%b)
```

```
3 -1 2 0.5
9 1.4142135623730951
2.5 2 1
```

5 숫자형 포매팅

format 함수로 숫자형의 순서, 소수점 양식, 정렬 형태 등의 형식을 지정할 수 있다. 이를 숫자형 포매팅이라고 하며 순서는 중괄호 안에 0, 1, 2 등의 정수를 넣어 정한다. 다음 예에서 중괄호 안의 콜론 앞에 있는 0은 포매팅의 첫 번째 값이고 콜론 뒤의 d는 정수형으로 출력하라는 의미다.

```
c, d=3, 4
e=c+d
print("c+d의 값은: e=c+d={0:d}".format(e))
```

```
c+d의 값은: e=c+d=7
```

다음 예의 {1:.2f}에서 1은 포매팅의 두 번째 값을 의미하고 .2f는 소수점 둘째 자리까지 있는 실수를 의미한다.

```
a=1
b=2
c, d, e=3, 4, 5
print("사칙연산 결과는: {0}, {1}, {2}, {3}".format(a+b, a-b, a*b, a/b))
print("c의 e 제곱과 b의 제곱근 결과는: {0:d}, {1:.2f}".format(c**e, b**0.5))
```

```
사칙연산 결과는: 3, -1, 2, 0.5
c의 e제곱과 b의 제곱근 결과는: 243, 1.41
```

6 문자열 연산

문자열 연산에는 연결, 인덱싱, 슬라이싱 등이 가능하다.

문자열 연결

문자열은 +를 사용해 연결할 수 있다. 큰따옴표 사이에 공백을 두면 연결하는 문자열 사이에 공백을 추가할 수 있다. print 문에서 *는 해당 문자를 주어진 횟수만큼 반복 출력하라는 의미다.

```
company_name="Samsung"
price="85,000"
stock_price=company_name + " " + price +" "     # 문자열 연결하기
print("*"*50)                                   # * 문자를 50번 출력하기
print(stock_price*3)                            # stock_price 문자열을 3번 출력하기
```

```
**************************************************
Samsung 85,000 Samsung 85,000 Samsung 85,000
```

문자열 인덱싱

인덱싱Indexing이란 '무엇인가를 가리킨다'는 의미로 특정 원소값을 지칭할 때 사용한다. 다음 예에서 0은 문자열의 첫 번째 값인 H, −1은 문자열의 마지막 값인 n, 1은 두 번째 값인 e를 가리킨다.

```
variable='Hello Python'
print(variable)
print(variable[0], variable[-1], variable[1])
```

```
Hello Python
H n e
```

문자열 슬라이싱

슬라이싱Slicing은 '무엇인가를 잘라낸다'는 의미로 문자열의 특정 부분을 나눌 때 사용한다. 다음 예에서 [:3]은 처음부터 세 번째 원소까지 나눈다는 의미고, [35:-1]은 36번째부터 마지막 원소 앞까지 나눈다는 의미다. 인덱싱은 특정 원소값을 지칭할 때 사용하고, 슬라이싱은 특정 부분을 자를 때 사용한다. len 함수는 문자열의 길이를 구하는 것으로 공백을 문자 하나로 포함해 계산한다.

```
single_string='To be, or not to be, that is the question'
print(len(single_string), single_string[0], single_string[:3], single_string[35:-1])
```

```
41 T To  estio
```

7 문자열 포매팅

문자열 포매팅은 문자열 안의 특정 값을 바꾸는 기능으로, 서식 문자나 format 함수, f-string 등을 사용할 수 있다.

서식 문자를 이용한 포매팅

quantity 변수에 입력된 숫자 5가 문자열의 %d 위치에 삽입된다.

```
quantity=5
"I have %d stocks." %quantity
```

```
'I have 5 stocks.'
```

company_name 변수에 입력된 문자 Samsung이 문자열의 %s 위치에 삽입된다.

```
company_name="Samsung"
"I have %s stocks." %company_name
```

```
'I have Samsung stocks.'
```

여기서 잠깐

서식 문자를 이용한 다양한 형태의 출력

```
%[-][0][n][.m] 서식 문자
```

- n: 출력할 자릿수
- –: 출력할 자릿수가 지정되면 데이터를 왼쪽에 맞춰 출력
- 0: 출력할 자릿수가 지정되면 왼쪽의 남는 자리에 공백 대신 0을 채움
- .m: 소수점 아래 자릿수
- [ ] 안의 내용은 생략 가능

❶ 사용 형식: print('출력 서식' % 출력 데이터)

print('%5d' % 100) → 100

print('%5d' % 1) → 1

print('%-5d' % 1) → 1

print('%05d' % 1) → 00001

print('%5d' % 10000) → 10000

❷ 문자열 출력

print('%5s' % 'abc') → abc

print('%5s' % 'a') → a

print('%-5s' % 'a') → a

print('%05s' % 'a') → a (파이썬은 문자열 서식에서 0을 무시함)

print('%5s' % 'abcde') → abcde

❸ 실수 출력

print('%6.2f' % 123.45) → 123.45

print('%6.2f' % 123.456) → 123.46 (소수점 아래 숫자는 잘리는 자리에서 반올림함)

print('%6.2f' % 123.4) → 123.40 (소수점 아래 남는 자리는 0으로 채움)

다음과 같이 여러 문자를 동시에 삽입할 수도 있다. 삽입할 문자를 소괄호로 묶고 ,로 구분하면 여러 문자를 한꺼번에 삽입할 수 있다.

```
company_name="Samsung"
quantity=5
"I have %d %s stocks." %(quantity, company_name)
```

```
'I have 5 Samsung stocks.'
```

format 함수를 이용한 포매팅

문자형도 숫자형처럼 format 함수를 사용해 문자열의 순서, 정렬 형태를 지정할 수 있다. 그리고 인덱스를 이용하면 출력할 데이터의 순서를 지정할 수 있다. 다음 예에서 인덱스 {0}에는 company_name 변수값이, 인덱스 {1}에는 price 변수값이 표시된다.

```
company_name="Samsung"
price="85,000"
stock_price="{0} {1}".format(company_name, price)
stock_price
```

```
'Samsung 85,000'
```

다음과 같이 인덱스 대신 변수 이름을 직접 지정할 수도 있다.

```
company_name="Samsung"
price="85,000"
stock_price="{0} {price}".format(company_name,price=50000)
stock_price
```

```
'Samsung 50000'
```

f 문자열 포매팅

f 문자열 포매팅은 파이썬 3.6 버전 이상에서 사용할 수 있는 기능이다. 변수에 원하는 값을 할당하고 문자열 앞에 f 접두사를 붙여 사용한다. 즉, 출력할 변수를 큰따옴표나 작은따옴표로 묶은 뒤 앞에 f 접두사를 붙이면 변수값이 순서대로 출력된다.

```
company_name="Samsung"
price="85,000"
stock_price=f"{company_name} {price}"
stock_price
```

```
'Samsung 85,000'
```

f 문자열도 여러 줄을 표시할 수 있다. 큰따옴표나 작은따옴표 세 개를 사용해 문장의 앞뒤를 감싸면 된다. print 문을 사용하면 세 줄로 출력되고 print 문을 사용하지 않으면 줄 바꿈 위치에 개행 문자(\n)만 표시된다.

```
company_name="Samsung"
price="85,000"
new_price="100,000"

stock_price=f"""{company_name}
{price}
{new_price}"""

print(stock_price)
stock_price
```

```
Samsung
85,000
100,000
'Samsung\n85,000\n100,000'
```

8 문자열 내장 함수

문자열에 사용할 수 있는 유용한 내장 함수를 몇 가지 알아보자. 내장 함수는 문자열 변수 이름 뒤에 .을 붙인 다음에 함수 이름을 써서 사용한다.

문자 개수 세기: count 함수

count 함수는 문자열에 포함된 특정 문자의 개수를 센다. 영문자의 경우에 대문자와 소문자는 다르게 인식한다. 다음 예와 같이 괄호 안에 입력된 t 문자가 몇 개인지 확인할 수 있다.

```
single_string="To be, or not to be, that is the question"
single_string.count("t")
```

```
6
```

문자 위치 찾기: find 함수

find 함수는 특정 문자가 문자열 안에서 몇 번째에 위치하는지 인덱스 번호를 알려준다. 찾는 문자가 여러 군데 위치하면 처음에 등장하는 위치를 알려준다.

```
single_string="To be, or not to be, that is the question"
single_string.find('t')
```

```
12
```

첫 글자만 대문자로 바꾸기: capitalize 함수

capitalize 함수는 문장의 첫 글자만 대문자로 변경한다.

```
single_string="to be, or not to be, that is the question"
text=single_string
text.capitalize()
```

```
'To be, or not to be, that is the question'
```

모든 문자를 대문자/소문자로 바꾸기: upper 함수, lower 함수

upper 함수는 모든 영문자를 대문자로 변경하고, lower 함수는 모든 영문자를 소문자로 변경한다.

```
single_string="To be, or not to be, that is the question"
text=single_string
text.upper()                          # text 변수값을 대문자로 출력한다.
```

```
'TO BE, OR NOT TO BE, THAT IS THE QUESTION'
```

특정 문자 바꾸기: replace 함수

replace 함수는 특정 문자를 다른 문자로 바꿔서 표시한다. 다음 예는 replace 함수를 이용해 text 변수에 할당된 문자 중에서 'question'을 'QUESTION'으로 변경하는 것이다.

```
single_string="To be, or not to be, that is the question"
text=single_string
text.replace("question","QUESTION")        # text 변수값 일부를 대문자로 출력한다.
```

```
'To be, or not to be, that is the QUESTION'
```

단어 단위로 쪼개기: split 함수

split 함수는 공백을 기준으로 문자열을 나눈다. 문자열을 단어 단위로 나누는 효과를 줄 수 있다.

```
single_string="To be, or not to be, that is the question"
text=single_string
text.split()                                # text 변수값을 공백을 기준으로 나눈다.
```

```
['To', 'be', 'or', 'not', 'to', 'be', 'that', 'is', 'the', 'question']
```

문자열의 시작과 끝에서 주어진 문자 삭제하기: strip 함수

strip 함수는 문자열에서 주어진 문자를 삭제한다.

```
'http://www.Python.org'.strip('http://')
```

```
'www.Python.org'
```

a.strip()처럼 매개변수 없이 괄호 안이 비어 있으면(Space, Tab, Enter 등) 문자열 앞뒤의 공백을 제거하고 동일한 문자열을 반환한다.

```
'  Welcome to Hanbit.co.kr  '.strip()
```

```
'Welcome to Hanbit.co.kr'
```

여기서 잠깐

print 문에서 사용할 수 있는 서식

서식	설명
%d, %x, %o	정수(10진수, 16진수, 8진수)
%f	실수
%c	한 글자 문자열
%s	두 글자 이상 문자열

연습문제

1 변수 이름으로 사용 가능한 것은?

① $dollar ② False

③ abc ④ 1cde

2 문자형 데이터가 아닌 것은?

① '10000' ② 10000

③ "8500" ④ '사칙 연산의 결과'

3 다음 코드를 실행한 결과는?

```
variable='Hello Python'
print(variable[0], variable[-1], variable[1])
```

① H n e ② H o e

③ Hello ④ Hello Python

4 다음 코드를 실행한 결과는?

```
company_name="Samsung"
"I have %s stocks." %company_name
```

① 'I have 5 stocks.'

② 'I have Samsung stocks.'

③ 'I have 5 Samsung stocks.'

④ '41 T To estio'

5 실행 결과가 틀린 것은?

① print('%5d' % 100) → 100 ② print('%5d' % 1) → 1

③ print('%–5d' % 1) → 10000 ④ print('%05d' % 1) → 00001

6 다음은 f 문자열 포매팅을 사용한 것이다. 실행 결과를 보고 밑줄에 들어갈 내용으로 옳은 것은?

```
company_name="Samsung"
price="85,000"
new_price="100,000"
stock_price=f"""_________
{price}
_________"""
print(stock_price)
stock_price
```

```
Samsung
85,000
100,000
'Samsung\n85,000\n100,000'
```

① {stock_price}, {price}

② {price}, {new_price}

③ {company_name}, {price}

④ {company_name}, {new_price}

7 문자열의 첫 글자만 대문자로 변환하는 함수는?

① count　　② find

③ capitalize　　④ upper

8 다음 코드를 실행한 결과는?

```
single_string="To be, or not to be, that is the question"
text=single_string
text.replace("question","QUESTION")
```

① 'TO BE, OR NOT TO BE, THAT IS THE QUESTION'

② 'To be, or not to be, that is the QUESTION'

③ 'to be, or not to be, that is the question'

④ 'To Be, Or Not To Be, That Is The Question'

연습문제

IT@COOKBOOK

9 다음 중 공백을 기준으로 문자열을 단어 단위로 나누는 함수는?

① split ② strip

③ find ④ count

10 다음 코드를 실행한 결과는?

```
'https://www.hanbit.co.kr/'.strip('https://')
```

① https://www.hanbit.co.kr ② www.hanbit.co.kr

③ www.hanbit ④ http://www.hanbit

02

CHAPTER

파이썬 복합 데이터형

학습목표

- 리스트, 튜플, 집합, 딕셔너리 등 파이썬 데이터형을 생성하고 데이터를 저장하는 방법을 공부한다.
- 리스트, 튜플, 집합, 딕셔너리 등에 저장된 원소에 접근하고 사용하는 방법을 공부한다.
- 리스트, 딕셔너리 등에 유용한 내장 함수 사용법을 공부한다.

SECTION 01 리스트

1장에서 파이썬의 변수와 숫자형, 문자형 같은 기초 데이터형에 대해 살펴봤다. 파이썬은 이외에도 여러 자료를 한 번에 저장할 수 있는 복합 데이터형을 지원한다. 이 장에서는 대표적인 복합 데이터형인 리스트, 튜플, 집합, 딕셔너리 등을 다룬다.

변수에 저장한 자료를 어떻게 사용할 것인지에 따라 다음과 같은 리스트, 튜플, 집합, 딕셔너리 등의 데이터형을 사용할 수 있다.

표 2-1 파이썬 복합 데이터형의 종류와 사용 예

데이터형	표현 방법	사용 예
리스트	[ ] 사용	a=[10, 20, 30]
튜플	( ) 사용	a=(10, 20, 30)
집합	{ } 사용	a={10, 20, 30}
딕셔너리	{ } 사용 키(key)와 값(value)의 쌍을 원소로 사용	a={'이름': 'kim', '나이': 19}

1 리스트 생성과 자료 저장

리스트는 다양한 값을 연속적으로 저장할 수 있어 데이터 분석을 위해 파이썬에서 가장 많이 사용하는 데이터형이다.

리스트 변수를 만들고 복수의 숫자형을 할당해보자. 리스트는 다음과 같이 원소를 대괄호 안에 저장한다. 리스트를 사용하면 변수 하나에 원소를 여러 개 저장할 수 있고 원소를 변경할 수도 있다. 반면, 다음 절에서 살펴볼 튜플은 리스트와 달리 원소를 한 번 저장하면 원소 변경이 불가능하다.

```
prices=[85000, 140000, 200000]
prices
```

```
[85000, 140000, 200000]
```

리스트는 정수형, 실수형, 문자형, 숫자형을 저장할 수 있고 리스트 하나에 문자, 숫자, 실수형 자료를 모두 저장할 수도 있다.

```
# 정수형
integer_list=[1, 2, 3]
integer_list
```

```
[1, 2, 3]
```

```
# 실수형
float_list=[1.0, 2.0, 3.0]
float_list
```

```
[1.0, 2.0, 3.0]
```

```
# 문자, 숫자, 실수형 동시 저장
heterogeneous_list=["string", 0.1, 100, True]
heterogeneous_list
```

```
['string', 0.1, 100, True]
```

다음과 같이 + 연산자를 사용해 두 리스트를 결합할 수도 있다.

```
a=[1, 2, 3, 4]
b=a+[5, 6, 7, 8]
a, b
```

```
([1, 2, 3, 4], [1, 2, 3, 4, 5, 6, 7, 8])
```

리스트는 리스트 내부의 값을 변경할 수 있는 데이터형이다. 리스트의 첫 번째 원소값을 변경하고자 하면 prices[0]으로 쓰고, 오른쪽에 원하는 값을 넣으면 변경이 되어 변수 할당처럼 값을 변경할 수 있다.

```
prices=[85000, 140000, 200000, 15000]
prices[0]=5000
prices
```

```
[5000, 140000, 200000, 15000]
```

2 리스트 원소의 접근과 사용

리스트의 원소를 불러오거나 변경하기 위해서는 리스트의 인덱싱과 슬라이싱이라는 기능을 반드시 이해해야 한다.

인덱싱

인덱싱Indexing은 리스트 특정 위치의 원소에 접근하기 위해 상대적인 주소를 사용하는 것이다. 즉, **리스트 이름[인덱스 번호]** 형태로 입력하면 원소의 위치에 따라 [그림 2-1]과 같이 몇 번째 순서인지 알 수 있다. 인덱스는 첫 번째 원소인 0부터 시작할 수도 있고 마지막 원소인 -1부터 시작할 수도 있다.

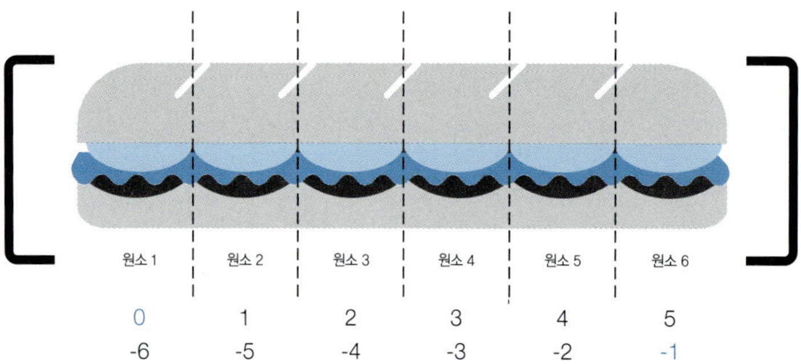

그림 2-1 리스트의 인덱스

prices 리스트는 원소가 총 세 개이고 [0]으로 설정하면 가장 첫 번째 원소인 85000이 출력된다. 마지막 원소는 [-1]로, 마지막에서 두 번째 원소는 [-2]로 설정하면 된다.

```
prices=[85000, 140000, 200000]
prices[0]          # 첫 번째 원소
```

```
85000
```

```
prices=[85000, 140000, 200000]
prices[-1]         # 마지막 원소
```

```
200000
```

```
prices=[85000, 140000, 200000]
prices[-2]         # 마지막에서 두 번째 원소
```

```
140000
```

슬라이싱

슬라이싱Slicing은 리스트의 인덱스를 사용해 전체 리스트에서 일부를 잘라내 반환하는 기능으로, 리스트에서 지정한 범위의 원소를 불러올 수 있다. 슬라이싱은 **리스트 이름[시작 인덱스:마지막 인덱스]** 형태로 사용한다. 예를 들어 prices[:2]로 입력하면 세 번째 원소 전까지의 원소를 불러오고 두 번째 원소 이후부터 마지막 원소까지 불러오기 위해 아래 두 가지 방법을 사용할 수 있다.

```
prices=[85000, 140000, 200000]
prices[:2]   # 세 번째 원소 전까지
```

```
[85000, 140000]
```

```
prices=[85000, 140000, 200000]
prices[1:]   # 두 번째 원소부터 마지막 원소까지
```

```
[140000, 200000]
```

```
prices=[85000, 140000, 200000]
prices[-2:]  # 두 번째 원소부터 마지막 원소까지
```

```
[140000, 200000]
```

지정한 범위의 원소를 불러올 때 간격을 설정해 불러올 수도 있다. 다음과 같이 처음부터 3 간격으로 불러올 수도 있고, 특정 범위에서 −2 간격으로 불러올 수도 있다.

```
x=[0, 1, 2, 3, 4, 5, 6, 7, 8, 9]
every_third=x[::3]           # 처음부터 3 간격으로 불러오기
every_third
```

```
[0, 3, 6, 9]
```

```
x=[0, 1, 2, 3, 4, 5, 6, 7, 8, 9]
ten_to_three=x[10:2:-2]      # 11번째부터 3번째까지 -2 간격으로 불러오기
ten_to_three
```

```
[9, 7, 5, 3]
```

원소 확인

리스트에 특정 원소가 들어 있는지 확인하는 in에 대해 알아보자. 보통 for 문과 함께 많이 사용하는데, 다음 예제를 통해 list에 1이 있는지, 0이 있는지 확인해보자.

```
1 in[1, 2, 3] # 원소 1이 있는지 확인
```

```
True
```

```
0 in[1, 2, 3] # 원소 0이 있는지 확인
```

```
False
```

변수 복사

리스트는 [:]을 사용하거나 copy 함수를 사용해 복사할 수 있다.

```
prices=[85000, 140000, 200000]
copy_of_prices=prices[:]
copy_of_prices
```

```
[85000, 140000, 200000]
```

```
prices=[85000, 140000, 200000]
copy_of_prices=prices.copy()
copy_of_prices
```

```
[85000, 140000, 200000]
```

리스트, 집합, 딕셔너리와 같이 원소를 변경할 수 있는 데이터형 복사 방식은 얕은 복사와 깊은 복사로 나눌 수 있다. int, float 같은 데이터형은 둘을 구분하지 않는다.

■ 대입 연산자 =를 이용한 얕은 복사

다음은 a 리스트를 선언하고 b 변수에 a 리스트를 재할당한 후 b 리스트의 두 번째 인덱스값을 0으로 변경하고 a 리스트를 출력한 것이다. b의 값을 변경했는데, a 리스트 내부의 값도 같이 변경된다.

```
a=[1, 2, 3, 4]
b=a
b[2]=0
print(a)
```

```
[1, 2, 0, 4]
```

b=a와 같이 a를 b로 다시 할당하면 a의 값이 b로 전부 입력되는 것이 아니고 b가 a의 주솟값을 참조하게 된다. 다시 말해 b에 a를 할당하면 값이 할당되는 것이 아니라 같은 메모리 주소를 바라보게 되며, b의 원소가 바뀌면 a의 원소도 바뀌게 된다. 변수를 복사했지만 참조한 곳이 동일해 같은 변수를 가리키고 있다. 이처럼 다른 변수에도 영향을 끼치도록 참조만 복사한 것을 얕은 복사라고 한다.

- **슬라이싱 [:]이나 copy 함수를 이용한 얕은 복사**

  리스트를 복사한 후 각각 다르게 수정해야 할 때는 copy 함수 또는 [:] 등을 이용해 복사해야 한다. 대입 연산자를 이용할 때와 달리 a 값이 변하지 않는다.

```
a=[1, 2, 3, 4]
b=a.copy()    # 또는 b=a[:]
b[2]=0
a, b
```

```
([1, 2, 3, 4], [1, 2, 0, 4])
```

- **깊은 복사**

  리스트 내부 리스트, 딕셔너리 내부 리스트 등 내부에 있는 객체를 모두 새롭게 만들어 b와 a를 완전히 다른 독립적 객체로 사용할 때는 깊은 복사를 위해 copy 모듈의 deepcopy 함수를 사용한다.

```
import copy
a=[1, 2, 3, 4]
b=copy.deepcopy(a)
b[2]=1
a, b
```

```
([1, 2, 3, 4], [1, 2, 1, 4])
```

3 리스트에 유용한 내장 함수

리스트에 유용하게 사용할 수 있는 내장 함수를 몇 가지 알아보자.

리스트 원소 개수 구하기: len 함수 / 리스트 맨 끝에 원소 추가하기: append 함수

len 함수는 원소의 길이(개수)를 알려주고 append 함수는 리스트의 마지막 자리에 원소를 추가한다. append 함수를 이용해 리스트의 마지막에 15000을 추가하고 len 함수를 사용해 원소의 길이(개수)를 구해 변화를 확인해보자.

```
prices=[85000, 140000, 200000]
print("prices: %d" % len(prices))    # len 함수를 이용해 길이 구하기
prices.append(15000)                 # append 함수를 이용해 마지막 자리에 15000 추가
print("prices: %d" % len(prices))    # len 함수를 이용해 길이 구하기
```

```
prices: 3
prices: 4
```

원소 합 구하기: sum 함수

sum 함수는 원소값의 합을 계산한다.

```
integer_list=[1, 2, 3]
sum(integer_list)
```

```
6
```

원소 합 구하기: extend 함수

extend 함수는 리스트 끝에 다른 리스트를 모두 추가해 앞에서 소개한 더하기(+) 연산자와 동일한 역할을 한다.

```
prices=[5000, 140000, 200000, 15000]
x=[1, 2, 3, 4]
prices.extend(x)
prices
```

```
[5000, 140000, 200000, 15000, 1, 2, 3, 4]
```

원소 정렬하기: sort 함수 / sorted 함수

리스트의 원소를 정렬할 때는 sort 함수나 sorted 함수를 사용할 수 있다. sort 함수는 리스트에만 적용할 수 있고 원본 데이터를 정렬 상태로 바꿔 리스트로 반환한다. 반면 sorted 함수는 리스트 아닌 다른 데이터형도 사용할 수 있으며 원본 데이터를 변경하지 않으므로 정렬된 결과를 보고 싶

으면 다른 변수에 저장하거나 print 함수를 이용해 출력해야 된다. 동일한 원본 리스트에 두 함수를 사용해 결과를 비교해보자.

```
x=[4, 1, 2, 3]
x.sort()
x
```

```
[1, 2, 3, 4]
```

```
y=[4, 1, 2, 3]
sorted(y)
y
```

```
[4, 1, 2, 3]
```

sorted 함수를 통해 정렬된 결과는 다음과 같이 별도의 변수에 저장해 확인할 수 있다. 다음 예에서는 옵션 몇 가지를 함께 사용했는데 여기서 key=abs는 절댓값을 나타내고, reverse=True는 내림차순으로 정렬을 의미한다. 그리고 key에는 함수가 입력값으로 들어간다. 리스트의 원소 하나를 받아서 원하는 정렬 규칙에 맞는 함수를 입력하면 된다.

일반적으로 간단한 함수의 경우 lambda로 익명 함수를 작성해 사용하고 조금 복잡한 경우에는 인수 하나를 받는 출력 함수를 만들며 함수 자체를 변수로 할당해준다.

```
x=sorted([-4, 1, -2, 3], key=abs, reverse=True)
x
```

```
[-4, 3, -2, 1]
```

SECTION

02 튜플

튜플Tuple은 소괄호를 사용하여 정의한다. 기호 없이도 사용할 수 있으나 쉼표로 값을 구분해야 한다. 리스트는 원소를 변경할 수 있지만 튜플은 읽기만 가능하고 변경할 수 없어 불변 객체Immutable라고 한다. 삭제나 변경은 불가능하지만 리스트처럼 인덱싱과 슬라이싱은 가능하다.

1 튜플 생성 자료 저장

튜플을 생성할 때는 **튜플 이름=(값1, 값2, 값3)** 형태로 입력한다. 소괄호로 값을 묶고 각각의 값은 쉼표로 구분한다. 튜플은 소괄호 없이도 사용 가능하되 쉼표로 원소를 구분해 입력해야 한다.

```
prices_tuple=(85000, 140000, 200000)
print(prices_tuple)
prices_tuple1=85000, 140000, 200000
print(prices_tuple)
```

```
(85000, 140000, 200000)
(85000, 140000, 200000)
```

2 튜플 원소의 접근과 사용

리스트와 마찬가지로 튜플에도 인덱싱 기능을 사용할 수 있다. 리스트의 인덱싱과 같은 방법으로 **튜플 이름[인덱스 번호]** 형태로 사용한다. 리스트와 달리 튜플은 원소 변경이 불가능하다. 다음과 같이 튜플의 0번째 인덱스를 2000으로 변경하려고 하면 TypeError가 발생하는 것을 확인할 수 있다.

```
prices_tuple=(85000, 140000, 200000)
prices_tuple[0]
```

```
85000
```

```
prices_tuple=(85000, 140000, 200000)
prices_tuple[0]=2000
```

```
TypeError: 'tuple' object does not support
item assignment
```

튜플도 슬라이싱 기능을 사용할 수 있다. 리스트처럼 **튜플 이름[시작 인덱스:마지막 인덱스]** 형태로 사용한다.

```
prices_tuple=('삼성전자', 'LG전자', 'SK', 85000, 140000, 200000)
prices_tuple[2:4]
```

```
('SK', 85000)
```

SECTION
03 집합

집합은 중괄호를 사용해 정의하고 중복을 허용하지 않으며, 순서가 정해진 것이 없다. 즉, 유일한 원소로만 값을 저장하게 된다. 집합은 튜플과는 다르게 add 함수 등을 이용해 원소를 추가할 수 있다.

이번 절에서는 파이썬의 다른 데이터형을 집합으로 변경해보고 집합과 다른 데이터형의 차이도 함께 살펴보도록 한다.

1 집합 생성과 자료 저장

빈 중괄호는 딕셔너리를 생성할 때 사용하며, 집합을 만들려면 set 함수를 사용해야 한다. 직접 집합을 만드는 것뿐만 아니라 리스트나 튜플 등의 다른 데이터형을 집합으로 만드는 것도 가능하다. 리스트의 값은 집합으로 바꿀 수 있다. set 함수를 이용해 리스트를 prices_set 변수에 저장해 집합으로 바꿔보자.

```
prices_list=[85000, 140000, 200000]          # 리스트
prices_set=set(prices_list)                  # 리스트 변수 앞에 set 함수 사용
prices_set
```

```
{85000, 140000, 200000}
```

튜플도 집합으로 바꿀 수 있다. set 함수를 이용해 튜플을 prices_set 변수에 저장해 집합으로 바꿔보자.

```
prices_tuple=(85000, 140000, 200000)         # 튜플
prices_set=set(prices_tuple)                 # 튜플 변수 앞에 set 함수 사용
prices_set
```

```
{85000, 140000, 200000}
```

2 집합의 중복 데이터 제거

집합의 차이를 다른 데이터형과 비교해보면서 효과적으로 사용하는 방법을 익혀보자. 리스트는 append 함수를 이용해 **리스트 이름.append(추가할 데이터)** 형태로 원소를 추가할 수 있지만 튜플에는 append 같은 함수가 없어 원소를 추가할 수 없다. 이와 달리 집합은 튜플과 달리 add 함수를 이용해 원소를 추가할 수 있다.

```
prices_set={85000, 140000, 200000}
prices_set.add(5555)
prices_set
```

```
{5555, 85000, 140000, 200000}
```

리스트는 중복하여 원소를 추가할 수 있지만 집합은 원소의 중복을 허용하지 않는다. 설령 중복된 값을 입력하려고 해도 집합에서는 중복값이 추가로 입력되지 않는다.

```
# 리스트는 원소 중복 가능
prices_list=[85000, 140000, 200000]
prices_list.append(85000)
prices_list
```

```
[85000, 140000, 200000, 85000]
```

```
# 집합은 원소 중복 불가능
prices_set=set(prices_list)
len(prices_set)
prices_set
```

```
{85000, 140000, 200000}
```

따라서 집합은 항상 유일한 값을 가진 원소만 존재해 다음과 같이 특정 항목의 존재 여부를 확인할 때 리스트보다 효율적이다.

```
prices_set={85000, 140000, 200000}
3 in prices_set
```

```
False
```

```
prices_set={85000, 140000, 200000}
y=2 in prices_set
y
```

```
False
```

```
prices_set={85000, 140000, 200000}
x=140000 in prices_set
x
```

```
True
```

집합은 중복된 원소를 제거할 때도 유용하다. 먼저, 중복 데이터가 있는 리스트를 생성한 후 len 함수를 이용해 길이를 구하면 6이다.

```
item_list=[1, 2, 3, 1, 2, 3]
num_items=len(item_list)
num_items
```

```
6
```

이 리스트를 set 생성자를 이용해 집합으로 변경하고 item_set 변수에 저장한다. 그다음 len 함수를 이용해 길이를 구하면 중복을 허용하지 않기 때문에 길이가 6에서 3으로 줄어든 것을 확인할 수 있다.

```
item_list=[1, 2, 3, 1, 2, 3]
item_set=set(item_list)
num_items=len(item_set)
num_items
```

```
3
```

리스트를 집합으로 변환한 후 이 변환된 집합을 다시 리스트로 변환해 출력해보면 중복된 값이 없어진 것을 알 수 있다. 일반적으로 파이썬에서는 딕셔너리나 리스트를 튜플이나 집합보다 많이 사용하지만 리스트의 고유값 등을 추출할 때는 list(set(data))와 같이 집합을 사용한다.

```
item_list=[1, 2, 3, 1, 2, 3]
item_set=set(item_list)
item_list1=list(item_set)
item_list1
```

```
[1, 2, 3]
```

SECTION 04

딕셔너리

딕셔너리[Dictionary]는 집합과 유사하게 중괄호를 사용하며, 키[key]와 값[value]을 한 쌍으로 저장한다. 키는 고유값으로 인덱스와 같은 기능을 한다. 딕셔너리는 집합처럼 자료를 중복 지정할 수 없다.

1 딕셔너리 생성과 자료 저장

딕셔너리는 **딕셔너리 이름={ }** 형태로 정의할 수 있다.

```
my_dict={}
my_dict
```

```
{}
```

그런데 이 방법은 집합과 헷갈릴 수 있으므로 dict 함수를 이용하는 방법을 권장한다.

```
my_dict1=dict()
my_dict1
```

```
{}
```

2 딕셔너리 원소의 접근과 사용

키 설정하기

딕셔너리는 {key1:value1, key2:value2,…} 형태로 원소를 직접 추가한다. 다음 예에서 ss가 키이고 이 키는 10을 가리킨다.

```
my_stocks={'ss':10, 'lg':5, 'sk':5}
print("number of my ss stocks: %d" % my_stocks['ss'])
```

```
number of my ss stocks: 10
```

딕셔너리의 키는 변경할 수 없어야 하고, 고유값을 표현할 수 있어야 한다. 딕셔너리의 키에 다양한 데이터형을 사용할 수 있으나 중복이 허용되는 리스트는 딕셔너리의 키로 사용할 수 없고 튜플이나 문자형은 키로 사용할 수 있다.

```
my_stocks1={['ss','lg']: 10}
```

```
TypeError: unhashable type: 'list'
```

```
my_stocks2={('ss','lg'): 10}         # 튜플이나 문자형은 딕셔너리의 키로 사용 가능
my_stocks2
```

```
{('ss','lg'): 10}
```

키와 값 사용하기

키를 이용해 원소를 새로운 값으로 바꿀 때는 다음과 같이 주어진 키에 새로운 값을 지정한다.

```
my_stocks={'ss': 10, 'lg': 5, 'sk': 5}
my_stocks['lg']=15
my_stocks
```

```
{'ss': 10, 'lg': 15, 'sk': 5}
```

원소를 추가할 때는 **딕셔너리 이름['key']=value** 형태로 사용한다. 다음 예는 my_stocks 딕셔너리에 'naver' 원소를 추가한다.

```
my_stocks={'ss': 10, 'lg': 5, 'sk': 5}
my_stocks['naver']=20
my_stocks
```

```
{'ss': 10, 'lg': 5, 'sk': 5, 'naver': 20}
```

키를 이용해 my_stocks 딕셔너리의 값을 확인해보자. **딕셔너리 이름['key']** 형태를 사용해 ss 키에 해당하는 10을 확인할 수 있다.

```
my_stocks={'ss': 10, 'lg': 5, 'sk': 5, 'naver': 20}
my_stocks['ss']
```

```
10
```

서식 문자를 이용해 my_stocks 딕셔너리의 ss 키에 해당하는 값을 출력해보자. %d로 설정해 정수형으로 출력된다.

```
my_stocks={'ss': 10, 'lg': 5, 'sk': 5, 'naver': 20}
print("number of my ss stocks: %d" % my_stocks['ss'])  # %d 정수형
```

```
number of my ss stocks: 10
```

in을 사용해 해당 키가 딕셔너리에 존재하는지 여부를 확인할 수 있다.

```
my_stocks={'ss': 10, 'lg': 5, 'sk': 5, 'naver': 20}
ss_has_price="ss" in my_stocks
ss_has_price
```

```
True
```

3 딕셔너리에 유용한 내장 함수

딕셔너리에 유용하게 사용할 수 있는 내장 함수를 몇 가지 알아보자.

모든 키 출력하기: keys 함수

keys 함수는 딕셔너리의 모든 키를 출력한다. 다음 예는 %s를 이용해 my_stocks 딕셔너리의 모든 키를 문자열로 출력한다.

```
my_stocks={'ss': 10, 'lg': 5, 'sk': 5, 'naver': 20}
print("Keys: %s" % my_stocks.keys())
```

```
Keys: dict_keys(['ss', 'lg', 'sk', 'naver'])
```

f 문자열 포매팅을 이용할 수도 있는데 print 문에 **f"출력할 내용"** 형태로 입력하므로 딕셔너리의 키를 출력하기 위해 출력할 내용에 my_stock.keys()라고 설정한다.

```
my_stocks={'ss': 10, 'lg': 5, 'sk': 5, 'naver': 20}
print(f"Keys: {my_stocks.keys()}")
```

```
Keys: dict_keys(['ss', 'lg', 'sk', 'naver'])
```

이번에는 for 문을 이용해 키를 출력해보자.

```
my_stocks={'ss': 10, 'lg': 5, 'sk': 5, 'naver': 20}
for value in my_stocks.keys():
    print(value)
```

```
ss
lg
sk
naver
```

for 문을 이용해 키와 값을 불러올 수 있다. for 문에서 keys 함수를 이용해 키를 key 변수에 할당한다. print 함수를 이용해 키와 그 키에 해당하는 값을 구분하여 출력해보자.

```
my_stocks={'ss': 10, 'lg': 5, 'sk': 5, 'naver': 20}
for key in my_stocks.keys():
    print(key, my_stocks[key])
```

```
ss 10
lg 5
sk 5
naver 20
```

키와 값을 각각 리스트 형태로 만들어보자. list 함수를 이용해 튜플을 리스트로 만들고 keys 함수를 이용해 딕셔너리의 키만 추출해 원소로 포함시킨다.

```
my_stocks={'ss': 10, 'lg': 5, 'sk': 5, 'naver': 20}
my_stocks_list=list(my_stocks.keys())
my_stocks_list
```

```
['ss', 'lg', 'sk', 'naver']
```

모든 값 출력하기: values 함수

values 함수는 딕셔너리의 값을 출력한다. **딕셔너리 이름.values()** 형태로 모든 값을 출력한다.

```
my_stocks={'ss': 10, 'lg': 5, 'sk': 5, 'naver': 20}
print("Values: %s" % my_stocks.values())
```

```
Values: dict_values([10, 5, 5, 20])
```

for 문을 사용해 딕셔너리의 값을 모두 출력할 수도 있다.

```
my_stocks={'ss': 10, 'lg': 5, 'sk': 5, 'naver': 20}
for value in my_stocks.values():
    print (value)
```

```
10
5
5
20
```

키와 값 모든 쌍 출력하기: items 함수

items 함수는 키와 값을 쌍으로 출력한다. 키와 값을 한 쌍으로 리스트를 만들어보자. 키와 값이 튜플 형태로 묶이고 각각의 튜플은 리스트의 원소로 사용된다.

```
my_stocks={'ss': 10, 'lg': 5, 'sk': 5, 'naver': 20}
my_stocks_list1=list(my_stocks.items())
my_stocks_list1
```

```
[('ss', 10), ('lg', 5), ('sk', 5), ('naver', 20)]
```

다음과 같이 for 문을 이용해 키와 값의 쌍을 출력할 수 있다.

```
my_stocks={'ss': 10, 'lg': 5, 'sk': 5, 'naver': 20}
for value in my_stocks.items():
    print (value)
```

```
('ss', 10)
('lg', 5)
('sk', 5)
('naver', 20)
```

값 가져오기: get 함수

get 함수는 특정 키가 가리키는 값을 가져오거나 해당 키가 없으면 미리 지정한 기본값을 가져온다. ❶은 ss 키가 있어 ss 키가 가리키는 값 10을 출력한다. ❷는 kt 키가 없어 get 함수에 설정한 기본값인 100을 출력한다. ❸처럼 skt 키도 없고, 미리 지정한 기본값도 없는 경우에는 None으로 표시한다.

```
my_stocks={'ss': 10, 'lg': 5, 'sk': 5, 'naver': 20}
ss_quantity=my_stocks.get("ss", 100)        ❶
ss_quantity
```

```
10
```

```
my_stocks={'ss': 10, 'lg': 5, 'sk': 5, 'naver': 20}
ss_quantity=my_stocks.get("kt", 100)        ❷
ss_quantity
```

```
100
```

```
my_stocks={'ss': 10, 'lg': 5, 'sk': 5, 'naver': 20}
no_ones_price=my_stocks.get("skt")          ❸
print(no_ones_price)
```

```
None
```

키와 값 확인하기: in 연산자와 내장 함수의 결합

딕셔너리 내장 함수를 in 연산자와 결합해 키와 값을 다양하게 확인할 수 있다. 먼저, my_stocks 딕셔너리에 in 연산자만 사용해 ss 키를 확인하는 방법은 다음과 같다.

```
my_stocks={'ss': 10, 'lg': 5, 'sk': 5, 'naver': 20}
"ss" in my_stocks
```

```
True
```

```
my_stocks={'ss': 10, 'lg': 5, 'sk': 5, 'naver': 20}
"kt" in my_stocks
```

```
False
```

in 연산자와 keys 함수를 사용해 키가 있는지 확인하고 values 함수로 값이 있는지 확인할 수 있다.

```
my_stocks={'ss': 10, 'lg': 5, 'sk': 5, 'naver': 20}
"ss" in my_stocks.keys()
```

```
True
```

```
my_stocks={'ss': 10, 'lg': 5, 'sk': 5, 'naver': 20}
"ss" in my_stocks.values()
```

```
False
```

```
my_stocks={'ss': 10, 'lg': 5, 'sk': 5, 'naver': 20}
10 in my_stocks.values()
```

```
True
```

in 연산자를 items 함수와 사용해 키와 값의 쌍을 확인할 수 있다.

```
my_stocks={'ss': 10, 'lg': 5, 'sk': 5, 'naver': 20}
"ss" in my_stocks.items()
```

```
False
```

```
my_stocks={'ss': 10, 'lg': 5, 'sk': 5, 'naver': 20}
('ss', 10) in my_stocks.items()        # 튜플로 표현됨
```

```
True
```

딕셔너리가 존재하지 않는 키를 참조하면 KeyError가 발생한다.

```
my_stocks={'ss': 10, 'lg': 5, 'sk': 5, 'naver': 20}
try:
    kt=my_stocks["kt"]
except KeyError:
    print("no price for kt!")
```

```
no price for kt!
```

따라서 딕셔너리를 다룰 때는 키의 존재 여부를 먼저 파악한 뒤 실행하는 편이 안전하다. in 연산자를 이용해 키의 존재 여부를 빠르게 확인하는 것도 방법이다. get 함수를 사용하면 입력한 키가 딕셔너리에 없어도 에러를 반환하지 않고 기본값을 반환하게 된다.

```
my_stocks={'ss': 10, 'lg': 5, 'sk': 5, 'naver': 20}
try:
    ss=my_stocks["ss"]
    print("ss exists")
except KeyError:
    print("no price for ss!")
```

```
ss exists
```

SECTION 05

기타 데이터형

Boolean, No value, False로 표시되는 기타 데이터형을 알아보자. 먼저 Boolean은 주로 조건식의 결과를 True나 False로 표시한다. 첫 글자는 반드시 대문자를 사용해야 한다. 다음 예에서 ❶은 간단한 조건식의 결과를 확인한 것이다. ❷는 ❶의 조건식을 one_less_two 변수에 할당한 것으로 둘 다 결과로 True를 반환한다.

```
1 < 2                    ——— ❶
```

```
True
```

```
one_less_two=1 < 2       ——— ❷
one_less_two
```

```
True
```

비교 연산자 ==는 진위 여부를 판별하여 그 결과에 따라 True나 False를 반환한다. 특히 마지막 예는 True==False의 결과 False를 true_equals_false에 할당해 False를 반환한다.

```
True==False
```

```
False
```

```
1==2
```

```
False
```

```
1==1
```

```
True
```

```
true_equals_false=True==False
true_equals_false
```

```
False
```

파이썬은 비어 있는 값, 즉 존재하지 않는 값은 None으로 표기한다. None을 비롯해 다음 항목은 모두 False로, 이외의 것은 모두 True로 판별한다.

- False
- None
- []
- {}
- ""
- set()
- 0
- 0.0

예를 들어 all 함수는 리스트의 모든 항목이 참이면 True를 반환한다. ❶과 같이 거짓으로 판단하는 None, [], {}, "", set(), 0, 0.0 항목이 하나도 없으면 True를 반환하고 ❷와 같이 거짓으로 판단하는 항목인 {}가 하나라도 있으면 False를 반환한다.

```
all([True, 1, {3}])    ❶    True
all([True, 1, {}])     ❷    False
```

any 함수는 ❶과 같이 리스트에 하나라도 참인 항목이 있으면 True를 반환하고 ❷와 같이 참인 항목이 하나도 없이 모두 거짓인 항목만 존재하는 경우 False를 반환한다.

```
any([True, 1, {}])     ❶    True
any([False, 0, {}])    ❷    False
```

연습문제

1 다음 코드를 실행한 결과는?

```
prices=[85000, 140000, 200000, 15000]
prices[0]=5000
prices
```

① [85000, 140000, 200000, 15000]

② [5000, 5000, 5000, 5000]

③ [5000, 140000, 200000, 15000]

④ [85000, 140000, 200000, 5000]

2 prices 리스트의 마지막 원소값인 200000을 가져오려면 인덱스는 어떻게 설정해야 하는가?

```
prices=[85000, 140000, 200000]
```

① prices[0] ② prices[−1]

③ prices[1] ④ prices[−2]

3 prices 리스트에서 첫 번째부터 두 번째까지 값을 가져오려면 어떻게 설정해야 하는가?

```
prices=[85000, 140000, 200000]
```

① prices[:2] ② prices[:]

③ prices[1:] ④ prices[2:]

4 다음 코드를 실행한 결과는?

```
integer_list=[1, 2, 3]
sum(integer_list)
```

① 0 ② 2

③ 3 ④ 6

5 다음 코드의 실행 결과를 입력하시오.

```
prices=[5000, 140000, 200000, 15000]
x=[1, 2, 3, 4]
prices.extend(x)
prices
```

6 prices_tuple 튜플에서 prices_tuple[0]의 실행 결과는?

```
prices_tuple=(85000, 140000, 200000)
prices_tuple[0]
```

① 140000 ② 85000
③ 0 ④ 200000

7 다음 코드의 실행 결과를 입력하시오.

```
prices_tuple=('삼성전자', 'LG전자', 'SK', 85000, 140000, 200000)
prices_tuple[2:4]
```

8 다음 코드를 실행한 결과는?

```
item_list=[1, 2, 3, 1, 2, 3]
num_items=len(item_list)
num_items
```

① 6 ② 3
③ 2 ④ 0

연습문제

IT@COOKBOOK

9 다음 코드를 실행한 결과는?

```
item_list=[1, 2, 3, 1, 2, 3]
item_set=set(item_list)
item_set
```

① {1, 2, 3} ② (1, 2, 3)
③ [1, 2, 3] ④ {1, 2, 3, 1, 2, 3}

10 다음 코드의 실행 결과를 입력하시오.

```
my_stocks={'ss': 10, 'lg': 5, 'sk': 5}
print("number of my ss stocks: %d" % my_stocks['ss'])
```

11 다음 코드의 실행 결과를 입력하시오.

```
my_stocks={'ss': 10, 'lg': 5, 'sk': 5}
my_stocks['lg']=15
my_stocks
```

12 다음 코드를 실행한 결과는?

```
my_stocks={'lg': 15, 'naver': 20, 'sk': 5, 'ss': 10}
ss_quantity=my_stocks.get("naver")
ss_quantity
```

① 15 ② 10
③ 20 ④ lg

CHAPTER 03

제어문과 함수

학습목표

- if 문을 이용해 조건에 따른 결과를 출력하는 방법을 배운다.
- for 문과 while 문을 이용해 명령문을 반복하는 방법을 배운다.
- 함수를 정의하고 사용하는 방법을 배운다.
- 컴프리헨션 기능으로 데이터형을 좀 더 쉽고 간결하게 저장하고 제어문에 사용하는 방법을 배운다.
- 데이터 분석에 유용한 파이썬 외장 함수/내장 함수의 사용법을 배운다.

SECTION 01 조건문

조건문은 참 또는 거짓을 판별하는 조건식을 검사해 결괏값이 참인지 거짓인지에 따라 실행할 문장을 선택하여 처리하는 제어문이다. 조건문에는 if 문, if~else 문, if~elif~else 문이 있다.

조건문을 비롯한 제어문을 사용할 때는 들여쓰기를 주의해야 한다. 파이썬에서 들여쓰기Indent는 다른 프로그래밍 언어의 중괄호처럼 범위를 지정하는 역할을 한다. 파이썬에서 들여쓰기는 공백 4칸, 혹은 탭 1개이며, 코랩은 보통 공백 2칸을 사용한다.

1 if 문의 원리

if 문은 단일 조건문으로 조건식이 참이면 처리문을 실행하고 거짓이면 처리문을 건너뛴다. [그림 3-1]의 순서도와 같이 조건식을 만족하면(참이면) 처리문을 실행하고, 조건을 만족하지 않으면(거짓이면) 처리문을 실행하지 않고 조건문을 빠져나온다. if 문 다음에 들여쓰기된 명령문은 모두 if 문의 범위 안에 있음을 나타낸다.

```
if 조건식:
    처리문
```

```
if score>=90 :
    print("합격입니다.")
```

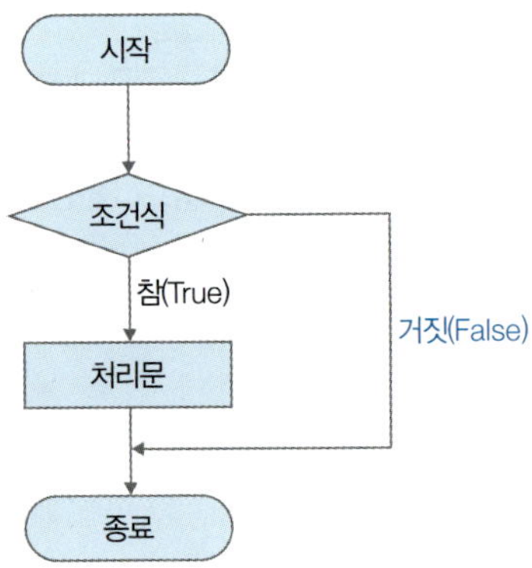

그림 3-1 if 문의 구조와 제어 순서도

if~else 문은 조건이 참인 경우와 거짓인 경우를 구분하여 처리할 때 사용한다. 즉, 조건이 참이면 처리문 1을 실행하고, 조건이 거짓이면 처리문 2를 실행한다.

```
if 조건식:
    처리문 1
else:
    처리문 2
```

```python
if score>=90 :
    print("합격입니다.")
else:
    print("불합격입니다.")
```

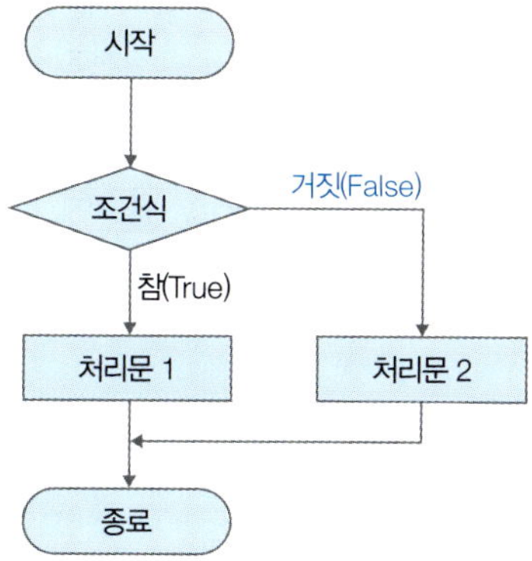

그림 3-2 if~else 문의 구조와 제어 순서도

if~elif~else 문은 조건이 여러 개인 다중 조건문이다. 조건식 1이 거짓이면 조건식 2를 검사하는데 이때 else와 if를 결합한 elif 키워드를 사용한다. [그림 3-3]의 순서도에서 보듯이 조건식 1이 참이면 처리문 1을 수행한다. 조건식 1이 거짓이면 elif 다음의 조건식 2를 검사하여 참이면 처리문 2를 수행하고 거짓이면 처리문 3을 수행한다.

```
if 조건식 1:
    처리문 1
elif 조건식 2:
    처리문 2
else:
    처리문 3
```

```python
if score>=90:
    print("A학점")
elif score>=80:
    print("B학점")
else:
    print("C학점")
```

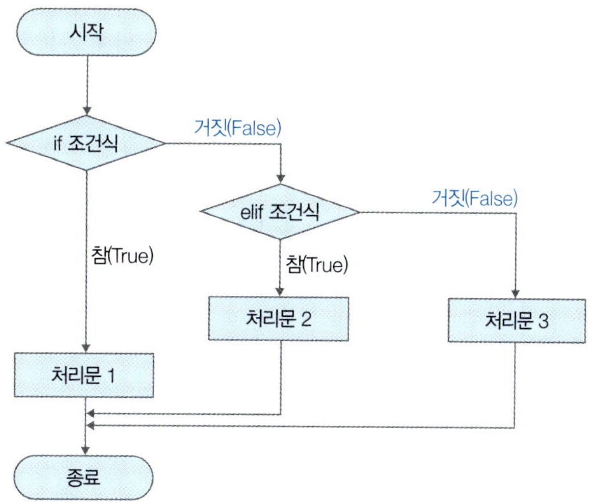

그림 3-3 if~elif~else 문의 구조와 제어 순서도

삼항 연산자Ternary Operator를 이용해 if~else 문을 연산 한 줄로 간결하게 표시할 수 있다. 다음은 4줄의 if~else 문을 삼항 연산자를 이용해 한 줄로 표현한 예다. a 변수를 4로 초기화하고 if 문의 조건에서 a를 2로 나눈 나머지가 0인지 체크해 참이면 짝수를 출력하고, 그렇지 않으면 홀수를 표시한다. 삼항 연산자를 사용하면 훨씬 더 간결하게 작성할 수 있다. a 변수를 4로 초기화하고 parity 변수에 짝수 값을 저장하려고 하는데 만약 a 변수에 저장된 값이 짝수(2로 나눈 나머지가 0)가 아니라면 else 다음의 값인 홀수를 parity 변수에 저장한다. 현재 코드는 a 변수를 4로 초기화시켰으므로 최종적으로 parity 변수에 저장되는 값은 짝수다.

```
a=4
if a %2==0:
    print("짝수")
else:
    print("홀수")
```

→

```
a=4
parity="짝수" if a %2==0 else "홀수"
parity
```

그림 3-4 if~else 문과 삼항 연산자

2 if 문의 사용

다음은 price가 900과 같으면 적정 가격을 출력하고 조건에 맞지 않으면 elif 조건을 검사해 900보다 크면 비싼 가격을 출력, 900보다 적으면 낮은 가격을 출력하는 예다.

```
price=800

if price==900:
    print('적정 가격')
elif price>900:
    print('비싼 가격')
else:
    print('낮은 가격')
```

```
낮은 가격
```

다음은 오늘 주가와 내일 주가(예측 가격)를 이용해 주가 변화율(수익률)을 구한 예다. 예상 수익률이 수수료보다 높으면 매수하고, 낮으면 매도, 그렇지 않은 경우는 보유하도록 조건문을 작성한다. if 조건의 profit_change>fee가 참이므로 if 문 이하의 명령문이 실행된다. 만약 이 조건이 거짓이면 elif 조건을 검사하고, 이 조건의 수익률이 −fee보다도 낮으면 elif 조건 이하의 명령을 실행하여 매도한다. 그리고 if 조건과 elif 조건이 모두 거짓이면(매수와 매도의 조건이 아니면) else 문의 내용을 실행하여 보유하게 된다.

여기서 %f는 변수가 실수형임을 의미하며, %.2f는 소수점 둘째 자리까지 출력하라는 의미다. 따라서 %profit_change는 0.11로 소수점 둘째 자리까지만 출력하고 %fee는 소수점 이하를 모두 표시한다. %(profit_change, fee)는 변수 두 개를 출력하라는 의미로 %profit_change, %fee를 간략히 표시한 것이다.

```
current_price=900
predict_price=1000
fee=0.01

profit_change=(predict_price-current_price)/current_price

if profit_change>fee:
    print("profit_change는 %.2f , fee는 %f"%(profit_change, fee))
    print("buy stock : 순수익률은 %.2f"%(profit_change-fee))
elif profit_change<-fee:
    print("sell stock : 수익률은 %.2f, 수수료는 %f"%(profit_change, fee))
else:
    print(profit_change,"hold stock")
```

```
profit_change는 0.11, fee는 0.010000
buy stock : 순수익률은 0.10
```

if 문의 조건을 or 연산자로 연결하면 두 조건 중 하나만 참이어도 참이 된다. 다음 예에서 profit_change>fee 조건은 참이고 profit_change<−fee 조건은 거짓인데 or 연산자로 연결해 결과적으로 참이 되어 if 조건의 수행문이 실행된다.

```
current_price=900
predict_price=1000
fee=0.01
profit_change=(predict_price-current_price)/current_price

if -fee<profit_change or profit_change<fee:
    print("profit_change %.2f, fee %.2f 매수 혹은 매도 상황"%(profit_change, fee))
else:
    print("%f, 보유"%(profit_change-fee))
```

```
profit_change 0.11, fee 0.10 매수 혹은 매도 상황
```

if 문의 조건을 and 연산자로 연결하면 모든 조건이 참이어야 참이 된다. 다음 예에서 profit_change<fee 조건은 참이지만 profit_change>−fee 조건은 거짓이기에 and 연산자 결과가 거짓이 되어 if 조건의 수행문이 실행되지 않고 else 문이 실행된다.

```
fee=0.01
profit_change=-0.02

if -fee<profit_change and profit_change<fee:
    print("profit_change %f, fee %f 보유"%(profit_change, fee))
else:
    print("매수 혹은 매도 상황")
```

```
매수 혹은 매도 상황
```

조건에 elif 문을 추가해 매수/매도를 판단하도록 해보자. profit_change=0.2는 가격이 매우 높은 상황이기 때문에 매수를 하라는 판단을 하게 된다. 다음 예에서는 elif 문의 조건이 참이 되어 elif 문의 수행문이 실행된다. 만약 profit_change=−0.2라면 else 문의 수행문을 실행한다.

```
profit_change=0.2
if -fee<profit_change and profit_change<fee:
    print("profit_change %f, fee%f 보유"%(profit_change,fee))
elif profit_change>fee:
    print("buy stock: 수익률은 %.2f"%(profit_change-fee))
else:
    print("sell stock: 수익률은 %.2f, 수수료는 %.2f"%(profit_change,fee))
```

```
profit_buy stock: 수익률은 0.19
```

elif 문을 여러 개 사용해 조건에 해당되는 결과를 출력하도록 해보자. 다음은 4200원 상품을 가격에 따라 등급을 구분하여 출력하는 예다. 이처럼 elif 문을 여러 번 사용할 수도 있지만 if 문을 여러 번 사용해도 된다.

```
price=4200
if price<1000:
    print("5등급 제품")
if price>=1000 and price<2000:
    print("4등급 제품")
elif price>=2000 and price<3000:
    print("3등급 제품")
elif price>=3000 and price<4000:
    print("2등급 제품")
else:
    print("1등급 제품")
```

```
1등급 제품
```

SECTION
02 반복문

반복문은 지정한 범위에 해당하는 만큼 명령문을 반복해서 실행한다. 반복문을 사용하면 짧은 코드로 반복되는 명령을 실행할 수 있다. 반복문에는 for 문과 while 문이 있다.

1 for 문의 원리

for 문은 복합 데이터형을 반복 범위로 지정해 복합 데이터형의 원소를 순서대로 반복 변수에 대입하고 명령문을 실행한다. 반복 범위는 주로 range 함수에 시작값, 종료값, 증가값을 설정해 사용하고, 이때 in 연산자를 사용한다. 예에서 range(0, 10, 4)는 0부터 9까지의 값을 반환하는데 4씩 건너뛰고 0, 4, 8을 반환하며 변수에 값을 하나씩 대입하면서 반복문을 수행한다. 증가값을 생략하면 1로 인식하므로 range(0, 10)은 range(0, 10, 1)과 같고, 시작값도 없으면 0이 생략된 것이므로 range(10)과도 같다.

```
for 변수 in range(시작값, 종료값+1, 증가값):
    # 이 부분의 처리문을 반복 실행
```

```
for x in range(0, 10, 4):
    print(x,"는(은) 4의 배수로 10보다 작다.")
```

그림 3-5 for 문의 구조와 사용 예

2 for 문의 사용

다음은 for 문에 다시 for 문을 중첩하여 구구단을 출력한 예다. 첫 번째 for 문의 변수 i는 두 번째 for 문의 변수 j가 in 뒤의 값을 호출하는 동안 고정된다. 즉, 첫 번째 for 문의 변수 i는 구구단의 i 단수(2~9단)에 해당하고, 두 번째 for 문의 변수 j는 곱해지는 1~9다. 안쪽 for 문의 j 변수가 1부터 9까지 반복되면 i가 한 번 반복된다고 생각하면 된다.

```
for i in range(2, 10):
    for j in range(1, 10):
        print("%d*%d=%d"%(i, j, i*j))
```

```
2 * 1=2
2 * 2=4
...
9 * 8=72
9 * 9=81
```

for 문을 if 문과 함께 사용할 수도 있다. 단, for 문 안에 if 문을 사용할 때도 들여쓰기를 해야 한다. 다음은 for 문으로 숫자를 반복해 출력하다가 if 문으로 주어진 조건에 이르면 중단하는 예다. 0부터 9까지의 숫자를 반복해 출력하다가 if 문의 i==3 조건을 만족하면 반복문의 이후 실행을 모두 중단한다. 3도 출력하지 않고 마친다. 이처럼 break 문을 통해 반복문을 빠져나가게 할 수 있다.

```
for i in range(10):
    if i==3:
        break
    print(i)
```

```
0
1
2
```

continue 문을 통해 for 문의 처음으로 돌아가게 할 수 있다. 앞서 break 문으로 i가 3이 되면 반복문 밖으로 빠져나오게 했다. 다음 예는 i가 3이 되면 continue 문을 통해 반복문으로 다시 돌아가 3을 출력하지 않고 4부터 다시 출력한다. 그리고 i가 7이 되면 break 문을 통해 반복문을 빠져나오게 하여 6까지만 출력한다.

```
for x in range(10):
    if x==3:
        continue
    if x==7:
        break
    print(x)
```

```
0
1
2
4
5
6
```

cars 리스트에 있는 값 중 tesla를 upper 함수를 이용해 대문자로 변경하고, 나머지는 title 함수를 이용해 첫 글자만 대문자로 변경해보자. for 문을 이용해 리스트에 있는 값을 반복적으로 가져오고 if 문을 이용해 값이 tesla인지 확인하면 된다.

```
cars=['sonata', 'tesla', 'avante', 'lexus']
for i in cars:
    if i=='tesla':
        print(i.upper())
    else:
        print(i.title())
```

```
Sonata
TESLA
Avante
Lexus
```

딕셔너리 키 값을 for 문을 이용해 출력할 수 있다. 다음 예는 my_stocks 딕셔너리의 0번 인덱스부터 마지막 인덱스까지의 키 값을 출력한다.

```
my_stocks={'ss': 10, 'lg': 5, 'sk': 5, 'naver': 20}
for i in my_stocks:
    print(i)
```

```
ss
lg
sk
naver
```

3 for 문의 활용: 음식 주문 프로세스 구현

손님이 주문한 음식을 주방에 전달하는 과정을 단계별로 구현해보자. 먼저 손님이 음식을 주문하는 과정이 필요하다. menus 리스트에는 식당의 메뉴를 담고 requests 리스트에는 손님이 주문한 메뉴를 담는다. if 문으로 손님이 주문한 음식이 식당에서 제공되는 메뉴에 있는지 확인하고 for 문을 이용해 모든 음식을 반복해서 확인한다. 즉, requests 리스트의 값이 menus 리스트에 있으면 주문한다고 출력하고, 없으면 메뉴에 없다고 출력하게 한다.

```
menus=['된장찌개', '삼겹살', '설렁탕', '냉면', '칼국수', '김치찌개']
requests=['된장찌개', '김치찌개', '해물찜']

for item in requests:
    if item in menus:
        print(f"{item} 주문합니다.")
    else:
        print(f"\n죄송합니다. 저희는 {item}이 없습니다.")
```

손님이 주문한 메뉴를 주방에 전달하는 과정을 구현해보자. ready 리스트에 주방에 전달할 주문 정보를 담는다. 빈 ready 리스트를 선언하고 append 함수를 사용해 주문한 메뉴를 추가하면 된다. 예를 들어 주문한 음식이 된장찌개라면 다음과 같이 구현된다.

```
ready=[]
ready.append('된장찌개')
```

주문한 메뉴가 담긴 ready를 주방에 전달하고 손님에게 다시 확인하는 부분을 구현해보자. 된장찌개를 주문하면 이를 출력하고 이 값이 ready 리스트 변수에 추가되고 '된장찌개 준비해주세요'라고 출력한다. for 문이 모두 끝나면 지금까지 주문한 메뉴를 준비하겠다고 출력한다.

```
menus=['된장찌개', '삼겹살', '설렁탕', '냉면', '칼국수', '김치찌개']
requests=['된장찌개', '김치찌개', '해물찜']

ready=[]
for item in requests:
    if item in menus:
        print(f"{item} 주문합니다.")
        ready.append(item)
        print(f"{ready} 준비해주세요.")
    else:
        print(f"\n죄송합니다. 저희는 {item}이 없습니다.")

print(f"\n이제 {ready} 음식을 준비하겠습니다.")
```

```
된장찌개 준비합니다.
['된장찌개'] 준비해주세요.
김치찌개 주문합니다.
['된장찌개', '김치찌개'] 준비해주세요.

죄송합니다. 저희는 해물찜이 없습니다.

이제 ['된장찌개', '김치찌개'] 음식을 준비하겠습니다.
```

4 while 문의 원리

while 문은 반복 횟수가 정해져 있지 않을 때 사용하는 반복문이다. 조건을 만족하면(참이면) 무조건 반복 수행한다. [그림 3-6]과 같이 조건이 while True:인 경우에는 조건이 항상 참이 되므로 무한 반복(무한 루프)하게 된다. 이 경우 Ctrl + C 를 눌러 강제 종료해야 한다. 따라서 break 문을 사용해 반복문을 빠져나올 수 있게 하는 것이 좋다.

```
while 조건문:
    처리문
```

```
while True:
    print("파이썬 반복 출력")
```

그림 3-6 while 문의 구조와 사용 예

5 while 문의 사용

while 문의 조건이 만족하는 동안 while 이하의 명령을 반복 실행한다. 다음 코드에서는 i 변수는 0으로 초기화하고, i가 5보다 작은 경우는 반복문이 계속 실행된다. i를 출력하고 i를 1 증가시킨 값을 i 변수에 저장한다. 이 경우는 조건이 있기 때문에 Ctrl + C 를 누를 필요가 없다.

```
i=0
while i<5:
    print (i)
    i+=1 # i=i+1과 같은 의미
```

```
0
1
2
3
4
```

while 문도 들여쓰기를 주의해야 한다. 다음 예는 i와 total 변수를 0으로 초기화하고 i가 5보다 작은 값일 때 반복 수행되는 예다. 반복문을 빠져나오기 전후의 i와 total은 다른 결과를 출력한다.

```
i=0
total=0
while i<5:
    i=i+1
    total+=i
    print(i, total)    # 반복문 안이므로 i와 total 변수의 결과를 반복 출력
print(i, total)        # 반복문 밖이므로 i와 total 변수의 최종 결과만 출력
```

```
1 1
2 3
3 6
4 10
5 15
5 15      → 가장 마지막의 print 문 수행 결과
```

변수 i와 total을 0으로 초기화한 후 i를 10씩 증가시킨 후 total에 i 값을 누적하는 반복문을 while 문과 for 문으로 각각 표현하면 다음과 같다.

```
i=0
total=0
while i<100:
    print(i)
    i+=10
    total+=i
print(i, total)
```

```
i=0
total=0
for i in range(0, 101, 10):
    print(i)
    total+=i
print(i, total)
```

```
0
10
20
...
80
90
100
100 550      → 가장 마지막의 print 문 수행 결과
```

날씨에 따라 등산 여부를 판단하는 경우를 구현해보자. weather 리스트에 날씨 상태 값을 담고 while 문을 i 변수가 10보다 작을 때까지 수행한다. 반복문 안에 'print(i)'라고 설정했기 때문에 가장 먼저 i 값을 0, 1, 2 … 9까지 출력한다. 리스트를 넘지 않도록 i % 3을 하여 i / 3의 나머지 값을 weather의 인덱스 값으로 설정한다. if 문에 의해 weather 인덱스를 3으로 나눠 나머지가 rain(나머지가 0)과 같으면 '비가 오니 등산 안 한다.'라고 출력하고 그렇지 않으면 다음 조건으로 넘어가는데 i를 3으로 나눠 나머지가 1 또는 snow와 같으면 '눈이 오니 등산 안 한다.'라고 출력한다. 그 외에는 'good 날씨이니 등산한다.'라고 출력하게 된다.

i가 0일 때, 3으로 나눈 나머지가 0이므로 weather[0]이 되고, weather[0] 값이 rain이므로 if 조건을 만족해 '비가 오니 등산 안 한다.'를 출력한다. i가 1일 때, 3으로 나눈 나머지가 1이므로 weather[1]이 되고, weather[1]은 snow이므로 elif 조건을 만족해 '눈이 오니 등산 안 한다.'를 출력한다. i가 2일 때, 나머지가 2이므로 weather가 good일 경우이고, 'good 날씨이니 등산한다.'를 두 번 출력한다. 즉, 3의 배수인 경우는 '비가 오니 등산 안 한다.'라고 출력하고 3으로 나눌 때 나머지가 1이면, '눈이 오니 등산 안 한다.'라고 출력하고, 나머지가 2이면, 'good 날씨이니 등산한다.'를 두 번 출력한다.

```
i=0
weather=['rain', 'snow', 'good']
while i<10:
    print(i)
    if weather[i%3]=='rain':
        print('비가 오니 등산 안 한다.')
    elif weather[i%3]=='snow':
        print('눈이 오니 등산 안 한다.')
    else:
        print("%s 날씨이니 등산한다."%weather[i%3])
        print(f"{weather[i%3]} 날씨이니 등산한다.")
    i=i+1
```

```
0
비가 오니 등산 안 한다.
1
눈이 오니 등산 안 한다.
2
good 날씨이니 등산한다.
good 날씨이니 등산한다.
3
비가 오니 등산 안 한다.
4
눈이 오니 등산 안 한다.
5
good 날씨이니 등산한다.
good 날씨이니 등산한다.
6
비가 오니 등산 안 한다.
7
눈이 오니 등산 안 한다.
8
good 날씨이니 등산한다.
good 날씨이니 등산한다.
9
비가 오니 등산 안 한다.
```

SECTION

03 컴프리헨션

컴프리헨션Comprehension은 특정 규칙을 이용해 데이터형에 자료를 좀 더 쉽고 간결하게 담는 방법이다. 컴프리헨션을 이용하면 목록을 하나씩 생성하는 것보다 동작 속도가 빨라 유용하다. 컴프리헨션을 리스트 형태로 만들면 리스트 컴프리헨션List Comprehension, 딕셔너리 형태로 만들면 딕셔너리 컴프리헨션Dictionary Comprehension, 집합 형태로 만들면 집합 컴프리헨션Set Comprehension이라 부른다.

왼쪽과 같이 원소를 하나하나 입력해 일반 리스트를 생성하는 방법을 오른쪽과 같이 컴프리헨션을 사용하는 형태로 바꿀 수 있다. 같은 방법으로 주어진 조건에 맞게 리스트 컴프리헨션을 생성하는 방법을 알아보자.

```
# 일반 리스트 생성
even_numbers=[0, 2, 4, 6, 8]
even_numbers
```

```
[0, 2, 4, 6, 8]
```

```
# 컴프리헨션을 이용한 리스트 생성
squares=[x * x for x in range(5)]
squares
```

```
[0, 1, 4, 9, 16]
```

다음은 0과 9 사이 짝수의 제곱을 구해 even_squares 변수에 할당한다.

```
# 짝수의 제곱을 원소로 가지는 리스트 컴프리헨션
even_squares=[x * x for x in even_numbers]
even_squares
```

```
[0, 4, 16, 36, 64]
```

주어진 크기만큼의 원소를 가지면서 원소 기본값은 0으로, 불필요한 값은 언더바(_)로 표시하는 리스트는 다음과 같이 생성한다.

```
# 주어진 크기의 원소를 가지는 리스트 컴프리헨션
zeros=[0 for _ in even_numbers]
zeros
```

```
[0, 0, 0, 0, 0]
```

for 문을 사용해 0부터 9까지의 값을 먼저 할당하고, if 문을 사용해 이 값을 2로 나눈 나머지가 0인 값만 x에 할당해 0에서 9까지의 짝수로만 된 리스트를 생성할 수 있다.

```
# 0에서 9까지의 짝수를 원소로 가지는 리스트 컴프리헨션
even_numbers=[x for x in range(10) if x % 2==0]
even_numbers
```

```
[0, 2, 4, 6, 8]
```

컴프리헨션을 이용해 구구단을 다양한 형태로 표시해 살펴보자. for 문과 range 함수를 이용해 구구단의 결과를 표시할 수 있다. i는 2단부터 9단까지를 의미하고, j는 1부터 9까지를 의미한다.

```
# 구구단 리스트 컴프리헨션 1
pairs=[i*j for i in range(2, 10) for j in range(1, 10)]
print(pairs)
```

```
[2, 4, 6, 8, 10, 12, 14, 16, 18, 3, 6, ..., 72, 81]
```

range 함수는 0부터 시작한다. range(2, 10)은 2부터 9까지라는 의미이며, googoo.append에서 append는 다음에 오는 값을 googoo 리스트의 원소로 추가하라는 의미다.

```
# 2단 리스트 컴프리헨션
googoo=[]
for i in range(2, 10) :
    for j in range(1, 10) :
        googoo.append(i * j)
googoo=[i*j for i in range(2, 10) for j in range(1, 10)]
googoo[:9]
```

```
[2, 4, 6, 8, 10, 12, 14, 16, 18]
```

비슷한 방법이지만 format 함수를 사용하면 조금 더 보기 좋게 구구단을 출력할 수 있다.

```
# 구구단 리스트 컴프리헨션 2
for i in range(2, 10) :
    for j in range(1, 10) :
        print("{} * {}={}".format(i, j, googoo[(j-1)+((i-2)*9)]))
```

```
2 * 1=2
2 * 2=4
...
9 * 9=81
```

2단~9단까지의 단수와 1에서 9까지 곱하는 수를 각각 (x, y) 형태의 튜플로 묶어 리스트의 원소로 표시할 수 있다.

```
# 구구단 리스트 컴프리헨션 3
increasing_pairs=[(x, y)
    for x in range(10)
    for y in range(x+1, 10)]
increasing_pairs
googoo=[(x, y) for x in range(2, 10) for y in range(1, 10)]
googoo
```

```
[(2, 1),
 (2, 2),
 (2, 3),
...
 (9, 7),
 (9, 8),
 (9, 9)]
```

딕셔너리도 리스트 컴프리헨션과 같이 생성할 수 있다. {key: value}의 형태로 지정하고, 반복문의 형태는 리스트 컴프리헨션과 동일하며, 이를 딕셔너리 컴프리헨션Dictionary Comprehension이라고 한다.

```
# 딕셔너리 컴프리헨션
square_dict={i: i * i for i in range(5)}
square_dict
```

```
{0: 0, 1: 1, 2: 4, 3: 9, 4: 16}
```

집합은 중복을 허용하지 않는다. 집합 역시 리스트 컴프리헨션과 생성 방법이 동일하다.

```
# 집합 컴프리헨션
square_set={i * i for i in [1, -1, 2]}
square_set
```

```
{1, 4}
```

my_stocks는 딕셔너리 변수로 세 개의 값을 포함하고 있다. key 값으로 ss, lg, sk가 사용되었으며 각각의 key에 따른 value는 10, 5, 5로 입력되어 있다. 이때 value는 100 단위이므로 100을 곱하여 출력하고자 한다. items 함수는 딕셔너리 변수의 key 값과 value 값을 모두 불러올 때 사용한다. my_stocks1 변수에 딕셔너리 컴프리헨션을 이용하여 k는 키, v는 value를 의미하는데 for 문을 이용해 value에 100을 곱한 값을 저장한다.

```
my_stocks={'ss': 10, 'lg': 5, 'sk': 5, 'naver': 20}
my_stocks1={k: v * 100 for (k, v) in my_stocks.items()}
my_stocks1
```

```
{'ss': 1000, 'lg': 500, 'sk': 500, 'naver': 2000}
```

SECTION
04 함수

1 함수의 개념과 유형

함수Function는 어떤 작업을 편하게 하기 위해 미리 지정된 명령문이라고 생각하면 된다. 동일하게 반복해야 하는 작업을 함수로 만들어 사용하면 편리하다. 예를 들어 사업 소득에서 부가세를 제외한 금액을 계산해야 하는 경우, 소득금액*(1-0.033) 계산식을 매번 입력하기 번거롭다. 이때 함수를 정의하고 인자값만 넣어주게 되면 바로 구할 수 있다. 파이썬에서 제공하는 내장 함수를 사용할 수도 있고 사용자가 정의해서 사용할 수도 있다. 함수는 다음과 같이 인자Argument를 받아 어떤 일을 처리한 결과를 반환한다.

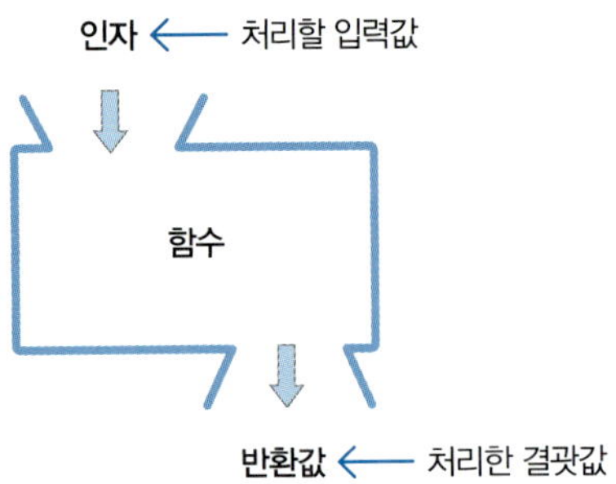

그림 3-7 함수의 형태

함수의 형태와 예는 다음과 같다. def 예약어를 사용하며, 함수명 다음에는 반드시 괄호와 콜론이 필요하다. 괄호 안에 인자값을 쉼표로 구분하여 입력하고 인자는 생략할 수도 있고 한 개 이상을 지정할 수도 있다. 반환값이 없는 경우 None을 반환한다. 다음 예는 인자로 a와 b를 받은 후 return을 이용해 a+b 값을 반환하는 add 함수를 정의한 것이다. print 함수로 출력해보면 1과 2를 더한 값인 3을 반환한다.

```
def 함수명(인자, 인자):
    return 반환값
```

```
def add(a, b):
    return a+b
print(add(1, 2))
```

```
3
```

함수의 일반적인 형태는 인자와 반환값이 모두 있지만, 인자만 있고 반환값이 없는 경우가 있고, 인자는 없고 반환값만 있는 경우, 둘 다 없는 경우도 있다. 각 경우를 예를 통해 살펴보자.

❶ 인자와 반환값이 모두 없는 경우

```
def add():
    print("덧셈 기능입니다")
add()
```

```
덧셈 기능입니다
```

❷ 인자는 없고 반환값만 있는 경우

```
def add():
    return 3, 5
add()          # add() 형태로 변수에 반환값 저장
```

```
(3, 5)
```

❸ 인자만 있고 반환값만 없는 경우

```
def add(a, b):
    a+b
add(2, 3)      # 반환값이 없으므로 출력값 없음
```

❹ 인자와 반환값이 모두 있는 경우

```
def add(x, y):
    return x + y
add(5, 10)     # 함수 자체를 변수에 할당
```

```
15
```

2 람다 함수

람다Lambda 함수는 익명 함수로, 함수와 같이 동작해야 하는 코드를 정의할 때 사용한다. 함수를 간결하게 사용하고 싶을 때 정의하면 된다. 람다 함수의 형식과 예는 다음과 같다.

```
(lambda 인자: 반환값 또는 수식)(인자)
```

```
(lambda x: x*2)(5)
```

```
10
```

다음은 x와 y를 인자로 받아 두 값을 더한 값을 반환하는 sum1 함수를 람다 함수로 변환한 예다.

```
def sum1(x, y):
    return x + y
sum1(5, 10)
```

```
15
```

→

```
(lambda x, y: x+y)(5, 10)
```

```
15
```

3 데이터 분석에 유용한 외장 함수

이제 데이터 분석에 유용한 파이썬 함수를 알아본다. 크게 외장 함수와 내장 함수가 있는데 외장 함수를 사용하기 위해서는 이 함수들이 포함된 파이썬 패키지를 먼저 임포트해야 하고 내장 함수는 그냥 사용하면 된다. 일부 함수는 2장에서 복합 데이터형과 함께 기본 사용법을 알아봤지만 여기서는 좀 더 다양한 방법의 사용법을 알아본다.

먼저, 외장 함수로 defaultdict 함수와 Counter 함수를 알아보자. 두 함수는 collection 패키지에 포함되어 있어 사용하려면 from collections import defaultdict(또는 counter)라고 입력해 임포트해야 한다.

defaultdict 함수

defaultdict 함수는 데이터형의 기본값을 만들어주는 함수다. 예를 들어 딕셔너리의 키가 존재하지 않으면 KeyError가 출력되지만 defaultdict 함수를 이용하면 키의 존재 여부를 몰라도 기본값을 설정할 수 있어 KeyError 문제가 발생하지 않는다. 물론 데이터가 적을 때는 기본값을 매번 지정할 수 있겠지만 데이터가 많아지면 한계가 있어 defaultdict 함수가 유용하다.

word_counts 변수에 defaultdict 함수를 사용해 int형을 인자로 할당했다. word_counts 변수의 값을 확인해보면 정수형의 기본값인 0을 출력한다.

```
# collections 패키지에 있는 defaultdict 함수를 임포트
from collections import defaultdict
word_counts=defaultdict(int)
word_counts
```

```
defaultdict(int, {})
```

["apple", "apple","apple","banana","banana", "cherry", "melon"] 데이터가 입력된 fruits 리스트를 사용한다. word_counts 변수에 인자가 int형인 defaultdict 함수를 할당한다. for 문을 이용해 fruits 리스트의 값을 하나씩 i 변수에 대입하고 반복한다. word_count의 i 인덱스에 1을 누적해 키의 기본값을 지정한다.

```
from collections import defaultdict
fruits=["apple", "apple","apple","banana","banana", "cherry", "melon"]
word_counts=defaultdict(int)
for i in fruits:
    word_counts[i]+=1
word_counts
```

```
defaultdict(int, {'apple': 3, 'banana': 2, 'cherry': 1, 'melon': 1})
```

다음 예는 리스트를 defaultdict 함수의 인자로 사용한다. append 함수를 이용해 딕셔너리의 값으로 리스트를 사용한다. 결과를 보면 리스트의 키가 딕셔너리의 키로, 리스트의 값이 딕셔너리의 값으로 사용된 것을 알 수 있다.

```
from collections import defaultdict
dd_list=defaultdict(list)
dd_list["key"].append('value')
dd_list
```

```
defaultdict(list, {'key': ['value']})
```

dd_list1 변수를 defaultdict 함수에서 딕셔너리 인자를 사용해 초기화한다. Korea를 키로 사용하고 {'Capital':'seoul'}이라는 {key:value} 형태의 딕셔너리를 value로 할당한다. dd_dict1을 실행해보면 다음과 같이 결과가 표시되는 것을 알 수 있다.

```
from collections import defaultdict
dd_dict1=defaultdict(dict)
dd_dict1["Korea"]["Capital"]="Seoul"
dd_dict1
```

```
defaultdict(dict, {'Korea': {'Capital': 'Seoul'}})
```

dd_dict2 변수에 defaultdict 함수를 이용해 dict 형태의 인자를 사용한다. dd_dict2에 Japan이라는 문자를 key로 사용하고 Osaka, Tokyo라는 문자는 각각 쉼표로 구분해서 입력했기 때문에 소괄호로 묶지 않아도 튜플로 인식한다. dd_dict2를 실행해보면 key에 Japan, value에 튜플 형태로 ('Osaka', 'Tokyo')가 입력된 것을 확인할 수 있다.

```
from collections import defaultdict
dd_dict2=defaultdict(dict)
dd_dict2["Japan"]="Osaka","Tokyo"
dd_dict2
```

```
defaultdict(dict, {'Japan': ('Osaka', 'Tokyo')})
```

Counter 함수

Counter 함수는 리스트와 같은 열거형 데이터형의 데이터를 키로, 데이터의 개수를 값으로 반환한다. Counter 함수는 첫 글자를 대문자로 입력해야 NameError가 발생하지 않는다. Counter 함수는 반복되는 값을 defaultdict(int)와 유사한 객체로 변환해주며, 키와 값의 빈도를 나타낸다.

```
from collections import Counter
c=Counter([0, 1, 2, 0])
print(c)
```

```
Counter({0: 2, 1: 1, 2: 1})
```

c1 변수에 counter 함수를 이용해 나열된 리스트의 데이터를 세어본다. c1을 출력해보면 딕셔너리 형태로 데이터를 key로, 개수를 value로 반환한다. 다음 리스트에서 apple은 3건, banana는 2건, cherry는 1건, melon은 1건으로 표시되는 것을 확인할 수 있다.

```
from collections import Counter
c1=Counter(["apple", "apple","apple","banana","banana", "cherry", "melon"])
print(c1)
```

```
Counter({'apple': 3, 'banana': 2, 'cherry': 1, 'melon': 1})
```

list 변수를 Counter 함수의 매개변수로 사용할 경우 list 변수 내의 중복값들의 숫자를 파악할 수 있다. 워드 클라우드 등에서 단어 빈도 분석 시 사용하면 매우 편리하다.

fruits 리스트에 apple, banana, cherry, melon 등의 값을 포함한다. c2 변수에 Counter 함수를 사용하여 fruits 리스트를 인자로 사용한 값을 할당한다. print 문을 이용해 c2를 출력해보면 다음과 같은 결과가 표시되는 것을 알 수 있다.

```
from collections import Counter
fruits=["apple", "apple","apple","banana","banana", "cherry", "melon"]

c2=Counter(fruits)
print(c2)
```

```
Counter({'apple': 3, 'banana': 2, 'cherry': 1, 'melon': 1})
```

다음 예제는 앞에서 다룬 내용과 크게 다르지 않다. 변수 이름만 c2에서 word_counts로 바뀌었다고 생각하면 된다. Counter 객체에서 유용하게 쓰이는 most_common 함수에 대해 알아보자.

```
from collections import Counter
fruits=["apple", "apple","apple","banana","banana", "cherry", "melon"]

word_counts=Counter(fruits)
word_counts
```

```
Counter({'apple': 3, 'banana': 2, 'cherry': 1, 'melon': 1})
```

most_common 함수는 빈도수가 높은 단어를 출력해준다. 함수의 인자로는 가장 빈도가 높은 것을 몇 개나 표시할 것인지를 나타낸다.

```
for word, count in word_counts.most_common(2):
    print(word, count)
```

```
apple 3
banana 2
```

4 데이터 분석에 유용한 내장 함수

데이터 분석에 유용한 파이썬의 내장 함수를 사용하는 방법을 예제를 통해 알아보자.

zip 함수

zip 함수는 같은 개수를 가지는 리스트나 딕셔너리 등의 데이터를 쌍으로 묶어서 표시한다. zip은 같은 순서의 원소들끼리 묶어서 표시하고 출력값은 zip의 인자 순서대로 튜플 형태로 묶어서 내보낸다. 리스트 컴프리헨션 이용 시 zip 함수를 많이 사용한다.

```
list(zip(['a', 'b', 'c', 1, 2, 3], ['A', 'B', 'C', 4, 5, 6]))
```

```
[('a', 'A'), ('b', 'B'), ('c', 'C'), (1, 4), (2, 5), (3, 6)]
```

'a', 'b', 'c'라는 원소값을 가지는 letters 리스트와 1, 2, 3의 원소값을 가지는 numbers 리스트를 zip 함수를 이용해 각각의 튜플로 묶어서 표시해보자. 사용된 변수 이름은 pair 대신 다른 이름을 사용해도 무방하다.

```
letters=['a', 'b', 'c']
numbers=[1, 2, 3]
[pair for pair in zip(letters, numbers)]
```

```
[('a', 1), ('b', 2), ('c', 3)]
```

앞서 배운 예제의 pair 변수 대신 i, j 등의 인덱스 변수를 사용해 다중 할당해서 표시해도 같은 결과를 나타낼 수 있다.

```
letters=['a', 'b', 'c']
numbers=[1, 2, 3]
[(i, j) for i, j in zip(letters, numbers)]
```

```
[('a', 1), ('b', 2), ('c', 3)]
```

letters 리스트와 numbers 리스트의 원소를 이용하여 letters 리스트의 원소를 key로 numbers 리스트의 원소를 value로 세 개의 딕셔너리 원소를 갖는 리스트로 만들 수 있다. 각각 letters 리스트를 i 변수에 할당하고 numbers 리스트를 j 변수에 할당한다. zip 함수를 사용하여 두 리스트의 원소를 key와 value의 쌍으로 묶어서 표시하는 것이다.

```
letters=['a', 'b', 'c']
numbers=[1, 2, 3]
pairlist=[{i:j} for i, j in zip(letters, numbers)]
pairlist
```

```
[{'a': 1}, {'b': 2}, {'c': 3}]
```

각각의 리스트가 가지는 원소들을 더할 수도 있다. 앞서 다룬 예제와 마찬가지로 numbers1 리스트와 numbers2 리스트를 입력하고 numbers1 값이 저장되는 i 변수와 numbers2 값이 저장되는 j 변수를 i+j로 표시하고 zip 함수를 이용해 같은 위치의 원소값을 더하여 표시한다. zip 함수에 의해 묶여서 더해지는 값들은 sumlist 변수에 저장되고 sumlist를 실행해보면 다음과 같은 결과가 표시된다.

```
numbers1=[1, 2, 3]
numbers2=[4, 5, 6]
sumlist=[i + j for i, j in zip(numbers1, numbers2)]
sumlist
```

```
[5, 7, 9]
```

zip 함수로 묶어 표시한 리스트를 sum 함수를 이용해도 합계를 구할 수 있다. zip 함수의 인자로 (numbers,numbers) 형태로 numbers 리스트를 두 번 입력해 각각의 쌍으로 묶어서 표시한다. 그다음 i+j로 각각의 원소들을 더한 후 총합계를 구하기 위해 sum 함수로 묶어서 표시한다. 다음과 같이 각각의 원소들의 총합인 12라는 결과가 표시된다.

```
numbers=[1, 2, 3]
sum([i+j for i, j in zip(numbers, numbers)])
```

```
12
```

앞서 다룬 내용과 비슷해 보이지만 원소들의 합계를 sumlist 변수에 리스트 형태로 저장한 후 합계를 구한 것이다. zip 함수를 이용해 numbers 리스트를 인자로 두 번 입력하여 각각의 원소값을 더한 결과인 [2, 4, 6]을 sumlist에 리스트 형태로 저장한다. sum 함수에 sumlist를 인자로 사용하여 sumlist의 합계인 12가 반환된 것을 알 수 있다.

```
numbers=[1, 2, 3]
sumlist=[i+j for i, j in zip(numbers, numbers)]
sum(sumlist)      # sumlist = [2, 4, 6]
```

```
12
```

zip 함수는 묶여진 내용들을 풀어서 다시 묶는 것도 가능하다. *을 이용해 언패킹Unpacking하여 묶어진 값들을 풀어서 나타내는 것이다. pairlist에 튜플 형태로 묶인 값들을 언패킹하여 letters와 numbers 변수에 각각 ('a', 'b', 'c'), (1, 2, 3) 언패킹한 값들을 저장하여 표시한다. 결국 zip 함수가 사용되었기 때문에 letters, numbers로 실행해보면 (('a', 'b', 'c'), (1, 2, 3)) 튜플 두 개의 쌍으로 표시되는 것을 알 수 있다. 실제 값을 나열하는 것보다 저장된 변수를 사용하는 것이 편리하다.

```
pairlist=[('a', 1), ('b', 2), ('c', 3)]
letters, numbers=zip(*pairlist)
letters, numbers
```

```
(('a', 'b', 'c'), (1, 2, 3))
```

TIP • *pairlist의 결과는 코드로 ('a', 1), ('b', 2), ('c', 3)을 의미한다. zip을 통해 값을 묶을 경우, 튜플의 첫 번째 값인 'a', 'b', 'c'가 letters로, 1, 2, 3이 numbers로 입력되게 된다.

letters, numbers 변수에 zip 함수를 이용하여 (('a', 1), ('b', 2), ('c', 3)) 형태의 튜플을 (('a', 'b', 'c'), (1, 2, 3)) 형태로 언패킹하여 각각 할당할 수도 있다. 직접 변수를 풀어 입력하는 것보다 변수로 작성하여 언패킹하는 것이 많은 상황에서 편리하다.

```
letters, numbers=zip(('a', 1), ('b', 2), ('c', 3))
letters, numbers
```

```
(('a', 'b', 'c'), (1, 2, 3))
```

enumerate 함수

enumerate 함수는 순서가 있는 데이터형(리스트, 튜플, 문자형 등)을 입력받아 열거하여 순서가 있는 데이터형을 객체로 만들 때 사용한다. 특히 for 문과 함께 자주 사용되며 원소의 순서와 값을 출력할 수 있다. enumerate 함수를 이용해 데이터형을 my_stocks 변수에 할당하고 출력하면 다음과 같이 주소 정보만 표시된다.

TIP • 주소 정보는 컴퓨터에 따라 다르고 실행할 때마다 다르다.

```
my_stocks={'ss': 10, 'lg': 5, 'sk': 5}
my_stocks=enumerate(my_stocks)
my_stocks
```

```
<enumerate at 0x7f18b01e2460>
```

내용은 for 문을 이용해 출력할 수 있다. 다음은 my_stocks 딕셔너리의 데이터를 enumerate 함수를 이용해 객체로 만든 후 for 문을 사용해 출력한 예다. i 변수는 순서, j 변수는 딕셔너리 내의 키와 값을 할당하여 출력할 수 있다. 맨 앞의 값이 순서임에 유의하자.

```
my_stocks={'ss': 10, 'lg': 5, 'sk': 5, 'naver': 20}
data=enumerate(my_stocks)
for i, j in data:
    print(i, ":", j, my_stocks[j])
```

```
0 : ss 10
1 : lg 5
2 : sk 5
3 : naver 20
```

for 문에 keys 함수를 사용해 키 값만큼 반복하게 할 수 있다. 다음 예는 키와 그 키에 해당하는 값을 함께 출력하는데 print(key, my_stocks[key]) 대신 print(key, my_stocks.get(key))라고 입력해도 같은 결과를 얻을 수 있다.

```
my_stocks={'ss': 10, 'lg': 5, 'sk': 5, 'naver': 20}
data=enumerate(my_stocks)
for key in my_stocks.keys():
    print(key, my_stocks[key])
```

```
ss 10
lg 5
sk 5
naver 20
```

scores 리스트에 10, 20, 30 … 100 값을 입력한다. total 변수는 0으로 초기화한다. for 문을 이용해 index i는 scores 리스트의 길이만큼 반복한다. 이때 scores 변수의 원소 개수는 len(scores)을 통해 10을 얻는다. 주석 처리를 하였지만 1부터 출력하기 위해 i+1, 그리고 scores 리스트의 첫 번째 값부터 반복하여 출력할 수 있다. total 변수에는 scores 리스트의 값을 누적하여 더한다. 최종적으로 최종 누적값 total을 출력한다.

```
scores=[10, 20, 30, 40, 50, 60, 70, 80, 90, 100]
total=0
for i in range(len(scores)):
    # print(i+1, scores[i])            # 주석이므로 이 부분은 실행되지 않음
    total+=scores[i]
print(total)
```

```
550
```

다음으로 enumerate 함수를 사용해보자. scores 리스트를 10, 20, 30 … 100으로 초기화한다. sum은 0으로 초기화한다. for 문을 이용해 i는 0부터 1씩 반복되고 j는 enumerate를 이용해 scores 리스트의 값으로 반복하게 된다(10, 20, 30,…). sum 변수에는 scores 리스트의 값을 누적한다. 최종적으로 i, j, sum을 출력하면 다음과 같은 결과가 나타난다.

```
scores=[10, 20, 30, 40, 50, 60, 70, 80, 90, 100]
sum=0
for i, j in enumerate(scores):
    sum=sum+scores[i]
    print(i, j, sum)
```

```
0 10 10
1 20 30
2 30 60
3 40 100
4 50 150
5 60 210
6 70 280
7 80 360
8 90 450
9 100 550
```

이와 같이 sum을 변수로 사용하면 내장 함수 sum을 이용할 때 문제가 생긴다.

여기서 잠깐

sum 함수

파이썬의 내장 함수로는 리스트 원소를 모두 더하는 함수가 있다. sum을 사용하면 되는데 sum을 미리 지정해놓지 않도록 주의한다. 다른 변수명으로 sum을 사용했을 경우 내장 함수로써 동작하지 않기 때문이다. 다음 코드는 앞에서 sum 함수를 변수로 선언하였기에 2행의 sum(scores) 합계가 구해지는 것이 아니라 TypeError가 표시된다.

```
scores=[10, 20, 30, 40, 50, 60, 70, 80, 90, 100]
sum(scores)
```

```
TypeError $'int' object is not callable
```

내장 함수를 변수로 등록하면 del sum을 이용해 메모리에 저장된 sum 함수를 삭제할 경우에 다시 내장 함수로써 동작할 수 있다. 어디까지나 위의 코드 참고에 제시된 코드를 실행한 후 아래의 코드를 실행했을 때 가능한 일이다. 일반적인 상황에서는 내장 함수를 변수로 등록하지 않는 것이 좋다. 이런 실수를 할 수 있는 예약어들이 있는데 대표적으로 sum, min, max 등이다. max는 리스트의 변수값들 중 가장 큰 값을 구할 때 사용하고, 반대로 min은 리스트의 변수값들 중 가장 작은 원소를 나타낸다.

```
del sum
scores=[10, 20, 30, 40, 50, 60, 70, 80, 90, 100]
sum(scores)
```

```
550
```

extend 함수

extend 함수는 리스트 끝에 원소를 추가한다. append 함수와 달리 추가할 수 있는 데이터는 리스트나 튜플, str 등의 순회형 자료만 가능하다. 추가된 순회형 데이터는 리스트나 튜플 형태로 추가되는 것이 아니라 각각의 원소 형태로 포함된다. 다음 예의 결과를 살펴보면 append 함수로 추가한 [6,7]은 리스트 자체가 하나의 원소로 입력된 것을 알 수 있고, extend 함수로 추가한 리스트 [6,7]은 각각의 개별 원소 6과 7로 입력된 것을 확인할 수 있다.

```
list=[1, 2, 3, 4, 5]
list.append([6, 7])
list.extend([6, 7])
print(list)
```

```
[1, 2, 3, 4, 5, [6, 7], 6, 7]
```

prices 리스트를 만들고 값을 할당한다. 그런 다음 x라는 또 다른 리스트를 추가한다. prices에 extend 함수를 이용해 x리스트의 값을 prices에 추가한다. prices를 실행해보면 prices 리스트 뒤에 x 리스트의 값이 개별 원소로 추가된 것을 확인할 수 있다.

```
prices=[2000, 140000, 200000, 15000, 1, 2, 3, 4]
x=[1,2,3,4]
prices.extend(x)
prices
```

```
[2000, 140000, 200000, 15000, 1, 2, 3, 4, 1, 2, 3, 4]
```

sorted 함수

리스트를 정렬하는 함수다. 리스트를 정렬하는 함수는 대표적으로 sort와 sorted가 있다. sort 함수와 sorted 함수의 차이는 sort 함수는 리스트 자체를 정렬하지만 sorted 함수는 리스트 자체는 정렬하지 않고 정렬한 리스트를 반환만 한다. 즉, 원본은 정렬하지 않는 것이다. key와 reverse 옵션을 이용해 다양한 형태로 정렬할 수 있다. key에는 주로 함수를 사용하여 원하는 형태로 정렬할 수 있고, reverse 옵션을 true로 설정하면 역순으로 정렬된다. 별도의 값을 설정하지 않은 경우에는 오름차순으로 정렬된다.

■ **sorted 함수를 이용한 정렬**

sorted의 경우 어떤 규칙대로 값을 정렬해주는 동작을 하는 내장 함수다. 리스트 x값에 다음 예제와 같이 4, 1, 2, 3 순서로 원소를 입력하고 sorted 함수를 이용해 정렬하면 별다른 설정이 없을 때는 오름차순으로 정렬된다.

```
x=[4, 1, 2, 3]
y=sorted(x)
y
```

```
[1, 2, 3, 4]
```

■ **reverse 옵션을 이용한 오름차순과 내림차순 설정**

sorted 함수의 옵션 중 reverse=True는 내림차순 정렬, reverse=False는 오름차순 정렬이다. key에 함수를 지정하여 특정 함수를 거치고 나온 결과들에 대해 정렬하는 기능이 있다. 다음 예제는 x 변수에 리스트 [−4, 1, −2, 3]을 절댓값으로 변경하고 내림차순으로 정렬한 것이다. key에 사용된 abs는 절댓값을 구하는 함수이며, reverse 옵션에 True가 설정되었으므로 내림차순 정렬된다.

```
x=sorted([-4, 1, -2, 3], key=abs, reverse=True)
x
```

```
[-4, 3, -2, 1]
```

■ **리스트를 딕셔너리로 변환하기**

fruits 리스트에 다음과 같이 값을 추가하고 word_counts라는 빈 딕셔너리를 선언한다. for 문을 이용해 fruits 안에서 같은 데이터의 건수를 세어 apple, banana 등은 key 값으로, 건수는 value로 word_counts라는 딕셔너리를 만든다.

```
fruits=["apple", "apple","apple","banana","banana", "cherry", "melon"]
word_counts={}
for word in fruits:
    if word in word_counts:
        word_counts[word]+=1
    else:
        word_counts[word]=1
word_counts
```

```
{'apple': 3, 'banana': 2, 'cherry': 1, 'melon': 1}
```

- **sorted 함수로 정렬하기**

sorted 함수를 사용해 word_counts 딕셔너리를 정렬해보자. word_counts 딕셔너리의 데이터를 items 함수를 이용해 (key, value) 형태의 튜플형으로 변환한다. 정렬 기준을 lambda 함수를 이용해 word_and_count[1]로 설정했으므로 value를 기준으로 정렬하고, word_and_count[0]으로 설정하면 key를 기준으로 정렬한다. reverse 옵션을 True로 설정했으므로 내림차순으로 정렬된다.

```
wc=sorted(word_counts.items(),
    key=lambda word_and_count: word_and_count[1],
    reverse=True)
wc
```

```
[('apple', 3), ('banana', 2), ('cherry', 1), ('melon', 1)]
```

IT@COOKBOOK

연습문제

1 다음 코드를 실행한 결과는?

```
price=800

if price==900:
    print('적정 가격')
elif price>900:
    print('비싼 가격')
else:
    print('낮은 가격')
```

① 비싼 가격 ② 낮은 가격
③ 적정 가격 ④ 900

2 다음 코드의 실행 결과를 입력하시오.

```
current_price=900
predict_price=1000
fee=0.01

profit_change=(predict_price-current_price)/current_price

if profit_change>fee:
    print("profit_change는 %.2f , fee는 %f "%(profit_change, fee))
    print("buy stock: 순수익률은 %.2f"%(profit_change-fee))
elif profit_change<-fee:
    print("sell stock: 수익률은 %.2f, 수수료는%f"%(profit_change, fee))
else:
    print(profit_change, "hold stock")
```

연습문제

3 다음 코드의 실행 결과를 입력하시오.

```
current_price=900
predict_price=1000
fee=0.01
profit_change=(predict_price-current_price)/current_price

if profit_change>fee or profit_change<-fee:
    print("profit_change %2f, fee %2f 매수 혹은 매도 상황"%(profit_change, fee))
else:
    print("%f, 보유"%(profit_change-fee))
```

4 다음 코드의 실행 결과를 입력하시오.

```
googoo=[i*j for i in range(2, 10) for j in range(1, 10)]
print(googoo)
```

5 다음 코드의 실행 결과를 보고 밑줄에 들어갈 내용을 적으시오.

```
for i in range(10):
    if i==3:
        ________
    else:
        print(i)
```

```
0
1
2
```

6 다음 코드의 실행 결과를 입력하시오.

```
menus=['된장찌개', '삼겹살', '설렁탕', '냉면', '칼국수', '김치찌개']
requests=['된장찌개', '김치찌개', '해물찜']

for item in requests:
    if item in menus:
        print(f"{item} 주문합니다.")
    else:
        print(f"\n죄송합니다. 저희는 {item}이 없습니다.")
```

7 다음 코드를 실행한 결과는?

```
my_stocks={'ss': 10, 'lg': 5, 'sk': 5}
my_stocks1={k: v*100 for (k, v) in my_stocks.items()}
my_stocks1
```

① {'ss': 10, 'lg': 5, 'sk': 5}

② {'ss': 1, 'lg': 0.5, 'sk': 0.5}

③ {'ss': 1000, 'lg': 500, 'sk': 500}

④ {'ss': 110, 'lg': 150, 'sk': 150}

8 다음 코드의 실행 결과를 입력하시오.

```
my_stocks={'ss': 10, 'lg': 5, 'sk': 5}
for i, key in enumerate(my_stocks):
    print(i, key)
```

9 다음 코드의 실행 결과를 입력하시오.

```
i=0
while i<5:
    print(i)
    i+=1
```

연습문제

10 다음 코드를 실행한 결과는?

```
scores=[10, 20, 30, 40, 50, 60, 70, 80, 90, 100]
total=0
for i in range(len(scores)):
    total+=scores[i]
print(total)
```

① 5000 ② 50

③ 500 ④ 550

11 다음 코드를 실행한 결과는?

```
def add(a, b):
    return a+b
print(add(1, 2))
```

① 1 ② 3

③ 30 ④ 2

12 다음 코드를 실행한 결과는?

```
def f1(x):
   return x*2

def doubler(f1):
    def g(x):
        return 2*f1(x)
    return g

doubler(f1)(4)
```

① 6 ② 12 ③ 16 ④ 20

13 다음 코드를 실행한 결과는?

```
def sum4(x, y):
    return x+y
sum4(5, 10)
```

① 15 ② 150

③ 50 ④ 500

14 다음 코드를 실행한 결과는?

```
def sum5(x, y):
    return x+y
sum5(5, 10)

(lambda x,y: x+y)(5, 10)
```

① 15 ② 50

③ 500 ④ 5

15 다음 코드를 실행한 결과는?

```
def add_mul(choice, *args):
    if choice=="add":
        result=0
        for i in args:
            result=result+i
    elif choice=="mul":
        result=1
        for i in args:
            result=result*i
    return result
add_mul('add', 1, 2, 3, 4, 5)
```

① 0 ② 200

③ 120 ④ 15

연습문제

16 다음 코드의 실행 결과를 입력하시오.

```
def stockprices(*args, **kwargs):
    print("불특정 인자들:", args)
    print("키워드 인자들:", kwargs)
stockprices(1, 2, 3, key1="word1", key2="word2")
```

17 다음 코드를 실행한 결과는?

```
def other_way(x, y, z):
    return x+y+z
x_y_list=[1, 2]
z_dict={"z": 3}
other_way(*x_y_list, **z_dict)
```

① 3 ② 4 ③ 6 ④ 5

18 다음 코드를 실행한 결과는?

```
def other_way1(price1, price2, price3):
    return price1+price2+price3
kwargs={"price1": 85000, "price2": 145000,"price3": 120000}
other_way1(**kwargs)
```

① 500000 ② 35000 ③ 350000 ④ 50000

19 다음 코드의 실행 결과를 입력하시오.

```
fruits=["apple", "apple", "apple", "banana", "banana", "cherry", "melon"]

word_counts={}
for word in fruits:
    previous_count=word_counts.get(word, 0)
    word_counts[word]=previous_count+1
word_counts
```

20 다음 코드의 실행 결과를 입력하시오.

```
from collections import defaultdict
fruits=["apple", "apple","apple","banana","banana", "cherry", "melon"]
word_counts=defaultdict(int)
for i in fruits:
    word_counts[i]+=1
word_counts
```

21 다음 코드의 실행 결과를 입력하시오.

```
from collections import Counter
c1=Counter(["apple", "apple","apple","banana","banana", "cherry", "melon"])
print(c1)
```

22 다음 코드의 실행 결과를 입력하시오.

```
letters=['a', 'b', 'c']
numbers=[1, 2, 3]
[pair for pair in zip(letters, numbers)]
```

23 다음 코드를 실행한 결과는?

```
numbers1=[1, 2, 3]
numbers2=[4, 5, 6]
sumlist=[i+j for i, j in zip(numbers1, numbers2)]
sumlist
```

① [5, 7, 9]
② [5, 5, 5]
③ [4, 5, 6]
④ [9, 9, 9]

연습문제

IT@COOKBOOK

24 다음 코드의 실행 결과를 입력하시오.

```
pairlist=[('a', 1), ('b', 2), ('c', 3)]
letters, numbers=zip(*pairlist)
letters, numbers
```

25 다음은 enumerate 함수를 사용한 것이다. 코드의 실행 결과를 입력하시오.

```
my_stocks={'ss': 10, 'lg': 5, 'sk': 5}
data=enumerate(my_stocks)
for i, j in data:
    print(i, ":", j, my_stocks[j])
```

26 다음 코드의 실행 결과를 입력하시오.

```
prices=[2000, 140000, 200000, 15000, 1, 2, 3, 4]
x=[1,2,3,4]
prices.extend(x)
prices
```

27 다음 코드의 실행 결과를 입력하시오.

```
x=sorted([-4, 1, -2, 3], key=abs, reverse=True)
x
```

04

CHAPTER

클래스, 모듈, 패키지

학습목표

- 클래스의 개념과 객체 지향 프로그래밍에 대해 이해한다.
- 클래스를 이용해 객체를 생성하고 그 사용 방법을 배운다.
- 상속과 메서드 오버라이딩에 대해 배운다.
- 모듈과 패키지 사용 방법을 배운다.

SECTION
01 클래스

1 클래스의 개념과 정의

클래스는 자료를 저장하고 있는 변수나 특정 기능을 하는 함수를 매번 만들어 사용하지 않고, 반복적 일을 하는 객체를 하나 만들어 사용할 때 편리하다. 클래스는 속성(변수)과 메서드(함수)로 구성된다. 반복적으로 사용하고자 하는 기능을 속성과 메서드를 이용해 클래스로 묶어 정의한 후 이 코드를 재사용할 수 있도록 하는 것이 객체 지향 프로그래밍이다. 앞에서는 함수라는 용어를 주로 사용해왔지만 이 장에서는 클래스의 멤버 함수를 언급할 때는 메서드라는 용어를 그대로 사용하기로 한다.

- 클래스: 속성(데이터)과 메서드로 구성
- 속성: 클래스 내부에서 정의되는 변수
- 메서드: 클래스 내부에서 정의되는 멤버 함수
- 객체: 일을 하는 주체, 클래스를 통해 생성

클래스를 정의하는 방법은 다음과 같이 간단하다. class 키워드를 사용하고 클래스 이름 뒤에 콜론을 붙인다.

```
class 클래스 이름:
    # 이 부분에 관련 속성과 메서드 코드 구현
```

2 클래스의 사용

클래스를 생성했다고 실체를 만든 것은 아니다. 자동차에 비유하면, 클래스는 자동차 설계도라고 할 수 있다. 이 설계도를 기반으로 실제 자동차를 제작해야 하는데 이렇게 실제 생산되는 자동차를 객체(인스턴스)라고 한다.

객체를 생성하면 __init__( ) 메서드를 갖는 생성자Constructor가 자동으로 호출된다. 클래스에 __init__( ) 메서드를 정의해주면 자동으로 생성자로 인식된다. __init__( ) 메서드는 첫 번째 매개변수로는 해당 클래스 자신을 의미하는 self를 사용해야 한다. 생성자를 사용해 객체를 생성할 때 인자를 넣어야 하는데 self에 해당하는 인자값은 따로 입력해주지 않는다.

다음은 Stocks 클래스를 사용해 lg 객체를 생성하는 예다. **객체=클래스_이름( )** 형태로 객체를 생성한다.

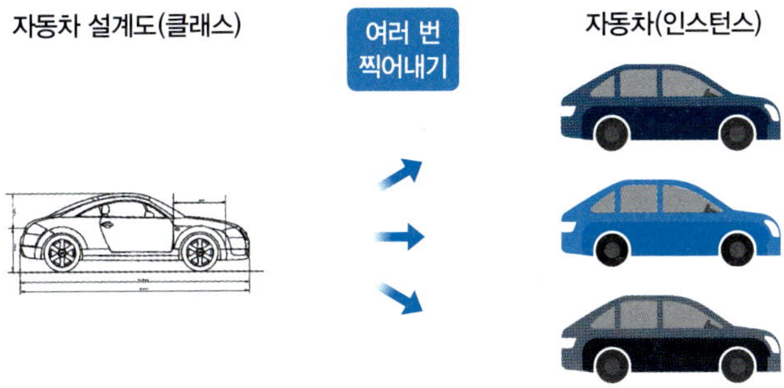

그림 4-1 클래스와 객체(인스턴스)의 개념

```
class Stocks:
    "삼성전자, LG전자, SK하이닉스"
    def __init__(self, name, price):              # self는 Stocks 클래스 자신을 의미
        self.name=name
        self.price=price

lg=Stocks("LG전자", 150000)                        # 객체를 생성할 때 인자를 넣어야 함
print(lg.name, lg.price)
```

```
LG전자 150000
```

이제 Stocks 클래스의 생성자 매개변수에 기본값이 0인 count를 추가한다. 그런 다음 lg 객체를 생성하면 count를 기본값 0으로 출력한다.

```
class Stocks:
    "삼성전자, LG전자, SK하이닉스"
    def __init__ (self, name, price, count=0):         # self는 Stocks 클래스 자신을 의미
        self.name=name
        self.price=price
        self.count=count

lg=Stocks("LG전자", 150000)                            # 객체를 생성할 때 인자를 넣어야 함
print(lg.name, lg.price, lg.count)                     # count의 기본값 출력
```

```
LG전자 150000 0
```

이번에는 Stocks 클래스에 메서드를 하나 더 추가해보자. 클릭 횟수를 누적하는 click 메서드를 추가하고 기본 인자로 num_times=1로 지정해보자. ❶의 print 문은 기본값으로 count=0이 출력된다. lg.click( )을 실행하면 count=count+num_times=0+1=1로 ❷의 print 문에서 1을 출력한다. 그리고 두 번 클릭하면 ❸의 print 문에서 3을 출력한다.

```
class Stocks:
    "삼성전자, LG전자, SK하이닉스"
    def __init__ (self, name, price, count=0):         # self는 Stocks 클래스 자신을 의미
        self.name=name
        self.price=price
        self.count=count
    def click(self, num_times=1):
        """클릭 횟수"""
        self.count+= num_times                         # self.count=self.count+num_times

lg=Stocks("LG전자", 150000)                            # 객체를 생성할 때 인자를 넣어야 함
print(lg.name, lg.price, lg.count) — ❶                 # count의 기본값 출력
lg.click( )
print(lg.name, lg.price, lg.count) — ❷
lg.click( )
print(lg.name, lg.price, lg.count) -- ❸
```

```
LG전자 150000 0
LG전자 150000 1
LG전자 150000 2
```

클릭 횟수를 초기화하는 reset, read 메서드를 추가하고 문자형 형태로 반환하는 __repr__ 메서드를 추가해보자.

```
class Stocks:
    "삼성전자, LG전자, SK하이닉스"
    def __init__ (self, name, price, count=0):
        self.name=name
        self.price=price
        self.count=count
    def __repr__(self):                         # 문자형 형태로 반환
        return f"Stocks의 클릭 수(count={self.count})"
    def click(self, num_times=1):
        """클릭 횟수"""
        self.count+= num_times
    def read(self):
        return self.count
    def reset(self):
        self.count=0

lg=Stocks("LG전자", 150000)                # 객체를 생성할 때 인자를 넣어야 함
print(lg.name, lg.price, lg.count)         # count의 기본값 출력
lg.click( )
print(lg.name, lg.price, lg.count)
lg.click( )
print(lg.name, lg.price, lg.count)
lg.click( )
print(lg.name, lg.price, lg.count)
```

```
LG전자 150000 0
LG전자 150000 1
LG전자 150000 2
LG전자 150000 3
```

이번에는 read, reset 메서드를 실행한 후 click, __repr__ 메서드를 실행한 결과를 살펴보자. read 메서드는 현재까지 click 메서드를 실행한 횟수를 나타내며, reset 메서드는 count를 0으로 초기화한다. 다시 click 메서드를 세 번 실행하고 문자열을 출력한다.

```
lg.read( )
print(lg.name, lg.price, lg.count)              # count의 기본값 출력
lg.reset( )
print(lg.name, lg.price, lg.count)              # count의 기본값 출력
lg.click( )
lg.click( )
lg.click( )
lg.__repr__( )
```

```
LG전자 150000 3
LG전자 10000 0
Stocks의 클릭 수(count=3)
```

3 상속

클래스에서 정의된 메서드는 클래스 이름만 지정하면 새로 만들지 않고 사용할 수 있다. 이를 상속이라고 한다. 메서드를 상속받는 클래스를 하위 클래스라 하고, 메서드를 제공하는 클래스를 상위 클래스라고 한다. 하위 클래스는 상위 클래스의 모든 메서드를 그대로 이용할 수 있다.

다음의 subStocks 클래스는 상위 클래스인 Stocks의 모든 메서드를 불러와 사용할 수 있다. Stocks 클래스의 메서드 중 subStocks 클래스의 메서드에 똑같은 이름의 reset 메서드를 추가했는데 pass를 넣어 기능이 작동하지는 않는다. subprice, addcountprice 메서드도 추가했다.

```
class subStocks(Stocks):
    # 상위 클래스의 모든 기능을 받아오고 아무 일도 하지 않는 reset 기능 추가
    def reset(self):
        pass
    def subprice(self,price1):
        self.price1=price1
        return f'subprice반환', self.price1
    def addcountprice(self, count, price):
        self.price=price
        self.count=count
        return f'price+count 합', self.price+self.count
```

```
sublg=subStocks("LG전자", 150000)
print(sublg.name, sublg.price, sublg.count) # 상위 클래스의 name, price, count 변수값 출력
sublg.click( )
sublg.click( )
sublg.click( )
print(sublg.name, sublg.price, sublg.count) # 상위 클래스의 click 메서드 실행 후 변수값 출력
sublg.reset( )
print(sublg.name, sublg.price, sublg.count) # 상위 클래스의 reset 메서드 실행 후 변수값 출력
```

```
LG전자 150000 0
LG전자 150000 3
LG전자 150000 3
```

첫 번째 print 문은 LG전자 150000 0을 출력한다. 두 번째 print 문은 하위 클래스의 객체인 sublg에 상위 클래스인 Stocks의 click 메서드를 세 번 실행한 결과로 LG전자 150000 3을 출력한다. 다음으로 sublg.reset( )을 통해서 sublg의 reset 메서드를 실행한다. 이때 상위 클래스 Stocks의 reset 메서드가 아닌 하위 클래스 subStocks 클래스의 reset 메서드가 실행되기 때문에 0으로 초기화되지 않는다. 즉 하위 클래스의 메서드를 우선하게 된다. 이것이 다음에 설명하는 메서드 오버라이딩이다. 이 결과를 세 번째 print 문을 통해서 출력하면 여전히 count가 초기화되지 않은 LG전자 150000 3을 출력하게 된다. 즉, 하위 클래스 객체 sublg에서 상위 클래스의 변수인 name, price, count를 출력한다.

다음으로 하위 클래스의 객체인 sublg의 subprice 메서드에 매개변수 값을 넣은 후 실행하고 name, price, count, subprice 값을 출력해보자.

```
sublg.subprice(180000)
print(sublg.name, sublg.price, sublg.count, sublg.subprice(180000))
```

```
LG전자 150000 3 ('subprice반환', 180000)
```

sublg1 객체를 subStocks 클래스를 통해서 다시 만들어보자. 마찬가지로 하위 클래스 객체를 통해서 상위 클래스 메서드인 click을 수행한 결과와 하위 클래스 메서드인 addcountprice를 실행한 결과를 비교해보자. 첫 번째 print 문은 Stocks의 count 변수의 기본값인 0을 출력한다. 두 번째 print 문은 click 메서드를 두 번 실행한 후 출력하기 때문에 count 변수값으로 2를 출력한다. 세 번째 print 문은 하위 클래스의 addcountprice 메서드를 실행한 결과를 출력한다.

```
sublg1=subStocks("LG전자", 150000)
print(sublg1)                    # 기본값으로 Stocks의 클릭 수(count=0) 출력
sublg1.click( )
sublg1.click( )
print(sublg1)
sublg1.addcountprice(5, 150000)
```

```
Stocks의 클릭 수(count=0)
Stocks의 클릭 수(count=2)
('price+count 합', 150005)
```

4 메서드 오버라이딩

하위 클래스에서 상위 클래스의 메서드를 사용할 수 있게 하는 상속에서 하위 클래스와 상위 클래스의 메서드 이름이 같고 하위 클래스 객체를 이용해 같은 이름의 메서드를 실행하면 하위 클래스의 메서드가 우선적으로 실행된다. 이것을 메서드 오버라이딩이라고 한다. 앞 절에서 실행했던 sublg.reset 메서드가 대표적인 예다. 상위 클래스의 reset 메서드가 실행되지 않고 하위 클래스의 reset 메서드가 실행되는 것이다.

```
class subsubStocks(subStocks):
    def reset(self):
        self.count=100              # 추가
    def click(self, num_times=2):
        """클릭 2배"""
        self.count *= num_times
    def subsubprice(self, price1):
        self.price1=price1
        return f'subprice반환', self.price1
    def addcountprice(self, count, price):
        self.price=price
        self.count=count
        return f'100*count+price', 100*self.count+self.price

sublg7=subStocks("LG전자7", 140000)
```

```
subsublg7=subsubStocks("LG전자7", 140000)
print(subsublg7)
subsublg7.reset( )
subsublg7.click( )
subsublg7.click( )
subsublg7.click( )
print(subsublg7)
```

```
Stocks의 클릭 수(count=0)
Stocks의 클릭 수(count=800)
```

subsubStocks 클래스를 손자 클래스로 생각한다면 이 손자 클래스는 이보다 1단계 상위 클래스(여기서는 편의상 부모 클래스)인 subStocks의 메서드를 모두 상속받는다. 이 손자 클래스를 이용해 생성한 객체를 subsublg7이라고 한다면 subsublg7.reset은 부모 클래스의 reset 메서드를 오버라이딩한다. 즉, self.count=100을 할당한다. 이후 subsublg7.click 메서드도 오버라이딩한다. 할아버지 클래스의 click 메서드는 한 개씩 추가하는데 여기 손자 클래스는 2배씩 증가시킨다. 즉 첫 번째 click 메서드를 지나면 200, 두 번째 click 메서드는 400, 세 번째 click 메서드를 통해 800이 count에 저장되고, print(subsublg7)을 통해 할아버지 클래스의 __repr__ 메서드를 수행하게 되어 Stocks의 클릭 수(count=800)가 출력된다.

```
print(subsublg7.name, subsublg7.price, subsublg7.count)      # 메서드 오버라이딩으로 800 출력
print(sublg7.addcountprice(5, 100))
print(subsublg7.addcountprice(5, 100))
```

```
LG전자7 140000 800
('price+count 합', 105)
('100*count+price', 600)
```

reset 메서드를 실행시키지 않고 첫 번째 print 문을 실행하면 현재 메모리에 있는 할아버지 클래스(Stocks)의 name, price 변수값을 출력하고, 손자 클래스(subsubStocks)의 메서드 click은 오버라이딩되어 count 변수값으로 800을 출력한다. 두 번째 print 문의 경우 아버지 클래스 객체(sublg7)를 이용하면 subStocks 클래스에서 정의한 addcountprice가 실행되어 'price+count 합', 105가 출력된다. 세 번째 print 문에서 손자 클래스 객체(subsublg7)를 이용해 addcountprice를 실행하는 것이 메서드 오버라이딩이다. 즉, 똑같은 이름의 메서드(addcountprice)가 아버지 클래스(subStocks)에도 있지만 손자 클래스 객체(subsublg7)에 있는 addcountprice를 실행하면 손자 클래스(subsubStocks)에서 정의한 메서드(addcountprice)가 우선 실행되어 '100*count+price', 600이 출력된다.

SECTION 02

모듈과 패키지

1 모듈

모듈의 개념

모듈Module은 변수, 함수, 클래스를 담고 있는 파일이고, 패키지Package는 이 모듈의 모음이다. 파이썬 설치 시 다양한 모듈과 패키지가 함께 설치되고 필요할 때마다 추가로 설치해 사용할 수 있다. 파이썬에는 파이썬 설치 시 함께 설치되어 바로 사용할 수 있는 input, print 등의 함수와 import 문만으로 사용할 수 있는 문자 처리, 웹, 수학 관련 등의 다양한 내장 함수가 있다.

그리고 전 세계의 파이썬 사용자들이 만든 유용한 프로그램을 모아 놓은 파이썬 라이브러리가 있는데 이런 라이브러리는 패키지로 관리된다. 데이터 분석을 위한 판다스Pandas, 데이터 시각화를 위한 맷플롯립Matplotlib 등이 대표적인 파이썬 라이브러리로, 이를 잘 사용하기 위해서는 모듈과 패키지의 개념과 사용법을 알아야 한다.

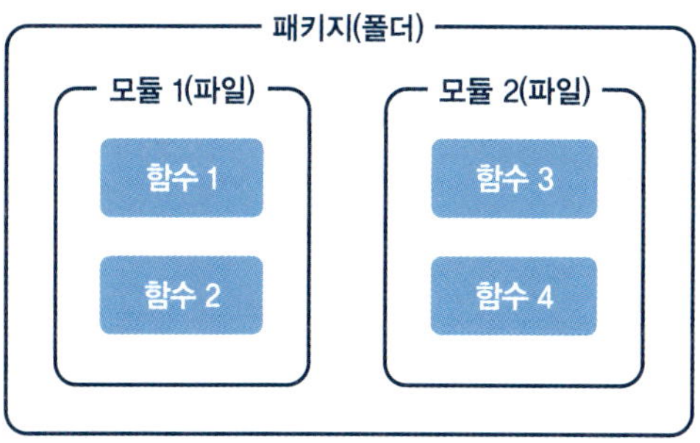

그림 4-2 패키지와 모듈

모듈을 임포트하는 형식과 예는 다음과 같다.

```
import 모듈
import 모듈1, 모듈2
import 모듈.변수
import 모듈.함수( )
import 모듈.클래스( )
```

```
import math
math.pi        # math 모듈의 변수 pi
```

```
3.141592653589793
```

전체 모듈을 임포트하지 않고 필요한 부분만 임포트해 사용할 때는 다음 형식을 따른다.

```
from 모듈 import 변수
from 모듈 import 함수
from 모듈 import 클래스
from 모듈 import 변수, 함수, 클래스
from 모듈 import*        # 모듈의 모든 변수, 함수, 클래스를 가져옴
```

```
from math import pi     # math 모듈에서 변수 pi만 임포트
pi                      # 변수 pi를 바로 사용해 원주율 출력
```

```
3.141592653589793
```

```
from math import sqrt  # math 모듈에서 sqrt 함수만 임포트
sqrt(2.0)
```

```
1.4142135623730951
```

모듈의 일부를 임포트할 때 다른 이름으로 지정할 수도 있다.

```
from 모듈 import 변수 as 이름
from 모듈 import 함수 as 이름
from 모듈 import 클래스 as 이름
```

```
from math import sqrt as root1       # math 모듈에서 sqrt 함수를 가져오면서 이름을 root1로 지정
root1(4.0)                           # root1로 sqrt 함수 사용
```

```
2.0
```

```
from 모듈 import 변수 as 이름1, 함수 as 이름2, 클래스 as 이름3
```

```
from math import pi as p, sqrt as s
p                                   # p로 원주율 3.141592653589793 출력
s(4.0)                              # s로 sqrt 함수를 사용해 2.0 출력
```

```
2.0
```

파이썬은 정규 표현식을 지원하기 위해 re(regular expression) 모듈을 제공한다. re 모듈의 findall 함수는 정규식과 매치되는 모든 문자열을 리스트로 반환한다. 다음 예는 re 모듈을 regex라는 이름으로 임포트해 "life is too short" 문자열의 각 단어를 [a-z]+정규식과 매치한 결과를 리스트로 반환하는 예다.

```
import re as regex
my_regex=regex.compile("[a-z]+")
char="life is too short"
my_regex.findall(char)
```

```
['life', 'is', 'too', 'short']
```

모듈 생성

파이썬에서는 .py 파일 자체가 모듈이다. 파이썬 모듈을 만드는 가장 쉬운 방법은 현재 실습 중인 디렉터리에 .py 파일을 만들고, 그 파일에 필요한 함수를 저장하면 된다. 다른 파이썬 파일이나 파이썬 셀에서 import 문을 사용해 해당 모듈의 함수를 쉽게 불러낼 수 있다.

코랩에서 모듈을 생성하려면 먼저 구글 드라이브를 마운트한다(PC 드라이브에서 실습할 경우에는 이미 드라이브가 있는 상태이므로 이 과정이 필요 없다).

1 구글 드라이브 마운트 코랩 화면 왼쪽의 파일( )을 누르면 관련 버튼이 나타난다. 드라이브 마운트를 위해 드라이브( )를 누르면 화면 오른쪽에 관련 셀이 나타난다. 셀 실행( )을 누른다.

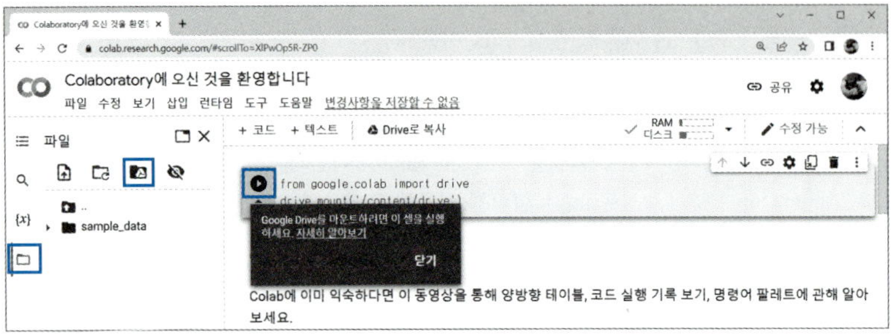

2 액세스 허용 확인 화면이 나타나면 [Google Drive에 연결]을 누른다.

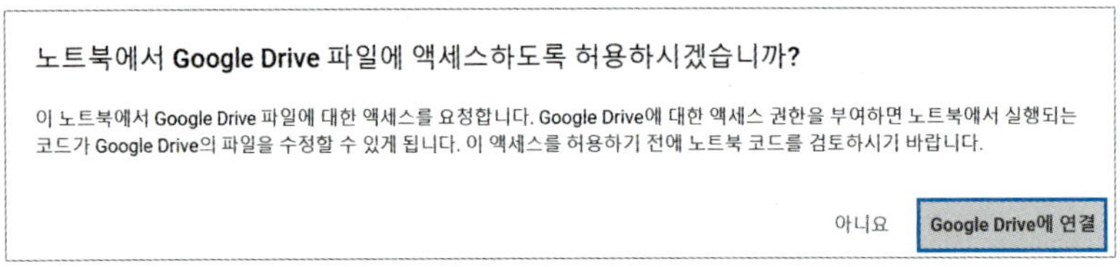

3 구글 계정 액세스 허용 화면이 나타나면 [허용]을 누른다.

TIP • 이때 구글 계정 로그인이 안 되어 있다면 로그인을 하라는 화면이 먼저 나타난다. 로그인 후 [허용]을 누르면 된다.

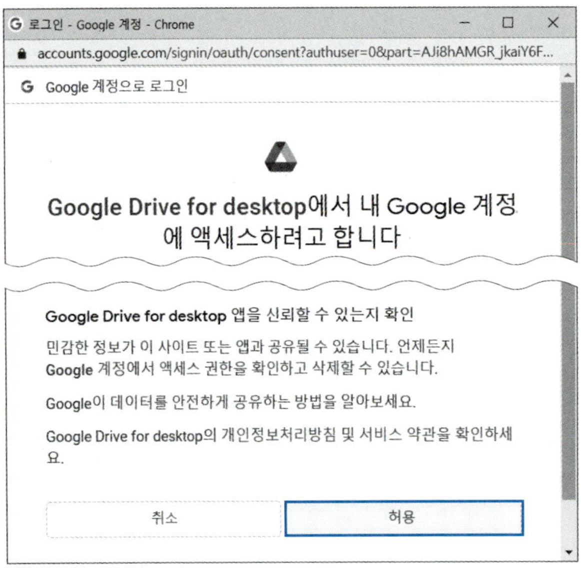

4 코랩 화면 왼쪽의 파일( )을 누르면 [drive] 폴더가 나타난다. 이 폴더를 누르면 하위 폴더로 [MyDrive] 폴더가 나타난다. 마우스 오른쪽 버튼을 누른 뒤 [새 폴더] 메뉴를 이용해 폴더를 생성하고 폴더 이름을 module로 수정하자.

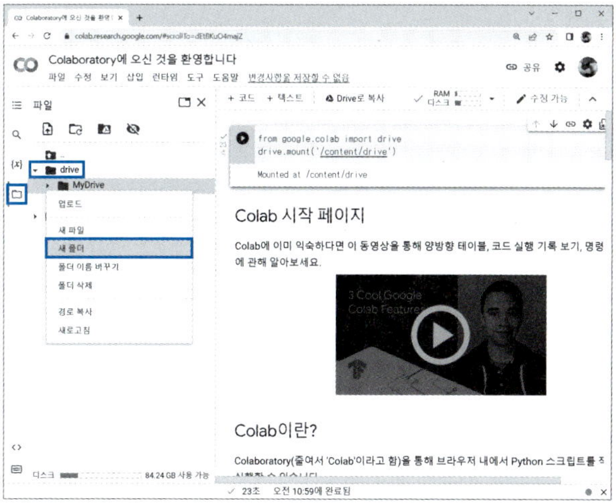

5 **모듈 생성** 다음과 같이 num_operator.py 파일을 작성한 후 [module] 폴더의 마우스 오른쪽 버튼 메뉴에서 [업로드]를 이용해 파일을 업로드하자.

```
def add(a, b):
    return a+b

def sub(a, b):
    return a-b

def mul(a, b):
    return a*b

min_quantity=5

class stock_value:
    def cal(self, price):
        return min_quantity*price
```

6 **모듈 경로 설정** 다음과 같이 사용할 모듈의 경로를 설정하자.

```
import sys
sys.path.append('/content/drive/MyDrive/module')
```

7 모듈의 경로가 설정되었으므로 다음과 같이 모듈을 임포트한 후 사용하면 된다.

```
import num_operator
print(num_operator.add(3, 2))          # num_operator 모듈의 add 메서드 실행하기
print(num_operator.min_quantity)       # num_operator 모듈의 변수 불러오기
a=num_operator.stock_value()           # num_operator 모듈의 클래스 불러와 객체 a 생성하기
print(a.cal(2000))
```

```
5
5
10000
```

2 패키지

패키지의 개념

패키지는 여러 모듈을 묶어 놓은 것이다. 패키지에 들어 있는 모듈도 임포트해야 사용할 수 있다. 패키지를 불러오는 방법은 다음과 같다.

```
import 패키지.모듈
import 패키지.모듈1, 패키지.모듈2
import 패키지.모듈.변수
import 패키지.모듈.함수
import 패키지.모듈.클래스
```

다음은 파이썬 표준 라이브러리로 URL 처리 관련 모듈을 모아 놓은 urllib 패키지의 request 모듈을 임포트해 사용하는 예다. 패키지에 들어 있는 모듈은 import urllib.request와 같이 **패키지.모듈** 형식으로 가져온다. 모듈에서 메서드(혹은 함수)를 사용할 때는 urllib.request.urlopen( )과 같이 **패키지.모듈.함수** 형식으로 패키지, 모듈, 메서드 이름을 모두 입력해서 사용한다. 다음 예처럼 200으로 출력된다는 것은 잘 접근됨을 의미한다.

```
import urllib.request                                  # '패키지.모듈' 형식으로 임포트
response=urllib.request.urlopen('http://www.google.co.kr')  # 패키지.모듈에 있는 함수
response.status
```

```
200
```

패키지 모듈의 이름을 따로 지정해 사용해보자.

```
import urllib.request as r                       # '패키지.모듈명 as 이름' 형식으로 임포트
response=r.urlopen('http://www.google.co.kr')    # r로 urlopen 함수 사용
response.status
```

```
200
```

from import로 패키지의 모듈에서 모든 변수, 함수, 클래스를 임포트하거나 특정한 변수, 함수, 클래스를 임포트하는 형식과 예는 다음과 같다.

```
from 패키지.모듈 import *
from 패키지.모듈 import 변수
from 패키지.모듈 import 함수
from 패키지.모듈 import 클래스
from 패키지.모듈 import 변수, 함수, 클래스
```

```
from urllib.request import Request, urlopen      # Request 클래스, urlopen 함수 임포트
req=Request('http://www.google.co.kr')           # Request 클래스를 사용해 req 생성
response=urlopen(req)                            # urlopen 함수 사용
response.status
```

```
200
```

다음과 같이 특정한 클래스, 함수, 변수에 대한 이름을 정할 수도 있다.

```
from 패키지.모듈 import 변수 as 이름
from 패키지.모듈 import 변수 as 이름, 함수 as 이름, 클래스 as 이름
```

```
from urllib.request import Request as r, urlopen as u
req=r('http://www.google.co.kr')                    # r로 Request 클래스 사용
response=u(req)                                     # u로 urlopen 함수 사용
response.status
```

```
200
```

패키지 생성

패키지와 모듈을 직접 만들어 사용할 수도 있다. py 파일이 모듈이라면 패키지는 디렉터리(폴더)에 해당한다. 패키지는 점(.)을 사용해 파이썬 모듈을 계층적(디렉터리 구조)으로 관리할 수 있다.

다음과 같은 구조의 패키지와 모듈을 만들어보자.

```
C:/module/main.py
C:/module/pack/__init__.py
C:/module/pack/cal.py
C:/module/pack/stock.py
```

(a) PC 환경

```
MyDrive/module/main.py
MyDrive/module/pack/__init__.py
MyDrive/module/pack/cal.py
MyDrive/module/pack/stock.py
```

(b) 코랩 환경

그림 4-3 생성할 패키지 구조

1 __init__.py [pack] 폴더를 만든 뒤 상위 패키지와 하위 패키지 간의 연결 고리 역할을 하는 파일인 __init__.py를 생성한다. 이 파일을 만들어 하위 패키지에 저장해 놓으면 상위 패키지와 연결되어 있음을 의미한다. 즉 해당 하위 패키지가 상위 패키지의 일부임을 알려준다.

TIP • 파이썬 3.3 버전부터는 __init__.py가 없어도 자동으로 인식한다.

2 cal.py 다음과 같이 cal.py 파일을 작성하여 [pack] 폴더에 업로드한다. [pack] 폴더에서 마우스 오른쪽 버튼을 누르면 나타나는 메뉴에서 [새 파일]을 눌러 cal.py를 작성해도 된다.

```
# cal.py
def add1(a, b):
    return a+b
def mul1(a, b):
    return a*b
```

3 main.py main.py는 [pack] 패키지를 임포트하기 위해 다음과 같이 작성한다. 하위 디렉터리가 패키지의 일부임을 지정하는 것으로 [module] 패키지에 저장한다. 상위 패키지에서 import 패키지_이름으로 지정하면 패키지에서 이것을 받아 __init__.py를 통해 연결한다.

```
# main.py
import pack
```

4 실행 [module] 패키지의 서브 패키지인 [pack]에 있는 cal 모듈을 불러와 cal 모듈의 add1과 mul1 메서드를 실행한다. [pack] 패키지의 cal 모듈을 불러오고 여기의 모든 메서드를 임포트한다. [pack] 패키지에 저장되어 있는 cal 모듈의 메서드 중 add1과 mul1을 실행하면 다음 결과를 출력한다. 이때 from 다음에는 특정 모듈명(cal)을 먼저 지정해야 한다.

```
from pack.cal import *
add1(6, 6), mul1(6, 6)
```

```
(12, 36)
```

5 stock.py [pack] 패키지에 두 번째 모듈인 stock.py를 작성해 업로드한다.

```
# stock.py
min_quantity=5

class stock_value:
    def cal(self, price):
        return min_quantity*price
```

6 **실행** stock 모듈의 min_quantity 변수값을 호출한다.

```
from pack.stock import *
min_quantity
```

```
5
```

7 stock 모듈의 stock_value 클래스를 이용해 객체 a를 생성하고 이 객체의 cal 메서드에서 price 매개변수에 1000을 입력해 결괏값을 확인한다.

```
a=stock_value( )
a.cal(1000)
```

```
5000
```

실습을 통해 만들어진 패키지와 모듈 구조는 다음과 같다.

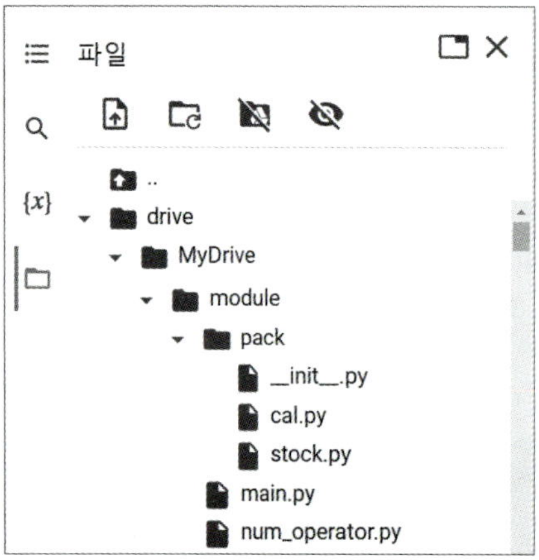

그림 4-4 패키지와 모듈 생성

연습문제

1 다음 코드를 실행한 결과는?

```
class Stocks
    "삼성전자, LG전자, SK하이닉스"
    def __init__(self, name, price):
        self.name=name
        self.price=price

lg=Stocks("LG전자", 150000)          # 객체를 생성할 때 인자를 넣어야 함
print(lg.name, lg.price)
```

① LG전자 150000　　② 삼성전자 150000

③ LG전자 100000　　④ SK하이닉스 150000

2 다음은 무엇에 대한 설명인가? 빈칸에 공통으로 들어갈 내용을 적으시오.

> 클래스에서 정의된 메서드는 클래스 이름만 지정하면 새로 만들지 않고 사용할 수 있다. 이를 [　　　　]이라고 한다. 메서드를 [　　　　] 받는 클래스를 하위 클래스라 하고 메서드를 제공하는 클래스를 상위 클래스라고 한다. 하위 클래스는 상위 클래스의 모든 메서드를 그대로 이용할 수 있다.

3 다음은 무엇에 대한 설명인가? 빈칸에 들어갈 내용을 적으시오.

> 하위 클래스와 상위 클래스의 메서드 이름이 같을 때, 하위 클래스 객체를 이용해 같은 이름의 메서드를 실행하면 하위 클래스의 메서드가 우선 실행되는 것을 메서드 [　　　　] 이라고 한다.

4 괄호 안에 들어갈 내용으로 적당한 것은?

```
(      ) math import pi as p, sqrt as s
p                   # p로 원주율 출력
s(4.0)              # s로 sqrt 함수 사용
```

① pi　　② import

③ as　　④ from

연습문제

5 다음 코드를 실행한 결과는?

```
import re as regex
my_regex=regex.compile("[a-z]+")
char="life is too short"
my_regex.findall(char)
```

① ['life', 'too', 'short'] ② ['life', 'is', 'too', 'short']
③ ['life', 'is', 'short'] ④ ['life is too short']

6 다음 코드를 실행한 결과는?

```
from math import pi as p, sqrt as s
p
s(4.0)
```

① 1.0 ② 2.0
③ 1.5 ④ 3.141592

7 다음 코드를 실행한 결과는?

```
from math import pi
pi
```

① 5 ② 7.3
③ 3.141592653 ④ 8.5

8 다음 코드를 실행한 결과는?

```
from math import sqrt as root1
root1(4.0)
```

① 4.0　　② 3.0

③ 1.0　　④ 2.0

9 다음 코드를 실행한 결과는?

```
class Stocks:
    "삼성전자, LG전자, SK하이닉스"
    def __init__ (self, name, price, count=0):
        self.name=name
        self.price=price
        self.count=count
    def click(self, num_times=1):
        """클릭 횟수"""
        self.count+= num_times
lg=Stocks("LG전자", 150000)
print(lg.name, lg.price, lg.count)
lg.click( )
print(lg.name, lg.price, lg.count)
lg.click( )
print(lg.name, lg.price, lg.count)
```

① LG전자 150000 0
LG전자 150000 0
LG전자 150000 0

② LG전자 150000 0
LG전자 150000 1
LG전자 150000 2

③ LG전자 150000 1
LG전자 150000 2
LG전자 150000 3

④ LG전자 150000 3
LG전자 150000 2
LG전자 150000 1

연습문제

IT@COOKBOOK

10 다음 코드를 실행한 결과는?

```
class Stocks:
    "삼성전자, LG전자, SK하이닉스"
    def __init__ (self, name, price, count=0):
        self.name=name
        self.price=price
        self.count=count
lg=Stocks("LG전자", 150000)
print(lg.name, lg.price, lg.count)
```

① 삼성전자 150000 1
② SK하이닉스 20000 3
③ LG전자 150000 0
④ LG전자 150000 1

05

CHAPTER

판다스 소개 및 기초 사용법

학습목표

- 데이터 조작과 분석에 유용한 판다스 라이브러리에 대해 알아본다.
- 판다스의 데이터형인 시리즈와 데이터프레임을 생성한 후 행/열을 추가하거나 삭제하는 방법을 배운다.
- 판다스 데이터프레임을 조작하는 다양한 함수의 사용법을 배운다.

SECTION 01

판다스 소개

판다스는 데이터를 표(테이블) 형태로 분석할 수 있어 데이터를 조작하고 분석하는 데 많이 사용하는 파이썬 라이브러리다. 판다스는 크게 시리즈Series와 데이터프레임DataFrame이라는 두 가지 데이터형을 사용한다. 시리즈는 표의 열Column, 데이터프레임은 행과 열이 있는 표로 생각하면 되는데 구체적인 사용법은 다음 절에서 살펴볼 것이다.

표 5-1 판다스의 데이터 유형

시리즈	• 1차원 데이터 • 리스트와 유사하나 리스트와 달리 인덱스를 부여할 수 있음 • sr 별칭을 많이 사용
데이터프레임	• 2차원 데이터 • 각각 인덱스를 가진 행(인덱스로 구분)과 열(열 이름으로 구분)로 이루어진 표 형태로 저장 • df 별칭을 많이 사용

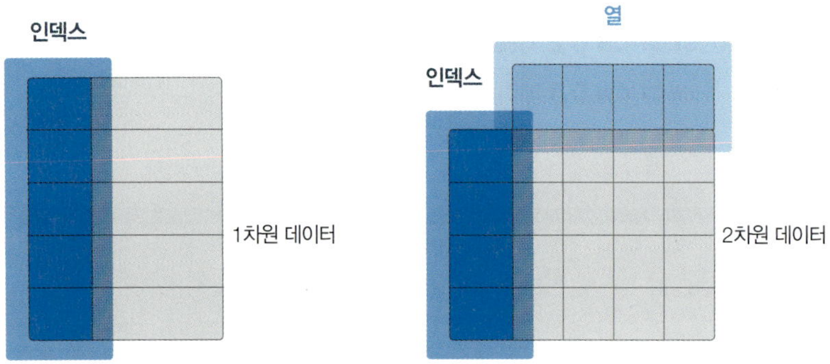

(a) 시리즈 (b) 데이터프레임

그림 5-1 시리즈와 데이터프레임 구조

시리즈는 1차원이라 원소에 접근하는 방식이 비교적 단순하지만 데이터프레임은 표 형태의 2차원 데이터로 접근하는 방식이 다음과 같이 다양하다.

- 행 하나에 접근: df.loc[인덱스_이름] 또는 df.iloc[행_번호]
- 열 하나에 접근: df[열_이름] 또는 df.열_이름
- 셀 하나에 접근: df.loc[인덱스_이름, 열_이름], df.loc[인덱스_이름][열_이름] 또는 df.iloc[행_번호, 열_번호], df.iloc[행_번호][열_번호]

SECTION

02 시리즈

리스트는 데이터 분석에 많이 사용한다. 리스트를 판다스의 시리즈로 변환하려면 데이터를 직접 변환하는 방법과 변수를 이용해 변환하는 방법이 있다. 두 가지를 알아보자.

1 리스트 데이터를 판다스 시리즈로 직접 변환하기

판다스 패키지를 불러오기 위해서는 import 문을 사용한다. 그리고 리스트로 저장되어 있는 [1, 2, 3, 4, 5] 값을 Series 함수를 이용해 시리즈로 만든다.

TIP • 판다스 함수를 사용할 때는 전체를 길게 입력하는 대신 pd라는 별칭을 사용한다.

```
import pandas as pd
pd.Series([1, 2, 3, 4, 5])
```

```
0    1
1    2
2    3
3    4
4    5
dtype: int64
```

시리즈를 변수로 저장한다. type 함수를 사용해 데이터가 시리즈로 변환되었음을 확인한다.

```
pd_s=pd.Series([1, 2, 3, 4, 5])
type(pd_s)
```

```
pandas.core.series.Series
```

2 리스트 변수를 판다스 시리즈로 변환하기

리스트 변수를 시리즈로 변환할 수도 있다. 리스트 변수 pd_l에 저장된 값을 Series 함수를 이용해 pd_s1에 시리즈로 저장한다. print 함수와 type 함수를 이용하면 시리즈로 잘 변환된 것을 확인할 수 있다.

```
pd_l=[1, 2, 3, 4, 5]
pd_s1=pd.Series(pd_l)
print(pd_s1)
type(pd_s1)
```

```
0    1
1    2
2    3
3    4
4    5
dtype: int64
pandas.core.series.Series
```

SECTION

03 데이터프레임

1 데이터프레임 생성

1차원 리스트를 데이터프레임으로 변환하기

리스트 변수인 pd_l을 DataFrame 함수를 사용해 데이터프레임으로 변환해보자. pd_l을 DataFrame 함수의 인자로 사용해 데이터프레임으로 변환한 후 pd_s2 변수에 저장한다. 실행 결과에서 맨 윗줄에 표시된 0이 열 이름이다.

```
pd_s2=pd.DataFrame(pd_l)
pd_s2
```

	0
0	1
1	2
2	3
3	4
4	5

열 이름

type 함수를 이용해 pd_s2의 데이터형을 확인해보면 데이터프레임이다.

```
type(pd_s2)
```

```
pandas.core.frame.DataFrame
```

pd_s2에 열을 추가하고, 열 이름을 넣어보자. 실행 결과를 보면 5행 2열의 데이터가 표시된다. 이처럼 데이터프레임을 이용하면 데이터를 2차원 형태로 표현할 수 있다.

```
pd_l=[1, 2, 3, 4, 5]
pd_s2=pd.DataFrame(pd_l)
pd_s2['1열']=pd_l
pd_s2
```

	0	1열
0	1	1
1	2	2
2	3	3
3	4	4
4	5	5

columns 속성을 이용하면 데이터프레임의 열을 확인할 수 있다. **데이터프레임.columns** 형태로 이용한다.

```
pd_s2.columns
```

```
Index([0, '1열'], dtype='object')
```

데이터프레임의 열 이름을 변경해보자. **데이터프레임.rename(columns={열 이름:'변경할 열 이름'})** 형태로 rename 속성을 이용한다. 여기서는 0을 0열로 변경했다.

```
pd_s3=pd_s2.rename(columns={0:'0열'})
pd_s3
```

	0열	1열
0	1	1
1	2	2
2	3	3
3	4	4
4	5	5

2차원 리스트를 데이터프레임으로 변환하기

2차원 리스트를 데이터프레임으로 만들어보자. 다음과 같이 세 사람의 이름과 성적을 2차원 리스트 형태로 score 변수에 할당한다. print 함수로 type을 출력해보면 list라고 표시된다.

```
import pandas as pd

# 각 행과 열이 됨
score=[['정약용', 70, 80, 100],
       ['이순신', 100, 80, 70],
       ['이율곡', 90, 95, 90]]
print(type(score))
score
```

```
<class 'list'>
[['정약용', 70, 80, 100], ['이순신', 100, 80, 70], ['이율곡', 90, 95, 90]]
```

score 변수를 데이터프레임으로 저장해보자. 앞에서 만든 score 리스트를 데이터프레임으로 변환하여 score_df 변수에 할당한다. 데이터프레임의 맨 앞줄은 0번부터 시작하는 행 인덱스다. 데이터프레임의 맨 윗줄이 열 이름이고 나머지가 실제 데이터 값이다.

```
score_df=pd.DataFrame(score)
print(type(score_df))
score_df
```

```
<class 'pandas.core.frame.DataFrame'>
```

	0	1	2	3
0	정약용	70	80	100
1	이순신	100	80	70
2	이율곡	90	95	90

열 이름

인덱스

columns 속성을 이용해 열 이름을 한꺼번에 만들 수 있다.

```
score_df.columns=['성명1', '국어1', '영어1', '수학1']
score_df
```

	성명1	국어1	영어1	수학1
0	정약용	70	80	100
1	이순신	100	80	70
2	이율곡	90	95	90

columns 속성을 이용해 열 이름을 한꺼번에 변경할 수도 있다.

```
score_df.columns=['성명', '국어', '영어', '수학']
score_df
```

	성명	국어	영어	수학
0	정약용	70	80	100
1	이순신	100	80	70
2	이율곡	90	95	90

rename 속성으로 특정 열의 이름을 변경할 수 있다. **데이터프레임.rename(columns={'열 이름1': '변경할 열 이름1', '열 이름2':'변경할 열 이름2',…})** 형태로 사용한다. 국어, 영어, 수학 열 이름을 각각 korean, english, math로 변경하면 다음과 같다.

```
score_df_r=score_df.rename(columns={'국어':'korean', '영어':'english', '수학':'math'})
score_df_r
```

	성명	korean	english	math
0	정약용	70	80	100
1	이순신	100	80	70
2	이율곡	90	95	90

values 속성을 사용하면 값을 확인할 수 있다. **데이터프레임.values** 형태로 사용하며 해당 데이터프레임이 어떤 값으로 이루어져 있는지 알 수 있다.

```
score_df_r.values
```

```
array([['정약용', 70, 80, 100],
       ['이순신', 100, 80, 70],
       ['이율곡', 90, 95, 90]], dtype=object)
```

딕셔너리를 데이터프레임으로 만들기

이번에는 딕셔너리를 이용해 데이터프레임을 만드는 방법을 알아보자. 먼저 딕셔너리를 생성한 후 이를 score_dict 변수에 저장한다.

```
score_dict={'성명': ['정약용', '이순신', '이율곡'],
            '국어': [70, 80, 100],
            '영어': [100, 80, 70],
            '수학': [90, 95, 90]}
print(score_dict, type(score_dict))
```

```
{'성명': ['정약용', '이순신', '이율곡'], '국어': [70, 80, 100], '영어': [100, 80, 70], '수학': [90,
95, 90]} <class 'dict'>
```

score_dict 변수에 저장된 딕셔너리를 데이터프레임으로 변환해보자. score_dict 변수를 DataFrame 함수의 인자로 입력하면 된다. print 함수를 이용해 type을 출력해보면 데이터프레임으로 설정된 것을 확인할 수 있고, score_dict_df를 실행해보면 데이터프레임 형태로 표시된다.

```
score_dict_df=pd.DataFrame(score_dict)
print(type(score_dict_df))
score_dict_df
```

```
<class 'pandas.core.frame.DataFrame'>
```

	성명	국어	영어	수학
0	정약용	70	100	90
1	이순신	80	80	95
2	이율곡	100	70	90

shape 속성을 이용해 데이터 구조를 확인할 수 있다. 다음과 같이 **변수명.shape** 형태로 입력하면 score_dict_df가 3행 4열로 이루어졌음을 확인할 수 있다.

```
score_dict_df.shape
```

```
(3, 4)
```

index 속성을 이용하면 데이터프레임 행의 인덱스 시작과 끝, 증가값을 확인할 수 있다. **데이터프레임.index** 형태로 입력하면 score_dict_df의 인덱스가 0에서 시작해 3으로 끝나고 1씩 증가함을 확인할 수 있다.

```
score_dict_df.index    # 행의 인덱스
```

```
RangeIndex(start=0, stop=3, step=1)
```

columns 속성을 사용하면 데이터프레임이 어떤 열로 구성되어 있는지 열 이름을 추출할 수 있다. **데이터프레임.columns** 형태로 입력하면 구성된 열과 데이터형이 표시된다.

```
score_dict_df.columns # 열 이름 목록, object는 문자열
```

```
Index(['성명', '국어', '영어', '수학'], dtype='object')
```

values 속성을 사용하면 값을 확인할 수 있다. **데이터프레임.values** 형태로 입력하면 해당 데이터프레임이 어떤 값으로 이루어져 있는지 표시된다.

여기서 잠깐

판다스의 데이터형

dtypes 속성을 이용하면 각 열의 데이터형을 확인할 수 있다. score_dict_df의 데이터형을 확인해보면 다음과 같다.

```
score_dict_df.dtypes
```

```
성명    object
국어     int64
영어     int64
수학     int64
dtype: object
```

다음은 판다스의 데이터형이다. 파이썬의 데이터형과 거의 비슷한 것을 알 수 있다.

- int64: 정수형
- bool: 부울형
- category: 카테고리형
- float64: 실수형
- datetime64: 날짜
- object: 문자열

```
score_dict_df.values
```

```
array([['정약용', 70, 100, 90],
       ['이순신', 80, 80, 95],
       ['이율곡', 100, 70, 90]], dtype=object)
```

데이터 분석에서는 객체를 숫자로 변환해 사용하는 것이 유용할 때가 많다. 먼저 문자형 숫자로 이루어진 열을 가진 데이터프레임을 정의하고 그 값을 n 변수에 할당한다. dtypes 속성을 이용해 결과를 표시해보면 col_str1과 col_str2 모두 객체다.

```
n=pd.DataFrame({'col_str1':['1', '2', '3', '4'],
                'col_str2':['5', '6', '7', '8']})
print(n)
n.dtypes
```

```
  col_str1  col_str2
0        1         5
1        2         6
2        3         7
3        4         8
col_str1      object
col_str2      object
dtype: object
```

객체를 숫자형으로 변경하는 방법은 다양하지만 여기서는 astype 함수를 이용한다. n_df 변수에 **변수_이름.astype({열 이름:데이터형, 열 이름:데이터형})** 형태로 사용한다. 변수 이름은 n이고 변경할 열 이름과 데이터형을 각각 입력한 후 다시 dtypes 속성으로 확인해보면 int32, float64로 변경된 것을 알 수 있다.

```
n_df=n.astype({'col_str1':int, 'col_str2':float})
print(n_df)
n_df.dtypes
```

```
   col_str1  col_str2
0         1       5.0
1         2       6.0
2         3       7.0
3         4       8.0
col_str1       int32
col_str2     float64
dtype: object
```

2 데이터프레임 사용

특정 열을 인덱스로 지정하기

인덱스는 보통 0으로 시작하는 숫자이지만 다른 형태일 수도 있다. 여기서는 다른 열의 값으로 인덱스를 변경하는 방법을 알아보자.

앞에서 정의한 score_dict_df를 사용할 것이다. score_dict_df를 실행한 결과를 보면 다음과 같이 0, 1, 2, 3, … 형태로 인덱스가 표시된다.

```
score_dict_df
```

	성명	국어	영어	수학
0	정약용	70	100	90
1	이순신	80	80	95
2	이율곡	100	70	90

다음과 같이 인덱스를 성명 열의 값으로 변경할 수 있다.

```
score_dict_df.index=score_dict_df['성명']
score_dict_df
```

	성명	국어	영어	수학
성명				
정약용	정약용	70	100	90
이순신	이순신	80	80	95
이율곡	이율곡	100	70	90

type 함수로 score_dict_df['성명']의 데이터 유형을 확인해보면 데이터프레임이라고 표시된다.

```
score_dict_df.index=score_dict_df['성명']
print(type(score_dict_df))
```

```
<class 'pandas.core.frame.DataFrame'>
```

행/열 삭제하기

데이터프레임의 행이나 열을 삭제할 수 있다. drop 함수에 삭제할 열 또는 행 이름을 입력하고 삭제할 대상이 행인지, 열인지를 axis 속성으로 구분한다.

```
axis=1 열 삭제
axis=0 행 삭제
```

데이터프레임의 행이나 열을 삭제하는 방법을 알아보기 위해 앞에서 인덱스를 성명 열의 값으로 변경한 score_dict_df를 그대로 사용할 것이다.

```
score_dict_df
```

	성명	국어	영어	수학
성명				
정약용	정약용	70	100	90
이순신	이순신	80	80	95
이율곡	이율곡	100	70	90

성명 열을 삭제한다. drop 함수에서 axis를 1로 설정해 삭제 대상을 열로 지정한다.

```
score_dict_df.drop(['성명'], axis=1)
```

	국어	영어	수학
성명			
정약용	70	100	90
이순신	80	80	95
이율곡	100	70	90

이번에는 행을 삭제해보자. '이순신'에 해당하는 행을 삭제하기 위해 drop 함수를 **데이터프레임.drop([인덱스 이름, 인덱스 이름,…])** 형태로 사용한다. 여기서는 인덱스 이름으로 '이순신'을 지정하고 axis는 0으로 설정해 이순신에 해당하는 행을 삭제한다.

```
score_dict_df.drop(['이순신'], axis=0)
```

	성명	국어	영어	수학
성명				
정약용	정약용	70	100	90
이율곡	이율곡	100	70	90

다음과 같이 인덱스 번호를 지정해 행을 삭제할 수도 있다. 인덱스는 0부터 시작하므로 인덱스[2]에 해당하는 이율곡 행이 삭제된다.

```
score_dict_df.drop(score_dict_df.index[2])
```

	성명	국어	영어	수학
성명				
정약용	정약용	70	100	90
이순신	이순신	80	80	95

3 유용한 데이터프레임 조작 기능

데이터프레임에 유용한 기능과 함수를 알아보기 위해 예제로 사용할 데이터프레임을 먼저 생성하자. 다음과 같이 변수 x, y를 이용하고 열은 **['열 이름']** 형태를 이용하여 데이터프레임을 생성한다.

```
import pandas as pd

x=[0, 1, 2, 3, 4, 5]
y=[0, 2, 4, 6, 8, 10]
df=pd.DataFrame( )
df['x_value']=x
df['y_value']=y
df
```

	x_value	y_value
0	0	0
1	1	2
2	2	4
3	3	6
4	4	8
5	5	10

여기서 잠깐

행 데이터를 완전히 삭제하기

drop 함수로 행을 삭제해도 원본 데이터프레임을 확인해보면 행이 삭제되지 않고 그대로 있는 것을 확인할 수 있다. 앞의 예에서 '이순신'에 해당하는 행을 삭제했지만 score_dict_df를 확인해보면 다음과 같이 원본 데이터가 그대로 있다.

```
score_dict_df
```

	성명	국어	영어	수학
성명				
정약용	정약용	70	100	90
이순신	이순신	80	80	95
이율곡	이율곡	100	70	90

인덱스 변경, 행과 열 추가, 내용 삭제 등을 현재 데이터프레임에 반영하려면 inplace=True 옵션을 사용한다. 혹은 수정된 내용을 새로운 변수에 저장해서 사용한다.

```
score_dict_df.drop(['성명'], axis=1,inplace=True)
score_dict_df
```

	국어	영어	수학
성명			
정약용	70	100	90
이순신	80	80	95
이율곡	100	70	90

데이터프레임 열의 연산

x_value와 y_value 열을 곱해 새로운 xy_value 열을 추가해 보자. **df[새로운 열 이름]=df[열 이름]*df[열 이름]** 형태로 입력한다.

```
df['xy_value']=df['x_value'] * df['y_value']
df
```

	x_value	y_value	xy_value
0	0	0	0
1	1	2	2
2	2	4	8
3	3	6	18
4	4	8	32
5	5	10	50

인덱스 새로 지정하기: set_index 함수

set_index 함수는 인덱스를 지정한다. 먼저 index 변수에 새로운 리스트의 값 ['zero', 'one', 'two', 'three', 'four', 'five']라고 할당한다. 데이터프레임에 ['number'] 열을 추가하고, 앞에서 새로 만든 index 변수의 값을 할당한다. 실행 결과를 보면 맨 끝에 number 열이 추가된다.

```
index=['zero', 'one', 'two', 'three', 'four', 'five']
df['number']=index
df
```

	x_value	y_value	xy_value	number
0	0	0	0	zero
1	1	2	2	one
2	2	4	8	two
3	3	6	18	three
4	4	8	32	four
5	5	10	50	five

추가된 number 열을 새로운 인덱스로 지정해보자. set_index 함수의 append 옵션을 이용하면 기존 인덱스를 유지할지 지울지 지정할 수 있다. append=True는 기존 인덱스를 유지하고 append=False는 기존 인덱스를 지운다. 다음은 두 경우에 대한 예다.

[기존 인덱스 유지하기]

```
df.set_index('number', append=True)
```

		x_value	y_value	xy_value
	number			
0	**zero**	0	0	0
1	**one**	1	2	2
2	**two**	2	4	8
3	**three**	3	6	18
4	**four**	4	8	32
5	**five**	5	10	50

[기존 인덱스 지우기]

```
df2=df.set_index('number', append=False)
df2
```

	x_value	y_value	xy_value
number			
zero	0	0	0
one	1	2	2
two	2	4	8
three	3	6	18
four	4	8	32
five	5	10	50

기존 인덱스 삭제하고 초기화하기: reset_index 함수

reset_index 함수는 기존 인덱스를 삭제하고 초기화한다. drop 옵션을 True로 설정하고 reset_index 함수를 사용하면 다음과 같이 zero, one, two, three, four, five로 되어 있던 인덱스가 0, 1, 2, 3,… 형태로 초기화된다.

```
df3=df2.reset_index(drop=True)
df3
```

	x_value	y_value	xy_value
0	0	0	0
1	1	2	2
2	2	4	8
3	3	6	18
4	4	8	32
5	5	10	50

날짜로 인덱스 만들기: pd.date_range 함수

pd.date_range 함수를 이용하면 시작 날짜와 날짜 간격을 설정할 수 있다. **pd.date_range(시작 날짜, 간격, 단위)** 형식으로 사용한다. 예를 들어 pd.date_range('20230101', periods=6, freq='Y')라고 설정하면 2023-1-1일부터 6년 단위로 표시된다. freq를 'D'로 설정하면 일 단위, 'M'으로 설정하면 월 단위, 'Y'로 설정하면 연 단위로 표시된다. 여기에서는 dates 변수를 만든 후 pd.date_range 함수를 이용한다.

```
dates=pd.date_range('20230101', periods=6)
dates
```

```
DatetimeIndex(['2023-01-01', '2023-01-02', '2023-01-03', '2023-01-04',
               '2023-01-05', '2023-01-06'],
               dtype='datetime64[ns]', freq='D')
```

dates 변수에 할당한 날짜 데이터를 date_range 함수에 이용해 새로운 인덱스를 설정해보자. 먼저 df2의 기존 인덱스를 reset_index 함수로 삭제한다. 그리고 set_index 함수로 dates 변수에 할당된 날짜를 인덱스로 설정한다. df5 변수에 데이터프레임을 할당한 후 실행하면 다음과 같은 결과가 나타난다.

```
df4=df2.reset_index(drop=True)
df5=df4.set_index(dates)
df5
```

	x_value	y_value	xy_value
2023-01-01	0	0	0
2023-01-02	1	2	2
2023-01-03	2	4	8
2023-01-04	3	6	18
2023-01-05	4	8	32
2023-01-06	5	10	50

index 속성으로 인덱스 추출하기

index 속성으로 index만 추출해보자. **데이터프레임 이름.index**라고 입력하면 설정한 인덱스만 화면에 표시할 수 있다.

```
df5.index
```

```
DatetimeIndex(['2023-01-01', '2023-01-02', '2023-01-03', '2023-01-04',
               '2023-01-05', '2023-01-06'],
              dtype='datetime64[ns]', freq='D')
```

value 속성으로 행 데이터 추출하기

value 속성을 이용해 데이터프레임 각각의 행 데이터를 추출할 수 있다.

```
df5.values
```

```
array([[ 0,  0,  0],
       [ 1,  2,  2],
       [ 2,  4,  8],
       [ 3,  6, 18],
       [ 4,  8, 32],
       [ 5, 10, 50]])
```

TIP • 추출된 데이터의 데이터형을 확인하려면 type 함수를 이용한다. print(type(df5.values))를 입력해서 실행하면 데이터형이 numpy.ndarray 라고 표시되는 것을 확인할 수 있다.

차트 만들기: plot 함수

plot 함수는 데이터프레임을 기준으로 차트를 작성한다. 기본 형태는 꺾은선 차트다.

```
df2.plot()
```

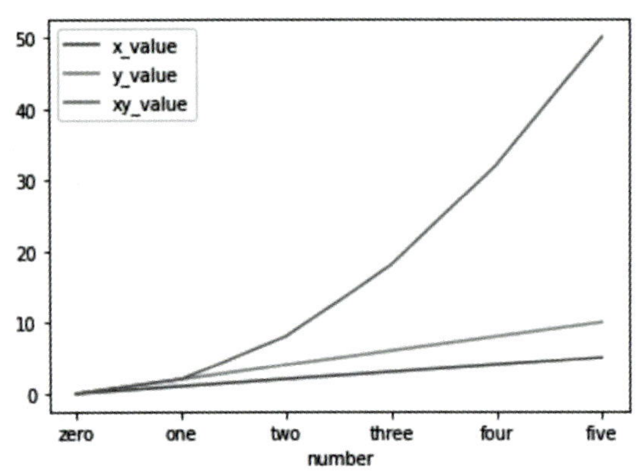

특정 열을 기준으로 정렬하기: sort_values 함수

sort_values 함수를 이용하면 데이터프레임에 포함된 열을 기준으로 정렬할 수 있다. 여기서는 x_value 열을 기준으로 df5 값을 내림차순으로 정렬한다.

```
df5.sort_values(by='x_value', ascending=False)          # x_value 열을 기준으로 내림차순 정렬
```

	x_value	y_value	xy_value
2023-01-06	5	10	50
2023-01-05	4	8	32
2023-01-04	3	6	18
2023-01-03	2	4	8
2023-01-02	1	2	2
2023-01-01	0	0	0

평균값 열 추가하기: mean 함수

행의 평균값을 계산하여 mean이라는 새로운 열로 추가해보자. **데이터프레임 이름['열 이름']** 형태로 mean 함수를 이용하면 평균값을 구할 수 있다. axis=1로 설정하면 데이터프레임에 포함된 행의 평균이 구해진다.

```
df5['mean']=df5.mean(axis=1)
df5
```

	x_value	y_value	xy_value	mean
2023-01-01	0	0	0	0.000000
2023-01-02	1	2	2	1.666667
2023-01-03	2	4	8	4.666667
2023-01-04	3	6	18	9.000000
2023-01-05	4	8	32	14.666667
2023-01-06	5	10	50	21.666667

연습문제

1 다음 코드의 실행 결과를 입력하시오.

```
import pandas as pd
pd.Series([1, 2, 3, 4, 5])
```

2 다음 score 리스트를 데이터프레임으로 만들려면 적당한 내용을 빈칸에 작성하시오.

```
import pandas as pd
score=[['정약용', 70, 80, 100],
       ['이순신', 100, 80, 70],
       ['이율곡', 90, 95, 90]]

score_df=pd.[      ](score)
print(type(score_df))
score_df
```

3 빈칸에 들어갈 내용은 무엇인가?

> [   ] 함수를 이용해 열 이름을 한꺼번에 만들거나 변경할 수 있다. 만약 특정한 열 이름만 변경할 때는 rename 함수를 사용하면 된다.

4 빈칸에 공통으로 들어갈 내용을 작성하시오.

> [   ] 속성을 이용해 데이터프레임의 구조를 확인할 수 있다. 데이터프레임.[   ] 형태로 입력해 score_dict_df가 3행 4열로 이루어져 있음을 확인할 수 있다.

5 빈칸에 들어갈 내용을 작성하시오.

> [　　　　] 속성을 이용하면 데이터프레임의 행 인덱스의 시작과 끝, 증가값을 확인할 수 있다.

6 다음 score_dict 딕셔너리를 데이터프레임으로 만들려면 어떻게 작성해야 하는가? 빈칸에 들어갈 내용으로 적당한 것은?

```
import pandas as pd
score_dict={'성명': ['정약용','이순신','이율곡'],
            '국어': [70, 80, 100],
            '영어': [100, 80, 70],
            '수학': [90, 95, 90]}

score_dict_df=pd.[　　　　](score_dict)
score_dict_df
```

① index　　② df

③ columns　　④ DataFrame

7 빈칸에 들어갈 내용을 작성하시오.

> [　　　　] 속성을 통해 데이터프레임이 어떤 열로 구성되어 있는지 확인할 수 있다.

8 빈칸에 공통으로 들어갈 내용을 작성하시오.

> columns 속성을 이용해 열을 확인하는 것뿐만 아니라 [　　　　] 속성을 통해 값을 확인할 수도 있다. 변수 이름.[　　　　] 형태로 입력하고 확인해보면 다음과 같이 어떤 값으로 이루어져 있는지 표시된다.

연습문제

IT@COOKBOOK

9 다음 score_dict_df 데이터프레임의 성명 열을 인덱스로 변경하려고 한다. 빈칸에 들어갈 내용으로 옳은 것은?

```
score_dict_df
```

	성명	국어	영어	수학
0	정약용	70	80	100
1	이순신	100	80	70
2	이율곡	90	95	90

```
score_dict_df.[      ]=score_dict_df['성명']
score_dict_df
```

	성명	국어	영어	수학
성명				
정약용	정약용	70	80	100
이순신	이순신	100	80	70
이율곡	이율곡	90	95	90

① df ② index

③ columns ④ values

10 다음 코드에서 '성명' 열을 삭제하려면 axis는 어떻게 지정해야 하는가?

```
score_dict_df.drop(['성명'],axis=[      ])
```

	국어	영어	수학
성명			
정약용	70	80	100
이순신	100	80	70
이율곡	90	95	90

① 0 ② 1

③ 2 ④ 4

CHAPTER 06

판다스를 활용한 데이터 전처리 1

학습목표

- 파일을 살펴보고 판다스를 이용하여 파일 데이터를 가져오는 방법을 알아본다.
- 데이터 분석에 필요한 기본 데이터 처리 방법을 알아본다.
- 조건을 통해 데이터를 추출하는 방법을 알아본다.

SECTION
01 파일 처리

데이터 분석에 필요한 데이터는 일반 텍스트 파일(.txt), 텍스트를 쉼표로 구분한 CSV 파일(.csv), 엑셀 파일(.xlsx) 등에서 가져올 수 있다. 이러한 파일을 처리하여 데이터를 가져오는 방법을 살펴보자.

1 파이썬에서 파일 처리

파일 열기: open 함수

파이썬에서는 open 함수로 파일을 열 수 있다. 이때 다양한 옵션을 이용해 읽기, 쓰기 등의 모드를 지정할 수 있다. 그리고 파일을 사용한 후에는 close 함수로 닫아야 한다.

```
file=open(파일 이름, 모드)
```

표 6-1 open 함수에 사용할 수 있는 옵션과 모드

옵션	모드	설명
r	읽기 모드	읽기 모드로 파일을 연다.
w	쓰기 모드	파일에 내용을 쓰며 기존 내용은 사라진다. close 함수를 이용해 반드시 파일을 닫아야 변경 내용이 반영된다.
a	추가 모드	기존 파일에 내용이 추가된다. close 함수를 이용해 반드시 파일을 닫아야 변경 내용이 반영된다.
t	텍스트 모드	텍스트를 기록할 때 사용하며 기본값이다.
b	바이너리 모드	바이트 단위로 데이터를 기록할 때 사용한다.
x	쓰기 모드	파일 생성 후 쓰기 모드로 연다. 기존 파일이 있으면 오류가 발생한다.

다음은 open 함수 사용에 대한 몇 가지 예다. 모드에 +를 포함하면 기존 파일 내용을 읽고 쓰는 방식을 변경할 수 있다.

표 6-2 open 함수의 모드 예시

예시	설명
f=open('file.txt', 'rt')	텍스트 읽기 모드로 파일을 연다. 기본값이며 rt는 생략 가능하다.
f=open('file.txt', 'wb')	바이너리 쓰기 모드로 파일을 연다.
f=open('file.txt', 'rt+')	텍스트 읽기 쓰기 모드로 기존 파일의 맨 뒤에서부터 내용을 쓴다.
f=open('file.txt', 'wt+')	텍스트 읽기 쓰기 모드로 기존 파일의 내용을 지우고 처음부터 쓴다.

실습을 하기 전에 예제 소스로 제공하는 file.txt, proverb.txt, hello.txt 파일을 코랩의 파일 파트로 드래그 & 드롭해서 불러와야 한다.

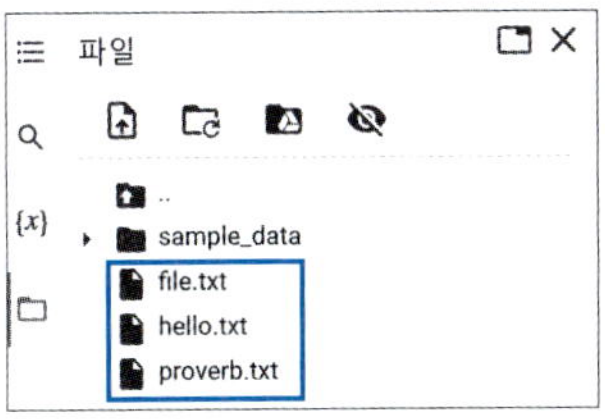

다음은 open 함수를 사용하여 file.txt 파일을 열고 출력한 결과다.

```
f=open('file.txt', 'rt')
for line in f:
    print(line, end="")
```

```
작은 일에 성실한 사람은 큰일에도 성실하고,
작은 일에 정직하지 못한 사람은 큰일에도 정직하지 못하다.
누가복음 16:10

변함없이 서로 사랑하는 이가 친구이며
위급할 때 서로 돕는 이가 형제다.
잠언 17:17
```

자동으로 파일 열고 닫기: with 문

파일을 열고 파일의 내용을 수정하거나 추가한 후에는 파일을 닫아 주어야 한다. open 함수에 with 문을 사용하면 파일 열고 닫기를 자동으로 처리해준다.

```
with open(파일 이름, 모드) as 변수명:
    처리문 블록
```

```
with open("proverb.txt", 'r', newline='') as filereader:
```

with 문을 이용하여 proverb.txt 파일을 읽기 모드로 열고 for 문을 이용해 한 행씩 출력해보자. 그런데 윈도에서 csv 데이터를 쓸 때 빈 행이 추가되는 문제가 있다. 이렇게 추가되는 빈 행을 없애려면 파일을 열 때 open 함수에서 newline=' ' 옵션을 지정한다.

```
with open("proverb.txt",'r', newline='') as filereader:
    for row in filereader:
        print("{}".format(row.strip()))
```

```
작은 일에 성실한 사람은 큰일에도 성실하고,
작은 일에 정직하지 못한 사람은 큰일에도 정직하지 못하다.
누가복음 16:10
...
변함없이 서로 사랑하는 이가 친구이며
위급할 때 서로 돕는 이가 형제다.
잠언 17:17
```

여러 파일 읽기: os와 glob 모듈

폴더 내의 텍스트 파일 여러 개를 모두 읽어오고 싶다면 os와 glob 모듈을 임포트해야 한다. 다음은 그 예다.

```
import os
import glob

for file in glob.glob(os.path.join('*.txt')):
    with open(file, 'r', newline='',encoding='UTF8') as filereader:
        for row in filereader:
            print("{}".format(row.strip()))
```

```
안녕하세요
hello
내용을 추가합니다.
저장하는 문서 이름, 'w' 대신 'a'를 사용합니다.
작은 일에 성실한 사람은 큰일에도 성실하고,
작은 일에 정직하지 못한 사람은 큰일에도 정직하지 못하다.
누가복음 16:10
...
변함없이 서로 사랑하는 이가 친구이며
위급할 때 서로 돕는 이가 형제다.
잠언 17:17
```

문자열 공백/문자 제거: strip, lstrip, rstrip 함수

strip 함수는 문자열의 양쪽에 있는 공백을 제거한다. 문자열 중간의 공백은 제거되지 않는다.

```
b1="          작은 일에 성실한 사람은     큰일에도 성실하고        "
b1.strip()          # 공백 제거
```

```
'작은 일에 성실한 사람은     큰일에도 성실하고'
```

lstrip 함수는 문자열을 기준으로 왼쪽에 있는 공백이나 지정된 문자를 제거하고 rstrip 함수는 문자열을 기준으로 오른쪽에 있는 공백이나 지정된 문자를 제거한다.

```
text="…작은 일에 성실한 사람은, 큰일에도 성실하고…"
print(text.lstrip('.'))
print(text.rstrip('.'))
print(text.strip('.'))
```

```
작은 일에 성실한 사람은, 큰일에도 성실하고…
…작은 일에 성실한 사람은, 큰일에도 성실하고
작은 일에 성실한 사람은, 큰일에도 성실하고
```

문자열 분리: split 함수

split 함수를 사용하면 변수에 할당된 문자열을 지정된 문자를 기준으로 분리할 수 있다. 예를 들어 text.split(",")로 설정하면 문자가 ,을 기준으로 리스트 형태로 분리된다.

```
text="…작은 일에 성실한 사람은, 큰일에도 성실하고…"
print(text.split(", "))
```

```
['…작은 일에 성실한 사람은', '큰일에도 성실하고…']
```

문자 데이터를 할당한 변수에 split(". ") 형태로 함수를 사용하면 문자가 .을 기준으로 리스트 형태로 각각 분리된다.

```
numbers="1. 2. 3. 4. 5. 6"
result=numbers.split(". ")
print(result)
```

```
['1', '2', '3', '4', '5', '6']
```

2 판다스로 데이터 가져오기 - 타이타닉 데이터 파일

판다스에서 사용할 수 있는 파일의 종류와 파일을 읽거나 저장할 때 사용하는 함수는 다음과 같다.

```
[파일 종류]
• CSV(Comma Separated Values) 파일: 데이터를 쉼표로 구분해놓은 텍스트 파일
• 엑셀 파일

[파일 읽기 함수]
• CSV 파일: pd.read_csv('파일명')
• 엑셀 파일: pd.read_excel('파일명')

[파일 저장 함수]
• CSV 파일: pd.to_csv('파일명')
• 엑셀 파일: pd.to_excel('파일명')
```

여기서는 판다스로 타이타닉 데이터 파일을 가져오는 실습을 진행한다. 먼저, 가져올 원본 데이터를 살펴보면 다음과 같은 정보를 확인할 수 있다.

- PassengerId(승객 번호)
- Survived(생존 여부): 생존=1, 죽음=0
- Pclass(승객 등급): [등급] 1등급=1, 2등급=2, 3등급=3
- Sex(성별)
- Age(나이): 1보다 작으며 분수로 표시
- SibSp(형제 자매/배우자 수): 함께 탑승한 형제 또는 배우자 수
- Parch(부모와 자녀 수): 함께 탑승한 부모 또는 자녀 수. 유모와 탑승한 아이는 0으로 표시
- Ticket(티켓 번호)
- Fare(요금)
- Cabin(선실 번호)
- Embarked(정박 항구): C=Cherbourg, Q=Queenstown, S=Southampton

웹 페이지에서 CSV 파일 가져오기

웹 페이지에 있는 CSV 파일을 가져와 데이터프레임으로 저장하는 방법이다.

```
import pandas as pd

titanic_df=pd.read_csv('https://raw.githubusercontent.com/sehakflower/data/main/titanic.csv')
titanic_df
```

	PassengerId₩tSurvived₩tPclass₩tName₩tSex₩tAge₩tSibSp₩tParch₩tTicket₩tFare₩tCabin₩tEmbarked
1₩t0₩t3₩tBraund	Mr. Owen Harris₩tmale₩t22₩t1₩t0₩tA/5 21171₩t7...
2₩t1₩t1₩tCumings	Mrs. John Bradley (Florence Briggs Thayer)₩tf...
3₩t1₩t3₩tHeikkinen	Miss. Laina₩tfemale₩t26₩t0₩t0₩tSTON/O2. 31012...
4₩t1₩t1₩tFutrelle	Mrs. Jacques Heath (Lily May Peel)₩tfemale₩t3...
5₩t0₩t3₩tAllen	Mr. William Henry₩tmale₩t35₩t0₩t0₩t373450₩t8....
...	...
152₩t1₩t1₩tPears	Mrs. Thomas (Edith Wearne)₩tfemale₩t22₩t1₩t0₩...
153₩t0₩t3₩tMeo	Mr. Alfonzo₩tmale₩t55.5₩t0₩t0₩tA.5. 11206₩t8....
154₩t0₩t3₩tvan Billiard	Mr. Austin Blyler₩tmale₩t40.5₩t0₩t2₩tA/5. 851...
155₩t0₩t3₩tOlsen	Mr. Ole Martin₩tmale₩t₩t0₩t0₩tFa 265302₩t7.31...
156₩t0₩t1₩tWilliams	Mr. Charles Duane₩tmale₩t51₩t0₩t1₩tPC 17597₩t...

156 rows × 1 columns

탭을 기준으로 분리하기

앞서 불러온 데이터를 보면 가독성이 좋지 않다. 탭을 기준으로 데이터를 분리해 보기 좋게 표시해 보자. CSV 파일을 불러올 때 옵션 sep='\t'를 이용하면 탭을 기준으로 열이 구분된다.

```
url='https://raw.githubusercontent.com/sehakflower/data/main/titanic.csv'
titanic_df=pd.read_csv(url,sep='\t')
titanic_df
```

	PassengerId	Survived	Pclass	Name	Sex	Age	SibSp	Parch	Ticket	Fare	Cabin	Embarked
0	1	0	3	Braund, Mr. Owen Harris	male	22.0	1	0	A/5 21171	7.2500	NaN	S
1	2	1	1	Cumings, Mrs. John Bradley (Florence Briggs Th...	female	38.0	1	0	PC 17599	71.2833	C85	C
2	3	1	3	Heikkinen, Miss. Laina	female	26.0	0	0	STON/O2. 3101282	7.9250	NaN	S
3	4	1	1	Futrelle, Mrs. Jacques Heath (Lily May Peel)	female	35.0	1	0	113803	53.1000	C123	S
4	5	0	3	Allen, Mr. William Henry	male	35.0	0	0	373450	8.0500	NaN	S
...	...	...	...	...	...	...	...	...	...	...	...	...
151	152	1	1	Pears, Mrs. Thomas (Edith Wearne)	female	22.0	1	0	113776	66.6000	C2	S
152	153	0	3	Meo, Mr. Alfonzo	male	55.5	0	0	A.5. 11206	8.0500	NaN	S
153	154	0	3	van Billiard, Mr. Austin Blyler	male	40.5	0	2	A/5. 851	14.5000	NaN	S
154	155	0	3	Olsen, Mr. Ole Martin	male	NaN	0	0	Fa 265302	7.3125	NaN	S
155	156	0	1	Williams, Mr. Charles Duane	male	51.0	0	1	PC 17597	61.3792	NaN	C

156 rows × 12 columns

엑셀 파일 가져오기

판다스를 통해 엑셀 파일을 가져올 수 있다. 특히 엑셀 파일의 특정 시트Sheet를 지정해서 가져올 수도 있다. 다음은 1,309개의 승객 정보가 있는 타이타닉 데이터를 판다스로 보여주고 있다. 별도의 옵션을 설정하지 않으면 가장 첫 번째 시트를 데이터프레임으로 읽어온다.

```
titanic='https://github.com/sehakflower/data/blob/main/titanic.xlsx?raw=true'
titanic=pd.read_excel(titanic,sheet_name='titanic3')
titanic
```

	pclass	survived	name	sex	age	sibsp	parch	ticket	fare	cabin	embarked	boat	body	home.dest
0	1	1	Allen, Miss. Elisabeth Walton	female	29.0000	0	0	24160	211.3375	B5	S	2	NaN	St Louis, MO
1	1	1	Allison, Master. Hudson Trevor	male	0.9167	1	2	113781	151.5500	C22 C26	S	11	NaN	Montreal, PQ / Chesterville, ON
2	1	0	Allison, Miss. Helen Loraine	female	2.0000	1	2	113781	151.5500	C22 C26	S	NaN	NaN	Montreal, PQ / Chesterville, ON
3	1	0	Allison, Mr. Hudson Joshua Creighton	male	30.0000	1	2	113781	151.5500	C22 C26	S	NaN	135.0	Montreal, PQ / Chesterville, ON
4	1	0	Allison, Mrs. Hudson J C (Bessie Waldo Daniels)	female	25.0000	1	2	113781	151.5500	C22 C26	S	NaN	NaN	Montreal, PQ / Chesterville, ON
...	...	...	...	...	...	...	...	...	...	...	...	...	...	...
1304	3	0	Zabour, Miss. Hileni	female	14.5000	1	0	2665	14.4542	NaN	C	NaN	328.0	NaN
1305	3	0	Zabour, Miss. Thamine	female	NaN	1	0	2665	14.4542	NaN	C	NaN	NaN	NaN
1306	3	0	Zakarian, Mr. Mapriededer	male	26.5000	0	0	2656	7.2250	NaN	C	NaN	304.0	NaN
1307	3	0	Zakarian, Mr. Ortin	male	27.0000	0	0	2670	7.2250	NaN	C	NaN	NaN	NaN
1308	3	0	Zimmerman, Mr. Leo	male	29.0000	0	0	315082	7.8750	NaN	S	NaN	NaN	NaN

1309 rows × 14 columns

여기서 잠깐

데이터 분리하기

sep=''를 이용하면 공백이나 특수문자를 기준으로 데이터를 분리할 수 있다.

```
print('apple', 'banana')
print('apple', 'banana', sep='')
print('apple', 'banana', sep=' ')
print('apple', 'banana', sep='    ')
print('apple', 'banana', sep=' -> -> ')
print('apple', 'banana','eggs', 'ham')
print('apple', 'banana', 'eggs', 'ham', sep='\t')
print('apple', 'banana','eggs', 'ham', sep='\t\t')
```

```
apple banana
applebanana
apple banana
apple    banana
apple -> -> banana
apple banana eggs ham
apple	banana	eggs	ham
apple		banana		eggs		ham
```

SECTION 02

데이터 처리

1 데이터 살펴보기

판다스의 주요 함수를 사용해 타이타닉 데이터를 좀 더 살펴보자.

앞뒤 데이터 보기: head/tail 함수

head 함수는 데이터프레임의 초기 5개 행을 출력한다. 인자값을 입력하지 않으면 인덱스 0부터 4까지 5행의 데이터를 출력한다. 원하는 행 개수만큼 출력하려면 괄호 안에 원하는 행의 수를 입력하면 된다. 다음은 head 함수를 이용해 초기 7개 행을 출력한 것이다.

```
titanic_df.head(7)
```

	PassengerId	Survived	Pclass	Name	Sex	Age	SibSp	Parch	Ticket	Fare	Cabin	Embarked
0	1	0	3	Braund, Mr. Owen Harris	male	22.0	1	0	A/5 21171	7.2500	NaN	S
1	2	1	1	Cumings, Mrs. John Bradley (Florence Briggs Th...	female	38.0	1	0	PC 17599	71.2833	C85	C
2	3	1	3	Heikkinen, Miss. Laina	female	26.0	0	0	STON/O2. 3101282	7.9250	NaN	S
3	4	1	1	Futrelle, Mrs. Jacques Heath (Lily May Peel)	female	35.0	1	0	113803	53.1000	C123	S
4	5	0	3	Allen, Mr. William Henry	male	35.0	0	0	373450	8.0500	NaN	S
5	6	0	3	Moran, Mr. James	male	NaN	0	0	330877	8.4583	NaN	Q
6	7	0	1	McCarthy, Mr. Timothy J	male	54.0	0	0	17463	51.8625	E46	S

tail 함수는 head 함수와 반대로 맨 끝에서 5개 행의 데이터를 출력한다. 개수를 지정하지 않으면 5개 행의 데이터가 출력되지만 원하는 행 수를 입력하면 입력한 수만큼의 데이터를 확인할 수 있다. 다음은 tail 함수를 이용해 마지막 7개 행의 데이터를 출력한 것이다.

```
titanic_df.tail(7)
```

	PassengerId	Survived	Pclass	Name	Sex	Age	SibSp	Parch	Ticket	Fare	Cabin	Embarked
149	150	0	2	Byles, Rev. Thomas Roussel Davids	male	42.0	0	0	244310	13.0000	NaN	S
150	151	0	2	Bateman, Rev. Robert James	male	51.0	0	0	S.O.P. 1166	12.5250	NaN	S
151	152	1	1	Pears, Mrs. Thomas (Edith Wearne)	female	22.0	1	0	113776	66.6000	C2	S
152	153	0	3	Meo, Mr. Alfonzo	male	55.5	0	0	A.5. 11206	8.0500	NaN	S
153	154	0	3	van Billiard, Mr. Austin Blyler	male	40.5	0	2	A/5. 851	14.5000	NaN	S
154	155	0	3	Olsen, Mr. Ole Martin	male	NaN	0	0	Fa 265302	7.3125	NaN	S
155	156	0	1	Williams, Mr. Charles Duane	male	51.0	0	1	PC 17597	61.3792	NaN	C

데이터 개수/형태 확인하기: len/shape 함수

len 함수를 이용하면 데이터의 개수를 확인할 수 있다. **len(데이터프레임 이름)** 형태로 이용한다.

```
len(titanic_df)
```

```
156
```

shape 함수는 데이터프레임의 형태를 알아보기 위해 사용한다. 결과는 tuple 형태로 반환된다. 다음 실행 결과를 보면 첫 번째는 행, 두 번째는 열 개수를 의미한다.

```
titanic_df.shape
```

```
(156, 12)
```

데이터의 기본 통계치 보기: describe 함수

describe 함수를 사용하면 데이터의 기본 통계치를 살펴볼 수 있다. 이때 데이터형이 float나 int인 열에만 적용된다. 각 열의 개수(count), 평균(mean), 표준편차(std), 최솟값(min), 최댓값(max) 등의 통계치를 확인할 수 있다.

```
titanic_df.describe()
```

	PassengerId	Survived	Pclass	Age	SibSp	Parch	Fare
count	156.000000	156.000000	156.000000	126.000000	156.000000	156.000000	156.000000
mean	78.500000	0.346154	2.423077	28.141508	0.615385	0.397436	28.109587
std	45.177428	0.477275	0.795459	14.613880	1.056235	0.870146	39.401047
min	1.000000	0.000000	1.000000	0.830000	0.000000	0.000000	6.750000
25%	39.750000	0.000000	2.000000	19.000000	0.000000	0.000000	8.003150
50%	78.500000	0.000000	3.000000	26.000000	0.000000	0.000000	14.454200
75%	117.250000	1.000000	3.000000	35.000000	1.000000	0.000000	30.371850
max	156.000000	1.000000	3.000000	71.000000	5.000000	5.000000	263.000000

결측치와 데이터형 확인하기: info 함수

info 함수를 사용해 데이터프레임 각 열의 결측치 여부와 데이터형을 출력한다. 다음 예의 실행 결과를 보면 titanic_df는 156행 12열로 구성되어 있으며 열을 기준으로 결측치 수도 확인할 수 있다.

```
titanic_df.info()
```

```
<class 'pandas.core.frame.DataFrame'>
RangeIndex: 156 entries, 0 to 155
Data columns (total 12 columns):
 #   Column       Non-Null Count   Dtype
---  ------       --------------   -----
 0   PassengerId  156 non-null     int64
 1   Survived     156 non-null     int64
 2   Pclass       156 non-null     int64
 3   Name         156 non-null     object
 4   Sex          156 non-null     object
 5   Age          126 non-null     float64
 6   SibSp        156 non-null     int64
 7   Parch        156 non-null     int64
 8   Ticket       156 non-null     object
 9   Fare         156 non-null     float64
 10  Cabin        31 non-null      object
 11  Embarked     155 non-null     object
dtypes: float64(2), int64(5), object(5)
memory usage: 14.8+ KB
```

2 열/행 정리하기

열 이름 변경하기

판다스에서 제공하는 속성과 함수를 이용하면 데이터프레임을 구성하는 열 이름을 쉽게 변경할 수 있다.

titanic_df.columns처럼 columns 속성을 이용하면 데이터프레임이 갖고 있는 열 이름을 확인할 수 있다. dtype이 object인 것은 문자열을 의미한다.

```
titanic_df.columns
```

```
Index(['PassengerId', 'Survived', 'Pclass', 'Name', 'Sex', 'Age', 'SibSp',
       'Parch', 'Ticket', 'Fare', 'Cabin', 'Embarked'],
       dtype='object')
```

열 이름을 한꺼번에 변경할 수도 있다. columns 속성을 이용해 변경할 수 있으며 이 경우에 열 개수가 정확하게 일치해야 한다.

```
new_columns=['passengerId', 'survived', 'pclass', 'name', 'sex', 'age', 'sibsp', 'parch',
             'ticket', 'fare', 'cabin', 'embarked']
titanic_df.columns=new_columns
titanic_df.columns
```

```
Index(['passengerId', 'survived', 'pclass', 'name', 'sex', 'age', 'sibsp',
       'parch', 'ticket', 'fare', 'cabin', 'embarked'],
       dtype='object')
```

titanic_df를 실행해보면 모든 열 이름이 소문자로 변경된 것을 확인할 수 있다.

```
titanic_df
```

	passengerId	survived	pclass	name	sex	age	sibsp	parch	ticket	fare	cabin	embarked
0	1	0	3	Braund, Mr. Owen Harris	male	22.0	1	0	A/5 21171	7.2500	NaN	S
1	2	1	1	Cumings, Mrs. John Bradley (Florence Briggs Th...	female	38.0	1	0	PC 17599	71.2833	C85	C
2	3	1	3	Heikkinen, Miss. Laina	female	26.0	0	0	STON/O2. 3101282	7.9250	NaN	S
3	4	1	1	Futrelle, Mrs. Jacques Heath (Lily May Peel)	female	35.0	1	0	113803	53.1000	C123	S
4	5	0	3	Allen, Mr. William Henry	male	35.0	0	0	373450	8.0500	NaN	S
...	...	...	...	...	...	...	...	...	...	...	...	...
151	152	1	1	Pears, Mrs. Thomas (Edith Wearne)	female	22.0	1	0	113776	66.6000	C2	S
152	153	0	3	Meo, Mr. Alfonzo	male	55.5	0	0	A.5. 11206	8.0500	NaN	S
153	154	0	3	van Billiard, Mr. Austin Blyler	male	40.5	0	2	A/5. 851	14.5000	NaN	S
154	155	0	3	Olsen, Mr. Ole Martin	male	NaN	0	0	Fa 265302	7.3125	NaN	S
155	156	0	1	Williams, Mr. Charles Duane	male	51.0	0	1	PC 17597	61.3792	NaN	C

156 rows × 12 columns

데이터프레임 복사하기

데이터프레임에 행/열을 추가하는 실습을 하기 전에 복사본을 만들어두길 권한다. 복사와 관련한 자세한 내용은 이후에 설명할 것이므로 여기서는 titanic_df를 복사해 copy_titanic_df를 생성하고 head 함수를 이용해 내용을 확인한다.

```
copy_titanic_df=titanic_df.copy()
copy_titanic_df.head()
```

	passengerId	survived	pclass	name	sex	age	sibsp	parch	ticket	fare	cabin	embarked
0	1	0	3	Braund, Mr. Owen Harris	male	22.0	1	0	A/5 21171	7.2500	NaN	S
1	2	1	1	Cumings, Mrs. John Bradley (Florence Briggs Th...	female	38.0	1	0	PC 17599	71.2833	C85	C
2	3	1	3	Heikkinen, Miss. Laina	female	26.0	0	0	STON/O2. 3101282	7.9250	NaN	S
3	4	1	1	Futrelle, Mrs. Jacques Heath (Lily May Peel)	female	35.0	1	0	113803	53.1000	C123	S
4	5	0	3	Allen, Mr. William Henry	male	35.0	0	0	373450	8.0500	NaN	S

행 추가하기

행을 추가하려면 데이터를 딕셔너리 형태로 만든 뒤 append 함수를 사용해 데이터프레임 맨 끝에 한 행을 추가할 수 있다. 이때 'ignore_index=True' 옵션을 추가해야 오류가 생기지 않는다.

```
copy_titanic_df.append({'passengerId':1, 'survived':1, 'pclass':1, 'name':1, 'sex':1,
                        'age':1, 'sibsp':1, 'parch':1, 'ticket':1, 'fare':1, 'cabin':1,
                        'embarked':1}, ignore_index=True)
```

	passengerId	survived	pclass	name	sex	age	sibsp	parch	ticket	fare	cabin	embarked
0	1	0	3	Braund, Mr. Owen Harris	male	22.0	1	0	A/5 21171	7.2500	NaN	S
1	2	1	1	Cumings, Mrs. John Bradley (Florence Briggs Th...	female	38.0	1	0	PC 17599	71.2833	C85	C
2	3	1	3	Heikkinen, Miss. Laina	female	26.0	0	0	STON/O2. 3101282	7.9250	NaN	S
3	4	1	1	Futrelle, Mrs. Jacques Heath (Lily May Peel)	female	35.0	1	0	113803	53.1000	C123	S
4	5	0	3	Allen, Mr. William Henry	male	35.0	0	0	373450	8.0500	NaN	S
...	...	...	...	...	...	...	...	...	...	...	...	...
152	153	0	3	Meo, Mr. Alfonzo	male	55.5	0	0	A.5. 11206	8.0500	NaN	S
153	154	0	3	van Billiard, Mr. Austin Blyler	male	40.5	0	2	A/5. 851	14.5000	NaN	S
154	155	0	3	Olsen, Mr. Ole Martin	male	NaN	0	0	Fa 265302	7.3125	NaN	S
155	156	0	1	Williams, Mr. Charles Duane	male	51.0	0	1	PC 17597	61.3792	NaN	C
156	1	1	1	1	1	1.0	1	1	1	1.0000	1	1

157 rows × 12 columns

그러나 마지막 5행을 확인할 수 있는 tail 함수를 실행해보면 행 추가가 반영되지 않은 것을 확인할 수 있다.

```
copy_titanic_df.tail()
```

	passengerId	survived	pclass	name	sex	age	sibsp	parch	ticket	fare	cabin	embarked
151	152	1	1	Pears, Mrs. Thomas (Edith Wearne)	female	22.0	1	0	113776	66.6000	C2	S
152	153	0	3	Meo, Mr. Alfonzo	male	55.5	0	0	A.5. 11206	8.0500	NaN	S
153	154	0	3	van Billiard, Mr. Austin Blyler	male	40.5	0	2	A/5. 851	14.5000	NaN	S
154	155	0	3	Olsen, Mr. Ole Martin	male	NaN	0	0	Fa 265302	7.3125	NaN	S
155	156	0	1	Williams, Mr. Charles Duane	male	51.0	0	1	PC 17597	61.3792	NaN	C

행 추가를 제대로 반영하려면 append 함수로 데이터를 추가한 뒤 다시 copy_titanic_df 변수에 저장해야 변경된 값이 유지된다.

```
copy_titanic_df=copy_titanic_df.append({'passengerId':1, 'survived':1, 'pclass':1,
    'name':1, 'sex':1, 'age':1, 'sibsp':1, 'parch':1, 'ticket':1, 'fare':1, 'cabin':1,
    'embarked':1}, ignore_index=True)
copy_titanic_df.tail()
```

	passengerId	survived	pclass	name	sex	age	sibsp	parch	ticket	fare	cabin	embarked
152	153	0	3	Meo, Mr. Alfonzo	male	55.5	0	0	A.5. 11206	8.0500	NaN	S
153	154	0	3	van Billiard, Mr. Austin Blyler	male	40.5	0	2	A/5. 851	14.5000	NaN	S
154	155	0	3	Olsen, Mr. Ole Martin	male	NaN	0	0	Fa 265302	7.3125	NaN	S
155	156	0	1	Williams, Mr. Charles Duane	male	51.0	0	1	PC 17597	61.3792	NaN	C
156	1	1	1	1	1	1.0	1	1	1	1.0000	1	1

여기서 잠깐

append 함수 오류 시

2023년 4월 배포된 판다스 2.0.0 버전부터는 append 함수를 사용할 경우 오류가 발생한다. 다음과 같이 딕셔너리 형태의 데이터프레임을 만든 후 기존 데이터프레임인 copy_titanic_df와 병합하여 행을 추가한다.

```
new_row = pd.DataFrame([{'passengerId': 1, 'survived': 1, 'pclass': 1, 'name': 1,
                         'sex': 1, 'age': 1, 'sibsp': 1, 'parch': 1, 'ticket':1,
                         'fare': 1,'cabin': 1, 'embarked': 1}])
copy_titanic_df = pd.concat([copy_titanic_df, new_row], ignore_index=True)
copy_titanic_df
```

열 추가하기

새로운 열 이름을 만들고 이에 값을 대입해보자. copy_titanic_df 데이터프레임에 gender라는 이름의 열을 추가한다. 열의 모든 값은 1로 지정한다.

```
copy_titanic_df['gender']=1
copy_titanic_df.tail()
```

	passengerId	survived	pclass	name	sex	age	sibsp	parch	ticket	fare	cabin	embarked	gender
152	153	0	3	Meo, Mr. Alfonzo	male	55.5	0	0	A.5. 11206	8.0500	NaN	S	1
153	154	0	3	van Billiard, Mr. Austin Blyler	male	40.5	0	2	A/5. 851	14.5000	NaN	S	1
154	155	0	3	Olsen, Mr. Ole Martin	male	NaN	0	0	Fa 265302	7.3125	NaN	S	1
155	156	0	1	Williams, Mr. Charles Duane	male	51.0	0	1	PC 17597	61.3792	NaN	C	1
156	1	1	1	1	1	1.0	1	1	1	1.0000	1	1	1

모든 값이 1인 gender 열이 추가되었다. 값을 변경하려면 loc 함수를 사용한다. 다음은 sex가 female이면 값을 0으로 변경하고 male이면 기존 값인 1을 유지한다. head 함수를 이용해 값이 변경된 것을 확인할 수 있다.

TIP • 값을 변경할 때 사용하는 loc와 iloc 속성에 대해서는 177쪽과 180쪽에서 자세히 설명한다.

```
copy_titanic_df.loc[copy_titanic_df['sex']=='female', 'gender']=0
copy_titanic_df.head()
```

	passengerId	survived	pclass	name	sex	age	sibsp	parch	ticket	fare	cabin	embarked	gender
0	1	0	3	Braund, Mr. Owen Harris	male	22.0	1	0	A/5 21171	7.2500	NaN	S	1
1	2	1	1	Cumings, Mrs. John Bradley (Florence Briggs Th...	female	38.0	1	0	PC 17599	71.2833	C85	C	0
2	3	1	3	Heikkinen, Miss. Laina	female	26.0	0	0	STON/O2. 3101282	7.9250	NaN	S	0
3	4	1	1	Futrelle, Mrs. Jacques Heath (Lily May Peel)	female	35.0	1	0	113803	53.1000	C123	S	0
4	5	0	3	Allen, Mr. William Henry	male	35.0	0	0	373450	8.0500	NaN	S	1

3 인덱스 정리하기

index 속성

index 속성을 사용하면 데이터프레임이 갖는 행의 시작 번호와 끝 번호의 증가값을 확인할 수 있다. 다음과 같이 titanic_df.index를 실행하면 0부터 156까지 1씩 증가하는 형태인 것을 확인할 수 있다.

```
titanic_df.index
```

```
RangeIndex(start=0, stop=156, step=1)
```

values 속성

인덱스를 제외한 값만 출력할 때는 values 속성을 사용한다. 다음과 같이 titanic_df.values를 실행하면 배열 형태로 인덱스가 표시된다.

```
titanic_df.values
```

```
array([[1, 0, 3, ..., 7.25, nan, 'S'],
[2, 1, 1, ..., 71.2833, 'C85', 'C'],
[3, 1, 3, ..., 7.925, nan, 'S'],
...,
[154, 0, 3, ..., 14.5, nan, 'S'],
[155, 0, 3, ..., 7.3125, nan, 'S'],
[156, 0, 1, ..., 61.3792, nan, 'C']], dtype=object)
```

열 추출하기

데이터프레임에서 특정 열만 추출하여 분리할 수 있다. age 변수에 titanic_df 데이터프레임의 열인 age를 [age] 형태로 저장해서 출력해보자. 이때 type 함수를 이용해 age 변수의 데이터형을 함께 확인해보자.

```
age=titanic_df['age']       # Series 객체는 1차원 배열(ndarray)과 호환됨
print(type(age))
age
```

```
<class 'pandas.core.series.Series'>
0    22.0
1    38.0
2    26.0
3    35.0
4    35.0
...
151 22.0
152 55.5
153 40.5
154 NaN
155 51.0
Name: age, Length: 156, dtype: float64
```

4 데이터 정렬하기

데이터프레임을 다양한 형태로 정렬할 수 있다. 인덱스나 특정 열을 기준으로 정렬할 수도 있고 두 개 이상의 열을 기준으로 정렬할 수도 있다.

인덱스 기준으로 정렬하기

인덱스를 기준으로 정렬하려면 sort_index 함수를 사용한다. ascending 옵션을 True로 지정하거나 생략하면 오름차순으로 정렬되고 False로 지정하면 내림차순으로 정렬된다. 다음은 ascending 옵션을 생략해 오름차순으로 정렬한 예다.

```
titanic_df.sort_index()
```

	passengerId	survived	pclass	name	sex	age	sibsp	parch	ticket	fare	cabin	embarked
0	1	0	3	Braund, Mr. Owen Harris	male	22.0	1	0	A/5 21171	7.2500	NaN	S
1	2	1	1	Cumings, Mrs. John Bradley (Florence Briggs Th...	female	38.0	1	0	PC 17599	71.2833	C85	C
2	3	1	3	Heikkinen, Miss. Laina	female	26.0	0	0	STON/O2. 3101282	7.9250	NaN	S
3	4	1	1	Futrelle, Mrs. Jacques Heath (Lily May Peel)	female	35.0	1	0	113803	53.1000	C123	S
4	5	0	3	Allen, Mr. William Henry	male	35.0	0	0	373450	8.0500	NaN	S
...	...	...	...	...	...	...	...	...	...	...	...	...
151	152	1	1	Pears, Mrs. Thomas (Edith Wearne)	female	22.0	1	0	113776	66.6000	C2	S
152	153	0	3	Meo, Mr. Alfonzo	male	55.5	0	0	A.5. 11206	8.0500	NaN	S
153	154	0	3	van Billiard, Mr. Austin Blyler	male	40.5	0	2	A/5. 851	14.5000	NaN	S
154	155	0	3	Olsen, Mr. Ole Martin	male	NaN	0	0	Fa 265302	7.3125	NaN	S
155	156	0	1	Williams, Mr. Charles Duane	male	51.0	0	1	PC 17597	61.3792	NaN	C

156 rows × 12 columns

열 기준으로 정렬하기

특정 열을 기준으로 정렬하려면 sort_values(by='age')처럼 설정한다. ascending 옵션을 True로 지정하거나 생략하면 오름차순, False로 지정하면 내림차순으로 정렬된다.

```
titanic_df.sort_values(by='age')                    # 오름차순 정렬
titanic_df.sort_values(by='age', ascending=False)   # 내림차순 정렬
```

	passengerId	survived	pclass	name	sex	age	sibsp	parch	ticket	fare	cabin	embarked
96	97	0	1	Goldschmidt, Mr. George B	male	71.0	0	0	PC 17754	34.6542	A5	C
116	117	0	3	Connors, Mr. Patrick	male	70.5	0	0	370369	7.7500	NaN	Q
33	34	0	2	Wheadon, Mr. Edward H	male	66.0	0	0	C.A. 24579	10.5000	NaN	S
54	55	0	1	Ostby, Mr. Engelhart Cornelius	male	65.0	0	1	113509	61.9792	B30	C
94	95	0	3	Coxon, Mr. Daniel	male	59.0	0	0	364500	7.2500	NaN	S

두 개의 열을 기준으로 정렬하려면 sort_values(by=['age', 'pclass']) 형태로 설정한다. 여기서 age는 첫 번째 정렬 기준이고 age가 같으면 두 번째 정렬 기준인 pclass에 따라 정렬된다. ascending 옵션으로 정렬 순서를 정한다.

```
titanic_df.sort_values(by=['age', 'pclass'])                    # 오름차순 정렬
titanic_df.sort_values(by=['age', 'pclass'], ascending=False)   # 내림차순 정렬
```

	passengerId	survived	pclass	name	sex	age	sibsp	parch	ticket	fare	cabin	embarked
96	97	0	1	Goldschmidt, Mr. George B	male	71.0	0	0	PC 17754	34.6542	A5	C
116	117	0	3	Connors, Mr. Patrick	male	70.5	0	0	370369	7.7500	NaN	Q
33	34	0	2	Wheadon, Mr. Edward H	male	66.0	0	0	C.A. 24579	10.5000	NaN	S
54	55	0	1	Ostby, Mr. Engelhart Cornelius	male	65.0	0	1	113509	61.9792	B30	C
94	95	0	3	Coxon, Mr. Daniel	male	59.0	0	0	364500	7.2500	NaN	S
...	...	...	...	...	...	...	...	...	...	...	...	...
154	155	0	3	Olsen, Mr. Ole Martin	male	NaN	0	0	Fa 265302	7.3125	NaN	S
17	18	1	2	Williams, Mr. Charles Eugene	male	NaN	0	0	244373	13.0000	NaN	S
31	32	1	1	Spencer, Mrs. William Augustus (Marie Eugenie)	female	NaN	1	0	PC 17569	146.5208	B78	C
55	56	1	1	Woolner, Mr. Hugh	male	NaN	0	0	19947	35.5000	C52	S
64	65	0	1	Stewart, Mr. Albert A	male	NaN	0	0	PC 17605	27.7208	NaN	C

156 rows × 12 columns

여기서 잠깐

KeyError

인덱스를 이용해 원하는 행을 추출할 때 df[시작:끝:증가값] 형태로 작성해야 한다. 시작값과 종료값을 생략하더라도 콜론은 반드시 입력해야 한다. 그렇지 않으면 KeyError가 발생한다.

```
titanic_df[0]        # KeyError
titanic_df[3,1]      # KeyError
titanic_df[3,:]      # KeyError
```

5 데이터 가져오기

함수를 이용해 데이터프레임의 행을 원하는 만큼 가져와서 표시할 수 있다. 앞서 파이썬 기초에서 배운 문자열의 슬라이싱 방법과도 비슷하다.

지정 범위의 행에서 데이터 가져오기

지정한 범위의 행에서 데이터를 불러올 수 있다. 행을 슬라이싱하는 방법으로 원하는 영역까지 표시할 수 있다. titanic_df[x:y] 형태로 설정하며 x번째부터 y번째까지 행을 추출한다. titanic_df[::-1]로 설정하면 행의 순서를 거꾸로 변경할 수 있다. 그 외 사용 방법은 다음 예를 살펴보자.

```
titanic_df[0:5]      # titanic_df.head()와 실행 결과 동일함
titanic_df[0:1]      # 첫 행만 가져오기
titanic_df[::3]      # 3개씩 건너서 출력함
titanic_df[::-1]     # 행의 순서를 거꾸로 출력함
```

	passengerId	survived	pclass	name	sex	age	sibsp	parch	ticket	fare	cabin	embarked
155	156	0	1	Williams, Mr. Charles Duane	male	51.0	0	1	PC 17597	61.3792	NaN	C
154	155	0	3	Olsen, Mr. Ole Martin	male	NaN	0	0	Fa 265302	7.3125	NaN	S
153	154	0	3	van Billiard, Mr. Austin Blyler	male	40.5	0	2	A/5. 851	14.5000	NaN	S
152	153	0	3	Meo, Mr. Alfonzo	male	55.5	0	0	A.5. 11206	8.0500	NaN	S
151	152	1	1	Pears, Mrs. Thomas (Edith Wearne)	female	22.0	1	0	113776	66.6000	C2	S
...	...	...	...	...	...	...	...	...	...	...	...	...
4	5	0	3	Allen, Mr. William Henry	male	35.0	0	0	373450	8.0500	NaN	S
3	4	1	1	Futrelle, Mrs. Jacques Heath (Lily May Peel)	female	35.0	1	0	113803	53.1000	C123	S
2	3	1	3	Heikkinen, Miss. Laina	female	26.0	0	0	STON/O2. 3101282	7.9250	NaN	S
1	2	1	1	Cumings, Mrs. John Bradley (Florence Briggs Th...	female	38.0	1	0	PC 17599	71.2833	C85	C
0	1	0	3	Braund, Mr. Owen Harris	male	22.0	1	0	A/5 21171	7.2500	NaN	S

156 rows × 12 columns

실행 결과를 보면 4가지 설정이 한꺼번에 적용되었다. 각각의 설정이 어떻게 적용되는지 확인하고 싶다면 관련 없는 코드 앞에 주석 표시인 #을 추가하고 확인하고 싶은 코드만 실행해보면 된다.

단순 인덱스로 범위 지정해 데이터 가져오기

단순 인덱스를 이용해 범위를 선택하고 데이터를 가져올 수 있다. 예를 들어 [:3]이라고 슬라이싱하여 표시하면 첫 번째부터 세 번째 데이터까지 표시하는 것으로, 0부터 2까지 총 세 개의 인덱스 값에 따른 데이터가 나타난다.

```
titanic_df[:3]
```

	passengerId	survived	pclass	name	sex	age	sibsp	parch	ticket	fare	cabin	embarked
0	1	0	3	Braund, Mr. Owen Harris	male	22.0	1	0	A/5 21171	7.2500	NaN	S
1	2	1	1	Cumings, Mrs. John Bradley (Florence Briggs Th...	female	38.0	1	0	PC 17599	71.2833	C85	C
2	3	1	3	Heikkinen, Miss. Laina	female	26.0	0	0	STON/O2. 3101282	7.9250	NaN	S

지정 범위의 열에서 데이터 가져오기

열의 범위를 지정해서 데이터를 가져올 수 있다. 먼저, len 함수와 columns 속성을 사용해 데이터프레임의 열의 개수를 확인해보자.

```
len(titanic_df.columns)
```

```
12
```

columns 속성을 titanic_df[df.columns[**열 번호**]] 형태로 설정하면 번호에 해당하는 열 이름과 인덱스를 함께 나타낼 수 있다. 이때 열 번호는 열의 순서이며 0은 첫 번째 열을 의미한다.

```
titanic_df[titanic_df.columns[0]]          # 첫 번째(0번) 열을 1차원 배열의 Series 객체로 추출
```

```
0   1
1   2
2   3
...
153 154
154 155
155 156
Name: passengerId, Length: 156, dtype: int64
```

현재 데이터프레임은 인덱스를 제외하고 총 12개 열로 이루어져 있다. 마지막 열의 데이터를 가져오려면 '마지막 열 번호−1'이므로 열 번호를 11이나 −1로 설정한다.

```
titanic_df[titanic_df.columns[11]]         # 마지막 열을 1차원 배열의 Series 객체로 추출
# titanic_df[titanic_df.columns[-1]]       # 혹은 [-1]로 표시
```

```
0   S
1   C
2   S
...
153 S
154 S
155 C
Name: Embarked, Length: 156, dtype: object
```

마지막 열의 데이터는 열 번호를 직접 입력하거나 −1로 설정해서 표시할 수 있다.

열 이름으로 데이터 가져오기

age 변수에 **데이터프레임['열 이름']** 형태로 데이터를 할당하고 print 함수에서 type 함수로 age 열을 출력해보면 Series라고 나타난다. Series 객체는 1차원 배열 형태로 흔히 생각하는 열의 형태로 생각하면 되고 ndarray와도 호환된다.

```
age=titanic_df['age']
print(type(age))
```

```
<class 'pandas.core.series.Series'>
```

데이터프레임 이름['column 이름'] 형태로 입력하면 특정 column의 데이터를 Series 객체로 추출하여 표시할 수 있다.

```
titanic_df['age']          # 'age' 열을 1차원 배열인 Series 객체로 추출
titanic_df.age
```

```
0   22.0
1   38.0
2   26.0
3   35.0
4   35.0
...
151 22.0
152 55.5
153 40.5
154 NaN
155 51.0
Name: age, Length: 156, dtype: float64
```

열 이름과 위치를 이용해 데이터 가져오기

인덱싱을 이용해 특정 범위의 데이터를 가져올 수 있다.

```
print(titanic_df[titanic_df.columns[0]][0])          # 첫 번째 열의 첫 번째 값
print(titanic_df['age'][0])                          # age 열의 첫 번째 값
print(titanic_df[titanic_df.columns[0]][2])
print(titanic_df[titanic_df.columns[-1]][0])
type(titanic_df[titanic_df.columns[0]][0])           # str
```

```
1
22.0
3
S
numpy.int64
```

시작값, 종료값, 증가값을 이용해 특정 범위의 데이터를 가져올 수 있다. 대괄호 안에 **[시작값:종료값:증가값]** 형태로 입력하는데 시작값과 종료값은 생략 가능하지만 콜론은 꼭 입력해야 한다. 증가값을 생략하면 1씩 증가한다. 다음은 모두 첫 번째 열을 기준으로 특정 행의 값을 가져오는 예다.

```
titanic_df[titanic_df.columns[0]][2:6]       # 2번부터 5번 행까지
titanic_df[titanic_df.columns[0]][:-1]       # 마지막 행 제외
titanic_df[titanic_df.columns[0]][::3]       # 3개의 step으로 슬라이싱
titanic_df[titanic_df.columns[0]][-1:]       # 마지막 행만 추출
titanic_df[titanic_df.columns[0]][::-1]      # 행을 역순으로 출력
```

```
155 156
154 155
153 154
152 153
...
3   4
2   3
1   2
0   1
Name: passengerId, Length: 156, dtype: int64
```

여러 개의 열 이름을 리스트 형태로 만들어 특정 열을 가져올 수 있고 열 순서(열 번호)를 이용해 데이터를 추출할 수도 있다.

```
titanic_df[['pclass', 'name', 'sex']]          # DataFrame 추출
titanic_df[[titanic_df.columns[2],titanic_df.columns[3],titanic_df.columns[4]]]
                                               # DataFrame 추출
```

	pclass	name	sex
0	3	Braund, Mr. Owen Harris	male
1	1	Cumings, Mrs. John Bradley (Florence Briggs Th...	female
2	3	Heikkinen, Miss. Laina	female
3	1	Futrelle, Mrs. Jacques Heath (Lily May Peel)	female
4	3	Allen, Mr. William Henry	male
...	...	...	...
151	1	Pears, Mrs. Thomas (Edith Wearne)	female
152	3	Meo, Mr. Alfonzo	male
153	3	van Billiard, Mr. Austin Blyler	male
154	3	Olsen, Mr. Ole Martin	male
155	1	Williams, Mr. Charles Duane	male

156 rows × 3 columns

columns 속성을 사용하여 열 순서를 기준으로 데이터를 가져올 수 있다. 다음은 데이터프레임의 두 번째, 세 번째, 네 번째 열을 지정하고 2~15행까지의 데이터 중 세 개씩 건너뛰어서 추출하는 예다.

```
titanic_df[[titanic_df.columns[2],titanic_df.columns[3],titanic_df.columns[4]]][2:15:3]
# 슬라이싱
```

	pclass	name	sex
2	3	Heikkinen, Miss. Laina	female
5	3	Moran, Mr. James	male
8	3	Johnson, Mrs. Oscar W (Elisabeth Vilhelmina Berg)	female
11	1	Bonnell, Miss. Elizabeth	female
14	3	Vestrom, Miss. Hulda Amanda Adolfina	female

다음은 데이터프레임에서 사용할 수 있는 다양한 인덱싱 방법이다. 이 중에서 세 번째 방법을 실행하면 오류가 발생한다. print(titanic_df[titanic_df.columns[-1]][0])은 맨 마지막 열의 첫 번째

원소값을 가리킨다. 그러나 print(titanic_df[titanic_df.columns[0]][-1])은 첫 번째 열의 맨 마지막 행의 값을 나타내지 않고 오류가 발생한다. 이것은 titanic_df[titanic_df.columns[0]][-2:-1] 또는 titanic_df.iloc[-1,0]으로 수정해야 한다.

```
print(titanic_df[titanic_df.columns[0]][0])
print(titanic_df[titanic_df.columns[0]][2])
# print(titanic_df[titanic_df.columns[0]][-1])          # 실행 시 오류 발생
type(titanic_df[titanic_df.columns[0]][0])
```

```
1
3
numpy.int64
```

인덱스 이름을 기준으로 데이터 가져오기: loc 속성

함수에 인덱스 이름을 사용해 데이터를 가져오는 방법을 소개한다. 먼저, loc 속성을 이용하면 데이터프레임의 인덱스 이름을 기준으로 원하는 만큼의 행 데이터를 가져올 수 있다. 행을 하나만 지정할 수도 있고 여러 개 지정할 수도 있다. 기본 형식은 **titanic_df.loc[시작 인덱스 이름:종료 인덱스 이름:증가값]**과 같다.

loc 속성을 이용해 인덱스 이름이 0인 값을 가져오면 다음과 같이 한 건의 데이터만 표시된다.

```
titanic_df.loc[0]
```

```
passengerId       1
survived          0
pclass            3
name              Braund, Mr. Owen Harris
sex               male
age               22.0
sibsp             1
parch             0
ticket            A/5 21171
fare              7.25
cabin             NaN
embarked          S
Name: 0, dtype: object
```

다음은 인덱스 이름 0부터 5까지 데이터를 가져와 표시한 것이다. 슬라이싱 형태로 데이터를 가져왔다면 0에서 4번 인덱스까지 표시되겠지만 인덱스 이름을 사용한 것이므로 5번 인덱스까지 표시되는 것을 확인할 수 있다.

```
titanic_df.loc[0:5]
```

	passengerId	survived	pclass	name	sex	age	sibsp	parch	ticket	fare	cabin	embarked
0	1	0	3	Braund, Mr. Owen Harris	male	22.0	1	0	A/5 21171	7.2500	NaN	S
1	2	1	1	Cumings, Mrs. John Bradley (Florence Briggs Th...	female	38.0	1	0	PC 17599	71.2833	C85	C
2	3	1	3	Heikkinen, Miss. Laina	female	26.0	0	0	STON/O2. 3101282	7.9250	NaN	S
3	4	1	1	Futrelle, Mrs. Jacques Heath (Lily May Peel)	female	35.0	1	0	113803	53.1000	C123	S
4	5	0	3	Allen, Mr. William Henry	male	35.0	0	0	373450	8.0500	NaN	S
5	6	0	3	Moran, Mr. James	male	NaN	0	0	330877	8.4583	NaN	Q

증가값을 함께 설정해 두 개 또는 세 개 단위로 데이터를 건너뛰어서 표시할 수도 있다.

```
titanic_df.loc[0:10:2]
```

	passengerId	survived	pclass	name	sex	age	sibsp	parch	ticket	fare	cabin	embarked
0	1	0	3	Braund, Mr. Owen Harris	male	22.0	1	0	A/5 21171	7.2500	NaN	S
2	3	1	3	Heikkinen, Miss. Laina	female	26.0	0	0	STON/O2. 3101282	7.9250	NaN	S
4	5	0	3	Allen, Mr. William Henry	male	35.0	0	0	373450	8.0500	NaN	S
6	7	0	1	McCarthy, Mr. Timothy J	male	54.0	0	0	17463	51.8625	E46	S
8	9	1	3	Johnson, Mrs. Oscar W (Elisabeth Vilhelmina Berg)	female	27.0	0	2	347742	11.1333	NaN	S
10	11	1	3	Sandstrom, Miss. Marguerite Rut	female	4.0	1	1	PP 9549	16.7000	G6	S

0번부터 마지막 인덱스까지 age 열의 모든 행을 가져오려면 다음과 같이 설정한다.

```
titanic_df.loc[:, 'age']
```

```
0   22.0
1   38.0
2   26.0
3   35.0
...
152 55.5
153 40.5
154 NaN
155 51.0
Name: age, Length: 156, dtype: float64
```

0번부터 마지막 인덱스까지 age, sex 열의 모든 데이터를 가져오려면 다음과 같이 설정한다.

```
titanic_df.loc[:, ['age', 'sex']]
```

	age	sex
0	22.0	male
1	38.0	female
2	26.0	female
3	35.0	female
4	35.0	male
...	...	...
151	22.0	female
152	55.5	male
153	40.5	male
154	NaN	male
155	51.0	male

156 rows × 2 columns

다음은 특정 인덱스에서 필요한 열의 데이터를 가져오는 방법이다. 3번부터 7번 인덱스까지 데이터 중 age와 sex 열만 가져와서 표시할 수 있다.

```
titanic_df.loc[3:7, ['age', 'sex']]
```

	age	sex
3	35.0	female
4	35.0	male
5	NaN	male
6	54.0	male
7	2.0	male

특정 인덱스의 데이터 중에서 열의 범위를 지정해서 가져올 수도 있다. 다음은 2번부터 5번 인덱스의 데이터 중에서 survived 열부터 age 열까지 가져와서 표시한다.

```
titanic_df.loc[2:5, 'survived':'age']
```

	survived	pclass	name	sex	age
2	1	3	Heikkinen, Miss. Laina	female	26.0
3	1	1	Futrelle, Mrs. Jacques Heath (Lily May Peel)	female	35.0
4	0	3	Allen, Mr. William Henry	male	35.0
5	0	3	Moran, Mr. James	male	NaN

인덱스 순서를 기준으로 데이터 가져오기: iloc 속성

데이터프레임의 인덱스 이름을 이용하는 loc 속성과 달리 iloc 속성은 인덱스 순서를 이용해 원하는 행의 데이터를 가져올 수 있다. 기본 형식은 **titanic_df.iloc[시작 인덱스 번호:종료 인덱스 번호:증가값]**과 같다.

다음과 같이 인덱스 번호만 입력하면 한 행의 데이터만 표시할 수 있다.

```
titanic_df.iloc[0]
```

```
passengerId        1
survived     0
pclass             3
name               Braund, Mr. Owen Harris
sex          male
age          22.0
sibsp              1
parch              0
ticket             A/5 21171
fare               7.25
cabin              NaN
embarked     S
Name: 0, dtype: object
```

인덱스 이름을 사용하는 loc 속성과 달리 iloc 속성은 인덱스 순서를 사용하므로 [0:5]라고 설정하면 0부터 4행까지 데이터가 표시된다. 첫 번째 행인 0부터 다섯 번째 행인 4행까지 데이터를 가져온다.

```
titanic_df.iloc[0:5]
```

	passengerId	survived	pclass	name	sex	age	sibsp	parch	ticket	fare	cabin	embarked
0	1	0	3	Braund, Mr. Owen Harris	male	22.0	1	0	A/5 21171	7.2500	NaN	S
1	2	1	1	Cumings, Mrs. John Bradley (Florence Briggs Th...	female	38.0	1	0	PC 17599	71.2833	C85	C
2	3	1	3	Heikkinen, Miss. Laina	female	26.0	0	0	STON/O2. 3101282	7.9250	NaN	S
3	4	1	1	Futrelle, Mrs. Jacques Heath (Lily May Peel)	female	35.0	1	0	113803	53.1000	C123	S
4	5	0	3	Allen, Mr. William Henry	male	35.0	0	0	373450	8.0500	NaN	S

다음과 같이 행을 건너뛰어 표시할 수도 있다.

```
titanic_df.iloc[0:10:3]
```

	passengerId	survived	pclass	name	sex	age	sibsp	parch	ticket	fare	cabin	embarked
0	1	0	3	Braund, Mr. Owen Harris	male	22.0	1	0	A/5 21171	7.2500	NaN	S
3	4	1	1	Futrelle, Mrs. Jacques Heath (Lily May Peel)	female	35.0	1	0	113803	53.1000	C123	S
6	7	0	1	McCarthy, Mr. Timothy J	male	54.0	0	0	17463	51.8625	E46	S
9	10	1	2	Nasser, Mrs. Nicholas (Adele Achem)	female	14.0	1	0	237736	30.0708	NaN	C

첫 번째 열과 세 번째 열의 모든 행 데이터를 가져와보자. 행 범위를 :으로 표현하면 모든 행을 가져올 수 있고 [0, 2]로 설정하면 첫 번째 열과 세 번째 열의 데이터를 가져올 수 있다.

```
titanic_df.iloc[:, [0, 2]]
```

	passengerId	pclass
0	1	3
1	2	1
2	3	3
3	4	1
4	5	3
...	...	...
151	152	1
152	153	3
153	154	3
154	155	3
155	156	1

156 rows × 2 columns

다음 예에서 1:5로 설정했기 때문에 두 번째부터 다섯 번째 행까지 표시되고 [0, 2]로 설정했기 때문에 첫 번째와 세 번째 열의 데이터가 표시된다.

```
titanic_df.iloc[1:5, [0, 2]]
```

	passengerId	pclass
1	2	1
2	3	3
3	4	1
4	5	3

다음 예는 두 번째부터 다섯 번째 행까지, 두 번째부터 네 번째 열까지 데이터를 가져온다.

```
titanic_df.iloc[1:5, 1:4]
```

	survived	pclass	name
1	1	1	Cumings, Mrs. John Bradley (Florence Briggs Th...
2	1	3	Heikkinen, Miss. Laina
3	1	1	Futrelle, Mrs. Jacques Heath (Lily May Peel)
4	0	3	Allen, Mr. William Henry

피벗 테이블을 이용해 데이터 가져오기

pivot_table 함수는 데이터프레임에 포함된 열 중 두 개의 열을 각각 행과 열 인덱스로 설정하고 그 행과 열이 만나는 지점에 있는 열의 데이터를 가져온다. 피벗 테이블 왼쪽에 나타나는 인덱스를 행 인덱스, 상단에 나타나는 인덱스를 열 인덱스라고 한다.

pivot_table 함수를 이용해 객실 등급별, 성별 생존율의 평균을 나타내는 피벗 테이블을 생성해보자. pivot_table 함수는 다음과 같은 형태로 설정한다.

titanic_df.pivot_table(index='행 인덱스',columns='열 인덱스',values='계산에 사용할 열')

다음 예를 보면 titanic_df 데이터프레임에서 pclass를 행 인덱스, sex는 열 인덱스, 생존율을 표시하는 survived는 value로 설정한다.

```
titanic_df.pivot_table(index='pclass', columns='sex', values='survived')
```

sex	female	male
pclass		
1	1.000000	0.142857
2	0.916667	0.166667
3	0.571429	0.131148

numpy를 임포트하면 pivot_table을 좀 더 잘 활용할 수 있다. numpy에 대한 자세한 설명은 8장에서 다루기로 하고 여기서는 numpy를 임포트하여 사용해본다. pivot_table의 aggfunc에 mean 함수를 사용하면 value로 설정된 survived 열의 평균을 표시할 수 있다.

```
import numpy as np      # mean 함수를 사용하기 위해 numpy를 import
titanic_df.pivot_table(index='pclass', columns='sex', values='survived', aggfunc=np.mean)
```

sex	female	male
pclass		
1	1.000000	0.142857
2	0.916667	0.166667
3	0.571429	0.131148

이번에는 aggfunc를 이용해 합계를 계산해보자. numpy의 sum 함수를 사용하기 위해 numpy를 임포트한다. 그리고 pivot_table에서 aggfunc=np.sum으로 설정하면 value로 설정된 survived 열의 합계가 계산되어 표시된다.

```
import numpy as np
titanic_df.pivot_table(index='pclass', columns='sex', values='survived', aggfunc=np.sum)
```

sex	female	male
pclass		
1	9	3
2	11	3
3	20	8

그룹으로 묶어서 데이터 가져오기

groupby 함수를 사용하면 데이터프레임의 특정 열을 기준으로 데이터를 묶어서 표시할 수 있다. 그리고 count, sum, mean 함수를 함께 이용하면 그룹화된 데이터의 개수, 합계, 평균 등을 함께 표시할 수 있다. groupby 함수는 같은 데이터끼리 묶어서 분석하고 계산할 때 유용하다.

실습을 하기 전에 head 함수로 데이터프레임의 원본 데이터가 어떤 형태인지 먼저 확인한다.

```
titanic_df.head()
```

	passengerId	survived	pclass	name	sex	age	sibsp	parch	ticket	fare	cabin	embarked
0	1	0	3	Braund, Mr. Owen Harris	male	22.0	1	0	A/5 21171	7.2500	NaN	S
1	2	1	1	Cumings, Mrs. John Bradley (Florence Briggs Th...	female	38.0	1	0	PC 17599	71.2833	C85	C
2	3	1	3	Heikkinen, Miss. Laina	female	26.0	0	0	STON/O2. 3101282	7.9250	NaN	S
3	4	1	1	Futrelle, Mrs. Jacques Heath (Lily May Peel)	female	35.0	1	0	113803	53.1000	C123	S
4	5	0	3	Allen, Mr. William Henry	male	35.0	0	0	373450	8.0500	NaN	S

생존율에 해당하는 열인 survived를 기준으로 데이터 개수를 표시해보자. groupby 함수를 이용해 그룹화할 열을 survived로 설정하고 count 함수로 개수를 구한다. survived 열은 0과 1로 구분되어 있는데 0과 1을 기준으로 묶어 각 열의 데이터 개수가 표시된다.

```
titanic_df.groupby('survived').count()
```

survived	passengerId	pclass	name	sex	age	sibsp	parch	ticket	fare	cabin	embarked
0	102	102	102	102	85	102	102	102	102	14	102
1	54	54	54	54	41	54	54	54	54	17	53

survived 열을 기준으로 데이터의 평균을 표시해보자. 다음과 같이 groupby 함수와 mean 함수를 사용한다.

```
titanic_df.groupby('survived').mean()
```

survived	passengerId	pclass	age	sibsp	parch	fare
0	84.823529	2.490196	29.358824	0.666667	0.372549	27.271076
1	66.555556	2.296296	25.617805	0.518519	0.444444	29.693441

TIP • 판다스 2.0.0 버전부터는 mean 함수의 옵션을 numeric_only=True로 지정하여 숫자형만 계산하도록 한다.

sum 함수를 사용해 성별을 표시하는 sex 열을 기준으로 데이터의 합계를 표시하자.

```
titanic_df.groupby('sex').sum()
```

sex	passengerId	survived	pclass	age	sibsp	parch	fare
female	3815	40	138	1150.00	49	29	1593.7958
male	8431	14	240	2395.83	47	33	2791.2998

TIP • 판다스 2.0.0 버전부터는 sum 함수의 옵션을 numeric_only=True로 지정하여 숫자형만 계산하도록 한다.

특정 열만 출력할 경우 ['열 이름']을 붙여 표시한다. 각 성별의 생존율을 구하기 위해 sex 열을 기준으로 묶고 survived 열의 평균값을 출력할 수 있다.

```
titanic_df.groupby('sex')['survived'].mean()
```

```
sex
female       0.714286
male         0.140000
Name: survived, dtype: float64
```

행 인덱스를 두 개 이상의 열로 사용하려면 **['열 이름','열 이름',…]**과 같이 인덱스로 사용할 열 이름을 리스트 형태로 입력하면 된다. 다음은 성별과 생존율의 평균을 구한 예다.

```
titanic_df.groupby(['sex', 'survived']).mean()
```

sex	survived	passengerId	pclass	age	sibsp	parch	fare
female	0	80.437500	2.937500	20.633333	1.437500	0.562500	18.883331
	1	63.200000	2.275000	26.265625	0.650000	0.500000	32.291563
male	0	85.639535	2.406977	31.228571	0.523256	0.337209	28.831587
	1	76.142857	2.357143	23.314444	0.142857	0.285714	22.270236

TIP • 판다스 2.0.0 버전부터는 sum 함수의 옵션을 numeric_only=True로 지정해야 한다.

6 데이터 재구조화하기

stack과 unstack

판다스의 stack, unstack 함수를 이용하면 데이터프레임을 재구조화할 수 있다. stack 함수는 특정 열을 그룹화하여 행 단위로 표시하고 계산한 데이터를 나타내고, 반대로 unstack 함수는 열 단위로 표시하고 계산한 데이터를 나타낸다.

[stack]

시도명	일자	값	
서귀포시	2018년	거주인구(명)	183437.5044
		방문인구(명)	136493.7039
	2019년	거주인구(명)	195625.3659
		방문인구(명)	142424.3788
	2020년	거주인구(명)	222758.3904
		방문인구(명)	117197.1859
제주시	2018년	거주인구(명)	400738.593
		방문인구(명)	237845.2388
	2019년	거주인구(명)	395796.5919
		방문인구(명)	244563.1351
	2020년	거주인구(명)	407192.6644
		방문인구(명)	205097.9053

stack ← ······ / unstack ······ →

[unstack]

시도명	일자	거주인구(명)	방문인구(명)
서귀포시	2018년	183437.5044	136493.7039
	2019년	195625.3659	142424.3788
	2020년	222758.3904	117197.1859
제주시	2018년	400738.593	237845.2388
	2019년	395796.5919	244563.1351
	2020년	407192.6644	205097.9053

앞에서 groupby 함수를 이용해 행 인덱스가 2개인 멀티 인덱스 데이터프레임을 만들어보았다. titanic_df.groupby(['sex', 'survived']).mean()을 편의상 df라는 이름으로 저장하자.

```
df=titanic_df.groupby(['sex', 'survived']).mean()
df
```

		passengerId	pclass	age	sibsp	parch	fare
sex	survived						
female	**0**	80.437500	2.937500	20.633333	1.437500	0.562500	18.883331
	1	63.200000	2.275000	26.265625	0.650000	0.500000	32.291563
male	**0**	85.639535	2.406977	31.228571	0.523256	0.337209	28.831587
	1	76.142857	2.357143	23.314444	0.142857	0.285714	22.270236

unstack 함수는 지정한 열을 기준으로 모든 열 값을 풀어서 출력할 때 사용한다. groupby 함수를 이용해 만든 df의 sex 열을 모든 열에 대해 풀어서 출력해보자.

```
df.unstack('sex')
```

	passengerId		pclass		age		sibsp		parch		fare	
sex	female	male	female	male	female	male	female	male	female	male	female	male
survived												
0	80.4375	85.639535	2.9375	2.406977	20.633333	31.228571	1.4375	0.523256	0.5625	0.337209	18.883331	28.831587
1	63.2000	76.142857	2.2750	2.357143	26.265625	23.314444	0.6500	0.142857	0.5000	0.285714	32.291563	22.270236

이번에는 survived 열을 기준으로 unstack 함수를 사용하면 survived 열의 데이터를 펼쳐서 보여준다.

```
df.unstack('survived')
```

	passengerId		pclass		age		sibsp		parch		fare	
survived	0	1	0	1	0	1	0	1	0	1	0	1
sex												
female	80.437500	63.200000	2.937500	2.275000	20.633333	26.265625	1.437500	0.650000	0.562500	0.500000	18.883331	32.291563
male	85.639535	76.142857	2.406977	2.357143	31.228571	23.314444	0.523256	0.142857	0.337209	0.285714	28.831587	22.270236

반대로 데이터를 묶어서 표현할 때는 stack 함수를 활용한다. 다음과 같이 stack 함수를 이용해 원래 형태로 되돌릴 수 있다.

```
survived=df.unstack('survived')
survived_stack=survived.stack('survived')
survived_stack
```

sex	survived	passengerId	pclass	age	sibsp	parch	fare
female	0	80.437500	2.937500	20.633333	1.437500	0.562500	18.883331
	1	63.200000	2.275000	26.265625	0.650000	0.500000	32.291563
male	0	85.639535	2.406977	31.228571	0.523256	0.337209	28.831587
	1	76.142857	2.357143	23.314444	0.142857	0.285714	22.270236

인덱스 초기화하기: reset_index 함수

인덱스를 모두 초기화하려면 reset_index 함수를 사용한다. reset_index 함수는 멀티 인덱스로 구성된 데이터프레임의 인덱스를 초기화한다. 멀티 인덱스가 적용된 데이터프레임인 df의 인덱스를 초기화해보자. 다음과 같이 인덱스가 사라지는 것을 확인할 수 있다.

```
df1=df.reset_index()
df1
```

	sex	survived	passengerId	pclass	age	sibsp	parch	fare
0	female	0	80.437500	2.937500	20.633333	1.437500	0.562500	18.883331
1	female	1	63.200000	2.275000	26.265625	0.650000	0.500000	32.291563
2	male	0	85.639535	2.406977	31.228571	0.523256	0.337209	28.831587
3	male	1	76.142857	2.357143	23.314444	0.142857	0.285714	22.270236

옵션을 inplace=True로 지정하면 데이터프레임명을 따로 지정하지 않고 원본 자체를 초기화한다.

```
df.reset_index(inplace=True)
df
```

	sex	survived	passengerId	pclass	age	sibsp	parch	fare
0	female	0	80.437500	2.937500	20.633333	1.437500	0.562500	18.883331
1	female	1	63.200000	2.275000	26.265625	0.650000	0.500000	32.291563
2	male	0	85.639535	2.406977	31.228571	0.523256	0.337209	28.831587
3	male	1	76.142857	2.357143	23.314444	0.142857	0.285714	22.270236

7 데이터프레임 합치기

지금부터는 1절에서 소개한 1,309개의 타이타닉 승객 데이터로 실습한다. 엑셀로 저장되어 있는 데이터를 url을 이용해 불러오자. 이때 불러오는 엑셀 파일의 sheet_name이 total로 되어 있다. 이렇게 옵션을 지정하지 않으면 첫 번째 시트를 불러온다.

```
import pandas as pd
url='https://github.com/sehakflower/data/blob/main/titanic_1309.xlsx?raw=true'
titanic=pd.read_excel(url, sheet_name='total')
titanic
```

	pclass	survived	name	sex	age	sibsp	parch	ticket	fare	cabin	embarked	boat	body	home.dest
0	1	1	Allen, Miss. Elisabeth Walton	female	29.0000	0	0	24160	211.3375	B5	S	2	NaN	St Louis, MO
1	1	1	Allison, Master. Hudson Trevor	male	0.9167	1	2	113781	151.5500	C22 C26	S	11	NaN	Montreal, PQ / Chesterville, ON
2	1	0	Allison, Miss. Helen Loraine	female	2.0000	1	2	113781	151.5500	C22 C26	S	NaN	NaN	Montreal, PQ / Chesterville, ON
3	1	0	Allison, Mr. Hudson Joshua Creighton	male	30.0000	1	2	113781	151.5500	C22 C26	S	NaN	135.0	Montreal, PQ / Chesterville, ON
4	1	0	Allison, Mrs. Hudson J C (Bessie Waldo Daniels)	female	25.0000	1	2	113781	151.5500	C22 C26	S	NaN	NaN	Montreal, PQ / Chesterville, ON
...	...	...	...	...	...	...	...	...	...	...	...	...	...	...
1304	3	0	Zabour, Miss. Hileni	female	14.5000	1	0	2665	14.4542	NaN	C	NaN	328.0	NaN
1305	3	0	Zabour, Miss. Thamine	female	NaN	1	0	2665	14.4542	NaN	C	NaN	NaN	NaN
1306	3	0	Zakarian, Mr. Mapriededer	male	26.5000	0	0	2656	7.2250	NaN	C	NaN	304.0	NaN
1307	3	0	Zakarian, Mr. Ortin	male	27.0000	0	0	2670	7.2250	NaN	C	NaN	NaN	NaN
1308	3	0	Zimmerman, Mr. Leo	male	29.0000	0	0	315082	7.8750	NaN	S	NaN	NaN	NaN

1309 rows × 14 columns

이번에는 데이터를 학습용 데이터인 train_1000.csv와 테스트용 데이터인 test_309.csv 파일로 분리하여 저장해보자. 먼저, 파일을 분리한다.

```
train_1000=titanic.iloc[:1000]
test_309=titanic.iloc[1000:]
len(train_1000), len(test_309)
```

```
(1000, 309)
```

to_csv 함수를 이용해 분리한 데이터프레임을 csv 파일로 저장한다.

```
train_1000.to_csv('train_1000.csv')
test_309.to_csv('test_309.csv')
```

저장된 각각의 파일을 읽어보자. 코랩에서 파일을 불러오는 방법은 다음과 같다. 이 코드는 drive를 생성하는 것으로, 현재 우리는 코랩에서 작업하고 있으므로 구글 드라이브를 지정하게 된다. "구글 드라이브 파일에 액세스하도록 허용하시겠습니까?"라는 대화상자가 나타나면 [구글 드라이브에 연결]을 누른다. 구글 계정을 선택한 후 [허용]을 클릭하면 다음과 같이 마운트가 되었음을 확인할 수 있다.

```
from google.colab import drive
drive.mount('/content/drive')
```

```
Mounted at /content/drive
```

TIP • pc에서 파일을 읽어올 때는 pd.read_csv('경로명/파일명.csv')를 이용한다.

pwd를 입력하면 현재 작업하고 있는 디렉터리를 보여준다.

```
pwd
```

```
'/content'
```

ls를 입력해보자. drive 디렉터리와 sample_data 디렉터리가 보이고 방금 생성한 두 개의 csv 파일을 확인할 수 있다.

```
ls
```

```
drive/  sample_data/  test_309.csv  train_1000.csv
```

두 개의 csv 파일을 읽어오려면 경로명을 지정하거나 해당 경로로 이동하여 읽어야 한다. 지금은 content 디렉터리에 있으므로 다음과 같이 경로명을 지정하지 않고 바로 불러올 수 있다.

```
pd.read_csv('train_1000.csv')
```

	Unnamed: 0	pclass	survived	name	sex	age	sibsp	parch	ticket	fare	cabin	embarked	boat	body	home.dest
0	0	1	1	Allen, Miss. Elisabeth Walton	female	29.0000	0	0	24160	211.3375	B5	S	2	NaN	St Louis, MO
1	1	1	1	Allison, Master. Hudson Trevor	male	0.9167	1	2	113781	151.5500	C22 C26	S	11	NaN	Montreal, PQ / Chesterville, ON
2	2	1	0	Allison, Miss. Helen Loraine	female	2.0000	1	2	113781	151.5500	C22 C26	S	NaN	NaN	Montreal, PQ / Chesterville, ON
3	3	1	0	Allison, Mr. Hudson Joshua Creighton	male	30.0000	1	2	113781	151.5500	C22 C26	S	NaN	135.0	Montreal, PQ / Chesterville, ON
4	4	1	0	Allison, Mrs. Hudson J C (Bessie Waldo Daniels)	female	25.0000	1	2	113781	151.5500	C22 C26	S	NaN	NaN	Montreal, PQ / Chesterville, ON
...	...	...	...	...	...	...	...	...	...	...	...	...	...	...	...
995	995	3	0	Markoff, Mr. Marin	male	35.0000	0	0	349213	7.8958	NaN	C	NaN	NaN	NaN
996	996	3	0	Markun, Mr. Johann	male	33.0000	0	0	349257	7.8958	NaN	S	NaN	NaN	NaN
997	997	3	1	Masselmani, Mrs. Fatima	female	NaN	0	0	2649	7.2250	NaN	C	C	NaN	NaN
998	998	3	0	Matinoff, Mr. Nicola	male	NaN	0	0	349255	7.8958	NaN	C	NaN	NaN	NaN
999	999	3	1	McCarthy, Miss. Catherine "Katie"	female	NaN	0	0	383123	7.7500	NaN	Q	15 16	NaN	NaN

1000 rows × 15 columns

참고로, 구글 드라이브에 직접 파일을 업로드하려면 다음과 같이 입력하면 된다.

```
from google.colab import files
myfile=files.upload()
```

데이터 합치기: concat 함수

앞에서 타이타닉 승객 데이터 파일을 불러와 학습용과 테스트용 데이터프레임으로 분리하였다. 이번에는 둘을 합쳐서 원래대로 total_df라는 데이터프레임으로 만들어보자.

```
total_df=pd.concat([train_1000, test_309])             # 옵션 없으면 axis=0
total_df=pd.concat([train_1000, test_309], axis=0)    # 위아래로 붙일 때는 axis=0
total_df
```

	pclass	survived	name	sex	age	sibsp	parch	ticket	fare	cabin	embarked	boat	body	home.dest
0	1	1	Allen, Miss. Elisabeth Walton	female	29.0000	0	0	24160	211.3375	B5	S	2	NaN	St Louis, MO
1	1	1	Allison, Master. Hudson Trevor	male	0.9167	1	2	113781	151.5500	C22 C26	S	11	NaN	Montreal, PQ / Chesterville, ON
2	1	0	Allison, Miss. Helen Loraine	female	2.0000	1	2	113781	151.5500	C22 C26	S	NaN	NaN	Montreal, PQ / Chesterville, ON
3	1	0	Allison, Mr. Hudson Joshua Creighton	male	30.0000	1	2	113781	151.5500	C22 C26	S	NaN	135.0	Montreal, PQ / Chesterville, ON
4	1	0	Allison, Mrs. Hudson J C (Bessie Waldo Daniels)	female	25.0000	1	2	113781	151.5500	C22 C26	S	NaN	NaN	Montreal, PQ / Chesterville, ON
...	...	...	...	...	...	...	...	...	...	...	...	...	...	...
1304	3	0	Zabour, Miss. Hileni	female	14.5000	1	0	2665	14.4542	NaN	C	NaN	328.0	NaN
1305	3	0	Zabour, Miss. Thamine	female	NaN	1	0	2665	14.4542	NaN	C	NaN	NaN	NaN
1306	3	0	Zakarian, Mr. Mapriededer	male	26.5000	0	0	2656	7.2250	NaN	C	NaN	304.0	NaN
1307	3	0	Zakarian, Mr. Ortin	male	27.0000	0	0	2670	7.2250	NaN	C	NaN	NaN	NaN
1308	3	0	Zimmerman, Mr. Leo	male	29.0000	0	0	315082	7.8750	NaN	S	NaN	NaN	NaN

1309 rows × 14 columns

concat 함수는 행의 인덱스와 열의 크기에 상관없이 위아래 혹은 옆으로 데이터를 합칠 때 사용한다. 옵션을 지정하지 않으면 기본값으로 axis=0이 적용되어 위아래로 데이터프레임을 합치게 된다.

axis=1로 옵션을 설정하면 다음과 같이 오른쪽 옆으로 데이터가 합쳐진다. 열 이름이 중복되어 총 28개 열이 생긴 것을 확인할 수 있다. 인덱스를 기준으로 합친 게 아니므로 train_1000 데이터프레임의 맨 마지막 행과 열 다음에 test_309 데이터프레임이 합쳐지게 된다.

```
total_df=pd.concat([train_1000, test_309])
total_df=pd.concat([train_1000, test_309], axis=1)
total_df
```

	pclass	survived	name	sex	age	sibsp	parch	ticket	fare	cabin	...	age	sibsp	parch	ticket	fare	cabin	embarked	boat	body	home.dest
0	1.0	1.0	Allen, Miss. Elisabeth Walton	female	29.0000	0.0	0.0	24160	211.3375	B5	...	NaN	NaN	NaN	NaN	NaN	NaN	NaN	NaN	NaN	NaN
1	1.0	1.0	Allison, Master. Hudson Trevor	male	0.9167	1.0	2.0	113781	151.5500	C22 C26	...	NaN	NaN	NaN	NaN	NaN	NaN	NaN	NaN	NaN	NaN
2	1.0	0.0	Allison, Miss. Helen Loraine	female	2.0000	1.0	2.0	113781	151.5500	C22 C26	...	NaN	NaN	NaN	NaN	NaN	NaN	NaN	NaN	NaN	NaN
3	1.0	0.0	Allison, Mr. Hudson Joshua Creighton	male	30.0000	1.0	2.0	113781	151.5500	C22 C26	...	NaN	NaN	NaN	NaN	NaN	NaN	NaN	NaN	NaN	NaN
4	1.0	0.0	Allison, Mrs. Hudson J C (Bessie Waldo Daniels)	female	25.0000	1.0	2.0	113781	151.5500	C22 C26	...	NaN	NaN	NaN	NaN	NaN	NaN	NaN	NaN	NaN	NaN
...	...	...	...	...	...	...	...	...	...	...	...	...	...	...	...	...	...	...	...	...	...
1304	NaN	NaN	NaN	NaN	NaN	NaN	NaN	NaN	NaN	NaN	...	14.5	1.0	0.0	2665	14.4542	NaN	C	NaN	328.0	NaN
1305	NaN	NaN	NaN	NaN	NaN	NaN	NaN	NaN	NaN	NaN	...	NaN	1.0	0.0	2665	14.4542	NaN	C	NaN	NaN	NaN
1306	NaN	NaN	NaN	NaN	NaN	NaN	NaN	NaN	NaN	NaN	...	26.5	0.0	0.0	2656	7.2250	NaN	C	NaN	304.0	NaN
1307	NaN	NaN	NaN	NaN	NaN	NaN	NaN	NaN	NaN	NaN	...	27.0	0.0	0.0	2670	7.2250	NaN	C	NaN	NaN	NaN
1308	NaN	NaN	NaN	NaN	NaN	NaN	NaN	NaN	NaN	NaN	...	29.0	0.0	0.0	315082	7.8750	NaN	S	NaN	NaN	NaN

1309 rows × 28 columns

데이터프레임 병합: merge 함수

두 개의 데이터프레임을 합칠 때 공통의 열 이름을 기준으로 병합하려면 merge 함수를 사용한다. 다음과 같은 두 개의 데이터프레임이 있다고 하자. df1은 name, pclass, sex, age 열을 갖는 데이터프레임이고 df2는 name, survived 열만 갖는 데이터프레임이다.

```
df1=train_1000[['name', 'pclass', 'sex', 'age']]
df1
```

	name	pclass	sex	age
0	Allen, Miss. Elisabeth Walton	1	female	29.0000
1	Allison, Master. Hudson Trevor	1	male	0.9167
2	Allison, Miss. Helen Loraine	1	female	2.0000
3	Allison, Mr. Hudson Joshua Creighton	1	male	30.0000
4	Allison, Mrs. Hudson J C (Bessie Waldo Daniels)	1	female	25.0000
...	...	...	...	...
995	Markoff, Mr. Marin	3	male	35.0000
996	Markun, Mr. Johann	3	male	33.0000
997	Masselmani, Mrs. Fatima	3	female	NaN
998	Matinoff, Mr. Nicola	3	male	NaN
999	McCarthy, Miss. Catherine "Katie"	3	female	NaN

1000 rows × 4 columns

```
df2=train_1000[['name', 'survived']]
df2
```

	name	survived
0	Allen, Miss. Elisabeth Walton	1
1	Allison, Master. Hudson Trevor	1
2	Allison, Miss. Helen Loraine	0
3	Allison, Mr. Hudson Joshua Creighton	0
4	Allison, Mrs. Hudson J C (Bessie Waldo Daniels)	0
...	...	...
995	Markoff, Mr. Marin	0
996	Markun, Mr. Johann	0
997	Masselmani, Mrs. Fatima	1
998	Matinoff, Mr. Nicola	0
999	McCarthy, Miss. Catherine "Katie"	1

1000 rows × 2 columns

두 개의 데이터프레임을 name 열을 기준으로 병합해보자.

```
merge_inner=pd.merge(df1, df2)
merge_inner
```

	name	pclass	sex	age	survived
0	Allen, Miss. Elisabeth Walton	1	female	29.0000	1
1	Allison, Master. Hudson Trevor	1	male	0.9167	1
2	Allison, Miss. Helen Loraine	1	female	2.0000	0
3	Allison, Mr. Hudson Joshua Creighton	1	male	30.0000	0
4	Allison, Mrs. Hudson J C (Bessie Waldo Daniels)	1	female	25.0000	0
...	...	...	...	...	...
999	Markoff, Mr. Marin	3	male	35.0000	0
1000	Markun, Mr. Johann	3	male	33.0000	0
1001	Masselmani, Mrs. Fatima	3	female	NaN	1
1002	Matinoff, Mr. Nicola	3	male	NaN	0
1003	McCarthy, Miss. Catherine "Katie"	3	female	NaN	1

1004 rows × 5 columns

merge 함수는 두 데이터프레임을 고유값(key)을 갖는 열을 기준으로 병합할 때 사용한다. 옵션 기본값은 pd.merge(df_left, df_right, how='inner', on=None)이다. 여기서는 특별히 옵션을 지정하지 않았으므로 고유값을 가지는 name 열을 기준으로 inner(교집합) 병합을 하게 된다.

그런데 행의 수가 1,000개에서 1,004개로 4개 많아졌다. name을 기준으로 병합할 때 동명이인이 2명 있었기 때문이다. df1['name'].value_counts()와 df2['name'].value_counts()를 통해 Connolly, Miss. Kate가 2명, Kelly, Mr. James가 2명임을 확인할 수 있다.

병합을 할 때 Connolly, Miss. Kate와 Kelly, Mr. James를 기준으로 df1과 df2의 해당 데이터를 2번씩 가져와서 생긴 현상이다.

이번에는 outer 옵션을 설정하고 name을 기준으로 병합하는데 어느 한쪽에라도 데이터가 없으면 값이 NaN으로 지정되도록 하자. inner와 outer 옵션을 구별하기 위해 df1과 df2는 10개 행만 사용해 실습해보자. 그리고 df2의 1, 3, 4번째 승객 이름을 빈칸으로 해놓자. 비교를 위해 inner 옵션을 이용한 병합을 먼저 실습한다.

```
df2.loc[[0,2,3], ['name']] = ''
df2=df2[:10]
df1=df1[:10]
merge_inner=pd.merge(df1, df2, how='inner', on='name')
merge_inner
```

	name	pclass	sex	age	survived
0	Allison, Master. Hudson Trevor	1	male	0.9167	1
1	Allison, Mrs. Hudson J C (Bessie Waldo Daniels)	1	female	25.0000	0
2	Anderson, Mr. Harry	1	male	48.0000	1
3	Andrews, Miss. Kornelia Theodosia	1	female	63.0000	1
4	Andrews, Mr. Thomas Jr	1	male	39.0000	0
5	Appleton, Mrs. Edward Dale (Charlotte Lamson)	1	female	53.0000	1
6	Artagaveytia, Mr. Ramon	1	male	71.0000	0

이번에는 outer 옵션을 지정하고 name 열을 기준으로 병합해보자.

```
merge_outer = pd.merge(df1,df2, how='outer',on='name')
merge_outer
```

	name	pclass	sex	age	survived
0	Allen, Miss. Elisabeth Walton	1.0	female	29.0000	NaN
1	Allison, Master. Hudson Trevor	1.0	male	0.9167	1.0
2	Allison, Miss. Helen Loraine	1.0	female	2.0000	NaN
3	Allison, Mr. Hudson Joshua Creighton	1.0	male	30.0000	NaN
4	Allison, Mrs. Hudson J C (Bessie Waldo Daniels)	1.0	female	25.0000	0.0
5	Anderson, Mr. Harry	1.0	male	48.0000	1.0
6	Andrews, Miss. Kornelia Theodosia	1.0	female	63.0000	1.0
7	Andrews, Mr. Thomas Jr	1.0	male	39.0000	0.0
8	Appleton, Mrs. Edward Dale (Charlotte Lamson)	1.0	female	53.0000	1.0
9	Artagaveytia, Mr. Ramon	1.0	male	71.0000	0.0
10		NaN	NaN	NaN	1.0
11		NaN	NaN	NaN	0.0
12		NaN	NaN	NaN	0.0

정리하면, outer 옵션은 name의 모든 열 값에 대응하여 병합하라는 것이고, inner 옵션은 일치하는 열 값을 기준으로 대응하여 병합하라는 것이다.

왼쪽과 오른쪽 데이터프레임의 특정 열을 대응시키면서 병합할 수 있다. 먼저, 왼쪽 데이터프레임 df1의 name 열을 기준으로 오른쪽 데이터프레임 df2의 name 열 값과 일치하는 것을 대응시켜 병합한다. df2에 없는 이름은 값을 NaN으로 처리한다.

```
merge_left=pd.merge(df1, df2, how='left', left_on='name', right_on='name')
merge_left
```

	name	pclass	sex	age	survived
0	Allen, Miss. Elisabeth Walton	1	female	29.0000	NaN
1	Allison, Master. Hudson Trevor	1	male	0.9167	1.0
2	Allison, Miss. Helen Loraine	1	female	2.0000	NaN
3	Allison, Mr. Hudson Joshua Creighton	1	male	30.0000	NaN
4	Allison, Mrs. Hudson J C (Bessie Waldo Daniels)	1	female	25.0000	0.0
5	Anderson, Mr. Harry	1	male	48.0000	1.0
6	Andrews, Miss. Kornelia Theodosia	1	female	63.0000	1.0
7	Andrews, Mr. Thomas Jr	1	male	39.0000	0.0
8	Appleton, Mrs. Edward Dale (Charlotte Lamson)	1	female	53.0000	1.0
9	Artagaveytia, Mr. Ramon	1	male	71.0000	0.0

오른쪽 데이터프레임을 기준으로 병합하면 다음과 같다.

```
merge_right=pd.merge(df1, df2, how='right', left_on='name', right_on='name')
merge_right
```

	name	pclass	sex	age	survived
0		NaN	NaN	NaN	1
1	Allison, Master. Hudson Trevor	1.0	male	0.9167	1
2		NaN	NaN	NaN	0
3		NaN	NaN	NaN	0
4	Allison, Mrs. Hudson J C (Bessie Waldo Daniels)	1.0	female	25.0000	0
5	Anderson, Mr. Harry	1.0	male	48.0000	1
6	Andrews, Miss. Kornelia Theodosia	1.0	female	63.0000	1
7	Andrews, Mr. Thomas Jr	1.0	male	39.0000	0
8	Appleton, Mrs. Edward Dale (Charlotte Lamson)	1.0	female	53.0000	1
9	Artagaveytia, Mr. Ramon	1.0	male	71.0000	0

오른쪽 데이터프레임인 df2의 name 열 값을 기준으로 이에 대응되는 df1의 name 열 값을 일치시켜 병합한다. df2의 name 열에서 빈 값에 해당되는 survived 열의 값은 그대로 있지만 df1의 name 열과 대응되는 값은 없기에 모두 NaN으로 표시된다.

데이터프레임 결합: join 함수

join 함수는 merge 함수와 작동 방식이 비슷하다. 차이점은 join 함수는 행 인덱스를 기준으로 결합하고, merge 함수는 특정 열을 기준으로 결합한다. 실습을 위해 먼저, df2의 2번째 승객 이름을 Kildong, Mr. Hong으로 바꾸어보자.

```
df2.loc[[1], ['name']]='Kildong, Mr. Hong'
df2=df2[:10]
df2
```

	name	survived
0		1
1	Kildong, Mr. Hong	1
2		0
3		0
4	Allison, Mrs. Hudson J C (Bessie Waldo Daniels)	0
5	Anderson, Mr. Harry	1
6	Andrews, Miss. Kornelia Theodosia	1
7	Andrews, Mr. Thomas Jr	0
8	Appleton, Mrs. Edward Dale (Charlotte Lamson)	1
9	Artagaveytia, Mr. Ramon	0

join 함수를 사용하기 위해 각 데이터프레임의 인덱스를 정해야 한다. 여기서는 name으로 정한다.

```
df1.set_index('name', inplace=True)
df2.set_index('name', inplace=True)
```

inplace=True는 변경 사항을 df1, df2에 반영하라는 것이다. df1을 실행하면 다음과 같다.

```
df1
```

name	pclass	sex	age
Allen, Miss. Elisabeth Walton	1	female	29.0000
Allison, Master. Hudson Trevor	1	male	0.9167
Allison, Miss. Helen Loraine	1	female	2.0000
Allison, Mr. Hudson Joshua Creighton	1	male	30.0000
Allison, Mrs. Hudson J C (Bessie Waldo Daniels)	1	female	25.0000
Anderson, Mr. Harry	1	male	48.0000
Andrews, Miss. Kornelia Theodosia	1	female	63.0000
Andrews, Mr. Thomas Jr	1	male	39.0000
Appleton, Mrs. Edward Dale (Charlotte Lamson)	1	female	53.0000
Artagaveytia, Mr. Ramon	1	male	71.0000

df2는 새로운 인덱스로 name 열의 값이 지정되는데 빈 값이 있는 상태로 인덱스가 정해져 있다.

```
df2
```

name	survived
	1
Kildong, Mr. Hong	1
	0
	0
Allison, Mrs. Hudson J C (Bessie Waldo Daniels)	0
Anderson, Mr. Harry	1
Andrews, Miss. Kornelia Theodosia	1
Andrews, Mr. Thomas Jr	0
Appleton, Mrs. Edward Dale (Charlotte Lamson)	1
Artagaveytia, Mr. Ramon	0

join 함수를 이용해 인덱스를 기준으로 모든 레코드를 결합해보자.

```
df1.join(df2)
```

name	pclass	sex	age	survived
Allen, Miss. Elisabeth Walton	1	female	29.0000	NaN
Allison, Master. Hudson Trevor	1	male	0.9167	NaN
Allison, Miss. Helen Loraine	1	female	2.0000	NaN
Allison, Mr. Hudson Joshua Creighton	1	male	30.0000	NaN
Allison, Mrs. Hudson J C (Bessie Waldo Daniels)	1	female	25.0000	0.0
Anderson, Mr. Harry	1	male	48.0000	1.0
Andrews, Miss. Kornelia Theodosia	1	female	63.0000	1.0
Andrews, Mr. Thomas Jr	1	male	39.0000	0.0
Appleton, Mrs. Edward Dale (Charlotte Lamson)	1	female	53.0000	1.0
Artagaveytia, Mr. Ramon	1	male	71.0000	0.0

df2의 처음 4개의 name 인덱스와 일치하는 df1의 인덱스가 없기 때문에 df1의 인덱스를 기준으로 해당 값을 모두 넣고 df2의 survived 열 값은 NaN으로 처리했다. 즉, outer가 기본값이라 합집합처럼 df1의 모든 인덱스를 나타내고 여기에 대응되는 df2의 열 값을 결합하였으며 열 값이 없는 경우에는 NaN으로 처리했다. 만약 옵션을 inner로 설정하면 교집합으로, df1과 df2의 인덱스가 대응되는 레코드만 결합한다. 즉, 다음과 같이 총 6개의 레코드만 출력된다.

```
df1.join(df2, how='inner')
```

name	pclass	sex	age	survived
Allison, Mrs. Hudson J C (Bessie Waldo Daniels)	1	female	25.0	0
Anderson, Mr. Harry	1	male	48.0	1
Andrews, Miss. Kornelia Theodosia	1	female	63.0	1
Andrews, Mr. Thomas Jr	1	male	39.0	0
Appleton, Mrs. Edward Dale (Charlotte Lamson)	1	female	53.0	1
Artagaveytia, Mr. Ramon	1	male	71.0	0

다음과 같이 df2를 기준으로 join 함수를 적용해볼 수 있다.

```
df2.join(df1)
```

name	survived	pclass	sex	age
	1	NaN	NaN	NaN
	0	NaN	NaN	NaN
	0	NaN	NaN	NaN
Allison, Mrs. Hudson J C (Bessie Waldo Daniels)	0	1.0	female	25.0
Anderson, Mr. Harry	1	1.0	male	48.0
Andrews, Miss. Kornelia Theodosia	1	1.0	female	63.0
Andrews, Mr. Thomas Jr	0	1.0	male	39.0
Appleton, Mrs. Edward Dale (Charlotte Lamson)	1	1.0	female	53.0
Artagaveytia, Mr. Ramon	0	1.0	male	71.0
Kildong, Mr. Hong	1	NaN	NaN	NaN

결과를 보면, df2를 기준으로 df2 열이 먼저 표시되고 df2의 열 값이 결합된다. 옵션 기본값은 outer이므로 앞의 df1.join(df2)와 차이는 없다. 마찬가지로 df2.join(df1, how='inner')와 df1.join(df2, how='inner')의 결과는 열 순서 외에는 차이가 없다.

SECTION

03 조건 검색으로 데이터 추출

1 불 인덱스로 조건 검색하기

특정 열을 대상으로 조건을 주고 원하는 데이터를 가져올 수 있다. 불 인덱스Boolean Index는 주어진 조건에 따라 True와 False에 해당하는 값을 추출할 수 있는 방법으로, True 또는 False 데이터를 골라 사용할 수 있다.

검색 조건을 설정하고 참과 거짓의 조건에 해당하는 값을 추출해보자. 예를 들어, titanic_df 데이터프레임에서 70세 이상인 승객 데이터를 추출하려면 age 열 값이 70 초과인 조건으로 검색하면 된다. 다음과 같이 70 초과 조건에 대한 결과가 True인 레코드만 표시되어 총 두 건의 데이터를 확인할 수 있다.

```
titanic_df[titanic_df['age']>70]          # 70세 이상인 승객 검색
```

	passengerId	survived	pclass	name	sex	age	sibsp	parch	ticket	fare	cabin	embarked
96	97	0	1	Goldschmidt, Mr. George B	male	71.0	0	0	PC 17754	34.6542	A5	C
116	117	0	3	Connors, Mr. Patrick	male	70.5	0	0	370369	7.7500	NaN	Q

이번에는 나이 데이터가 3 미만일 조건을 검색해보자.

```
titanic_df[titanic_df['age']<3]           # 3세 미만인 승객 검색
```

	passengerId	survived	pclass	name	sex	age	sibsp	parch	ticket	fare	cabin	embarked
7	8	0	3	Palsson, Master. Gosta Leonard	male	2.00	3	1	349909	21.075	NaN	S
16	17	0	3	Rice, Master. Eugene	male	2.00	4	1	382652	29.125	NaN	Q
78	79	1	2	Caldwell, Master. Alden Gates	male	0.83	0	2	248738	29.000	NaN	S
119	120	0	3	Andersson, Miss. Ellis Anna Maria	female	2.00	4	2	347082	31.275	NaN	S

조건을 만족하는 데이터에서 특정 열만 추출하는 방법을 살펴보도록 하자. 다음과 같이 추출할 열 이름을 맨 뒤에 추가하면 된다.

```
titanic_df[titanic_df['age']<3]['name']          # 3세 미만 승객의 이름 검색
```

```
7          Palsson, Master. Gosta Leonard
16                  Rice, Master. Eugene
78           Caldwell, Master. Alden Gates
119     Andersson, Miss. Ellis Anna Maria
Name: name, dtype: object
```

두 개 이상의 열을 가져올 수도 있다. 승객 이름 외에 나이도 추가로 표시해보자.

```
titanic_df[titanic_df['age']<3][['age', 'name']]
```

	age	name
7	2.00	Palsson, Master. Gosta Leonard
16	2.00	Rice, Master. Eugene
78	0.83	Caldwell, Master. Alden Gates
119	2.00	Andersson, Miss. Ellis Anna Maria

2 loc 속성으로 조건 검색하기

loc 속성으로 조건을 설정하여 필요한 열만 가져와 표시할 수 있다. **데이터프레임.loc[데이터프레임['열 이름']을 이용한 조건식][표시할 열 이름]** 형태로 설정하면 된다.

```
titanic_df.loc[titanic_df['age']<3]['name']  # 3세 미만 승객의 이름 검색
```

```
7          Palsson, Master. Gosta Leonard
16                  Rice, Master. Eugene
78           Caldwell, Master. Alden Gates
119     Andersson, Miss. Ellis Anna Maria
Name: name, dtype: object
```

다음과 같이 조건식과 열 이름을 쉼표를 이용해 함께 나타내도 된다.

```
titanic_df.loc[titanic_df['age']<3, 'name']
```

다음과 같이 콜론으로 열 범위를 나타낼 수도 있다.

```
titanic_df.loc[titanic_df['age']<3, 'name':'sex']
```

	name	sex
7	Palsson, Master. Gosta Leonard	male
16	Rice, Master. Eugene	male
78	Caldwell, Master. Alden Gates	male
119	Andersson, Miss. Ellis Anna Maria	female

열 이름을 리스트 형태로 입력해도 된다. 다음 예제에서는 name과 sex 열만 대괄호로 묶고 쉼표로 구분했지만 name, sex, age, parch 열을 가져오고 싶다면 titanic_df.loc[titanic_df['age']<3, ['name', 'sex', 'age', 'parch']]라고 설정하면 된다.

```
titanic_df.loc[titanic_df['age']<3, ['name', 'sex']]
```

	name	sex
7	Palsson, Master. Gosta Leonard	male
16	Rice, Master. Eugene	male
78	Caldwell, Master. Alden Gates	male
119	Andersson, Miss. Ellis Anna Maria	female

3 isin 함수로 조건 검색하기

isin 함수를 사용해 조건에 해당하는 정보를 추출해보자. isin 함수는 열에 어떤 데이터가 존재하는지 검색할 때 사용할 수 있다. 데이터가 존재하면 True, 없으면 False를 반환한다.

isin 함수는 조건으로 검색하려는 값이 해당 리스트에 있을 때만 사용한다. 조건으로 사용할 데이터를 리스트 형태로 만들고 **데이터프레임 이름[열 이름].isin(리스트 이름)** 형태로 설정하면 된다.

먼저, 조건으로 설정할 데이터를 리스트로 만든다. 다음은 my_condition 변수에 male이라는 원소를 가진 리스트를 할당하는 것이다.

```
my_condition=['male']
my_condition
```

```
['male']
```

isin 함수의 조건을 설정한다. titanic_df 데이터프레임에서 male 값이 있는 sex 열을 my_condition 리스트를 이용해 추출한다. 이때 값이 존재하는지 비교하기 위해 my_condition 변수 앞에 isin 함수를 입력한다.

```
titanic_df['sex'].isin(my_condition)
```

```
0     True
1    False
2    False
3    False
...
153   True
154   True
155   True
Name: sex, Length: 156, dtype: bool
```

특정 이름이 존재하는지 확인하는 조건을 설정하기 위해 데이터프레임에서 name 열만 표시한다. titanic_df['name']과 같이 입력하면 name 열이 잘 표시되는 것을 확인할 수 있다.

```
titanic_df['name']
```

```
0                                Braund, Mr. Owen Harris
1         Cumings, Mrs. John Bradley (Florence Briggs Th...
2                                 Heikkinen, Miss. Laina
3              Futrelle, Mrs. Jacques Heath (Lily May Peel)
...
153                        van Billiard, Mr. Austin Blyler
154                                  Olsen, Mr. Ole Martin
155                              Williams, Mr. Charles Duane
Name: name, Length: 156, dtype: object
```

몇 가지 이름을 검색 조건으로 지정해보자. 다음과 같이 my_condition1 변수에 조건으로 설정할 이름을 리스트 형태로 입력한다.

```
my_condition1=['Braund, Mr. Owen Harris', 'Williams, Mr. Charles Duane']
my_condition1
```

```
['Braund, Mr. Owen Harris', 'Williams, Mr. Charles Duane']
```

titanic_df의 name 열에 찾으려는 값이 있는지 판별할 수 있다. isin 함수를 이용해 my_condition1 변수에 있는 값이 name 열에 존재하는지 확인할 수 있다.

```
titanic_df['name'].isin(my_condition1)
```

```
0     True
1    False
2    False
3    False
...
154 False
155  True
Name: name, Length: 156, dtype: bool
```

4 isin 함수와 loc 속성으로 조건 검색하기

True/False를 반환하는 조건을 활용해 특정 레코드를 추출해보자. 데이터프레임 이름 뒤에 .loc를 입력하고 isin 함수를 이용해 my_condition1 변수의 값으로 조건을 설정하면 True인 경우 값이 추출되는 것을 확인할 수 있다.

```
titanic_df.loc[titanic_df['name'].isin(my_condition1)]
```

	passengerId	survived	pclass	name	sex	age	sibsp	parch	ticket	fare	cabin	embarked
0	1	0	3	Braund, Mr. Owen Harris	male	22.0	1	0	A/5 21171	7.2500	NaN	S
155	156	0	1	Williams, Mr. Charles Duane	male	51.0	0	1	PC 17597	61.3792	NaN	C

my_condition1에 이름이 포함된 사람의 나이만 표시하고 싶으면 마지막에 age라고 열 이름을 추가하면 된다.

```
titanic_df.loc[titanic_df['name'].isin(my_condition1), 'age']
```

```
0    22.0
155 51.0
Name: age, dtype: float64
```

my_condition1에 포함된 조건에 해당하는 name 열만 표시하고 싶다면 다음과 같이 마지막에 name이라고 설정하면 된다.

```
titanic_df.loc[titanic_df['name'].isin(my_condition1), 'name']
```

```
0            Braund, Mr. Owen Harris
155       Williams, Mr. Charles Duane
Name: name, dtype: object
```

열 이름 사이에 콜론을 입력하면 두 열 이름 사이에 포함된 열을 표시할 수 있다.

```
titanic_df.loc[titanic_df['name'].isin(my_condition1), 'pclass':'age']
```

	pclass	name	sex	age
0	3	Braund, Mr. Owen Harris	male	22.0
155	1	Williams, Mr. Charles Duane	male	51.0

열 이름 사이에 콜론 대신 쉼표를 입력하면 각각의 열을 표시할 수 있다.

```
titanic_df.loc[titanic_df['name'].isin(my_condition1), ['pclass', 'age']]
```

	pclass	age
0	3	22.0
155	1	51.0

5 검색 정보를 활용해 타이타닉 승객 구분하기

이름 앞에 붙는 호칭인 Mr, Mrs, Miss 등을 이용해 승객을 구분해서 추출해보자. 먼저, 첫 번째 레코드의 승객 이름을 추출해보자.

```
titanic_df['name'][0]
```

```
'Braund, Mr. Owen Harris'
```

split(',')[1]로 설정하면 쉼표를 기준으로 데이터를 나누는데 [1]로 설정했기 때문에 두 번째 값만 추출된다. 실행 결과를 보면 쉼표 뒤에 있는 'Mr. Owen Harris'가 표시된다. 이때 쉼표 바로 뒤에 있는 공백도 함께 표시된다.

```
titanic_df['name'][0].split(',')[1]
```

```
' Mr. Owen Harris'
```

split(',')[0]으로 입력하면 .을 기준으로 그 앞의 값을 추출할 수 있다. 'Mr'가 표시된다.

```
titanic_df['name'][0].split(',')[1].split('.')[0]
```

```
' Mr'
```

공백을 제거하려면 다음과 같이 strip 함수를 사용한다.

```
titanic_df['name'][0].split(',')[1].split('.')[0].strip()
```

```
'Mr'
```

다음 실습을 진행하기 전에 먼저 lambda 함수 사용법을 복습해보자. test 변수를 선언하고 lambda식을 이용해 x에 2를 더하는 test 함수를 생성한다.

```
test=lambda x: x+2
test(2)
range(5)     # 0, 1, 2, 3, 4
```

```
range(0, 5)
```

매개변수 값으로 range(5)를 사용하고 lambda 함수가 포함된 test 변수를 이용해 결과를 리스트로 반환한다. 함수로 정의된 값을 매개변수로 전달하기 위해 map 함수를 사용한다.

```
list(map(test, range(5)))
```

```
[2, 3, 4, 5, 6]
```

title 열을 생성하고 추출된 값을 저장해보자. lambda 함수를 정의하여 매개변수로 입력받은 값을 쉼표로 구분한 뒤 두 번째 값을 추출하고 .을 기준으로 첫 번째 값을 분리한 후 strip 함수를 이용해 공백을 제거한다.

title 열에는 lambda 함수식이 포함된 condition을 map 함수로 전달한다. titanic_df['title']을 실행하면 다음과 같이 호칭에 해당하는 Mr, Mrs, Miss 등의 데이터가 표시된다.

```
condition=lambda x: x.split(',')[1].split('.')[0].strip()
titanic_df['title']=titanic_df['name'].map(condition)
titanic_df['title']
```

```
0      Mr
1     Mrs
2    Miss
3     Mrs
...
153    Mr
154    Mr
155    Mr
Name: title, Length: 156, dtype: object
```

unique 함수를 이용해 title 열의 중복을 없애면 사용된 호칭이 Mr, Mrs, Miss, Master, Don, Rev인 것을 알 수 있다.

```
titles=titanic_df['title'].unique()
titles
```

```
array(['Mr', 'Mrs', 'Miss', 'Master', 'Don', 'Rev'], dtype=object)
```

호칭을 보면 성별을 알 수 있다. crosstab 함수를 이용해 성별로 호칭의 빈도수를 표시해보자. 다음과 같이 **pd.crosstab(행 데이터, 열 데이터)** 형태로 입력한다.

```
pd.crosstab( titanic_df['title'], titanic_df['sex'])
```

sex	female	male
title		
Don	0	1
Master	0	8
Miss	34	0
Mr	0	89
Mrs	22	0
Rev	0	2

빈도수가 낮은 계급(Master, Don, Rev 등)을 Special 변수에 리스트 형태로 할당한다. for 문을 이용해 Special 변수에 할당된 리스트 원소를 'Special'로 변경한다. unique 함수로 고유값을 출력하면 다음과 같은 결과가 표시된다.

```
Special=[ 'Master', 'Don', 'Rev']

for each in Special:
    titanic_df['title']=titanic_df['title'].replace(each, 'Special')

titanic_df['title'].unique()
```

```
array(['Mr', 'Mrs', 'Miss', 'Special'], dtype=object)
```

생존율을 나타내보자. groupby를 이용해 title을 기준으로 그룹화하고 mean 함수를 이용해 survived 열의 평균값을 산출한다. index는 False로 설정했기 때문에 생성하지 않는다.

```
print(titanic_df[['title', 'survived']].groupby(['title'], as_index=False).mean())
```

```
     title  survived
0     Miss  0.705882
1       Mr  0.123596
2      Mrs  0.727273
3  Special  0.272727
```

IT@COOKBOOK

연습문제

1 다음 빈칸에 들어갈 내용을 적으시오.

> [　　　　　] 함수는 데이터프레임의 초기 다섯 개 행을 출력한다. 인자값을 입력하지 않으면 인덱스 0부터 4까지 5행의 데이터를 출력한다. 원하는 개수만큼 행을 출력할 수도 있는데 빈칸에 출력을 원하는 행 수를 입력하면 된다.

2 다음 빈칸에 들어갈 내용을 적으시오.

> [　　　　　] 함수는 head 함수와 반대로 맨 끝에서 5행의 데이터를 출력한다. 개수를 지정하지 않으면 끝의 5행 데이터가 출력되지만 원하는 행 수를 입력하면 그만큼의 데이터를 출력할 수 있다.

3 데이터 개수를 확인할 수 있는 함수 중에서 데이터프레임이 총 몇 건의 데이터를 가지고 있는지 확인할 수 있는 것은?

① head　　② tail

③ len　　④ find

4 데이터프레임이 몇 행 몇 열의 형태를 갖는지 구조를 표시해주는 함수는?

5 행, 데이터형 등의 정보를 제공하는 함수로 null 값과 데이터형을 확인할 때 주로 사용하는 함수는?

6 모든 문자열을 숫자로 변환되고 변환할 수 없는 것은 NaN으로 표시하려는 코드다. 밑줄에 들어갈 내용을 적으시오.

```
titanic_df1=titanic_df.apply(pd.____________,errors='coerce')
```

연습문제

7 다음 빈칸에 공통으로 들어갈 내용을 적으시오.

> [   ] 속성을 이용하면 데이터프레임이 가진 열 이름을 확인할 수 있다. 데이터프레임 이름.[   ] 형태로 입력한다.

8 열 이름을 재정의할 때 사용하는 속성은?

① columns　　② head
③ tail　　④ len

9 다음 빈칸에 들어갈 내용을 적으시오.

> [   ] 속성을 이용하면 데이터프레임이 가진 행의 시작 번호와 끝 번호, 증가값을 설정할 수 있다. start, stop 옵션으로 시작값과 종료값을 설정하고 step으로 증가값을 설정할 수 있다.

10 다음은 무엇에 관한 설명인가?

> 인덱스를 기준으로 정렬할 때 사용한다. 별다른 옵션을 설정하지 않으면 오름차순으로 정렬되고 괄호 안에 ascending=False를 입력하면 내림차순으로 정렬된다.

① values　　② sort_index
③ sorted　　④ dtypes

11 다음은 어떤 함수에 관한 설명인가?

> 특정 열을 기준으로 정렬하는 함수로, by 옵션에 정렬할 열 이름을 설정한다. ascending 옵션을 True로 설정하면 오름차순, False로 설정하면 내림차순으로 정렬된다.

① sort_index　　② head
③ sort_values　　④ values

12 다음 중 행을 슬라이싱하는 방법에 대한 보기가 옳지 않은 것은?

① 데이터프레임 이름[열 이름.columns[열 인덱스]][2:6] # 2행부터 6행까지

② 데이터프레임 이름[열 이름.columns[열 인덱스]][:-1] # 마지막 행은 제외

③ 데이터프레임 이름[열 이름.columns[열 인덱스]][::3] # 3개 step으로 슬라이싱

④ 데이터프레임 이름[열 이름.columns[열 인덱스]][-1:] # 마지막 행만 추출

13 다음 빈칸에 들어갈 내용을 적으시오.

[ ] 속성을 이용하면 데이터프레임의 인덱스 이름을 이용해 원하는 만큼의 데이터를 가져올 수 있다. 하나의 행만 지정할 수도 있고 여러 행을 지정할 수도 있다.

14 다음 빈칸과 밑줄에 공통으로 들어갈 내용을 적으시오.

[ ]는 조건으로 검색하려는 값이 해당 리스트에 있을 때만 사용한다. 조건으로 사용할 데이터를 리스트 형태로 만들고 데이터프레임 이름[열 이름]. ________(리스트 이름) 형태로 설정하면 된다.

15 문자열의 공백을 제거할 때 사용하는 함수는?

① split ② strip

③ replace ④ len

16 특정 열에서 중복을 없애고 고유값만 표시할 때 사용하는 함수는?

① replace ② unique

③ split ④ strip

연습문제

IT@COOKBOOK

17 다음 빈칸과 밑줄에 공통으로 들어갈 내용을 적으시오.

[　　　　] 함수는 데이터프레임에 포함된 열 중 두 개의 열을 각각 행 인덱스와 열 인덱스로 설정하고 그 행과 열이 만나는 지점의 열 데이터를 표시한다. 피벗 테이블은 왼쪽에 나타나는 인덱스를 행 인덱스, 상단에 나타나는 인덱스를 열 인덱스라고 한다. 엑셀의 피벗 테이블과 동일한 형태로 이해하면 쉽다.

```
pd.__________(데이터프레임 이름, index='행 인덱스', columns='열 인덱스', values='계산에
사용할 열')
```

18 다음 빈칸에 들어갈 내용을 적으시오.

[　　　　] 함수를 사용하면 데이터프레임의 특정 열을 기준으로 묶어 표시할 수 있다. count, sum, mean 함수를 이용하면 그룹화된 데이터의 개수, 합계, 평균 등을 함께 볼 수 있다. 같은 데이터끼리 묶어서 분석하고 계산할 때 유용하다.

19 다음 빈칸에 들어갈 내용을 차례로 적으시오.

판다스의 [❶], [❷] 함수를 이용하면 데이터프레임을 재구조화할 수 있다. [❶] 함수는 특정 열을 그룹화하여 행 기준으로 데이터를 표시하고 계산된 값을 나타낼 수 있고, 반대로 [❷] 함수는 데이터를 열 기준으로 표시하고 계산하여 나타낼 수 있다.

07

CHAPTER

판다스를 활용한 데이터 전처리 2

학습목표

- 데이터 전처리 과정으로 결측치 처리 방법을 살펴본다.
- 데이터형과 열 값의 변환 방법을 알아본다.
- 데이터 분석에 유용한 판다스의 통계 함수를 살펴본다.
- 타이타닉 승객 생존율 예측 모형을 위한 데이터 전처리를 한다.

SECTION 01

결측치 처리

1 결측치 개념

결측치란 데이터에 값이 없는 것을 의미한다. 결측치는 데이터를 수집하는 과정에서 오류나 실수로 발생한다. 데이터 분석의 정확도를 높이기 위해서는 결측치를 삭제하거나 0 또는 평균값으로 채우는 것이 좋다.

결측치 처리 방법을 알아보기 전에 먼저 데이터프레임의 결측치를 확인해보자. 앞에서 사용한 타이타닉 데이터를 불러온다.

```
import pandas as pd
url='https://raw.githubusercontent.com/sehakflower/data/main/titanic.csv'
titanic_df= pd.read_csv(url,sep='\t')
titanic_df.info( )
```

```
<class 'pandas.core.frame.DataFrame'>
RangeIndex: 156 entries, 0 to 155
Data columns (total 12 columns):
 #    Column        Non-Null Count      Dtype
---   ------        --------------      -----
 0    PassengerId   156 non-null        int64
 1    Survived      156 non-null        int64
 2    Pclass        156 non-null        int64
...
 9    Fare          156 non-null        float64
 10   Cabin         31 non-null         object
 11   Embarked      155 non-null        object
dtypes: float64(2), int64(5), object(5)
memory usage: 14.8+ KB
```

info 함수로 확인한 정보 중에서 Non-Null은 결측치가 아닌 값을 의미한다. 10번 인덱스의 cabin 열을 보면 31 non-null인데 이것은 값이 31개 있고 나머지는 모두 결측치라는 의미다. 판다스에서 object는 문자형, int64는 정수형, float64는 실수형을 의미한다.

작업을 좀 더 수월하게 하도록 모든 열을 소문자로 변경해보자.

```
new_columns=['passengerId', 'survived', 'pclass', 'name', 'sex', 'age', 'sibsp', 'parch',
           'ticket', 'fare', 'cabin', 'embarked']
titanic_df.columns=new_columns
titanic_df.columns
```

```
Index(['passengerId', 'survived', 'pclass', 'name', 'sex', 'age', 'sibsp', 'parch',
      'ticket', 'fare', 'cabin', 'embarked'], dtype='object')
```

2 결측치 확인 함수

isna 함수

isna 함수는 결측치가 있는지 확인한 후 결측치가 있으면 NaN을 반환한다. 판다스에서는 결측치를 NaN(Not a Number)으로 표시한다.

```
titanic_df['age'][titanic_df['age'].isna()]
```

```
5      NaN
17     NaN
...
154    NaN
Name: age, dtype: float64
```

isnull 함수

isnull 함수는 결측치가 있는지 확인한 후 결측치가 있으면 불 인덱스 True를 반환한다.

```
titanic_df['age'].isnull()
```

```
0    False
...
154   True
155  False
Name: age, Length: 156, dtype: bool
```

isnull 함수를 이용해 결측치인 NaN 값만 추출할 수 있다.

```
titanic_df['age'][titanic_df['age'].isnull()]
```

```
5      NaN
17     NaN
...
140    NaN
154    NaN
Name: age, dtype: float64
```

sum 함수를 함께 사용하면 NaN 값이 총 몇 개인지 확인할 수 있다.

```
titanic_df['age'][titanic_df['age'].isnull()].isnull().sum()
```

```
30
```

notnull 함수

notnull 함수는 결측치가 있는지 확인한 후 결측치가 없으면 불 인덱스 True를 반환한다. 다음은 age 열에 notnull 함수를 사용한 것인데 isnull 함수를 사용한 것과 비교했을 때 불 인덱스가 서로 반대임을 알 수 있다.

```
titanic_df['age'].notnull()
```

```
0      True
1      True
...
153    True
154   False
155    True
Name: age, Length: 156, dtype: bool
```

notnull 함수를 다음과 같이 이용하면 NaN이 아닌 값만 표시할 수 있다.

```
titanic_df['age'][titanic_df['age'].notnull()]
```

```
0      22.0
1      38.0
...
153    40.5
155    51.0
Name: age, Length: 126, dtype: float64
```

age 열에서 NaN이 아닌 데이터를 검색하고 age와 name 열을 함께 표시해보자. 이 경우에는 loc 속성을 함께 사용하면 된다.

```
titanic_df.loc[titanic_df['age'].notnull( ),['age', 'name']]
```

	age	name
0	22.0	Braund, Mr. Owen Harris
1	38.0	Cumings, Mrs. John Bradley (Florence Briggs Th...
2	26.0	Heikkinen, Miss. Laina
152	55.5	Meo, Mr. Alfonzo
153	40.5	van Billiard, Mr. Austin Blyler
155	51.0	Williams, Mr. Charles Duane

126 rows × 2 columns

isnull 함수를 사용해 결측치가 있는 행을 추출하고 age 열에서 결측치인 행과 그에 해당하는 name 열의 값을 추출할 수 있다.

```
titanic_df.loc[titanic_df['age'].isnull(),['age', 'name']]
```

	age	name
5	NaN	Moran, Mr. James
17	NaN	Williams, Mr. Charles Eugene
19	NaN	Masselmani, Mrs. Fatima
126	NaN	McMahon, Mr. Martin
128	NaN	Peter, Miss. Anna
140	NaN	Boulos, Mrs. Joseph (Sultana)
154	NaN	Olsen, Mr. Ole Martin

3 결측치 처리 방법

데이터 분석의 정확도를 높이기 위해 결측치 값은 0 또는 평균값으로 채우는 것이 좋다.

결측치를 다른 문자로 변경하기

titanic_df 데이터프레임의 cabin 열을 이용해 결측치에 대해 자세히 살펴보자. head 함수로 첫 5행의 데이터를 표시해보면 cabin 열에 결측치가 포함되어 있는 것을 확인할 수 있다.

```
titanic_df.head()
```

	passengerId	survived	pclass	name	sex	age	sibsp	parch	ticket	fare	cabin	embarked
0	1	0	3	Braund, Mr. Owen Harris	male	22.0	1	0	A/5 21171	7.2500	NaN	S
1	2	1	1	Cumings, Mrs. John Bradley (Florence Briggs Th...	female	38.0	1	0	PC 17599	71.2833	C85	C
2	3	1	3	Heikkinen, Miss. Laina	female	26.0	0	0	STON/O2. 3101282	7.9250	NaN	S
3	4	1	1	Futrelle, Mrs. Jacques Heath (Lily May Peel)	female	35.0	1	0	113803	53.1000	C123	S
4	5	0	3	Allen, Mr. William Henry	male	35.0	0	0	373450	8.0500	NaN	S

cabin 열의 결측치 값인 NaN은 N으로 변경하고 나머지 값은 숫자를 제거하여 앞의 영문자만 남겨보도록 하자. 먼저, fillna 함수를 이용해 cabin 열의 결측치를 N으로 변경한다.

```
titanic_df['cabin']=titanic_df['cabin'].fillna('N')
titanic_df['cabin']
```

```
0         N
1       C85
2         N
3      C123
4         N
...
153       N
154       N
155       N
Name: cabin, Length: 156, dtype: object
```

counts 함수를 이용하면 특정 열에서 개별 값이 모두 몇 개 있는지 확인할 수 있다. 결측치를 변경한 N이 총 125건 표시되는 것을 확인할 수 있다.

```
titanic_df['cabin'].value_counts()
```

```
N                   125
C123                  2
C23 C25 C27           2
D26                   2
G6                    1
D33                   1
...
E101                  1
F2                    1
E46                   1
F E69                 1
Name: cabin, dtype: int64
```

cabin 열의 첫 번째 값은 원래 NaN이다. 이 값이 N으로 잘 변경되었는지 확인해보자. 첫 번째 인덱스인 [0]을 사용해보면 N으로 표시된다.

```
titanic_df['cabin'][0]
```

```
'N'
```

apply 함수와 lambda 식을 이용해 데이터의 첫 문자만 남겨보자.

```
titanic_df['cabin']=titanic_df['cabin'].apply(lambda x : x[0])
titanic_df['cabin']
```

```
0        N
1        C
...
154      N
155      N
Name: cabin, Length: 156, dtype: object
```

info 함수로 확인하면 cabin 열에서 null 값이 사라진 것을 알 수 있다.

```
titanic_df.info()
```

```
<class 'pandas.core.frame.DataFrame'>
RangeIndex: 156 entries, 0 to 155
Data columns (total 12 columns):
 #     Column         Non-Null Count      Dtype
---    ------         --------------      -----
 0     passengerId    156 non-null        int64
 1     survived       156 non-null        int64
...
 8     ticket         156 non-null        object
 9     fare           156 non-null        float64
 10    cabin          156 non-null        object
 11    embarked       155 non-null        object
dtypes: float64(2), int64(5), object(5)
memory usage: 14.8+ KB
```

결측치를 평균값으로 변경하기

mean 함수는 특정 열의 평균값을 구하는 것으로 결측치를 해당 열의 평균값으로 변경하는 데 사용할 수 있다.

먼저, 원본 데이터프레임인 titanic_df를 titanic_df_copy로 복제한다.

```
titanic_df_copy=titanic_df.copy()
titanic_df_copy
```

	passengerId	survived	pclass	name	sex	age	sibsp	parch	ticket	fare	cabin	embarked
0	1	0	3	Braund, Mr. Owen Harris	male	22.0	1	0	A/5 21171	7.2500	N	S
1	2	1	1	Cumings, Mrs. John Bradley (Florence Briggs Th...	female	38.0	1	0	PC 17599	71.2833	C	C
2	3	1	3	Heikkinen, Miss. Laina	female	26.0	0	0	STON/O2. 3101282	7.9250	N	S
3	4	1	1	Futrelle, Mrs. Jacques Heath (Lily May Peel)	female	35.0	1	0	113803	53.1000	C	S
4	5	0	3	Allen, Mr. William Henry	male	35.0	0	0	373450	8.0500	N	S
...	...	...	...	...	...	...	...	...	...	...	...	...
151	152	1	1	Pears, Mrs. Thomas (Edith Wearne)	female	22.0	1	0	113776	66.6000	C	S
152	153	0	3	Meo, Mr. Alfonzo	male	55.5	0	0	A.5. 11206	8.0500	N	S
153	154	0	3	van Billiard, Mr. Austin Blyler	male	40.5	0	2	A/5. 851	14.5000	N	S
154	155	0	3	Olsen, Mr. Ole Martin	male	NaN	0	0	Fa 265302	7.3125	N	S
155	156	0	1	Williams, Mr. Charles Duane	male	51.0	0	1	PC 17597	61.3792	N	C

156 rows × 12 columns

age 열의 154번 인덱스를 보면 값이 NaN으로 결측치다. 결측치를 True로 표시하는 isnull 함수를 이용해 확인해보자.

```
titanic_df_copy['age'].isnull()
```

```
0     False
1     False
2     False
3     False
...
154    True
155   False
Name: age, Length: 156, dtype: bool
```

mean 함수로 열의 평균값을 구한 뒤 그 값을 fillna 함수를 이용해 결측치에 채울 수 있다. 이때 결측치가 아니면 원래 값이 그대로 표시되고 결측치인 경우에만 평균값으로 변경된다. 다음 결과를 보면 결측치였던 154번 인덱스의 age 열 값이 평균값으로 채워진 것을 확인할 수 있다.

```
titanic_df_copy['age']=titanic_df_copy['age'].fillna(titanic_df_copy['age'].mean())
titanic_df_copy['age']
```

```
0       22.000000
1       38.000000
...
154     28.141508
155     51.000000
Name: age, Length: 156, dtype: float64
```

여기서 잠깐

데이터프레임 복사 – 얕은 복사와 깊은 복사

데이터 분석 작업을 할 때 원본 데이터가 손상되는 것을 방지하려면 원본을 복사해서 사용하는 것이 좋다. 얕은 복사(Shallow Copy)는 '참조'를 복사하여 원본까지 변경되는 것이고 깊은 복사(Deep Copy)는 원본과 내용은 같지만 주소가 다른 객체를 생성한다. 그러므로 데이터 손상을 방지하려면 깊은 복사를 사용하는 것이 안전하다.

copy 함수는 원본 데이터프레임을 유지한 채 새로운 주소에 복사한다.

```
copy_titanic_df=titanic_df.copy()
copy_titanic_df
```

	passengerId	survived	pclass	name	sex	age	sibsp	parch	ticket	fare	cabin	embarked
0	1	0	3	Braund, Mr. Owen Harris	male	22.0	1	0	A/5 21171	7.2500	N	S
1	2	1	1	Cumings, Mrs. John Bradley (Florence Briggs Th...	female	38.0	1	0	PC 17599	71.2833	C	C
2	3	1	3	Heikkinen, Miss. Laina	female	26.0	0	0	STON/O2. 3101282	7.9250	N	S
3	4	1	1	Futrelle, Mrs. Jacques Heath (Lily May Peel)	female	35.0	1	0	113803	53.1000	C	S
4	5	0	3	Allen, Mr. William Henry	male	35.0	0	0	373450	8.0500	N	S
...	...	...	...	...	...	...	...	...	...	...	...	...
151	152	1	1	Pears, Mrs. Thomas (Edith Wearne)	female	22.0	1	0	113776	66.6000	C	S
152	153	0	3	Meo, Mr. Alfonzo	male	55.5	0	0	A.5. 11206	8.0500	N	S
153	154	0	3	van Billiard, Mr. Austin Blyler	male	40.5	0	2	A/5. 851	14.5000	N	S
154	155	0	3	Olsen, Mr. Ole Martin	male	NaN	0	0	Fa 265302	7.3125	N	S
155	156	0	1	Williams, Mr. Charles Duane	male	51.0	0	1	PC 17597	61.3792	N	C

156 rows × 12 columns

hex 함수를 이용해 원본과 복사된 데이터프레임의 주소를 확인해보자. titanic_df와 copy_titanic_df가 다른 메모리 주소를 참조하는 것을 알 수 있다.

```
hex(id(titanic_df))
```

```
'0x7f534b5fa250'
```

```
hex(id(copy_titanic_df))
```

```
'0x7f534b65fdd0'
```

head 함수를 이용해 원본인 titanic_df와 복사본인 copy_titanic_df의 내용을 보면 같음을 확인할 수 있다.

```
titanic_df.head()
```

	passengerId	survived	pclass	name	sex	age	sibsp	parch	ticket	fare	cabin	embarked
0	1	0	3	Braund, Mr. Owen Harris	male	22.0	1	0	A/5 21171	7.2500	N	S
1	2	1	1	Cumings, Mrs. John Bradley (Florence Briggs Th...	female	38.0	1	0	PC 17599	71.2833	C	C
2	3	1	3	Heikkinen, Miss. Laina	female	26.0	0	0	STON/O2. 3101282	7.9250	N	S
3	4	1	1	Futrelle, Mrs. Jacques Heath (Lily May Peel)	female	35.0	1	0	113803	53.1000	C	S
4	5	0	3	Allen, Mr. William Henry	male	35.0	0	0	373450	8.0500	N	S

```
copy_titanic_df.head()
```

	passengerId	survived	pclass	name	sex	age	sibsp	parch	ticket	fare	cabin	embarked
0	1	0	3	Braund, Mr. Owen Harris	male	22.0	1	0	A/5 21171	7.2500	N	S
1	2	1	1	Cumings, Mrs. John Bradley (Florence Briggs Th...	female	38.0	1	0	PC 17599	71.2833	C	C
2	3	1	3	Heikkinen, Miss. Laina	female	26.0	0	0	STON/O2. 3101282	7.9250	N	S
3	4	1	1	Futrelle, Mrs. Jacques Heath (Lily May Peel)	female	35.0	1	0	113803	53.1000	C	S
4	5	0	3	Allen, Mr. William Henry	male	35.0	0	0	373450	8.0500	N	S

copy_titanic_df의 age 열을 모두 0으로 변경하고 head 함수로 확인해보자.

```
copy_titanic_df['age']=0
copy_titanic_df.head()
```

	passengerId	survived	pclass	name	sex	age	sibsp	parch	ticket	fare	cabin	embarked
0	1	0	3	Braund, Mr. Owen Harris	male	0	1	0	A/5 21171	7.2500	N	S
1	2	1	1	Cumings, Mrs. John Bradley (Florence Briggs Th...	female	0	1	0	PC 17599	71.2833	C	C
2	3	1	3	Heikkinen, Miss. Laina	female	0	0	0	STON/O2. 3101282	7.9250	N	S
3	4	1	1	Futrelle, Mrs. Jacques Heath (Lily May Peel)	female	0	1	0	113803	53.1000	C	S
4	5	0	3	Allen, Mr. William Henry	male	0	0	0	373450	8.0500	N	S

원본 데이터프레임인 titanic_df를 확인해보면 age 열의 값이 0으로 바뀌지 않고 그대로다. 변수에 할당해서 복사하는 방법과 달리 copy 함수로 복사하면 원본 데이터프레임의 값이 변경되지 않는 것을 확인할 수 있다.

```
titanic_df.head()
```

	passengerId	survived	pclass	name	sex	age	sibsp	parch	ticket	fare	cabin	embarked
0	1	0	3	Braund, Mr. Owen Harris	male	22.0	1	0	A/5 21171	7.2500	N	S
1	2	1	1	Cumings, Mrs. John Bradley (Florence Briggs Th...	female	38.0	1	0	PC 17599	71.2833	C	C
2	3	1	3	Heikkinen, Miss. Laina	female	26.0	0	0	STON/O2. 3101282	7.9250	N	S
3	4	1	1	Futrelle, Mrs. Jacques Heath (Lily May Peel)	female	35.0	1	0	113803	53.1000	C	S
4	5	0	3	Allen, Mr. William Henry	male	35.0	0	0	373450	8.0500	N	S

SECTION

02 데이터 변환

1 데이터형 변환

실제 데이터 분석에서는 숫자형 데이터를 주로 다룬다. 여기서는 숫자형으로 데이터형을 변환하는 다양한 방법을 알아본다.

to_numeric 함수

데이터형을 숫자형으로 바꾸는 to_numeric 함수에는 다음과 같이 errors 옵션을 사용할 수 있다.

- errors='ignore': 숫자형으로 변경할 수 없는 데이터라면 원본 데이터 그대로 반환한다.
- errors='coerce': 숫자형으로 변경할 수 없는 데이터라면 기존 데이터는 지우고 NaN으로 설정하여 반환한다.
- errors='raise': 숫자형으로 변경할 수 없는 데이터라면 오류가 발생하며 코드가 중단된다.

먼저, 분석에 필요한 열만 추출한 뒤 모든 열의 값을 숫자형으로 바꾸어보자. errors 옵션 값으로 coerce를 지정했으므로 숫자로 변경할 수 없는 데이터가 포함되어 있다면 기존 데이터를 지우고 NaN으로 설정하여 반환한다.

```
titanic_df1=titanic_df[['survived', 'pclass', 'name', 'sex', 'age', 'sibsp', 'parch', 'fare']]
titanic_df2=titanic_df1.apply(pd.to_numeric, errors='coerce')
titanic_df2
```

	survived	pclass	name	sex	age	sibsp	parch	fare
0	0	3	NaN	NaN	22.0	1	0	7.2500
1	1	1	NaN	NaN	38.0	1	0	71.2833
153	0	3	NaN	NaN	40.5	0	2	14.5000
154	0	3	NaN	NaN	NaN	0	0	7.3125
155	0	1	NaN	NaN	51.0	0	1	61.3792

156 rows × 8 columns

숫자형으로 잘 변경되었는지 확인하기 위해 dtypes를 실행한다. 결과를 보면 name, sex 열이 문자형 object에서 실수형 float64로 바뀐 것을 확인할 수 있다.

```
titanic_df2.dtypes
```

```
survived      int64
pclass        int64
name        float64
sex         float64
age         float64
sibsp         int64
parch         int64
fare        float64
dtype: object
```

astype 함수

astype 함수를 사용하면 원하는 데이터형으로 변경할 수 있다. **데이터프레임 이름[열 이름].astype('변경할 데이터형')** 형태로 사용한다. 다음은 astype('float')을 이용해 모든 열의 데이터형을 실수형으로 변경한다.

```
titanic_df2['survived']=titanic_df2['survived'].astype('float')
titanic_df2['pclass']=titanic_df2['pclass'].astype('float')
titanic_df2['age']=titanic_df2['age'].astype('float')
titanic_df2['sibsp']=titanic_df2['sibsp'].astype('float')
titanic_df2['parch']=titanic_df2['parch'].astype('float')
titanic_df2['fare']=titanic_df2['fare'].astype('float')
titanic_df2.dtypes
```

```
survived    float64
pclass      float64
name        float64
sex         float64
age         float64
sibsp       float64
parch       float64
fare        float64
dtype: object
```

2 값 변환

숫자형 변수로 바꾸기

성별을 나타내는 sex 열의 값은 female, male로 이루어져 있다. 이 값을 데이터 분석에 사용할 수 있게 0, 1로 변경해보자. 이 실습은 titanic_df1 데이터프레임을 이용한다. titanic_df1에 gender 열을 추가하고 female은 0, male은 1로 표시해보자.

```
titanic_df1=titanic_df[['survived', 'pclass', 'name', 'sex', 'age', 'sibsp', 'parch', 'fare']]

tmp=[]
for each in titanic_df1['sex']:
    if each=='female':
        tmp.append(0)
    else:
        tmp.append(1)

titanic_df1['gender']=tmp
titanic_df1
```

	survived	pclass	name	sex	age	sibsp	parch	fare	gender
0	0	3	Braund, Mr. Owen Harris	male	22.0	1	0	7.2500	1
1	1	1	Cumings, Mrs. John Bradley (Florence Briggs Th...	female	38.0	1	0	71.2833	0
2	1	3	Heikkinen, Miss. Laina	female	26.0	0	0	7.9250	0
3	1	1	Futrelle, Mrs. Jacques Heath (Lily May Peel)	female	35.0	1	0	53.1000	0
4	0	3	Allen, Mr. William Henry	male	35.0	0	0	8.0500	1
...	...	...	...	...	...	...	...	...	...
151	1	1	Pears, Mrs. Thomas (Edith Wearne)	female	22.0	1	0	66.6000	0
152	0	3	Meo, Mr. Alfonzo	male	55.5	0	0	8.0500	1
153	0	3	van Billiard, Mr. Austin Blyler	male	40.5	0	2	14.5000	1
154	0	3	Olsen, Mr. Ole Martin	male	NaN	0	0	7.3125	1
155	0	1	Williams, Mr. Charles Duane	male	51.0	0	1	61.3792	1

156 rows × 9 columns

sex 열을 삭제한 뒤 head 함수로 첫 5행을 확인하면 female은 0, male은 1로 변경되었다.

```
titanic_df1.drop(columns='sex', inplace=True)
titanic_df1.head()
```

	survived	pclass	name	age	sibsp	parch	fare	gender
0	0	3	Braund, Mr. Owen Harris	22.0	1	0	7.2500	1
1	1	1	Cumings, Mrs. John Bradley (Florence Briggs Th...	38.0	1	0	71.2833	0
2	1	3	Heikkinen, Miss. Laina	26.0	0	0	7.9250	0
3	1	1	Futrelle, Mrs. Jacques Heath (Lily May Peel)	35.0	1	0	53.1000	0
4	0	3	Allen, Mr. William Henry	35.0	0	0	8.0500	1

info 함수로 gender 열의 데이터형을 보면 int64로 정수형임을 확인할 수 있다.

```
titanic_df1.info()
```

```
<class 'pandas.core.frame.DataFrame'>
RangeIndex: 156 entries, 0 to 155
Data columns (total 8 columns):
#     Column         Non-Null Count     Dtype
---   ------         --------------     -----
 0    survived       156 non-null       int64
 1    pclass         156 non-null       int64
...
 5    parch          156 non-null       int64
 6    fare           156 non-null       float64
 7    gender         156 non-null       int64
dtypes: float64(2), int64(5), object(1)
memory usage: 9.9+ KB
```

문자형 변수를 명목 변수화하기

호칭을 이용하여 승객을 4개 그룹으로 나누어보자.

```
condition=lambda x: x.split(',')[1].split('.')[0].strip()
titanic_df1['title']=titanic_df1['name'].map(condition)
titanic_df1['title'].unique( )
```

```
array(['Mr', 'Mrs', 'Miss', 'Master', 'Don', 'Rev'], dtype=object)
```

특별한 지위를 나타내는 Master, Don, Rev는 모두 Special로 바꾼 후 Mr, Mrs, Miss, Special로 4개 값을 갖는 title 열을 생성한다.

```
Special=['Master', 'Don', 'Rev']
for each in Special:
    titanic_df1['title']=titanic_df1['title'].replace(each, 'Special')
titanic_df1['title'].unique( )
titanic_df1
```

	survived	pclass	name	age	sibsp	parch	fare	gender	title
0	0	3	Braund, Mr. Owen Harris	22.0	1	0	7.2500	1	Mr
1	1	1	Cumings, Mrs. John Bradley (Florence Briggs Th...	38.0	1	0	71.2833	0	Mrs
2	1	3	Heikkinen, Miss. Laina	26.0	0	0	7.9250	0	Miss
3	1	1	Futrelle, Mrs. Jacques Heath (Lily May Peel)	35.0	1	0	53.1000	0	Mrs
4	0	3	Allen, Mr. William Henry	35.0	0	0	8.0500	1	Mr
...	...	...	...	...	...	...	...	...	...
151	1	1	Pears, Mrs. Thomas (Edith Wearne)	22.0	1	0	66.6000	0	Mrs
152	0	3	Meo, Mr. Alfonzo	55.5	0	0	8.0500	1	Mr
153	0	3	van Billiard, Mr. Austin Blyler	40.5	0	2	14.5000	1	Mr
154	0	3	Olsen, Mr. Ole Martin	NaN	0	0	7.3125	1	Mr
155	0	1	Williams, Mr. Charles Duane	51.0	0	1	61.3792	1	Mr

156 rows × 9 columns

unique와 len 함수를 이용하면 title 열이 총 4개의 값을 갖는 것을 확인할 수 있다.

```
len(titanic_df1['title'].unique( ))
```

```
4
```

사용하지 않는 name 열은 삭제한다.

```
titanic_df1=titanic_df1.drop('name', axis=1)
titanic_df1
```

	survived	pclass	age	sibsp	parch	fare	gender	title
0	0	3	22.0	1	0	7.2500	1	Mr
1	1	1	38.0	1	0	71.2833	0	Mrs
2	1	3	26.0	0	0	7.9250	0	Miss
154	0	3	NaN	0	0	7.3125	1	Mr
155	0	1	51.0	0	1	61.3792	1	Mr

156 rows × 8 columns

호칭 중에서 Special은 1, 나머지는 0으로 바꾼 뒤 이 열을 special_title로 나타낸다.

```
def convert_title(x):
    if x=="Special":
        return 1
    else:
        return 0

titanic_df1["special_title"]=titanic_df1["title"].apply(convert_title)
titanic_df1.tail(7)
```

	survived	pclass	age	sibsp	parch	fare	gender	title	special_title
149	0	2	42.0	0	0	13.0000	1	Special	1
150	0	2	51.0	0	0	12.5250	1	Special	1
151	1	1	22.0	1	0	66.6000	0	Mrs	0
152	0	3	55.5	0	0	8.0500	1	Mr	0
153	0	3	40.5	0	2	14.5000	1	Mr	0
154	0	3	NaN	0	0	7.3125	1	Mr	0
155	0	1	51.0	0	1	61.3792	1	Mr	0

title 열을 삭제한다. 남성은 0, 여성은 1, special_title은 1로 표시되는 것을 확인할 수 있다.

```
titanic_df1.drop('title', axis=1, inplace=True)
titanic_df1
```

	survived	pclass	age	sibsp	parch	fare	gender	special_title
0	0	3	22.0	1	0	7.2500	1	0
1	1	1	38.0	1	0	71.2833	0	0
2	1	3	26.0	0	0	7.9250	0	0
3	1	1	35.0	1	0	53.1000	0	0
4	0	3	35.0	0	0	8.0500	1	0
...	...	...	...	...	...	...	...	...
151	1	1	22.0	1	0	66.6000	0	0
152	0	3	55.5	0	0	8.0500	1	0
153	0	3	40.5	0	2	14.5000	1	0
154	0	3	NaN	0	0	7.3125	1	0
155	0	1	51.0	0	1	61.3792	1	0

156 rows × 8 columns

열 데이터를 이용해 열 추가하기

데이터프레임에서 sibsp 열은 형제자매, parch 열은 부모와 동반 여부를 묻는 것이다. 두 열의 값을 합쳐서 새로운 열 sibpar로 나타내보자.

```
titanic_df1['sibpar']=titanic_df1['sibsp']+titanic_df1['parch']
titanic_df1
```

	survived	pclass	age	sibsp	parch	fare	gender	special_title	sibpar
0	0	3	22.0	1	0	7.2500	1	0	1
1	1	1	38.0	1	0	71.2833	0	0	1
2	1	3	26.0	0	0	7.9250	0	0	0
3	1	1	35.0	1	0	53.1000	0	0	1
4	0	3	35.0	0	0	8.0500	1	0	0
...	...	...	...	...	...	...	...	...	...
151	1	1	22.0	1	0	66.6000	0	0	1
152	0	3	55.5	0	0	8.0500	1	0	0
153	0	3	40.5	0	2	14.5000	1	0	2
154	0	3	NaN	0	0	7.3125	1	0	0
155	0	1	51.0	0	1	61.3792	1	0	1

156 rows × 9 columns

분석에서 사용되지 않을 sibsp 열과 parch 열을 삭제한다.

```
titanic_df1.drop(['sibsp','parch'], axis =1, inplace=True)
titanic_df1
```

	survived	pclass	age	fare	gender	special_title	sibpar
0	0	3	22.0	7.2500	1	0	1
1	1	1	38.0	71.2833	0	0	1
2	1	3	26.0	7.9250	0	0	0
3	1	1	35.0	53.1000	0	0	1
4	0	3	35.0	8.0500	1	0	0
...	...	...	...	...	...	...	...
151	1	1	22.0	66.6000	0	0	1
152	0	3	55.5	8.0500	1	0	0
153	0	3	40.5	14.5000	1	0	2
154	0	3	NaN	7.3125	1	0	0
155	0	1	51.0	61.3792	1	0	1

156 rows × 7 columns

요금은 가족 중 한 사람이 지불했을 가능성이 많기에 fare 열의 값은 가족 동반자 수를 이용한 1인 평균값을 이용해 구하기로 하고 새로운 열 이름을 avgfare로 한다.

```
titanic_df1['avgfare']=titanic_df1['fare']/titanic_df1['sibpar']
titanic_df1
```

	survived	pclass	age	fare	gender	special_title	sibpar	avgfare
0	0	3	22.0	7.2500	1	0	1	7.2500
1	1	1	38.0	71.2833	0	0	1	71.2833
2	1	3	26.0	7.9250	0	0	0	inf
3	1	1	35.0	53.1000	0	0	1	53.1000
4	0	3	35.0	8.0500	1	0	0	inf
...	...	...	...	...	...	...	...	...
151	1	1	22.0	66.6000	0	0	1	66.6000
152	0	3	55.5	8.0500	1	0	0	inf
153	0	3	40.5	14.5000	1	0	2	7.2500
154	0	3	NaN	7.3125	1	0	0	inf
155	0	1	51.0	61.3792	1	0	1	61.3792

156 rows × 8 columns

avgfare 열을 보면 무한대를 의미하는 inf가 있다. 이 값을 없애려면 동반자를 나타내는 sibpar 열에 1을 더한 값으로 평균값을 다시 구한다.

```
titanic_df1['n_family']=titanic_df1['sibpar']+1
titanic_df1['avgfare']=titanic_df1['fare']/titanic_df1['n_family']
titanic_df1
```

	survived	pclass	age	fare	gender	special_title	sibpar	avgfare	n_family
0	0	3	22.0	7.2500	1	0	1	3.625000	2
1	1	1	38.0	71.2833	0	0	1	35.641650	2
2	1	3	26.0	7.9250	0	0	0	7.925000	1
3	1	1	35.0	53.1000	0	0	1	26.550000	2
4	0	3	35.0	8.0500	1	0	0	8.050000	1
...	...	...	...	...	...	...	...	...	...
151	1	1	22.0	66.6000	0	0	1	33.300000	2
152	0	3	55.5	8.0500	1	0	0	8.050000	1
153	0	3	40.5	14.5000	1	0	2	4.833333	3
154	0	3	NaN	7.3125	1	0	0	7.312500	1
155	0	1	51.0	61.3792	1	0	1	30.689600	2

156 rows × 9 columns

다음 코드를 이용해도 같은 결과를 얻을 수 있다.

```
titanic_df1['n_family1']=[1 if i==0 else i+1 for i in titanic_df1['sibpar']]
titanic_df1
```

	survived	pclass	age	fare	gender	special_title	sibpar	avgfare	n_family	n_family1
0	0	3	22.0	7.2500	1	0	1	3.625000	2	2
1	1	1	38.0	71.2833	0	0	1	35.641650	2	2
2	1	3	26.0	7.9250	0	0	0	7.925000	1	1
3	1	1	35.0	53.1000	0	0	1	26.550000	2	2
4	0	3	35.0	8.0500	1	0	0	8.050000	1	1
...	...	...	...	...	...	...	...	...	...	...
151	1	1	22.0	66.6000	0	0	1	33.300000	2	2
152	0	3	55.5	8.0500	1	0	0	8.050000	1	1
153	0	3	40.5	14.5000	1	0	2	4.833333	3	3
154	0	3	NaN	7.3125	1	0	0	7.312500	1	1
155	0	1	51.0	61.3792	1	0	1	30.689600	2	2

156 rows × 10 columns

분석에 사용하지 않을 열은 모두 삭제한다.

```
titanic_df1=titanic_df1.drop(['fare','sibpar','n_family1'], axis=1)
titanic_df1
```

	survived	pclass	age	gender	special_title	avgfare	n_family
0	0	3	22.0	1	0	3.625000	2
1	1	1	38.0	0	0	35.641650	2
2	1	3	26.0	0	0	7.925000	1
3	1	1	35.0	0	0	26.550000	2
4	0	3	35.0	1	0	8.050000	1
...	...	...	...	...	...	...	...
151	1	1	22.0	0	0	33.300000	2
152	0	3	55.5	1	0	8.050000	1
153	0	3	40.5	1	0	4.833333	3
154	0	3	NaN	1	0	7.312500	1
155	0	1	51.0	1	0	30.689600	2

156 rows × 7 columns

열 이름을 다시 바꿔보자.

```
titanic_df1.rename(columns={'gender':'sex', 'special_title':'title', 'avgfare':'fare', 'n_
                                        family':'num_family'}, inplace=True)
titanic_df1
```

	survived	pclass	age	sex	title	fare	num_family
0	0	3	22.0	1	0	3.625000	2
1	1	1	38.0	0	0	35.641650	2
2	1	3	26.0	0	0	7.925000	1
3	1	1	35.0	0	0	26.550000	2
4	0	3	35.0	1	0	8.050000	1
...	...	...	...	...	...	...	...
151	1	1	22.0	0	0	33.300000	2
152	0	3	55.5	1	0	8.050000	1
153	0	3	40.5	1	0	4.833333	3
154	0	3	NaN	1	0	7.312500	1
155	0	1	51.0	1	0	30.689600	2

156 rows × 7 columns

다음과 같은 방법으로 열 순서를 바꿀 수도 있다.

```
titanic_df1=titanic_df1[['survived', 'pclass', 'sex', 'age', 'title', 'fare', 'num_family']]
titanic_df1
```

	survived	pclass	sex	age	title	fare	num_family
0	0	3	1	22.0	0	3.625000	2
1	1	1	0	38.0	0	35.641650	2
2	1	3	0	26.0	0	7.925000	1
3	1	1	0	35.0	0	26.550000	2
4	0	3	1	35.0	0	8.050000	1
...	...	...	...	...	...	...	...
151	1	1	0	22.0	0	33.300000	2
152	0	3	1	55.5	0	8.050000	1
153	0	3	1	40.5	0	4.833333	3
154	0	3	1	NaN	0	7.312500	1
155	0	1	1	51.0	0	30.689600	2

156 rows × 7 columns

마지막으로, dropna 함수를 이용해 결측치가 있는 행을 제거하고 데이터 분석에 사용할 데이터를 확인한다.

```
titanic_df1=titanic_df1.dropna( )
titanic_df1.info()
```

```
<class 'pandas.core.frame.DataFrame'>
Int64Index: 126 entries, 0 to 155
Data columns (total 7 columns):
 #    Column        Non-Null Count      Dtype
---   ------        --------------      -----
 0    survived      126 non-null        int64
 1    pclass        126 non-null        int64
 2    sex           126 non-null        int64
 3    age           126 non-null        float64
 4    title         126 non-null        int64
 5    fare          126 non-null        float64
 6    num_family    126 non-null        int64
dtypes: float64(2), int64(5)
memory usage: 7.9 KB
```

여기에서 저장한 titanic_df1 데이터프레임은 10장 2절의 데이터 분석에서 사용한다.

SECTION 03

판다스의 통계 함수

1 기본 통계 함수

데이터의 통계치 확인하기

describe 함수를 사용하면 데이터의 기본 통계치를 확인할 수 있다. 이때 데이터형이 정수형 또는 실수형인 경우에만 적용된다. 다음과 같이 각 열의 개수, 평균, 표준편차, 최솟값, 최댓값 등의 데이터 통계치를 확인할 수 있다. 통계치를 구하는 함수를 하나씩 살펴보자.

```
titanic_df.describe( )
```

	passengerId	survived	pclass	age	sibsp	parch	fare
count	156.000000	156.000000	156.000000	126.000000	156.000000	156.000000	156.000000
mean	78.500000	0.346154	2.423077	28.141508	0.615385	0.397436	28.109587
std	45.177428	0.477275	0.795459	14.613880	1.056235	0.870146	39.401047
min	1.000000	0.000000	1.000000	0.830000	0.000000	0.000000	6.750000
25%	39.750000	0.000000	2.000000	19.000000	0.000000	0.000000	8.003150
50%	78.500000	0.000000	3.000000	26.000000	0.000000	0.000000	14.454200
75%	117.250000	1.000000	3.000000	35.000000	1.000000	0.000000	30.371850
max	156.000000	1.000000	3.000000	71.000000	5.000000	5.000000	263.000000

합계 구하기: sum 함수

sum 함수는 각 열의 합계를 구할 때 사용한다. print 함수를 이용해 titanic_df 데이터프레임의 각 열의 합계를 표시할 수 있다.

```
titanic_df.sum( )
```

```
passengerId                                          12246
survived                                                54
pclass                                                 378
name        Braund, Mr. Owen HarrisCumings, Mrs. John Brad...
sex       malefemalefemalefemalemalemalemalemalefemalefe...
age                                                3545.83
...
dtype: object
```

총 개수 구하기: count 함수

count 함수는 각 열에서 결측치(NaN)가 아닌 데이터의 총 개수를 알려준다.

```
titanic_df.count()
```

```
passengerId   156
survived      156
pclass        156
name          156
...
fare          156
cabin         156
embarked      155
dtype: int64
```

최댓값 구하기: max 함수

max 함수는 데이터프레임이 가진 각 열의 최댓값을 구한다.

```
titanic_df.max()
```

```
passengerId     156
...
fare            263
cabin             N
dtype: object
```

최솟값 구하기: min 함수

min 함수는 max 함수와 반대로 데이터프레임이 갖는 각 열의 최솟값을 구한다.

```
titanic_df.min()
```

```
passengerId         1
...
fare             6.75
cabina              A
dtype: object
```

평균값 구하기: mean 함수

mean 함수는 일반적인 산술 평균값을 구한다. 데이터 분석 시 중심 성형에 대한 추정량 계산 시 사용한다.

```
titanic_df.mean()
```

```
passengerId      78.500000
survived          0.346154
...
fare             28.109587
dtype: float64
```

중간값 구하기: median 함수

median 함수는 중간값을 구한다. 데이터 분석 시 각 열의 중위수(2사분위수, 50%, Q2)를 구할 때 활용한다.

```
titanic_df.median()
```

```
passengerId        78.5000
survived            0.0000
...
fare               14.4542
dtype: float64
```

최빈값 구하기: mode 함수

mode 함수는 가장 빈도가 높은 값인 최빈값을 구한다.

```
titanic_df.mode()
```

```
     passengerId   survived   pclass  ...     fare    cabin      embarked
0              1        0.0      3.0  ...     8.05        N             S
1              2        NaN      NaN  ...      NaN      NaN           NaN
2              3        NaN      NaN  ...      NaN      NaN           NaN
...
155          156        NaN      NaN  ...      NaN      NaN           NaN
[156 rows x 12 columns]
```

편차 구하기: mad 함수

편차란 관측값과 평균값의 차를 의미한다. 데이터 값에서 평균을 뺀 값이라고 생각하면 되고 결과값은 양수나 음수로 표시된다. mad 함수는 각 열의 평균절대편차를 구한다. 평균절대편차는 데이터 값에서 평균의 절대값을 뺀 것과 같다.

```
titanic_df.mad()
```

```
passengerId      39.000000
survived          0.452663
...
fare             22.619713
dtype: float64
```

분산 구하기: var 함수

var 함수는 분산을 구한다. 분산은 편차 제곱의 합의 평균이며 결과값은 음수나 양수로 표시된다.

```
titanic_df.var()
```

```
passengerId    2041.000000
survived          0.227792
...
fare           1552.442481
dtype: float64
```

표준편차 구하기: std 함수

std 함수는 표준편차를 구한다. 앞서 구한 분산의 제곱근이 표준편차다.

```
titanic_df.std()
```

```
passengerId       45.177428
survived           0.477275
...
fare              39.401047
dtype: float64
```

왜도 구하기: skew 함수

skew 함수는 비대칭도라고도 하는 왜도를 구한다. 왜도는 확률 변수의 확률 분포 비대칭성을 나타낸다. 왜도가 음수이면 왼쪽으로 긴 꼬리를 가지는 형태이고 양수이면 오른쪽으로 긴 꼬리를 가지는 형태다. 평균과 중앙값이 같으면 왜도는 0이다.

```
titanic_df.skew( )
```

```
passengerId        0.000000
survived           0.653058
...
fare               4.176408
dtype: float64
```

첨도 구하기: kurt 함수

kurt 함수는 뾰족한 정도를 나타내는 첨도를 구한다. 첨도Kurtosis는 확률 분포의 꼬리가 두꺼운 정도로, 첨도값이 3에 가까우면 정규 분포에 가깝고 3보다 작으면 정규 분포보다 꼬리가 얇은 분포다.

```
titanic_df.kurt( )
```

```
passengerId       -1.200000
survived          -1.594120
...
fare              21.109985
dtype: float64
```

2 특정 열의 통계치 구하기

판다스의 통계 함수를 이용해 특정 열의 통계치를 구할 수 있다. titanic_df 데이터프레임의 age 열에 통계치 함수를 적용해보자.

`titanic_df['age'].max()  # 최댓값 구하기`	71.0
`titanic_df['age'].min()  # 최솟값 구하기`	0.83
`titanic_df['age'].sum()  # 합계 구하기`	4390.075238095238
`titanic_df['age'].count()  # 개수 구하기`	156
`titanic_df['age'].mean()  # 평균값 구하기 1`	28.141507936507935
`titanic_df['age'].sum()/titanic_df['age'].count()  # 평균값 구하기 2`	28.141507936507935
`titanic_df['age'].std()  # 표준편차 구하기`	28.141507936507935
`titanic_df['age'].median()  # 중간값 구하기`	13.123651589964874
`titanic_df['age'].mode()  # 최빈값 구하기`	0 28.141508

SECTION 04

[실전] 타이타닉 생존율 예측 모형을 위한 데이터 파악

이번 절에서는 데이터 분석 맛보기로, 주어진 데이터를 이용해 생존율을 분석해보는 연습을 한다. 연령별, 성별, 보트 탑승객, 귀족 계급별 생존율을 살펴본다.

먼저 타이타닉 데이터를 가져온다. 이때 분석에 사용하지 않을 body, home.dest 열은 삭제한다.

```
import pandas as pd
titanic_url='https://github.com/sehakflower/data/blob/main/titanic_1309.xlsx?raw=true'
titanic=pd.read_excel(titanic_url, sheet_name='total')
titanic_df=titanic.drop(['body', 'home.dest'], axis=1)
titanic_df
```

연령별 생존율 파악하기

연령별로 생존율이 어떠한지 파악해보자. cut 함수는 열의 값을 특정 기준으로 나눌 때 사용한다. bins 옵션으로 나누는 구간을 정할 수 있으며 labels 옵션으로 구간별 라벨을 설정할 수 있다. 구간으로 나눈 값을 'age_cat'이라는 새로운 열에 대입한다.

```
titanic_df['age_cat']=pd.cut(titanic_df['age'], bins=[0, 3, 7, 15, 30, 60, 100], include_
                        lowest=True, labels=['baby', 'children', 'teenage', 'young',
                        'adult', 'old'])
titanic_df.groupby('age_cat').mean()
```

	pclass	survived	age	sibsp	parch	fare
age_cat						
baby	2.585366	0.634146	1.540651	1.487805	1.365854	29.615346
children	2.640000	0.640000	5.160000	1.760000	1.360000	31.022828
teenage	2.632653	0.489796	11.540816	1.734694	1.163265	38.390904
young	2.412955	0.368421	23.389676	0.352227	0.236842	27.313140
adult	1.893564	0.423267	41.548267	0.376238	0.405941	47.141986
old	1.545455	0.242424	65.393939	0.303030	0.363636	60.248309

결과를 보면 baby와 children의 생존율이 높다. 생존율을 승객 등급(pclass), 연령(age_cat), 성별(sex)에 따라 간단히 시각화하는 방법을 알아보자.

TIP • 시각화에 대한 자세한 내용은 12장에서 살펴본다.

```
import seaborn as sns
%matplotlib inline
from matplotlib import pyplot as plt

data=titanic_df
plt.figure(figsize=[14, 4])
plt.subplot(131)
sns.barplot(x='pclass', y='survived', data=titanic_df)
plt.subplot(132)
sns.barplot(x='age_cat', y='survived', data=titanic_df)
plt.subplot(133)
sns.barplot(x='sex', y='survived', data=titanic_df)
plt.subplots_adjust(top=1, bottom=0.1, left=0.10, right=1, hspace=0.5, wspace=0.5)
plt.show()
```

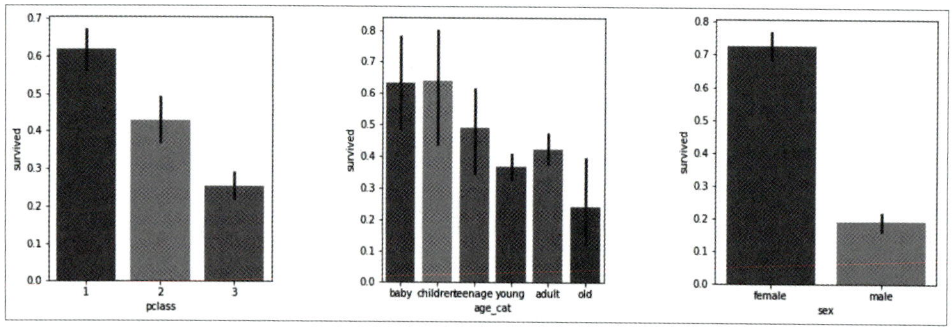

결과를 보면 1등급 승객, 유아, 여성의 생존율이 높다. 승객 등급별 데이터를 다시 보자.

```
titanic_df.groupby(['pclass', 'sex']).mean()
```

pclass	sex	survived	age	sibsp	parch	fare
1	female	0.965278	37.037594	0.555556	0.472222	109.412385
	male	0.340782	41.029250	0.340782	0.279330	69.888385
2	female	0.886792	27.499191	0.500000	0.650943	23.234827
	male	0.146199	30.815401	0.327485	0.192982	19.904946
3	female	0.490741	22.185307	0.791667	0.731481	15.324250
	male	0.152130	25.962273	0.470588	0.255578	12.415462

1등급 승객 중 여성의 생존율이 높다. 3등급 여성의 생존율은 1~2등급에 비해 낮고 남성은 2~3등급 간 차이가 없다.

보트 탑승 승객의 생존율 파악하기

보트 탑승 승객의 생존율을 파악해보자. 보트에 탑승한 승객만 추려서 boat_survivor 데이터프레임에 저장하고 탑승하지 못한 승객은 nboat_survivors에 저장한 뒤 성별 생존율을 비교해보자.

```
boat_survivors=titanic_df[titanic_df['boat'].notnull()]
nboat_survivors=titanic_df[titanic_df['boat'].isnull()]
print(boat_survivors.groupby('sex')['survived'].mean())
print(nboat_survivors.groupby('sex')['survived'].mean())
```

```
sex
female      0.996865
male        0.952096
Name: survived, dtype: float64
sex
female      0.142857
male        0.002959
Name: survived, dtype: float64
```

비교 결과를 보면, 보트에 탑승하지 못한 승객의 생존율이 매우 낮으며 특히 남성의 생존율이 극히 낮다. 이를 그림으로 시각화한 결과를 보면 전반적으로 보트에 탔던 승객은 거의 생존했던 것을 확인할 수 있다.

```
f, ax=plt.subplots(1, 2, figsize=(12, 6))
boat_survivors['survived'].value_counts().plot.pie(explode=[0,0.1], autopct='%1.2f%%',
                                                    ax=ax[0])
ax[0].set_title('Survived')
ax[0].set_ylabel('')
sns.countplot(x='survived', data=boat_survivors, ax=ax[1])
ax[1].set_title('Survived')
plt.show()
```

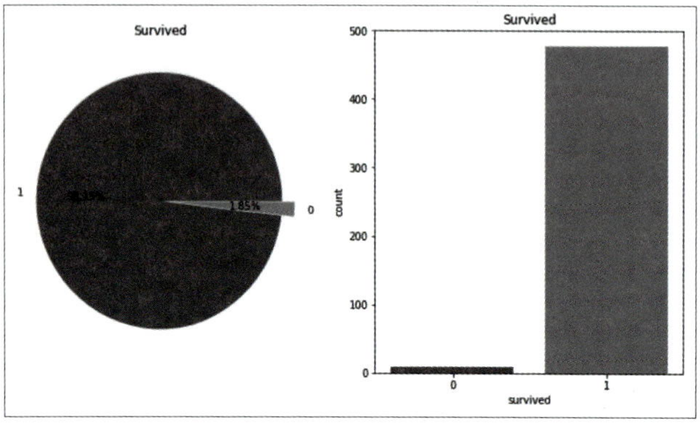

귀족 계급의 생존율 파악하기

이번에는 귀족 계급의 생존율을 파악해본다. name 열의 호칭을 이용해 귀족 계급과 그렇지 않은 계급 간의 생존율을 비교한다.

```
conversion_special=lambda x: x.split(',')[1].split('.')[0].strip( )
titanic_df['title']=titanic_df['name'].map(conversion_special)
titanic_df['title']=titanic_df['title'].replace('Mlle', 'Miss')
titanic_df['title']=titanic_df['title'].replace('Ms', 'Miss')
titanic_df['title']=titanic_df['title'].replace('Mme', 'Mrs')
Special=['Lady', 'the Countess', 'Countess', 'Capt', 'Master', 'Col', 'Don', 'Dr', 'Major',
        'Rev', 'Sir', 'Jonkheer', 'Dona']
for each in Special:
    titanic_df['title']=titanic_df['title'].replace(each, 'Special')
print(titanic_df[['title', 'survived']].groupby(['title'], as_index=False).mean())
```

```
     title    survived
0     Miss    0.678030
1       Mr    0.162483
2      Mrs    0.787879
3  Special    0.466667
```

conversion_special을 통해 name 열의 호칭을 전부 불러오고 Mlle, Ms는 Miss, Mme는 Mrs로 바꾸고 Special 리스트 변수에 있는 호칭은 모두 Special이란 값으로 새로 만든 title 열에 넣는다. 이후 각 title에 따라 생존율을 구한다. 결과를 보면, Special보다는 Mrs 혹은 Miss의 생존율이 더 높은 것을 알 수 있다. Special이면서 남성인 경우와 여성인 경우의 비교도 필요하다.

```
titanic_df.groupby(['sex', 'title']).mean()
```

		pclass	survived	age	sibsp	parch	fare
sex	**title**						
female	**Miss**	2.337121	0.678030	21.824335	0.655303	0.496212	42.566747
	Mrs	1.934343	0.787879	36.918129	0.656566	0.828283	50.655366
	Special	1.000000	1.000000	42.250000	0.250000	0.000000	65.232300
male	**Mr**	2.381770	0.162483	32.252151	0.282695	0.159841	24.796185
	Special	2.290698	0.441860	18.007575	1.569767	1.023256	38.096026

Special인 경우 여성은 모두 생존한 것으로 나타났다. 생존율을 예측하는 모형을 구상할 때 변수별로 생존율이 어떻게 다른지 미리 파악한 후 데이터 전처리 작업에 들어간다. 데이터의 전반적인 분포를 보면서 이상치를 제거하기도 하고 값의 측정 단위가 큰 차이가 나면 스케일링Scaling을 위한 로그화를 할 수 있다. 또는 변수의 변화율이 필요한 경우 차분화, 표준화, 정규화 등을 통해 데이터를 전처리한다.

데이터 전처리는 매우 성가신 과정이지만 좋은 모형에 적용되기 위해서는 매우 신중하게 작업해야 한다. 이제 예측 모형을 위한 데이터 전처리 과정을 실습해보자.

SECTION **05**

[실전] 타이타닉 생존율 예측 모형을 위한 데이터 전처리

캐글(Kaggle.com)에서 제공하는 타이타닉 데이터에 전처리를 적용해 다양한 머신러닝 방법론에 적용해볼 수 있도록 한다. 먼저 엑셀 파일을 읽어와서 분석에서 사용하지 않을 'boat', 'body', 'home.dest' 열을 삭제한 데이터프레임을 만든 후 학습용과 테스트용 데이터로 나눈다. 그리고 학습용 데이터를 확인해보자.

```
import pandas as pd
titanic_url='https://github.com/sehakflower/data/blob/main/titanic_1309.xlsx?raw=true'
titanic=pd.read_excel(titanic_url,sheet_name='total')
train_1000=titanic.iloc[:1000]
test_309=titanic.iloc[1000:]
train_1000.drop(['boat', 'body', 'home.dest'], axis=1, inplace=True)
test_309.drop(['boat', 'body', 'home.dest'], axis=1, inplace=True)
train_df=train_1000
test_df=test_309
train_df
```

	pclass	survived	name	sex	age	sibsp	parch	ticket	fare	cabin	embarked
0	1	1	Allen, Miss. Elisabeth Walton	female	29.0000	0	0	24160	211.3375	B5	S
1	1	1	Allison, Master. Hudson Trevor	male	0.9167	1	2	113781	151.5500	C22 C26	S
2	1	0	Allison, Miss. Helen Loraine	female	2.0000	1	2	113781	151.5500	C22 C26	S
3	1	0	Allison, Mr. Hudson Joshua Creighton	male	30.0000	1	2	113781	151.5500	C22 C26	S
4	1	0	Allison, Mrs. Hudson J C (Bessie Waldo Daniels)	female	25.0000	1	2	113781	151.5500	C22 C26	S
...	...	...	...	...	...	...	...	...	...	...	...
995	3	0	Markoff, Mr. Marin	male	35.0000	0	0	349213	7.8958	NaN	C
996	3	0	Markun, Mr. Johann	male	33.0000	0	0	349257	7.8958	NaN	S
997	3	1	Masselmani, Mrs. Fatima	female	NaN	0	0	2649	7.2250	NaN	C
998	3	0	Matinoff, Mr. Nicola	male	NaN	0	0	349255	7.8958	NaN	C
999	3	1	McCarthy, Miss. Catherine "Katie"	female	NaN	0	0	383123	7.7500	NaN	Q

1000 rows × 11 columns

Info 함수로 학습용 데이터의 형태를 파악한다.

```
train_df.info()
```

```
<class 'pandas.core.frame.DataFrame'>
RangeIndex: 1000 entries, 0 to 999
Data columns (total 11 columns):
 #    Column      Non-Null Count    Dtype
---   ------      --------------    -----
 0    pclass      1000 non-null     int64
 1    survived    1000 non-null     int64
 2    name        1000 non-null     object
 3    sex         1000 non-null     object
 4    age         861 non-null      float64
 5    sibsp       1000 non-null     int64
 6    parch       1000 non-null     int64
 7    ticket      1000 non-null     object
 8    fare        1000 non-null     float64
 9    cabin       283 non-null      object
 10   embarked    998 non-null      object
dtypes: float64(2), int64(4), object(5)
memory usage: 86.1+ KB
```

학습용 데이터인 train_df는 총 1,000개 레코드(사례)로 이루어져 있으며 11개 특징Features 중 실수형 2개, 정수형 4개, 문자형 5개로 구성되어 있다. 우리가 예측하려는 타깃 변수(종속변수)는 생존 여부를 나타내는 survived 열이다.

titanic_df5와 비교했을 때 ticket(티켓 번호), cabin(선실 번호), embarked(탑승 장소) 열이 추가되었다. 누락된 값이 있는데 데이터 분석을 위해 모두 숫자형으로 바꿔야 한다. 어떤 특징은 범위가 매우 넓어서 대략 비슷하게 조절할 필요가 있다. 결측값(NaN)도 다루어야 하고 age와 cabin 정보는 많이 유실되었다. 특히 선실 번호를 나타내는 cabin은 결측치가 많아 전체 열을 생략할 수도 있다.

지금부터 각 열에 대한 전처리를 해보자.

name 열

가장 먼저 확인할 것은 name 열이다. 이름으로 사람의 생존 여부를 판단하지는 못한다. 하지만 이름에는 남성과 여성을 나타내는 Mr, Miss, Mrs와 같은 중요한 정보가 담겨 있다. 학습용 데이터와 테스트용 데이터의 이름에서 이 정보만 추출한다.

```
total=[train_df, test_df]            # 학습 및 테스트 데이터 세트 결합

for dataset in total:
    dataset['title']=dataset['name'].str.extract('([A-za-z]+)\.', expand=False)

train_df['title'].unique()
```

```
array(['Miss', 'Master', 'Mr', 'Mrs', 'Col', 'Mme', 'Dr', 'Major', 'Capt', 'Lady', 'Sir',
      'Mlle', 'Dona', 'Jonkheer', 'Countess', 'Don', 'Rev', 'Ms'], dtype=object)
```

각 호칭에 따라 5개 그룹으로 매핑해보자. 남자는 1, 아가씨는 2, 부인은 3, Master는 4, 고위직은 5로 구분한다.

```
title_mapping={"Mr":1, "Miss":2, 'Ms':2, 'Mlle':2, "Mrs":3, 'Mme':3, 'Master':4, 'Dr':5,
               'Rev':5, 'Col': 5, 'Major':5, 'Lady':5, 'Capt':5, 'Sir':5, 'Don':5,
               'Jonkheer':5, 'Countess':5}

for dataset in total:
    dataset['title']=dataset['title'].map(title_mapping)

train_df['title'].unique()
```

```
array([ 2.,  4.,  1.,  3.,  5., nan])
```

이것을 응용해 5개 그룹으로 만든다. name 열은 지우고 title 열을 사용한다.

```
# 5개 그룹으로 만들기
total=[train_df, test_df]
titles={'Mr':1, 'Miss':2, 'Mrs':3, 'Master':4, 'Special':5}

for dataset in total:
    dataset['title']=dataset.name.str.extract('([A-Za-z]+)\.', expand=False)
    dataset['title']=dataset['title'].replace(['Lady', 'Countess', 'Capt', 'Col', 'Don',
                                               'Dr', 'Major', 'Rev', 'Sir', 'Jonkheer',
                                               'Dona'], 'Special')
    dataset['title']=dataset['title'].replace('Mlle', 'Miss')
    dataset['title']=dataset['title'].replace('Ms', 'Miss')
    dataset['title']=dataset['title'].replace('Mme', 'Mrs')
    dataset['title']=dataset['title'].map(titles)           # 타이틀을 숫자로 변경
    dataset['title']=dataset['title'].fillna(0)             # NaN을 0으로 변경

train_df=train_df.drop(['name'], axis=1)
test_df=test_df.drop(['name'], axis=1)
test_df
```

	pclass	survived	sex	age	sibsp	parch	ticket	fare	cabin	embarked	title
1000	3	1	male	NaN	0	0	367228	7.7500	NaN	Q	1
1001	3	1	female	NaN	2	0	367226	23.2500	NaN	Q	2
1002	3	1	female	NaN	2	0	367226	23.2500	NaN	Q	2
1003	3	1	male	NaN	2	0	367226	23.2500	NaN	Q	1
1004	3	1	female	NaN	0	0	330932	7.7875	NaN	Q	2
...	...	...	...	...	...	...	...	...	...	...	...
1304	3	0	female	14.5	1	0	2665	14.4542	NaN	C	2
1305	3	0	female	NaN	1	0	2665	14.4542	NaN	C	2
1306	3	0	male	26.5	0	0	2656	7.2250	NaN	C	1
1307	3	0	male	27.0	0	0	2670	7.2250	NaN	C	1
1308	3	0	male	29.0	0	0	315082	7.8750	NaN	S	1

309 rows × 11 columns

age 열

age 열은 중간 중간 값이 누락되어 있다. age 열의 결측치에 값을 채우는 가장 기본적인 방법으로는 나머지 모든 사람의 평균 나이를 구해서 채우는 것이다. 그런데 title 열의 그룹별로 평균 나이를 채우면 전체를 기준으로 평균 나이를 채우는 것보다 좀 더 나을 것이다. 여기서는 결측치에 각 계급의 중앙값을 채운다.

```
train_df['age'].fillna(train_df.groupby('title')['age'].transform('median'), inplace=True)
test_df['age'].fillna(test_df.groupby('title')['age'].transform('median'), inplace=True)
test_df['age']
```

```
1000    25.75
1001    18.00
1002    18.00
1003    25.75
...
1305    18.00
1306    26.50
1307    27.00
1308    29.00
Name: age, Length: 309, dtype: float64
```

age 열의 전처리 결과를 시각화해서 살펴보자. 시각화를 위해 여기서는 matplotlib, seaborn 라이브러리를 이용한다.

TIP • matplotlib, seaborn 라이브러리에 대해서는 12장에서 자세히 설명한다.

```
import matplotlib.pyplot as plt
import seaborn as sns

facet=sns.FacetGrid(train_1000, hue="survived", aspect=4)
facet.map(sns.kdeplot, 'age', shade=True)
facet.set(xlim=(0, train_1000['age'].max()))
facet.add_legend()
sns.axes_style("darkgrid")

plt.show()
```

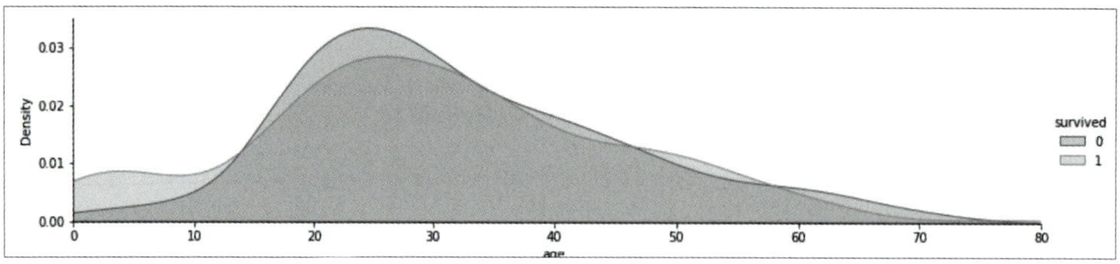

TIP • 책에서는 그래프 영역의 색을 구분하기 어렵다. 정확한 색 구분은 실행 결과를 통해 직접 확인하거나 예제소스와 함께 제공하는 결과 화면 이미지를 참고하기 바란다.

age 열을 나이대별로 구분해보자.

```
data=[train_df, test_df]
for dataset1 in data:
    dataset1['age']=dataset1['age'].astype(int)
    dataset1.loc[ dataset1['age']<=11, 'age']=0
    dataset1.loc[(dataset1['age']>11)&(dataset1['age']<=18), 'age']=1
    dataset1.loc[(dataset1['age']>18)&(dataset1['age']<=22), 'age']=2
    dataset1.loc[(dataset1['age']>22)&(dataset1['age']<=27), 'age']=3
    dataset1.loc[(dataset1['age']>27)&(dataset1['age']<=33), 'age']=4
    dataset1.loc[(dataset1['age']>33)&(dataset1['age']<=40), 'age']=5
    dataset1.loc[(dataset1['age']>40)&(dataset1['age']<=66), 'age']=6
    dataset1.loc[ dataset1['age']>66, 'age']=6

train_df['age'].value_counts()
```

```
4      242
6      206
3      141
5      141
2      126
1       80
0       64
Name: age, dtype: int64
```

sex 열

성별을 나타내는 열로 male은 0, female은 1로 변환시키고 문자를 숫자로 변환시킨다.

```
sex_mapping={'male':0, 'female':1}
for dataset in data:
    dataset['sex']=dataset['sex'].map(sex_mapping)

train_df
```

	pclass	survived	sex	age	sibsp	parch	ticket	fare	cabin	embarked	title
0	1	1	1	4	0	0	24160	211.3375	B5	S	2
1	1	1	0	0	1	2	113781	151.5500	C22 C26	S	4
2	1	0	1	0	1	2	113781	151.5500	C22 C26	S	2
3	1	0	0	4	1	2	113781	151.5500	C22 C26	S	1
4	1	0	1	3	1	2	113781	151.5500	C22 C26	S	3
...	...	...	...	...	...	...	...	...	...	...	...
995	3	0	0	5	0	0	349213	7.8958	NaN	C	1
996	3	0	0	4	0	0	349257	7.8958	NaN	S	1
997	3	1	1	5	0	0	2649	7.2250	NaN	C	3
998	3	0	0	4	0	0	349255	7.8958	NaN	C	1
999	3	1	1	2	0	0	383123	7.7500	NaN	Q	2

1000 rows × 11 columns

embarked, pclass 열

승선 도시별로 부유한 사람과 가난한 사람의 생존율 차이가 있는지 확인하기 위해 승객 등급 비율을 알아본다.

```
pclass1=train_df[train_df['pclass']==1]['embarked'].value_counts()
pclass2=train_df[train_df['pclass']==2]['embarked'].value_counts()
pclass3=train_df[train_df['pclass']==3]['embarked'].value_counts()
df=pd.DataFrame([pclass1, pclass2, pclass3])
df.index=['1st class', '2nd class', '3rd class']
df.plot(kind='bar', stacked=True, figsize=(10, 5))
```

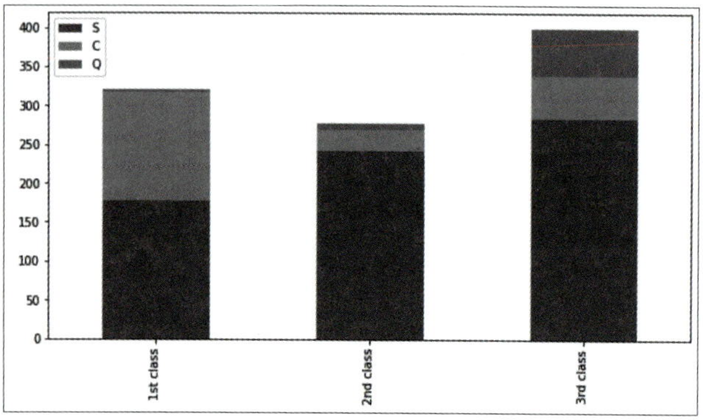

embarked 열의 값 중에서 C는 프랑스의 셰르부르[Cherbourg], Q는 뉴질랜드의 퀸즈타운[Queenstown], S는 영국의 사우샘프턴[Southampton]을 나타낸다. 결과를 보면, 1등급 승객 중에서 퀸즈타운(Q)에서 승선한 승객은 거의 없고 대부분 셰르부르(C)에서 승선했다. embarked 정보가 누락되었다면 결측치 대신 S를 채워도 괜찮을 것이다.

```
for dataset in data:
    dataset['embarked']=dataset['embarked'].fillna('S')
len(train_df['embarked'].isnull())
```

```
1000
```

결측치가 없는 것을 확인했으니 머신러닝 분류를 위해 문자를 숫자로 바꿔보자. 'S':0, 'C':1, 'Q':2로 바꾼다.

```
embarked_mapping={'S':0, 'C':1, 'Q':2}
for dataset in data:           # data=[train_df, test_df]
    dataset['embarked']=dataset['embarked'].map(embarked_mapping)

train_df['embarked']
```

```
0      0
1      0
2      0
3      0
4      0
...
995    1
996    0
997    1
998    1
999    2
Name: embarked, Length: 1000, dtype: int64
```

pclass 열을 살펴보자. train_df['pclass'].dtype을 실행하면 dtype('int64')이 출력되어 정수형임을 알 수 있다. 즉, 전처리를 할 필요가 없다.

sibsp, parch 열

혼자 여행하는 경우와 가족과 함께 여행하는 경우의 생존율이 어떻게 다른지 살펴보자. dataset['sibsp']+dataset['parch']처럼 두 열의 데이터를 더해 새로운 열인 sibpar를 생성한다. 이 값이 0보다 크면 혼자가 아님을 나타내는 n_alone 열에 0을 넣고 0이면 1을 넣는다. 그리고 n_alone 열을 정수형으로 변경한다.

```
data=[train_df, test_df]
for dataset in data:
    dataset['sibpar']=dataset['sibsp']+dataset['parch']
    dataset.loc[dataset['sibpar']>0, 'n_alone']=0
    dataset.loc[dataset['sibpar']==0, 'n_alone']=1
    dataset['n_alone']=dataset['n_alone'].astype(int)
test_df
```

	pclass	survived	sex	age	sibsp	parch	ticket	fare	cabin	embarked	title	sibpar	n_alone
1000	3	1	0	3	0	0	367228	7.7500	NaN	2	1	0	1
1001	3	1	1	1	2	0	367226	23.2500	NaN	2	2	2	0
1002	3	1	1	1	2	0	367226	23.2500	NaN	2	2	2	0
1003	3	1	0	3	2	0	367226	23.2500	NaN	2	1	2	0
1004	3	1	1	1	0	0	330932	7.7875	NaN	2	2	0	1
...	...	...	...	...	...	...	...	...	...	...	...	...	...
1304	3	0	1	1	1	0	2665	14.4542	NaN	1	2	1	0
1305	3	0	1	1	1	0	2665	14.4542	NaN	1	2	1	0
1306	3	0	0	3	0	0	2656	7.2250	NaN	1	1	0	1
1307	3	0	0	3	0	0	2670	7.2250	NaN	1	1	0	1
1308	3	0	0	4	0	0	315082	7.8750	NaN	0	1	0	1

309 rows × 13 columns

학습용 데이터와 테스트용 데이터에서 혼자 여행한 승객과 동반 여행한 승객을 세어보면 다음과 같다.

```
train_df['n_alone'].value_counts()
```

```
1    584
0    416
Name: n_alone, dtype: int64
```

```
test_df['n_alone'].value_counts()
```

```
1    206
0    103
Name: n_alone, dtype: int64
```

cabin 열

cabin 열의 값을 보면 알파벳+숫자 또는 알파벳으로 이루어져 있다.

```
train_df.cabin.value_counts()
```

```
C23 C25 C27        6
B57 B59 B63 B66    5
B96 B98            4
...
D40                1
D34                1
F E46              1
Name: cabin, Length: 180, dtype: int64
```

cabin 열 값의 맨 앞 영문자만 추출한다.

```
for dataset in data:
    dataset['cabin']=dataset['cabin'].str[:1]
train_df.cabin.value_counts()
```

```
C   94
B   65
D   46
E   38
A   22
F   17
T    1
Name: cabin, dtype: int64
```

승객 등급별로 어떤 객실을 사용하는지 확인해보자.

```
pclass1=train_df[train_df['pclass']==1]['cabin'].value_counts( )
pclass2=train_df[train_df['pclass']==2]['cabin'].value_counts( )
pclass3=train_df[train_df['pclass']==3]['cabin'].value_counts( )
df=pd.DataFrame([pclass1, pclass2, pclass3])
df.index=['1st class', '2nd class', '3rd class']
df.plot(kind='bar', stacked=True, figsize=(10, 5))
```

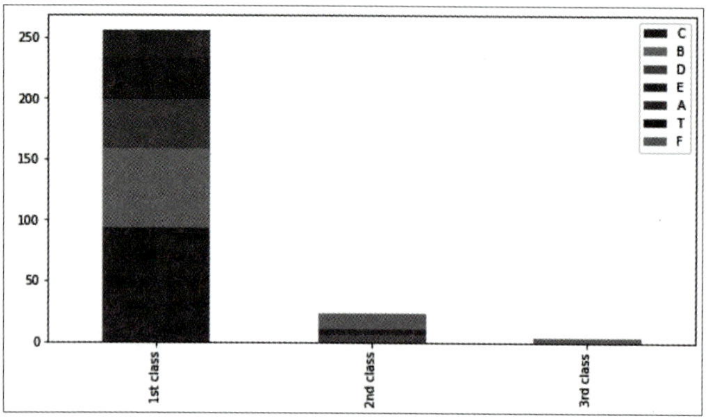

1등급은 ABCDET, 2등급은 DEF, 3등급은 EFG로 구성되어 있음을 알 수 있다. 그러나 1,000개의 학습용 데이터 중에서 283개만 값이 있고 나머지는 결측치이므로 이 열은 사용하지 않겠다. 지금까지 전처리한 것 중에서 name, sex, embarked 열은 카테고리 변수로 데이터 분석에 사용할 계획이다. 그리고 티켓 번호를 나타내는 ticket 열의 값은 생존율과 관계가 없으니 분석에서 고려하지 않는다.

fare 열

티켓 가격은 승객 등급과 관련이 높다. fare 열에 결측치가 있으면 각 등급별 티켓 가격의 중앙값을 결측치 대신 넣어준다. 또한 fare 열을 편의상 최댓값과 최솟값을 감안한 5개 구간으로 나누어 본다.

```
train_df["fare"].fillna(train_df.groupby('pclass')['fare'].transform('median'),
                        inplace=True)
test_df["fare"].fillna(test_df.groupby('pclass')['fare'].transform('median'),
                       inplace=True)
for dataset in data:
    dataset.loc[ dataset['fare']<=20, 'fare']=1
    dataset.loc[(dataset['fare']>20)&(dataset['fare']<=30), 'fare']=2
    dataset.loc[(dataset['fare']>30)&(dataset['fare']<=50), 'fare']=3
    dataset.loc[(dataset['fare']>50)&(dataset['fare']<=100), 'fare']=4
    dataset.loc[ dataset['fare']>100, 'fare']=5
train_df
```

	pclass	survived	sex	age	sibsp	parch	ticket	fare	cabin	embarked	title	sibpar	n_alone
0	1	1	1	4	0	0	24160	5.0	B	0	2	0	1
1	1	1	0	0	1	2	113781	5.0	C	0	4	3	0
2	1	0	1	0	1	2	113781	5.0	C	0	2	3	0
3	1	0	0	4	1	2	113781	5.0	C	0	1	3	0
4	1	0	1	3	1	2	113781	5.0	C	0	3	3	0
...	...	...	...	...	...	...	...	...	...	...	...	...	...
995	3	0	0	5	0	0	349213	1.0	NaN	1	1	0	1
996	3	0	0	4	0	0	349257	1.0	NaN	0	1	0	1
997	3	1	1	5	0	0	2649	1.0	NaN	1	3	0	1
998	3	0	0	4	0	0	349255	1.0	NaN	1	1	0	1
999	3	1	1	2	0	0	383123	1.0	NaN	2	2	0	1

1000 rows × 13 columns

열 추가하기: 개인별 요금을 나타내는 fare_person

개인별 티켓 요금을 계산하기 위해 요금을 동반자 수로 나누고 새로 만든 fare_person 열에 정수 형태로 저장하자.

```
for dataset1 in data:
    dataset1['fare_person']=dataset1['fare']/(dataset1['sibpar']+1)
    dataset1['fare_person']=dataset1['fare_person'].astype(int)
train_df
```

	pclass	survived	sex	age	sibsp	parch	ticket	fare	cabin	embarked	title	sibpar	n_alone	fare_person
0	1	1	1	4	0	0	24160	5.0	B	0	2	0	1	5
1	1	1	0	0	1	2	113781	5.0	C	0	4	3	0	1
2	1	0	1	0	1	2	113781	5.0	C	0	2	3	0	1
3	1	0	0	4	1	2	113781	5.0	C	0	1	3	0	1
4	1	0	1	3	1	2	113781	5.0	C	0	3	3	0	1
...	...	...	...	...	...	...	...	...	...	...	...	...	...	...
995	3	0	0	5	0	0	349213	1.0	NaN	1	1	0	1	1
996	3	0	0	4	0	0	349257	1.0	NaN	0	1	0	1	1
997	3	1	1	5	0	0	2649	1.0	NaN	1	3	0	1	1
998	3	0	0	4	0	0	349255	1.0	NaN	1	1	0	1	1
999	3	1	1	2	0	0	383123	1.0	NaN	2	2	0	1	1

1000 rows × 14 columns

최종 데이터

전처리가 끝났으니 분석에 사용할 데이터를 학습용 데이터와 테스트용 데이터로 만들어본다. 다음은 학습용 데이터를 독립변수와 종속변수의 2개 데이터프레임으로 나눈 것이다.

```
X_columns=['pclass', 'sex', 'age', 'embarked', 'title', 'sibpar', 'n_alone', 'fare_person']
y_column=['survived']
X_train=train_df[X_columns]
y_train=train_df[y_column]
y_train
X_train
```

	pclass	sex	age	embarked	title	sibpar	n_alone	fare_person
0	1	1	4	0	2	0	1	5
1	1	0	0	0	4	3	0	1
2	1	1	0	0	2	3	0	1
3	1	0	4	0	1	3	0	1
4	1	1	3	0	3	3	0	1
...	...	...	...	...	...	...	...	...
995	3	0	5	1	1	0	1	1
996	3	0	4	0	1	0	1	1
997	3	1	5	1	3	0	1	1
998	3	0	4	1	1	0	1	1
999	3	1	2	2	2	0	1	1

1000 rows × 8 columns

테스트용 데이터도 다음과 같이 나누었다.

```
X_columns=['pclass', 'sex', 'age', 'embarked', 'title', 'sibpar', 'n_alone', 'fare_person']
y_column=['survived']
X_test=test_df[X_columns]
y_test=test_df[y_column]
X_test
y_test
```

	survived
1000	1
1001	1
1002	1
1003	1
1004	1
...	...
1304	0
1305	0
1306	0
1307	0
1308	0

309 rows × 1 columns

여기에서 만든 학습용 데이터와 테스트용 데이터는 10장 3절의 데이터 분석에서 사용한다.

연습문제

IT@COOKBOOK

1 다음 빈칸에 들어갈 내용을 적으시오.

[   ] 함수를 사용하면 NaN이 아닌 값에 대하여 True를 반환한다.

2 다음 빈칸과 밑줄에 들어갈 내용을 적으시오.

데이터프레임의 특정 열에 포함된 결측치를 다른 값으로 바꾸려면 다음과 같은 형식으로 입력하면 된다. 특정 열에 포함된 결측치를 0으로 변경하는 것으로, 밑줄에 들어가는 것은 [   ] 함수다.

데이터프레임명['열 이름'].__________(0)

3 다음 빈칸과 밑줄에 들어갈 내용을 적으시오.

특정 열을 숫자형으로 바꿀 때는 [   ] 함수를 이용한다. 예를 들어, titanic_df1['sex']=pd.__________(titanic_df1['sex'])는 titanic_df1['sex'] 열의 값을 숫자형으로 변경하라는 의미다.

4 다음 빈칸에 들어갈 내용을 적으시오.

[   ] 함수는 데이터를 정수형 또는 실수형으로 변경할 때 사용한다.

5 다음 빈칸에 들어갈 내용을 적으시오.

특정 열에 결측치가 있을 때 결측치를 평균값으로 치환하려면 [   ] 함수를 사용한다.

6 다음 빈칸에 공통으로 들어갈 내용을 적으시오.

[   ] 복사는 **변수명=할당할 데이터프레임명** 형태로 데이터프레임을 복사한다. [   ] 복사는 원본과 같은 주소를 참조하는 객체를 생성하므로 원본 데이터를 보존하려면 [   ] 복사보다는 깊은 복사를 하는 것이 좋다.

08

CHAPTER

넘파이 소개 및 기초 사용법

학습목표

- 넘파이 라이브러리에 대해 소개하고 배열을 생성해본다.
- 데이터형을 확인해보고 배열의 형태를 바꾸어본다.
- 배열의 인덱싱과 슬라이싱 방법을 배운다.
- 넘파이의 정렬을 해본다.
- 배열의 연산에 대해 배운다.

SECTION 01

넘파이 소개

1 넘파이 개념

넘파이Numpy는 수치 데이터를 다루기 위한 라이브러리로 특히 배열 계산에 최적화된 방식과 빠른 처리 속도를 자랑한다.

넘파이를 사용하려면 import 문으로 불러와야 한다. 이때 라이브러리 이름을 모두 입력하기에는 다소 불편하여 numpy 대신 np라는 별칭을 사용한다. __version__ 속성으로 넘파이 버전을 확인하면 넘파이를 제대로 불러왔는지 확인할 수 있다.

```
import numpy as np      # numpy의 별칭을 np로 설정
print(np.__version__) # 파이썬 라이브러리의 버전 확인
```

```
1.22.4
```

2 넘파이 배열

파이썬에서 데이터 분석을 할 때 주로 사용하는 데이터형은 다음 세 가지다. 데이터 분석을 잘하기 위해서는 이 세 가지를 다룰 수 있어야 한다.

- **리스트** 다양한 값을 연속으로 저장하는 것으로 파이썬 데이터 분석에서 가장 많이 사용하는 기본 데이터형
- **넘파이 배열** 데이터 분석 처리에 주로 사용하는 넘파이 라이브러리에서 제공하는 ndarray 형태의 데이터형
- **데이터프레임** 데이터 전처리에 주로 사용하는 판다스 라이브러리에서 제공하는 데이터형

TIP • 판다스에서 제공하는 데이터프레임은 지금까지 전처리 과정을 통해 살펴보았다.

넘파이 배열은 n차원이므로 n-dimension array(n-차원 배열)라는 의미로 ndarray로 나타낸다.

리스트와 넘파이 배열을 비교하면 다음과 같은 특징이 있다.

표 8-1 리스트와 넘파이 배열

리스트	넘파이 배열
• 동작 속도가 느림 • 쉼표로 요소 구분 • 서로 다른 데이터형 사용 가능	• 동작 속도가 빠름 • 공백으로 요소 구분 • 한 가지 데이터형만 사용 가능

다음은 자주 사용하는 넘파이 배열 속성이다.

표 8-2 주요 넘파이 배열 속성

속성	설명	속성	설명
dtype	데이터형 표시	T	배열의 행/열 방향 변경
shape	배열이 몇 행 몇 열인지 표시	size	배열의 원소 수 표시
ndim	배열의 차원 표시	nbytes	배열의 byte 표시
flat	배열의 값 초기화		

넘파이 배열과 관련된 속성을 실습하기 위해 원본으로 사용할 배열을 먼저 생성해보자. np.arange 함수와 reshape 함수를 이용해 3행 4열의 배열 d를 만든다.

TIP • arange는 특정 수열을 만들어 넘파이 배열을 생성하는 함수, reshape는 배열의 차원 구조를 설정하는 함수다. 뒤에서 자세히 다룰 예정이니 여기서는 이 정도로만 알아두자.

```
d=np.arange(12).reshape(3,4)
print(d,d.shape)
```

```
[[ 0  1  2  3]
 [ 4  5  6  7]
 [ 8  9 10 11]] (3, 4)
```

dtype

배열의 데이터형을 표시한다. 배열 d는 정수로 구성되었으므로 int32 또는 int64가 표시된다.

```
print(d.dtype)
```

```
int64
```

ndim

배열의 차원을 나타낸다. 1차원은 1, 2차원은 2, 3차원은 3으로 표시된다. 배열 d는 3행 4열의 2차원 배열이므로 2가 표시된다.

```
print(d.ndim)
```

```
2
```

T

배열의 행과 열 방향을 변경하여 바꿔서 표시한다. 3행 4열의 배열 d가 4행 3열로 바뀌었다.

```
print(d.T)        # 전치 행렬
```

```
[[ 0  4  8]
 [ 1  5  9]
 [ 2  6 10]
 [ 3  7 11]]
```

size

배열 요소의 개수를 표시한다. 배열 d의 전체 요소는 12개이므로 12가 표시된다.

```
print(d.size)     # 요소의 개수
```

```
12
```

nbtypes

배열 요소의 총 byte 수를 표시한다. dtype으로 배열 d의 데이터형을 확인했을 때 int64라고 표시되었다. 이것은 배열 요소 하나가 64bit라는 의미다. 1byte는 8bit이므로 64bit는 8byte가 된다. 요소가 12개이므로 총 byte 수는 96(8*12)이 된다.

```
print(d.nbytes)   # 64bit는 8byte이므로 총 96byte(8*12)
```

```
96
```

flat

배열 요소의 값을 초기화한다. d.flat=1이라고 설정하면 배열 d의 모든 요소가 1로 초기화된다.

```
d.flat=1
print(d)
```

```
[[1  1  1  1]
 [1  1  1  1]
 [1  1  1  1]]
```

3 넘파이 배열 생성

리스트로 생성

넘파이 배열인 ndarray를 생성하는 방법을 알아보자. 넘파이에서는 np.array 함수를 이용해 리스트로 ndarray를 생성할 수 있다. mynpa1 변수를 선언하고 np.array 함수로 원소가 [1, 2, 3]인 리스트를 할당한다. 데이터형을 출력하면 numpy.ndarray라고 표시된다.

```
mynpa1=np.array([1, 2, 3])
print(type(mynpa1))
```

```
<class 'numpy.ndarray'>
```

변수에 리스트를 할당한 뒤 변수명을 입력해 ndarray를 생성할 수도 있다. mylist2 변수에 원소가 [1, 2 ,3], [4, 5, 6]인 리스트를 할당한 뒤 데이터형을 출력하면 list라고 표시된다. mylist2 변수명을 np.array 함수에 직접 입력해 ndarray를 생성해본다. mynpa2의 데이터형을 출력하면 numpy.ndarray라고 표시된다.

```
mylist2=[[1, 2, 3],
         [4, 5, 6]]
print(type(mylist2))
mynpa2=np.array(mylist2)  # 변수명 직접 입력
print(type(mynpa2))
```

```
<class 'list'>
<class 'numpy.ndarray'>
```

데이터프레임으로 생성

판다스의 데이터프레임을 이용해서 넘파이 배열인 ndarray를 생성할 수도 있다.

먼저, 판다스를 사용하기 위해 import pandas as pd라고 설정한다. 판다스의 데이터프레임을 만들기 위해 mypd1 변수를 선언하고 pd.DataFrame([1, 2, 3])으로 설정한다. ndarray를 생성하기 위해 np.array(mypd1)을 설정하고 데이터형을 출력한다.

```
import pandas as pd
mypd1=pd.DataFrame([1, 2, 3])
print(type(mypd1))
mynp1=np.array(mypd1)
print(type(mynp1))
```

```
<class 'pandas.core.frame.DataFrame'>
<class 'numpy.ndarray'>
```

변수에 리스트를 할당한 뒤 그 변수를 이용해 생성한 판다스의 데이터프레임으로도 넘파이 배열을 생성할 수 있다. 데이터프레임이 저장된 mypd2를 np.array 함수를 이용해 ndarray로 생성한 후 데이터형을 출력하면 다음과 같은 결과가 표시되는 것을 확인할 수 있다.

```
mylist2=[[1, 2, 3],
         [4, 5, 6]]
print(type(mylist2))
mypd2=pd.DataFrame(mylist2)
print(type(mypd2))
mynpa2=np.array(mypd2)
print(type(mynpa2))
mypd2
```

```
<class 'list'>
<class 'pandas.core.frame.DataFrame'>
<class 'numpy.ndarray'>
```

	0	1	2
0	1	2	3
1	4	5	6

4 n차원 넘파이 배열

넘파이 배열은 n차원으로 구성할 수 있다. 1차원, 2차원, 3차원이 대표적이며 첫 데이터부터 마지막 데이터까지의 대괄호 개수를 통해 차원을 구분한다. 1차원은 하나의 행 또는 열을 가진 배열이며 Rank1으로 표현한다. 2차원은 행과 열로 이루어진 배열이며 Rank2로 표현하고 3차원은 2차원 배열이 여러 개인 형태이며 Rank3로 표현한다. 배열의 차원의 구조는 shape 함수로 확인할 수 있다.

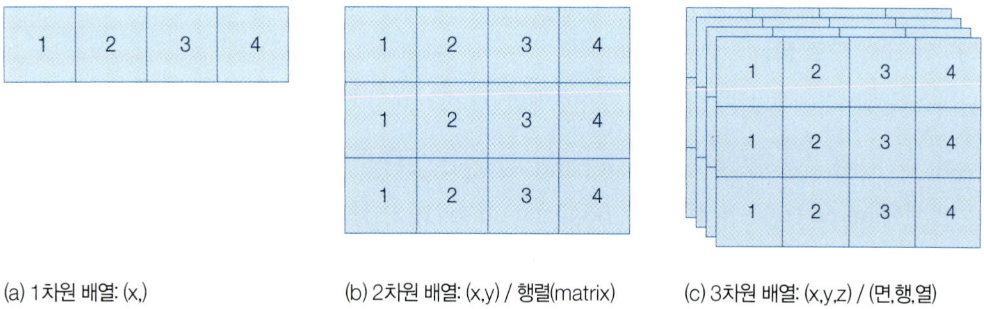

그림 8-1 n차원 배열의 예

5 1차원 넘파이 배열 생성

1차원 배열은 하나의 행 또는 열만으로 이루어진 형태로, shape 함수를 이용해 구조를 출력하면 (n,) 형태로 표시된다.

여기서는 arange 함수를 이용해 넘파이 배열을 생성하는 방법을 알아본다. arange 함수는 특정 수열을 만들어 넘파이 배열을 생성하는 것으로 기본 형식은 다음과 같다.

arange(시작값, 종료값, 증가값)

- 시작값부터 종료값보다 작은 수(즉, 종료값-1)까지 증가값만큼 커지는 배열 생성
- 시작값은 생략 시 0, 증가값은 생략 시 1 반환

예를 들어, np.arange(3)으로 설정하면 0에서 시작해 2까지 1씩 증가하는 0, 1, 2의 세 개 원소를 가진 1차원 배열을 만든다.

```
import numpy as np
a=np.arange(3)
print(a, type(a), a.ndim, a.shape)
```

```
[0 1 2] <class 'numpy.ndarray'> 1 (3,)
```

실행 결과에서 type(a)는 넘파이 배열, a.ndim은 1차원, a.shape은 (3,)으로 세 개의 값을 가진 1차원 배열이란 의미다.

np.arange 함수는 다음과 같이 사용할 수 있다.

① 종료값만 설정

```
a2=np.arange(4)
a2
```

```
array([0, 1, 2, 3])
```

② 시작값, 종료값 설정

```
a2=np.arange(2, 4)
print(a2, a2.shape)
```

```
[2 3] (2,)
```

③ 시작값, 종료값, 증가값 모두 설정

```
a3=np.arange(0, 5, 2)
print(a3, a3.shape)
```

```
[0 2 4] (3,)
```

넘파이의 arange 함수와 파이썬의 range 함수는 형식이 같다고 봐도 무방하다. 두 함수에 대한 비교는 268쪽 〈여기서 잠깐〉에서 설명한다.

6 2차원 넘파이 배열 생성

2차원 배열은 행과 열이 모두 있는 형태다. 행과 열로 사용할 데이터를 리스트 형태의 원소로 추가하고 2차원 배열을 생성해보자.

2행 3열의 배열 생성

먼저, np.array 함수만 이용해 배열을 생성할 수 있다. [0, 1, 2]와 [3, 4, 5]를 각각의 행으로 하는 배열을 생성하고 변수 m에 할당하면 2행 3열의 배열이 생성된다. shape 함수로 구조를 출력하면 (2, 3)으로 표시된다. np.array 함수에 arange 함수를 함께 사용해도 똑같이 2행 3열의 배열을 생성할 수 있다(오른쪽 코드).

```
m=np.array([[0, 1, 2],
            [3, 4, 5]])
print(m, m.shape)
```

```
[[0 1 2]
 [3 4 5]] (2, 3)
```

```
m=np.array([np.arange(3), np.arange(3, 6)])
print(m, m.shape)
```

```
[[0 1 2]
 [3 4 5]] (2, 3)
```

3행 2열의 배열 생성

3행 2열의 배열도 np.array 함수만 사용하거나 np.array 함수에 arange 함수를 함께 사용해서 생성할 수 있다.

```
m=np.array([[0, 3],
            [1, 4],
            [2, 5]])
print(m, m.shape)
print(m.shape[0], m.shape[1])
```

```
[[0 3]
 [1 4]
 [2 5]] (3, 2)
3 2
```

```
m=np.array([np.arange(0, 4, 3), np.arange(1, 5, 3),
np.arange(2, 6, 3)])
print(m, m.shape)
```

```
[[0 3]
 [1 4]
 [2 5]] (3, 2)
```

배열의 구조를 확인하는 shape 함수로 배열의 행과 열의 개수를 각각 확인할 수도 있다. shape[0]은 행의 수, shape[1]은 열의 수를 출력할 때 사용한다.

7 3차원 넘파이 배열 생성

3차원 배열은 행과 열로 이루어진 2차원 배열이 여러 개인 형태다. 행과 열로 이루어진 면이 여러 개라고 생각할 수 있다. 2차원 배열보다 열고 닫는 대괄호가 하나씩 더 있는 형태다.

다음 예제는 2차원 배열이 두 개가 있는 형태로, 각각의 2차원 배열을 하나의 원소 형태로 사용하였다. shape 함수를 이용해 배열의 구조를 출력하면 (면 수, 행 수, 열 수) 형태로 (2, 2, 3)이 출력되는 것을 확인할 수 있다.

```
m=np.array([[[0, 1, 2],
             [3, 4, 5]],
            [[0, 1, 2],
             [3, 4, 5]]])
print(m)
print(m.shape)
```

```
[[[0 1 2]
  [3 4 5]]

 [[0 1 2]
  [3 4 5]]]
(2, 2, 3)
```

이번에는 3개의 면에 2행 2열을 가진 3차원 배열을 생성해 보자. 각각의 행과 열을 가진 2차원 배열을 대괄호로 묶고 전체를 대괄호로 한 번 더 묶어주면 된다. shape 함수를 이용해 출력해보면 (3, 2, 2) 형태인데 이것은 3면 2행 2열임을 의미한다.

```
m=np.array([[[0, 1],
             [2, 3]],
            [[4, 5],
             [6, 7]],
            [[8, 9],
             [10, 11]]])
print(m, m.shape)
```

```
[[[ 0  1]
  [ 2  3]]

 [[ 4  5]
  [ 6  7]]

 [[ 8  9]
  [10 11]]] (3, 2, 2)
```

이번에는 4개의 면에 1행 3열을 가진 3차원 배열을 생성해보자. 1차원 배열인 [0,1,2], [3,4,5], [0,1,2], [3,4,5]를 대괄호로 한 번 더 묶고 전체를 대괄호로 한 번 더 묶으면 3차원 배열이 된다. shape 함수로 배열의 구조를 출력해보면 4면 1행 3열로 표시되는 것을 확인할 수 있다.

```
m=np.array([[[0, 1, 2]],
            [[3, 4, 5]],
            [[0, 1, 2]],
            [[3, 4, 5]]])
print(m, m.shape)
```

```
[[[0 1 2]]

 [[3 4 5]]

 [[0 1 2]]

 [[3 4 5]]] (4, 1, 3)
```

여기서 잠깐

파이썬의 range 함수와 넘파이의 arange 함수

① 파이썬 range 함수

파이썬의 range 함수는 범위를 지정할 때 사용하며 주로 for in 반복문에서 사용한다. 사용 형태는 다음과 같다.

```
range(시작값, 종료값, 증가값)
```

- 시작값부터 종료값보다 작은 수(즉, 종료값-1)까지 증가값만큼 커짐
- 시작값은 생략 시 0, 증가값은 생략 시 1 반환

다음은 범위를 지정해 리스트의 원소를 출력하는 세 가지 방법이다.

- for 문만 사용

```
list=[1, 2, 3, 4, 5]
for i in list:
    print(i)
```

```
1
2
3
4
5
```

- for 문에 range 함수 사용: 시작값, 종료값 설정

```
list=[1, 2, 3, 4, 5]
for i in range(1, 6):
    print(i)
```

```
1
2
3
4
5
```

- for 문에 range 함수 사용: 시작값, 종료값, 증가값 설정

```
list=[1, 2, 3, 4, 5]
for i in range(1, 6, 2):
    print(i)
```

```
1
2
3
4
5
```

② 넘파이 arange 함수

넘파이의 arange 함수는 array와 range라는 단어가 합쳐진 것으로 생각하면 된다. 사용 방법은 파이썬의 range 함수와 같으며 넘파이에서 배열에 특정 수열을 만들 때 사용한다.

다음은 1부터 10까지 값을 순서대로 리스트에 저장하는 예다.

```
arr=[1, 2, 3, 4, 5, 6, 7, 8, 9, 10]
arr
```

```
[1, 2, 3, 4, 5, 6, 7, 8, 9, 10]
```

arange 함수를 이용하면 1부터 10까지 값을 가지는 넘파이 배열을 생성할 수 있다. 시작값, 종료값, 증가값을 start, stop, step으로 일일이 지정(왼쪽)해도 되고 값을 인자로 직접 지정(오른쪽)해도 된다.

```
arr=np.arange(start=1, stop=11, step=1)
arr
```

```
array([ 1,  2,  3,  4,  5,  6,  7,  8,  9, 10])
```

```
arr=np.arange(1, 11)
arr
```

```
array([ 1,  2,  3,  4,  5,  6,  7,  8,  9, 10])
```

arange 함수를 이용하면 1부터 10까지 값 중에서 홀수만 저장할 수도 있다. 이때, start, stop, step과 같은 이름을 사용하지 않고 값을 인자로 직접 지정할 때는 반드시 순서를 지켜야 한다.

```
arr=np.arange(start=1, stop=10, step=2)
arr
```

```
array([1, 3, 5, 7, 9])
```

```
arr=np.arange(1, 10, 2)
arr
```

```
array([1, 3, 5, 7, 9])
```

SECTION
02 배열 다루기

1 배열의 데이터형 확인과 변형

데이터형을 확인하려면 type 함수와 dtype 속성을 이용한다. type 함수는 소괄호 안의 인자나 값의 데이터형을 반환하고 dtype 속성은 배열 요소의 데이터형을 반환한다. 다음 예에서 nda 변수를 선언하고 type(nda)로 설정하면 nda 변수의 데이터형이 넘파이 배열임을 확인할 수 있다. nda.dtype은 넘파이 배열인 nda를 이루는 요소의 데이터형이 정수형이라는 것을 int64를 통해 확인할 수 있다.

```
import numpy as np

nda=np.array([0, 1, 2, 3, 4, 5])
print(nda, type(nda))        # nda 변수의 데이터형 반환
print(nda.dtype)             # 넘파이 배열인 nda 요소의 자료형 반환
nda                          # 넘파이 배열이므로 array([]) 형식으로 표시
```

```
[0 1 2 3 4 5] <class 'numpy.ndarray'>
int64
array([0, 1, 2, 3, 4, 5])
```

요소에 실수형이 포함된 배열 nda1과 정수형만 포함된 nda2를 생성하고 dtype 속성으로 데이터형을 확인해보자.

```
nda1=np.array([0, 1, 2, 3.0, 4, 5])
print(nda1, nda1.dtype)
```

```
[0. 1. 2. 3. 4. 5.] float64
```

```
nda2=np.array([0, 1, 2, 3, 4, 5])
print(nda2, nda2.dtype)
```

```
[0 1 2 3 4 5] int64
```

3.0이 포함된 nda1은 모든 요소를 실수형으로 표시하고 데이터형은 float64이며 정수만 포함된 nda2는 모든 요소를 정수형으로 표시하고 데이터형은 int64임을 확인할 수 있다.

또한 데이터형을 변환하기 위해서는 astype 함수를 사용하며 기본 형식은 다음과 같다.

```
배열명.astype(변경할 데이터형)
```

다음은 astype 함수를 이용하는 예다. a1.astype('float32')는 a1을 실수형으로, a2.astype('int32')는 a2를 정수형으로 변경한다. 그러나 아래와 같이 a1.astype('int32')은 오류가 발생한다. a1배열의 요소가 문자형이라도 실수형과 비슷하면 실수형으로 변형해주지만, 이를 정수형으로 변형은 하지 못하기 때문이다.

```
a1=np.array([a1.astype('int32'), '2.3', '3.4', '4.5'])
print(a1, a1.dtype)
a2=a1.astype('float32')
print(a2, a2.dtype)
a3=a2.astype('int32')
print(a3, a3.dtype)
a3=a1.astype('int32')
print(a3, a3.dtype)
```

```
['1.2' '2.3' '3.4' '4.5'] <U3
[1.2 2.3 3.4 4.5] float32
[1 2 3 4] int32
---------------------------------------------------------------------------
ValueError                          Traceback (most recent call last)
<ipython-input-15-d627c35bf197> in <module>
      5 a3=a2.astype('int32')
      6 print(a3, a3.dtype)
----> 7 a3=a1.astype('int32')
      8 print(a3, a3.dtype)

ValueError: invalid literal for int() with base 10: '1.2'
```

2 배열의 형태 변경

배열의 형태를 바꾸는 방법을 알아보자.

배열의 구조 변경하기: reshape 함수

배열의 구조를 변경할 때는 reshape 함수를 사용한다. 이 함수는 행과 열의 방향뿐만 아니라 1차원 배열을 2차원 배열로, 2차원 배열 또는 1차원 배열을 3차원 배열로 변경하는 것도 가능하다. 또한 배열의 면 수, 행 수, 열 수 중 하나를 자동으로 조정하고 싶다면 −1로 설정하면 된다.

먼저, arange 함수로 0부터 5까지 6개 원소를 가진 1차원 배열을 생성한다.

```
m1=np.arange(6)
print(m1)
print(m1.shape)
```

```
[0 1 2 3 4 5]
(6,)
```

1행 6열의 배열을 6행 1열의 배열로 변경해보자. 다음과 같이 reshape 함수를 **배열명.reshape(행 수,열 수)** 형태로 사용한다.

```
m2=m1.reshape(6, 1)
print(m2, m2.shape) # 1행 6열을 6행 1열로 변경
```

```
[[0]
 [1]
 [2]
 [3]
 [4]
 [5]] (6, 1)
```

이번에는 1행 6열의 배열을 2행 3열로 변경해보자. 코드를 보면 사용 방법을 쉽게 알 수 있다.

```
m2=m1.reshape(2, 3)
print(m2, m2.shape)
```

```
[[0 1 2]
 [3 4 5]] (2, 3)
```

reshape 함수를 이용해 배열의 차원을 변경하려면 **배열명.reshape(면 수, 행 수, 열 수)** 형태로 입력하면 된다. 다음은 arange 함수를 이용해 0부터 11까지 요소를 12개 가진 1차원 배열을 만든 뒤 reshape 함수로 2면 2행 3열의 3차원 배열로 변경하는 예다.

```
m1=np.arange(12)
m3=m1.reshape(2, 2, 3)
print(m3, m3.shape)
```

```
[[[ 0  1  2]
  [ 3  4  5]]

 [[ 6  7  8]
  [ 9 10 11]]] (2, 2, 3)
```

reshape 함수에서 행 수를 −1로 설정하고 열 수를 지정하면 열의 개수는 지정한 값으로 맞추고 행의 수는 전체 원소 수에 맞춰 자동으로 표시한다. 예를 들어 6개 요소를 가진 배열에서 행 수를 −1로 설정하고 열 수를 2로 설정하면 자동으로 3행 배열이 된다.

```
m1=np.arange(6)
print(m1, m1.shape)

m2=m1.reshape(-1, 2)   # 행 수는 자동, 2열 생성
print(m2, m2.shape)

m2=m1.reshape(-1, 3)   # 행 수는 자동, 3열 생성
print(m2, m2.shape)

m2=m1.reshape(-1, 1)   # 행 수는 자동, 1열 생성
print(m2, m2.shape)
```

```
[0 1 2 3 4 5] (6,)
[[0 1]
 [2 3]
 [4 5]] (3, 2)
[[0 1 2]
 [3 4 5]] (2, 3)
[[0]
 [1]
 [2]
 [3]
 [4]
 [5]] (6, 1)
```

3차원 배열에서도 면, 행, 열의 수 중에서 자동으로 맞추고 싶은 것은 −1로 설정하고 나머지는 값을 지정하면 된다.

```
m1=np.arange(6)
m3=m1.reshape(-1, 2, 3)
print(m3, m3.shape)

m3=m1.reshape(-1, 3, 2) # 면 수 자동, 3행 2열 생성
print(m3,m3.shape)

m3=m1.reshape(2, 3, -1) # 열 수 자동, 2면 3행 생성
print(m3, m3.shape)
```

```
[[[0 1 2]
  [3 4 5]]] (1, 2, 3)
[[[0 1]
  [2 3]
  [4 5]]] (1, 3, 2)
[[[0]
  [1]
  [2]]

 [[3]
  [4]
  [5]]] (2, 3, 1)
```

다차원 배열을 1차원 배열로 평탄화하기: flatten 함수

다차원 배열을 1차원 배열로 만들려면 flatten 함수를 사용한다. 먼저, arrange 함수를 이용해 0~11까지 12개 요소를 가진 배열을 만들고 reshape 함수로 3행 4열로 변경해보자.

```
a=np.arange(12).reshape(3, 4)
a
```

```
array([[ 0,  1,  2,  3],
       [ 4,  5,  6,  7],
       [ 8,  9, 10, 11]])
```

a는 3행 4열의 2차원 배열이다. 다음과 같이 flatten 함수를 사용하면 2차원 배열을 1차원으로 만들 수 있다.

```
f=a.flatten()
print(f, f.shape)
```

```
[ 0  1  2  3  4  5  6  7  8  9 10 11] (12,)
```

배열의 방향 변경하기

인덱스나 함수, 속성 등을 사용해 배열의 방향을 다양하게 변경해서 표시할 수 있다. 앞에서 생성한 3행 4열의 배열 a를 사용해 실습해보자.

배열명[::-1] 형태로 설정하면 행 순서를 반대로 변경할 수 있다. 원래 배열 a와 비교해보면 행을 기준으로 배열을 뒤집어 표시한다고 생각하면 된다.

```
a
```

```
array([[ 0,  1,  2,  3],
       [ 4,  5,  6,  7],
       [ 8,  9, 10, 11]])
```

```
print(a[::-1])    # 행 순서를 거꾸로 변경
```

```
[[ 8  9 10 11]
 [ 4  5  6  7]
 [ 0  1  2  3]]
```

배열명[:,::-1] 형태로 설정하면 열 순서를 반대로 변경할 수 있다. 열을 기준으로 배열의 좌/우를 뒤집어 표시한다.

```
a
```

```
array([[ 0,  1,  2,  3],
       [ 4,  5,  6,  7],
       [ 8,  9, 10, 11]])
```

```
print(a[:,::-1])  # 열 순서를 거꾸로 변경
```

```
[[ 3  2  1  0]
 [ 7  6  5  4]
 [11 10  9  8]]
```

배열명[::-1,::-1] 형태로 설정하면 배열의 상하좌우가 모두 거꾸로 변경되어 표시된다.

```
a
```

```
array([[ 0,  1,  2,  3],
       [ 4,  5,  6,  7],
       [ 8,  9, 10, 11]])
```

```
print(a[::-1,::-1]) # 행과 열 순서를 거꾸로 변경
```

```
[[11 10  9  8]
 [ 7  6  5  4]
 [ 3  2  1  0]]
```

transpose 함수를 **배열명.transpose()** 형태로 설정하면 배열의 행과 열 방향을 변경해서 표시할 수 있다. 즉, 3행 4열의 배열 a를 4행 3열로 변경할 수 있다.

```
t=a.transpose()
print(a, a.shape)       # a 배열은 3행 4열
print(t, t.shape)       # t 배열은 a 배열을 4행 3열로 변경한 것
```

```
[[ 0  1  2  3]
 [ 4  5  6  7]
 [ 8  9 10 11]] (3, 4)
[[ 0  4  8]
 [ 1  5  9]
 [ 2  6 10]
 [ 3  7 11]] (4, 3)
```

T 속성을 **배열명.T** 형태로 설정해도 transpose 함수를 사용한 것과 마찬가지로 배열의 방향을 변경하여 표시할 수 있다.

```
print(a.T)    # transpose() 함수와 결과 동일
```

```
[[ 0  4  8]
 [ 1  5  9]
 [ 2  6 10]
 [ 3  7 11]]
```

3 배열 통합과 분할

이번에는 배열을 합치는 통합 방법과 나누는 분할 방법을 다양하게 설명한다. 배열은 방향에 따라 수직 또는 수평으로 합치거나 나눌 수 있고 제공 함수도 여러 개이므로 다양한 방법이 가능하다.

먼저, 넘파이에서 제공하는 함수를 이용해 배열을 합치는 방법을 알아보자. 배열을 합칠 때는 두 개의 배열을 방향에 따라 수직 또는 수평으로 합칠 수 있고 이때 사용할 수 있는 함수는 다음과 같다.

[행 방향으로 합치기]

- vstack()
- row_stack()
- concatenate(..., axis=0)

[열 방향으로 합치기]

- hstack()
- column_stack()
- concatenate(..., axis=1)

하나의 배열을 분할하여 여러 개로 만들기 위해서는 분할할 방향에 따라 함수를 다르게 사용하면 된다. 이때 함수의 인자로 배열의 수와 axis를 설정한다.

[행 단위로 분할하기]

- vsplit(배열, 행의 수)
- split(배열, 행의 수, axis=0)

[열 단위로 분할하기]

- hsplit(배열, 열의 수)
- split(배열, 열의 수, axis=1)

행 방향으로 합치기

실습에 사용할 두 개의 배열을 생성해보자. 먼저, np.arange 함수로 0부터 8까지 9개 요소를 가진 배열을 생성하고 reshape 함수로 3행 3열 배열로 재구조화하여 배열 a로 저장한다. 그리고 배열 a의 값에 2를 곱한 결과를 배열 b로 저장한다. 각각의 배열을 print 함수로 출력하면 다음과 같이 표시된다.

```
a=np.arange(9).reshape(3, 3)
b=a*2
print(a)
print(b)
```

```
[[0 1 2]
 [3 4 5]
 [6 7 8]]
[[ 0  2  4]
 [ 6  8 10]
 [12 14 16]]
```

배열을 행 방향으로 합치기 위해서는 배열을 수직으로 합치는 vstack 함수, 행 단위로 배열을 쌓아 합치는 row_stack 함수, axis로 방향을 설정해 합치는 concatenate 함수를 사용할 수 있다. 이때, concatenate 함수의 axis는 0으로 설정해야 행 단위로 배열이 합쳐져 표시된다. 각 함수의 사용 방법은 다음과 같다.

```
r=np.vstack((a, b))
print(r, r.shape)
```

```
[[ 0  1  2]
 [ 3  4  5]
 [ 6  7  8]
 [ 0  2  4]
 [ 6  8 10]
 [12 14 16]] (6, 3)
```

```
c=np.row_stack((a, b))
print(c, c.shape)
```

```
[[ 0  1  2]
 [ 3  4  5]
 [ 6  7  8]
 [ 0  2  4]
 [ 6  8 10]
 [12 14 16]] (6, 3)
```

```
x=np.concatenate((a, b), axis=0)
print(x, x.shape)
```

```
[[ 0  1  2]
 [ 3  4  5]
 [ 6  7  8]
 [ 0  2  4]
 [ 6  8 10]
 [12 14 16]] (6, 3)
```

열 방향으로 합치기

앞에서 생성한 배열 a와 b를 사용해 열 방향으로 합치는 방법을 알아보자.

배열을 열 방향으로 합치기 위해서는 hstack 함수, column_stack 함수, concatenate 함수를 이용하면 된다. 이때, concatenate 함수에서 axis를 1로 설정해야 열 단위로 배열이 합쳐져 표시된다.

```
r=np.hstack((a, b))
print(r, r.shape)
```

```
[[ 0  1  2  0  2  4]
 [ 3  4  5  6  8 10]
 [ 6  7  8 12 14 16]] (3, 6)
```

```
c=np.column_stack((a, b))
print(c, c.shape)
```

```
[[ 0  1  2  0  2  4]
 [ 3  4  5  6  8 10]
 [ 6  7  8 12 14 16]] (3, 6)
```

```
x=np.concatenate((a, b), axis=1)
print(x, x.shape)
```

```
[[ 0  1  2  0  2  4]
 [ 3  4  5  6  8 10]
 [ 6  7  8 12 14 16]] (3, 6)
```

행 단위로 분할하기

분할 실습에 사용할 배열을 생성해보자. np.arange 함수로 0에서 11까지 요소가 12개인 배열을 만들고 reshape 함수를 이용해 4행 3열로 재구조화한다.

```
a=np.arange(12).reshape(4, 3)
print(a)
```

```
[[ 0  1  2]
 [ 3  4  5]
 [ 6  7  8]
 [ 9 10 11]]
```

vsplit 함수를 사용해 배열을 행 단위로 나누는 방법을 살펴보자. 배열 a는 4행 3열이므로 다음과 같이 행의 수를 4로 설정한다. 이때 배열은 수평으로 표시된다.

```
print(np.vsplit(a, 4))
```

```
[array([[0, 1, 2]]), array([[3, 4, 5]]), array([[6, 7, 8]]), array([[ 9, 10, 11]])]
```

split 함수를 사용해 np.split(**배열명, 행의 수,** axis=0/1) 형태로 배열을 나눌 수 있다. 행 단위로 나눌 것이므로 axis를 0으로 설정한다. 이때도 배열은 수평으로 표시된다.

```
print(np.split(a, 4, axis=0))
```

```
[array([[0, 1, 2]]), array([[3, 4, 5]]), array([[6, 7, 8]]), array([[ 9, 10, 11]])]
```

슬라이싱을 이용하여 배열을 한 행씩 나누어 표시할 수도 있다.

```
print(a[0:1], a[1:2], a[2:3], a[3:])
```

```
[[0 1 2]] [[3 4 5]] [[6 7 8]] [[ 9 10 11]]
```

열 단위로 분할하기

실습에 사용할 배열 a를 다시 생성해보자. np.arange 함수로 0에서 11까지 요소가 12개인 배열을 만들고 reshape 함수를 이용해 3행 4열로 재구조화한다.

```
a=np.arange(12).reshape(3, 4)
print(a)
```

```
[[ 0  1  2  3]
 [ 4  5  6  7]
 [ 8  9 10 11]]
```

hsplit 함수는 행에 포함된 원소를 열 개수로 쪼개어 표시하고 split 함수는 axis를 1로 설정해 열 단위로 배열을 나눈다.

```
print(np.hsplit(a, 4))
```

```
[array([[0],
        [4],
        [8]]), array([[1],
        [5],
        [9]]), array([[ 2],
        [ 6],
        [10]]), array([[ 3],
        [ 7],
        [11]])]
```

```
print(np.split(a, 4, axis=1))
```

```
[array([[0],
        [4],
        [8]]), array([[1],
        [5],
        [9]]), array([[ 2],
        [ 6],
        [10]]), array([[ 3],
        [ 7],
        [11]])]
```

SECTION 03

배열의 인덱싱과 슬라이싱

배열의 인덱싱은 주소를 이용해 원하는 값을 표시하거나 변경하는 것이고 슬라이싱은 주소를 이용해 원하는 형태로 배열을 잘라서 표시하는 것이다. 넘파이 배열의 다양한 인덱싱과 슬라이싱 방법을 설명한다.

1 1차원 배열의 인덱싱과 슬라이싱

1차원 배열의 인덱싱과 슬라이싱은 파이썬의 리스트와 동일한 방법으로 수행할 수 있다.

먼저, 변수 d에 np.arange 함수를 이용해 0부터 5까지 6개 요소를 가지는 배열을 생성한다.

```
d=np.arange(6)
print(d, d.shape)
```

```
[0 1 2 3 4 5] (6,)
```

1차원 배열의 인덱싱은 파이썬에서 주로 사용한 데이터형인 리스트의 인덱싱 방법과 동일하다. 인덱스는 0부터 시작하고 마지막 요소의 인덱스는 [−1]부터 시작한다. 변수 d의 배열을 다음과 같이 인덱싱하여 출력해보자.

```
# 1차원 배열의 인덱싱
print(d[0], d[1], d[2], d[-1], d[-2])
```

```
0 1 2 5 4
```

1차원 배열의 슬라이싱 방법도 파이썬의 리스트와 동일하다. **배열명[시작:종료:간격]** 형태로 설정하며 시작값을 생략하면 0부터 슬라이싱되고 종료값을 생략하면 마지막 원소까지 슬라이싱된다. 간격을 생략하면 1로 설정된다. 배열의 값을 변경하고 싶다면 **배열명[인덱스]=변경할 값** 형태로 설정한다. 다음과 같이 d[0]=10으로 설정하면 배열 d의 [0]번째 값을 10으로 변경한다.

```python
# 1차원 배열의 슬라이싱
print(d[2:3], d[:], d[:-1])
print(d[::2], d[::-1])
d[0]=10             # 요소 값 변경
print(d)
```

```
[2] [0 1 2 3 4 5] [0 1 2 3 4]
[0 2 4] [5 4 3 2 1 0]
[10  1  2  3  4  5]
```

2 2차원 배열의 인덱싱과 슬라이싱

행과 열로 이루어진 2차원 배열을 인덱싱할 때는 행과 열의 주소가 모두 필요하다. **배열명[행][열]** 형태나 **배열명[행,열]** 형태로 인덱싱하면 된다.

배열 크기에 따라 차이는 있지만 2차원 배열을 슬라이싱할 때는 행과 열 단위로 슬라이싱한다고 생각하면 된다. **배열명[행 시작:행 끝−1:행 간격,열 시작:열 끝−1:열 간격]** 형태로 설정한다.

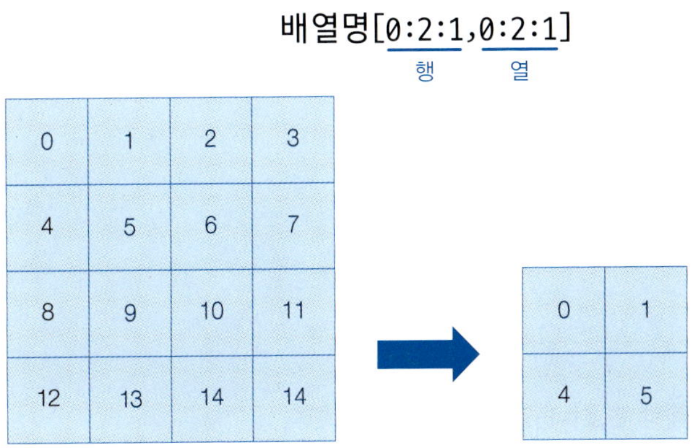

그림 8-2 2차원 배열의 슬라이싱

2차원 배열의 인덱싱과 슬라이싱을 실습해보자. 변수 d에 arange 함수를 사용하여 0부터 11까지 12개 요소를 가진 배열을 만들고, reshape 함수로 3행 4열로 표시되도록 설정한다.

```python
d=np.arange(12).reshape(3, 4)
print(d, d.shape)
```

```
[[ 0  1  2  3]
 [ 4  5  6  7]
 [ 8  9 10 11]] (3, 4)
```

2차원 배열의 인덱스는 행과 열 모두 0번부터 시작한다. 배열 d의 0행 0열 데이터를 두 가지 형태로 인덱싱해보고 2행 1열 데이터도 인덱싱해보자.

```
# 2차원 배열의 인덱싱
print(d[0][0])    # 배열명[행][열] 형태
print(d[0,0])     # 배열명[행,열] 형태
print(d[2,1])
```

```
0
0
9
```

2차원 배열의 슬라이싱을 살펴보자.

```
# 2차원 배열의 슬라이싱
print(d[0])           # 0행만 슬라이싱
print(d[0,:])         # 0행의 전체 열 슬라이싱
print(d[:,:-1])       # 마지막 열 제외한 전체 행과 열 슬라이싱
print(d[::2,::2])     # 2행 2열 간격으로 전체 행과 열 슬라이싱
```

```
[0 1 2 3]
[0 1 2 3]
[[ 0  1  2]
 [ 4  5  6]
 [ 8  9 10]]
[[ 0  2]
 [ 8 10]]
```

2차원 배열의 행 값을 변경하려면 **배열명[행 번호]=변경 값** 형태로 설정한다.

```
d[0]=20           # 0번 행 요소를 모두 20으로 변경
print(d)
```

```
[[20 20 20 20]
 [ 4  5  6  7]
 [ 8  9 10 11]]
```

배열을 슬라이싱한 뒤 요소값을 한꺼번에 변경할 수 있다. 다음은 배열 d의 전체 행과 열을 기준으로 2행과 3열 간격으로 슬라이싱한 후 모든 요소의 값을 30으로 변경하는 것이다.

```
d[::2,::3]=30          # 슬라이싱된 요소값을 한꺼번에 변경
print(d[::2,::3])
print(d)
```

```
[[30 30]
 [30 30]]
[[30 20 20 30]
 [ 4  5  6  7]
 [30  9 10 30]]
```

다음의 코드에서 d[:,:]은 배열 d의 행과 열 전체를 의미한다. 그 값을 모두 −1로 변경하고 출력하면 다음과 같은 결과가 표시된다.

```
d[:,:]=-1              # 전체 요소값을 한꺼번에 변경
print(d)
```

```
[[-1 -1 -1 -1]
 [-1 -1 -1 -1]
 [-1 -1 -1 -1]]
```

3 3차원 배열의 인덱싱과 슬라이싱

3차원 배열에서 인덱싱은 **배열명[면][행][열]** 형태나 **배열명[면,행,열]** 형태로 지정하면 된다. 3차원 배열의 값을 잘라서 표시하는 슬라이싱은 **배열명[시작 면 번호:종료 면 번호−1:간격,시작 행 번호:종료 행 번호−1:간격,시작 열 번호:종료 열 번호−1,간격]** 형태로 설정한다.

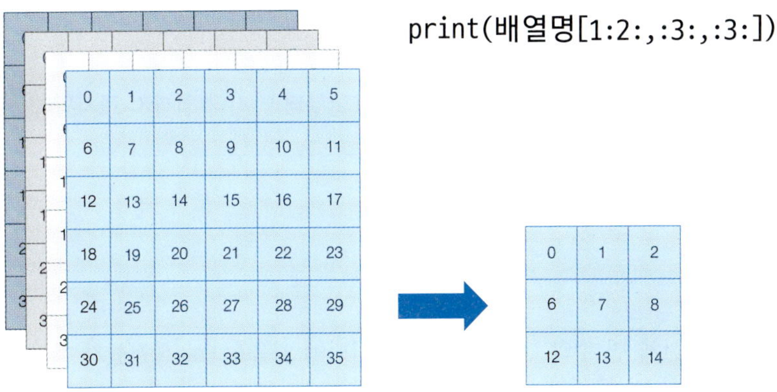

그림 8-3 3차원 배열의 슬라이싱

3차원 배열의 인덱싱과 슬라이싱을 실습하기 위해 원본 배열을 생성해보자. arange 함수로 0~11까지 12개 요소를 가진 배열을 생성하고 reshape 함수로 2면 2행 3열의 3차원 배열로 재설정한다.

```
d=np.arange(12).reshape(2, 2, 3)
print(d, d.shape)
```

```
[[[ 0  1  2]
  [ 3  4  5]]

 [[ 6  7  8]
  [ 9 10 11]]] (2, 2, 3)
```

인덱싱으로 설정한 면 수, 행 수, 열 수에 해당하는 데이터가 화면에 표시된다.

```
# 3차원 배열의 인덱싱
print(d[0][0][0])       # 0면 0행 0열 인덱싱
print(d[0, 0, 0])       # 0면 0행 0열 인덱싱
print(d[0, 1, 2])       # 0면 1행 2열 인덱싱
```

```
0
0
5
```

행과 열의 간격을 -1로 설정하면 원래 배열에서 마지막 행과 열이 제거되어 표시된다. print(d[:,:-1,:-1])로 설정하면 전체 면 수가 표시되고 마지막 1행과 마지막 1열이 제거되어 표시된다.

```
# 3차원 배열의 슬라이싱
print(d[:,:-1,:-1])
```

```
[[[0 1]]

 [[6 7]]]
```

print(d[:,1:,1:])로 설정하면 전체 면 수와 1행부터 마지막 행, 1열부터 마지막 열까지 표시된다.

```
print(d[:,1:,1:])
```

```
[[[ 4  5]]

 [[10 11]]]
```

print(d[:,:,-1])라고 설정하면 전체 면 수와 전체 행 수가 표시되며 열을 -1로 설정했기 때문에 마지막 열의 값만 표시된다. 각 면의 마지막 열이 한 행으로 표시되어 총 2행 2열의 데이터가 표시된다. 원본으로 설정한 배열의 값과 현재 코드의 결과를 비교해보면 좀 더 쉽게 이해할 수 있을 것이다.

```
print(d[:,:,-1])
```

```
[[ 2  5]
 [ 8 11]]
```

면 수, 행 수, 열 수를 −1로 설정하면 마지막 면, 마지막 행, 마지막 열만 표시된다. 다음 예제에서 print(d[:,−1,−1])은 전체 면 수에서 마지막 행과 마지막 열만을 하나의 행으로 표시하는 것이고 print(d[−1,−1,−1])은 마지막 면, 마지막 행, 마지막 열에 해당하는 요소값인 11이 표시된다.

```
print(d[:,-1,-1])
print(d[-1,-1,-1])
```

```
[ 5 11]
11
```

변수 a에 arange 함수를 이용해 0~11까지 12개 요소를 가지는 배열을 생성한 뒤 a[0] 형태로 인덱싱하고 a[0:1] 형태로 슬라이싱한 결과를 출력해보자. 여기서 알 수 있는 것은 인덱싱 결과는 스칼라scalar로 표시되고 슬라이싱 결과는 배열인 ndarray 형태로 표시된다는 것이다.

TIP • 스칼라 연산에 대해서는 291쪽에서 자세히 설명한다.

```
a=np.arange(12)
print(a, a.shape)
print(a[0])       # 스칼라
print(a[0:1])     # 배열(ndarray)
```

```
[ 0  1  2  3  4  5  6  7  8  9 10 11] (12,)
0
[0]
```

4 불 인덱싱

불Boolean 인덱싱이란 조건을 이용한 인덱싱을 말한다. 조건 검색 및 필터를 사용해 데이터를 추출할 수 있기 때문에 배열의 인덱싱에서 중요한 내용 중 하나다.

변수 a에 np.array 함수를 이용해 1부터 6까지 요소를 가진 배열을 생성한다.

```
import numpy as np
a=np.array([1, 2, 3, 4, 5, 6])
print(a)
```

```
[1 2 3 4 5 6]
```

배열 a에 포함된 요소를 이용해 조건을 설정할 수 있으며 조건의 결과는 True 또는 False로 출력된다.

```
print(a>2)
```

```
[False False  True  True  True  True]
```

배열명[조건식] 형태로 설정하면 조건에 맞는 값만 표시할 수 있다. 다음 예제에서 print(a[a>2])와 같이 설정하면 2 초과라는 조건에 맞는 값만 표시된다.

```
print(a[a>2])
```

```
[3 4 5 6]
```

5 조건 필터

넘파이 배열에서 조건 연산자로 조건을 설정하고 결과는 True 또는 False를 요소로 하는 배열을 생성할 수 있다. 조건으로 설정된 값을 인덱스로 사용하여 조건에 맞는 값만 결과로 표시할 수도 있다.

먼저, 변수 a에 np.array 함수를 이용해 1, 2, 3, 4, 5, 6을 요소로 포함하는 ndarray를 생성한다. 변수 result에 2 초과라는 조건을 설정하고 결과를 실행하면 불 인덱스Boolean Index 배열이 저장된다.

```
a=np.array([1, 2, 3, 4, 5, 6])
result=a>2
result
```

```
array([False, False, True, True, True, True])
```

배열명[조건식] 형태로 설정하면 조건에 맞는 결과만 배열에 포함할 수 있다. 예를 들어, a[a>2]라고 설정하면 2 초과값인 3부터 6까지 결과로 표시하고 a[a!=3]이라고 설정하면 3이 아닌 값만 표시할 수 있다.

```
a[a>2]
```

```
array([3, 4, 5, 6])
```

```
a[a!=3]
```

```
array([1, 2, 4, 5, 6])
```

대괄호에는 조건식뿐만 아니라 넘파이에서 제공하는 함수를 이용할 수도 있다.

```
print(a[(a>2) & (a<6)])        # 2보다 크고 6보다 작은 요소만 추출
print(a[a % 2==0])             # 2로 나눈 나머지가 0인 요소만 추출
print(a[a<a.mean( )])          # 평균보다 작은 값만 추출
```

```
[3 4 5]
[2 4 6]
[1 2 3]
```

빈 문자열, Null, 숫자 0, NaN, 빈 리스트 [ ], 빈 튜플 ( ), 빈 딕셔너리 { } 등과 같이 값이 없는 것은 False로 표시된다. 배열에서 [True] 또는 [False]를 요소로 출력하면 다음과 같은 결과가 나타난다.

```
print(a[True])
print(a[False])
```

```
[[1 2 3 4 5 6]]
[]
```

SECTION 04

넘파이 배열의 정렬

넘파이에서 제공하는 함수를 사용해 배열을 정렬하는 방법을 알아보자. 정렬에 사용하는 대표적인 함수는 sort이며 인덱스를 기준으로 정렬하는 argsort 함수가 있다. 기본적인 정렬 방법과 2차원 배열을 정렬하는 방법을 살펴본다.

1 기본 정렬: sort 함수

sort 함수는 정렬에 사용하는 대표적인 함수로 옵션을 설정하지 않으면 기본적으로 오름차순 정렬을 한다. 내림차순 정렬은 오름차순 정렬 후 정렬 순서를 변경하여 설정할 수 있다.

np.array 함수를 이용해 넘파이 배열을 생성하고 정렬이 잘 되는지 확인하기 위해 요소는 순서 없이 임의로 설정한다. **np.sort(배열명)** 형태로 설정하여 배열 a를 오름차순 정렬하고 배열 r에 할당한다. r과 a를 함께 출력해 비교해보자.

```
a=np.array([2, 8, 9, 7, 3, 1, 4, 5, 6])
print(a, a.shape)
r=np.sort(a)        # 원본 변경 없이 오름차순 정렬
print(r, a)
```

```
[2 8 9 7 3 1 4 5 6] (9,)
[1 2 3 4 5 6 7 8 9] [2 8 9 7 3 1 4 5 6]
```

배열 a는 오름차순 정렬, 배열 r은 내림차순 정렬을 해보자. sort 함수는 기본적으로 오름차순 정렬을 하므로 내림차순 정렬을 하려면 [::−1]로 설정하여 정렬 순서를 변경하면 된다.

```
# 오름차순 정렬
a.sort()
print(a)
```

```
[1 2 3 4 5 6 7 8 9]
```

```
# 내림차순 정렬
r=np.sort(a)[::-1]
print(r)
```

```
[9 8 7 6 5 4 3 2 1]
```

2 인덱스 반환 정렬: argsort 함수

argsort 함수는 정렬된 값을 인덱스로 반환한다. 그림에서와 같이 배열 요소를 오름차순으로 정렬한 뒤 요소의 인덱스를 반환한다.

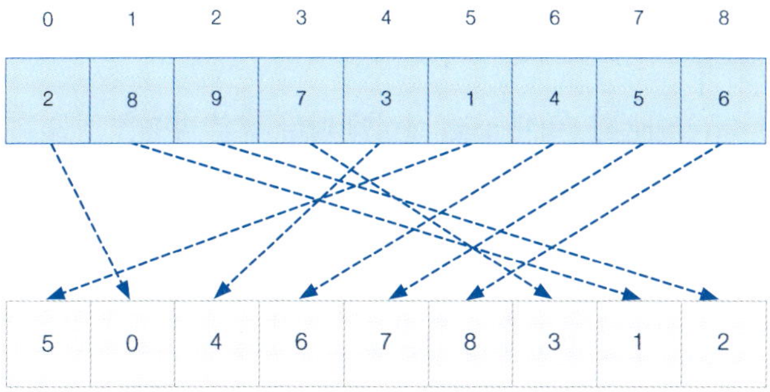

그림 8-4 argsort 함수가 정렬된 배열의 인덱스를 반환하는 방법

np.array 함수를 이용해 임의의 순서를 가진 요소로 이루어진 배열을 만든다.

```
a=np.array([2, 8, 9, 7, 3, 1, 4, 5, 6])
print(a, a.shape)
```

```
[2 8 9 7 3 1 4 5 6] (9,)
```

np.argsort 함수를 실행하면 오름차순 정렬된 배열의 인덱스가 표시된다. 임의의 변수를 사용해 오름차순 정렬된 요소의 인덱스만 저장할 수도 있다.

```
np.argsort(a)
```

```
array([5, 0, 4, 6, 7, 8, 3, 1, 2])
```

```
sort_index=np.argsort(a)
print(sort_index)
```

```
[5 0 4 6 7 8 3 1 2]
```

3 2차원 배열의 정렬

axis 설정을 이용하면 2차원 배열을 행 또는 열을 기준으로 정렬할 수 있다. 실습을 위해 3행 4열의 2차원 배열을 생성해보자.

```
arr2d=np.array([[5, 6, 7, 8],
                [4, 3, 2, 1],
                [10, 9, 12, 11]])
print(arr2d)
print(arr2d.shape)
```

```
[[ 5, 6, 7, 8],
 [ 4, 3, 2, 1],
 [10, 9, 12, 11]]
(3, 4)
```

np.sort 함수를 이용한 오름차순 정렬부터 알아본다. 이때 axis 설정에 따라 정렬 방향을 정할 수 있다. axis=1로 설정하면 행별로 오름차순 정렬되고 axis=0으로 설정하면 열별로 오름차순 정렬되는 것을 확인할 수 있다. axis 설정을 생략하면 자동으로 1로 설정된다.

```
# 열 방향으로 같은 행의 요소 정렬
np.sort(arr2d, axis=1)
```

```
array([[ 5,  6,  7,  8],
       [ 1,  2,  3,  4],
       [ 9, 10, 11, 12]])
```

```
# 행 방향으로 같은 열의 요소 정렬
np.sort(arr2d, axis=0)
```

```
array([[ 4,  3,  2,  1],
       [ 5,  6,  7,  8],
       [10,  9, 12, 11]])
```

argsort 함수는 정렬된 요소의 인덱스를 반환하며 axis 설정에 따라 정렬 방향을 정할 수 있다. axis=1로 설정하면 행별로, axis=0으로 설정하면 열별로 오름차순 정렬되며 생략 시 1로 자동 설정된다.

```
# 열 방향으로 같은 행 정렬
print(arr2d)
print(np.sort(arr2d))
np.argsort(arr2d, axis=1)
```

```
[[ 5  6  7  8]
 [ 4  3  2  1]
 [10  9 12 11]]
[[ 5  6  7  8]
 [ 1  2  3  4]
 [ 9 10 11 12]]
array([[0, 1, 2, 3],
       [3, 2, 1, 0],
       [1, 0, 3, 2]])
```

```
# 행 방향으로 같은 열 정렬
print(arr2d)
print(np.sort(arr2d, axis=0))
np.argsort(arr2d, axis=0)
```

```
[[ 5  6  7  8]
 [ 4  3  2  1]
 [10  9 12 11]]
[[ 4  3  2  1]
 [ 5  6  7  8]
 [10  9 12 11]]
array([[1, 1, 1, 1],
       [0, 0, 0, 0],
       [2, 2, 2, 2]])
```

SECTION

05 넘파이 배열의 연산

이번에는 넘파이 배열의 연산에 대해 살펴본다. 선형대수 편에서 공부하겠지만 배열의 연산은 데이터 분석에서 가장 기초가 되는 부분이다.

1 배열과 스칼라(상수) 간의 연산

배열과 스칼라(상수) 간의 연산은 **배열〈연산자〉상수** 혹은 **상수〈연산자〉배열** 형태가 된다.

배열 내 요소들의 연산

배열을 이루는 요소들의 합을 구해보자. np.array 함수를 이용해 원본으로 사용할 배열 a를 생성한다. 배열 내 요소들의 합을 구하기 위해 np.sum 함수를 이용한다. 이때, axis=0으로 설정하면 행 단위로 배열이 합쳐지고 axis=1로 설정하면 열 단위로 합쳐져서 표시된다. 즉, axis=0으로 설정하면 행을 기준으로 열의 값을 모두 더하고, axis=1로 설정하면 반대로 열을 기준으로 행의 값을 모두 더한다.

```
# 같은 배열 내 요소의 합 구하기
import numpy as np
a=np.array([[1, 2, 3],
            [4, 5, 6]])
np.sum(a, axis=0), np.sum(a, axis=1)
```

```
(array([5, 7, 9]), array([ 6, 15]))
```

배열 내 전체 요소의 값을 더하고 싶다면 별다른 설정 없이 **배열명**.sum()이라고 설정한다. 다음과 같이 모든 원소를 더한 값인 21이 결과로 표시된다.

```
a.sum()
```

```
21
```

배열과 상수의 사칙연산

배열과 상수의 사칙연산에 대해 살펴본다. 배열과 상수는 같은 형태가 아니어서 상수를 배열 형태로 바꿔서 연산한다. 이를 브로드캐스팅이라고 하며 뒤에서 자세히 다룬다.

넘파이 배열 a에 상수값을 더하고 빼고 곱하고 나누는 예를 살펴보자.

```
a=np.array([[1, 2, 3],
            [4, 5, 6]])
b=2
print(a+b)
print(a-b)
print(a*b)
print(a/b)
```

```
[[3 4 5]
 [6 7 8]]
[[-1  0  1]
 [ 2  3  4]]
[[ 2  4  6]
 [ 8 10 12]]
[[0.5 1.  1.5]
 [2.  2.5 3. ]]
```

```
A=np.arange(1, 13).reshape(3, 4)
print(A+10)
print(A-10)
print(A*10)
print(A/10)
```

```
[[11 12 13 14]
 [15 16 17 18]
 [19 20 21 22]]
[[-9 -8 -7 -6]
 [-5 -4 -3 -2]
 [-1  0  1  2]]
[[ 10  20  30  40]
 [ 50  60  70  80]
 [ 90 100 110 120]]
[[0.1 0.2 0.3 0.4]
 [0.5 0.6 0.7 0.8]
 [0.9 1.  1.1 1.2]]
```

```
A=np.arange(1, 13).reshape(3, 4)
A-1
```

```
array([[ 0,  1,  2,  3],
       [ 4,  5,  6,  7],
       [ 8,  9, 10, 11]])
```

배열과 배열의 요소 간 연산

배열의 요소끼리의 연산을 살펴본다. 2행 3열인 배열 a와 1행 3열인 배열 b 사이에 사칙연산을 해본다.

```
a=np.array([[1, 2, 3],
            [4, 5, 6]])
b=np.array([1, 2, 3])  # b=np.array([[1, 2, 3]])도 가능
print(a+b)
print(a-b)
print(a*b)
print(a/b)
```

```
[[2 4 6]
 [5 7 9]]
[[0 0 0]
 [3 3 3]]
[[ 1  4  9]
 [ 4 10 18]]
[[1.  1.  1. ]
 [4.  2.5 2. ]]
```

결과를 보면 1행 3열인 배열 b를 2행 3열인 배열로 계산한다. 이를 브로드캐스팅이라고 하는데 브로드캐스팅은 차원의 크기가 다른 배열끼리 연산이 가능하도록 배열을 변환해서 연산하는 것이다.

```
b=np.array([[1, 2, 3]])
```

→

```
b=np.array([[1, 2, 3],
            [1, 2, 3]])
```

배열 간의 곱셈과 행렬 곱셈의 차이

먼저, 배열의 요소끼리 곱셈을 해보자.

```
a=np.array([[1, 2],
            [3, 4]])
b=np.array([[1, 2],
            [1, 2]])
print(a*b)
print(a.dot(b))
```

```
[[1 4]
 [3 8]]
[[ 3  6]
 [ 7 14]]
```

(a*b)처럼 배열끼리 곱셈을 하려면 배열의 모양이 같아야 한다. 반면에, 행렬의 곱셈은 앞의 열과 뒤의 행이 같아야 한다. 즉, (n*k) 행렬과 (k*m) 행렬의 곱셈 결과는 (n*m) 행렬이다.

2 브로드캐스팅

브로드캐스팅이란 차원의 크기가 다른 배열끼리 산술연산이 가능하도록 하는 것이다. 모양과 차원이 다른 배열 간의 조건(차원과 구조)을 만족하도록 배열을 변환하여 연산이 가능하도록 한다. 브로드캐스팅이 일어날 수 있는 조건은 다음과 같다.

- 최소한 하나의 배열의 차원이 1인 경우
- 두 배열의 차원의 쌍이 맞을 경우
- 차원에 대해 행의 길이 혹은 열의 길이가 같은 경우

예를 들어 살펴보자.

```
A=np.array([[1, 2],
            [3, 4]])
B=np.array([1, 2])
A+B
```

```
array([[2, 4],
       [4, 6]])
```

코드를 보면 배열 B는 1행만 있는 1차원이다. 이 경우, B에 1행을 더하여 계산한다.

```
B=np.array([[1, 2],
            [1, 2]])
```

다음의 예를 보자.

```
A=np.array([[1, 2, 3],
            [4, 5, 6]])
B=np.array([2])
A+B
```

```
array([[3, 4, 5],
       [6, 7, 8]])
```

배열 B는 다음과 같이 행과 열이 추가되도록 변환하여 계산한다.

```
B=np.array([[2,2,2],
            [2,2,2]])
```

다음과 같은 경우는 어떻게 될까?

```
A=np.array([[1, 2, 3],
            [4, 5, 6]])
B=np.array([[2],
            [4]])
A+B
```

```
array([[ 3,  4,  5],
       [ 8,  9, 10]])
```

배열 B를 다음과 같이 변환하여 계산한다.

```
B=np.array([[2,2,2],
            [4,4,4]])
```

그 외에 연산 시 행의 수나 열의 수가 최소한 일치하는 것이 있어야 하고 나머지 행이나 열을 옆이나 아래로 똑같이 추가할 수 있는 경우에 브로드캐스팅이 작동한다. 그 외에는 작동하지 않는다.

IT@COOKBOOK

연습문제

1 다음 코드의 실행 결과로 옳은 것은?

```
import numpy as np
a=np.arange(3)
print(a)
```

① [1 2 3] ② [3 2 1]

③ [0 1 2] ④ [2 1 0]

2 다음 코드의 실행 결과를 입력하시오.

```
for i in range(1, 6, 2):
    print(i)
```

3 다음 코드의 실행 결과를 입력하시오.

```
arr=np.arange(start=1, stop=11, step=1)
arr
```

4 다음 코드의 실행 결과로 옳은 것은?

```
m=np.array([[0, 1, 2],
            [3, 4, 5]])
print(m.shape)
```

① (3, 3) ② (2, 3)

③ (3, 2) ④ (2, 2)

연습문제

5 다음 코드의 실행 결과로 옳은 것은?

```
m=np.array([np.arange(3), np.arange(3, 6)])
print(m)
```

① [[0 1 2]
 [3 4 5]]

② [[3 4 5]
 [3 4 5]]

③ [[0 1 2]
 [0 1 2]]

④ [[3 4 5]
 [0 1 2]]

6 다음 코드의 실행 결과로 옳은 것은?

```
np.arange(2, 6, 3)
```

① array([0, 3])

② array([1, 4])

③ array([2, 5])

④ array([2, 6])

7 다음 코드의 실행 결과를 입력하시오.

```
m=np.array([[[0, 1, 2],
             [3, 4, 5]],
            [[0, 1, 2],
             [3, 4, 5]]])
print(m)
```

8 다음 코드의 실행 결과로 옳은 것은?

```
arr1=np.array([1, 2, 3, 3.14])
print(arr1.dtype)
```

① int8 ② float64

③ unit8 ④ int32

9 다음 코드의 실행 결과로 옳은 것은?

```
m1=np.arange(6)
print(m1)
```

① [0 1 2 3 4 5] ② [1 2 3 4 5 6]

③ [0 1 2 3 4 5 6] ④ [0 0 0 0 0 0 0]

10 다음 코드의 실행 결과로 옳은 것은?

```
m1=np.arange(6)
m2=m1.reshape(6, 1)
print(m2.shape)
```

① (1, 1) ② (1,)

③ (6, 1) ④ (1, 6)

11 다음 코드의 실행 결과를 입력하시오.

```
a=np.arange(12).reshape(3, 4)
f=a.flatten()
print(f, f.shape)
```

연습문제

12 다음 코드의 실행 결과를 입력하시오.

```
a=np.arange(12).reshape(3, 4)
print(a[::-1])
```

13 괄호 안에 들어갈 알맞은 내용을 입력하시오.

(　　　　　) 명령은 배열을 임시로 1차원으로 변경해 데이터를 채운 뒤 다시 원래의 구조를 되돌려준다. 주로 배열의 요소 전체를 한꺼번에 초기화할 때 사용한다.

14 다음 코드의 실행 결과로 옳은 것은?

```
d=np.arange(6)
print(d[-2])
```

① 0　　② 1
③ 4　　④ 5

15 다음 코드의 실행 결과로 옳은 것은?

```
d=np.arange(12).reshape(3, 4)
print(d[2, 1])
```

① 0　　② 1
③ 4　　④ 9

16 다음 코드의 실행 결과를 입력하시오.

```
d=np.arange(12).reshape(3, 4)
d[0]=20
print(d)
```

17 다음 코드의 실행 결과를 입력하시오.

```
a=np.array([1, 2, 3, 4, 5, 6])
print(a>2)
```

18 다음 코드의 실행 결과로 옳은 것은?

```
a=np.array([1, 2, 3, 4, 5, 6])
print(a[a>2])
```

① [1 2] ② [0 1 2]

③ [3 3 3 3] ④ [3 4 5 6]

19 다음 코드의 실행 결과를 입력하시오.

```
a=np.array([1, 2, 3, 4, 5, 6])
result=a>2
result
```

연습문제 IT@COOKBOOK

20 다음 코드의 실행 결과를 입력하시오.

```
a=np.array([1, 2, 3, 4, 5, 6])
a[a!=3]
```

21 다음 코드의 실행 결과로 옳은 것은?

```
a=np.arange(1, 7)
a[[1, 3, 5, 2]]
```

① array([1, 3, 5, 2]) ② array([2, 4, 6, 3])
③ array([1, 4, 2, 3]) ④ array([1, 2, 3, 4])

22 다음 코드의 실행 결과를 입력하시오.

```
idx=[1, 3, 5]
a[idx]
```

23 괄호 안에 들어갈 알맞은 내용을 입력하시오.

( ) 함수는 정렬된 값이 아닌 인덱스를 반환한다. 배열에 있는 값을 오름차순 정렬하고 정렬된 배열의 요소가 아니라 배열의 인덱스를 순서대로 반환한다.

09

CHAPTER

선형대수와 신경망 기초

학습목표

- 스칼라와 벡터에 대한 개념을 설명한다.
- 벡터의 선형 조합, 벡터 내적, 벡터 간 거리를 이해하고 데이터 분석에서 이용되는 오차를 계산한다.
- 행렬의 표기 방법과 행렬의 연산을 배운다.
- 선형대수를 통해 신경망의 원리를 이해한다.

SECTION 01

벡터

선형대수는 컴퓨터 그래픽, 머신러닝, 딥러닝 등 다양한 분야에서 필요한 기초 수학이다. 어려운 수학 문제를 풀기 위해서는 가장 기초적인 사칙연산부터 알아야 하는 것처럼 선형대수를 아는 것은 머신러닝과 딥러닝을 배우는 데 필수 사항이다. 여기서는 머신러닝, 딥러닝을 이용한 데이터 분석에 필요한 선형대수의 기본 개념을 살펴본다. 1절에서는 벡터, 2절에서는 행렬에 대해 알아보고 넘파이를 활용한 실습도 함께 살펴보자.

1 스칼라와 벡터

데이터 분석에서 다루는 데이터는 개수나 형태에 따라 스칼라Scalar, 벡터Vector, 행렬Matrix, 텐서Tensor 유형으로 크게 나눌 수 있다. 스칼라는 숫자 하나로 이루어진 데이터, 벡터는 여러 숫자로 이루어진 데이터 레코드Data Record다. 행렬은 벡터의 집합으로 볼 수 있고 텐서는 크기가 같은 행렬의 집합으로 이해하면 된다.

스칼라

스칼라는 크기만 있고 방향은 없는 양으로 정의할 수 있다. 일반적으로 스칼라는 하나의 숫자로 이루어진 데이터 즉, 상수라고 생각할 수 있다. 예를 들어, 홍길동 학생의 국어 점수는 스칼라다. 파이썬으로 굳이 표현하자면 korean=80처럼 변수 korean에 80을 할당해 사용한다. 보통 스칼라는 알파벳 소문자로 표기하며 숫자이므로 실수Real Number 집합의 원소라는 의미로 다음과 같이 표기한다.

$$x \in R$$

벡터

벡터는 크기와 방향을 가진 양으로 정의할 수 있다. 벡터끼리 더하거나 벡터와 상수를 곱하여 새로운 벡터를 생성한다. 벡터는 어떤 유한한 차원의 공간에 존재하는 점이라고 할 수 있으며 대부분의 데이터, 특히 숫자로 표현된 데이터는 벡터로 표현할 수 있다. 예를 들어, 홍길동 학생의 중간고사 3과목(국어, 영어, 수학) 점수는 3차원 벡터로 표현할 수 있다. 통상적으로 하나의 벡터를 이루는 데이터 개수를 차원으로 생각하며 다음과 같이 표기한다.

$$x \in R^N$$

벡터를 파이썬으로 간단하게 표현하려면 숫자로 구성된 리스트를 사용한다. 예를 들어, 홍길동 학생의 국어, 영어, 수학 점수를 Hong=[80, 90, 100]으로 표현할 수 있다. 데이터의 종류가 한 개면 1차원 벡터다.

벡터의 개념을 좀 더 살펴보자. 점 (1, 2)는 다음과 같이 다양한 의미를 나타낸다.

- 점 (1, 2)
- 점 (0, 0)과 점 (1, 2)를 연결하는 화살표
- 점 (1, 2)로 돌아온 화살표의 합

이를 파이썬의 리스트와 넘파이 배열을 사용해 다음과 같이 표현할 수 있다.

```
import numpy as np
a=[1, 2]
```

```
[1, 2]
```

```
import numpy as np
a1=np.array([1, 2])
a1
```

```
array([1, 2])
```

벡터의 합과 차

벡터와 벡터의 합도 벡터다. 벡터의 합은 그 두 벡터를 이웃하는 변으로 갖는 평행사변형의 대각선 벡터다. 또는 더하고자 하는 벡터의 끝점으로 벡터를 평행이동했을 때, 이동한 벡터가 가리키는 점의 위치로 생각할 수도 있다(둘 중 어느 벡터를 평행이동해도 결과는 같다). 벡터의 합과 차를 다음과 같이 계산을 통해 구분해보자.

```
# 벡터의 합
a=np.array([1, 2])
b=np.array([3, 4])
c=a+b
c
```

```
array([4, 6])
```

```
# 벡터의 차
a=np.array([1, 2])
b=np.array([3, 4])
c=a-b
c
```

```
array([-2, -2])
```

리스트 합과 벡터 합

리스트는 파이썬에서 기본으로 많이 사용하는 자료형이다. 리스트 합을 구하면 리스트의 값이 연결되어 표시된다. 벡터의 합은 넘파이의 array 함수로 벡터값을 할당한 뒤 합을 구하는 것으로 각각의 원소들을 더해서 표시한다.

다음은 리스트의 합과 벡터의 합에 대한 예다. 리스트의 합은 변수 a에 [1, 2]를 할당하고 변수 b에 [3, 4]를 할당한다. a+b 결과를 확인하면 a와 b가 연결된 형태로 표시된다. 반면에, 벡터의 합은 두 개의 벡터 a1과 b1에 np.array 함수를 이용해 각각 [1, 2]와 [3, 4] 형태로 할당한다. a1과 b1을 더하면 각각의 원소를 더한 [4, 6]이라는 결과가 넘파이 배열 형태로 표시된다.

```
# 리스트의 합
a=[1, 2]
b=[3, 4]
a+b
```

```
[1, 2, 3, 4]
```

```
# 벡터의 합
a1=np.array([1, 2])
b1=np.array([3, 4])
a1+b1
```

```
array([4, 6])
```

2 벡터의 연산

리스트형의 데이터를 이용해 벡터의 연산에 대해 설명한다.

벡터의 표현

홍길동 학생의 1학기 데이터과학 과목의 성적을 예로 살펴보자. 먼저, 성적을 산출할 때 100점 만점에 중간고사 40%, 기말고사 40%, 출석 10%, 과제 10%의 가중치를 둔다고 가정하자. 이 학생의 1학기 데이터과학 과목의 원 점수는 중간고사 80점, 기말고사 90점이었다. 기말고사를 치르고 나서 1학기 출석과 과제 점수를 각각 10점, 9점으로 부여했다면 이를 다음과 같은 파이썬 리스트 형태로 표현할 수 있다. 이렇게 순서를 정해서 값을 일렬로 나열한 순서쌍을 벡터라고 한다.

```
Hong1=[80, 90, 10, 9]
```

80, 90, 10, 9와 같은 각각의 수를 벡터의 성분이라고 한다.

홍길동의 데이터과학 과목의 1학기 중간고사, 기말고사 점수를 다음과 같은 리스트로 표현할 수 있다.

```
Hong1=[80, 90]
```

또한 넘파이 배열을 이용해 표현할 수 있다. 변수 Hong1a에 np.array 함수를 이용해 다음과 같이 값을 할당한다.

```
Hong1a=np.array([80, 90])
```

벡터의 상등

벡터의 상등이란 벡터가 서로 같다는 것이다. 벡터의 순서와 그 순서에 해당되는 각각의 성분이 같으면 벡터는 상등하다고 한다. 예를 들어, 이몽룡의 데이터과학 과목 점수 벡터가 다음과 같다면 이는 홍길동의 데이터과학 과목 점수 벡터와 상등하다고 한다.

```
Lee1=[80, 90]
```

벡터의 합

정약용의 1학기 데이터과학 과목의 중간고사, 기말고사, 출석 점수, 과제 점수가 다음과 같다고 가정하자.

```
Jung1=[70, 80, 9, 8]
```

홍길동과 정약용의 데이터과학 점수 평균을 산출하려면 두 학생의 점수를 더해야 한다. 이때 필요한 개념이 벡터의 합이다. 벡터의 차원 혹은 성분의 개수가 같다면 벡터의 합을 계산할 수 있다. Hong1과 Jung1 벡터의 원소 개수가 같으므로 다음과 같이 계산할 수 있다. 편의상 1학기 중간고사, 기말고사 점수만 고려한다.

```
Hong1=[80, 90]
Jung1=[70, 80]
```

아직 넘파이를 모른다고 가정하고 파이썬 기초 문법을 이용해 벡터를 더하는 방법부터 살펴본다.

❶ 리스트 원소끼리 각각 더하기

홍길동과 정약용의 점수를 변수 Hong1, Jung1에 각각 할당하고 변수 Score에는 빈 리스트를 할당한다. for 문을 이용해 Hong1의 길이만큼 반복하고 Score에 Hong1과 Jung1에 할당된 데이터의 합을 추가한다. Score를 출력하면 다음과 같이 표시된다.

```
Hong1=[80, 90]
Jung1=[70, 80]
Score=[]
for i in range(len(Hong1)): # len(Hong1)=2
    Score.append(Hong1[i]+Jung1[i])

print(Score)
```

```
[150, 170]
```

❷ 넘파이를 이용해 더하기

넘파이를 이용해 벡터의 합을 계산하면 다음과 같이 매우 간단하다. 넘파이를 임포트하고 np.array 함수로 변수 Hong1에 입력된 값을 넘파이 배열로 변환해 변수 npHong1에 저장한다.

같은 방법으로 변수 Jung1에 입력된 값도 넘파이 배열로 변환해 변수 npJung1에 저장한다. 배열의 합을 이용해 구하면 다음과 같은 결과가 표시된다.

```
import numpy as np
npHong1=np.array(Hong1)
npJung1=np.array(Jung1)
npHong1+npJung1
```

```
array([150, 170])
```

벡터의 차

벡터의 차는 벡터 합과 방식이 매우 비슷하다. 홍길동과 정약용의 중간고사와 기말고사 점수를 비교하여 벡터의 차를 구하는 함수를 만들어보자.

```
def vector_sub(*args):# 각 성분끼리 더하기
    return [vi - wi for vi, wi in zip(*args)]

sub=vector_sub(Hong1, Jung1)
sub
```

```
[10, 10]
```

넘파이를 이용해 벡터의 차를 계산하는 것도 벡터 합처럼 매우 간단하다. 합의 연산자인 +를 −로 변경하면 된다.

```
npHong1=np.array(Hong1)
npJung1=np.array(Jung1)
npHong1-npJung1
```

```
array([10, 10])
```

3 벡터의 선형조합

여러 개의 벡터에 스칼라 곱을 한 후 더하는 것을 선형조합Linear Combination이라고 한다. 선형조합의 형태는 다음과 같다.

$c_1x_1 + c_2x_2 + \dots + c_Nx_N$, 이때, c_1, c_2, $\dots$, c_N은 스칼라 계수

스칼라와 벡터의 곱

양의 실수와 벡터를 곱하면 벡터의 방향은 변하지 않고 실수 크기만큼 벡터의 길이가 커진다. 음의 실수를 곱하면 벡터의 방향이 반대가 된다. 간단한 예제를 통해 알아보자.

❶ 넘파이 배열 사용

변수 x1에 np.array 함수를 이용해 [1, 2] 값을 가진 넘파이 배열을 생성하고 변수 x2에는 [3, 4] 값을 가진 넘파일 배열을 생성한다. x1에 0.5를 곱하면 array([0.5, 1.]) 값이 반환되고 x2에 0.5를 곱하면 array([1.5, 2.]) 값이 생성된다. 두 값을 더하여 변수 x3에 할당하고 실행하면 array([2.,3.])이라는 값이 반환된다.

```
x1=np.array([1, 2])
x2=np.array([3, 4])
x3=0.5*x1 + 0.5*x2
x3
```

```
array([2., 3.])
```

❷ map 함수 사용

map 함수를 사용해서 스칼라와 벡터의 곱을 살펴보자. map 함수는 리스트의 요소를 지정된 함수로 처리해준다. map 함수를 리스트로 이용해 선형조합의 예를 나타내보자. map 함수의 lambda 식을 이용해 인자로 받은 A 변수의 값에 2를 곱하고 리스트로 변수 scalar_multiply에 할당한 후 출력한다. 다음과 같이 리스트 값에 2씩 곱한 형태로 표시된다.

```
A=[1, 2, 3, 4, 5]
scalar_multiply=list(map(lambda x: x*2, A))
print(scalar_multiply)
```

```
[2, 4, 6, 8, 10]
```

선형조합의 예

홍길동 학생과 정약용 학생의 중간고사, 기말고사의 평균을 구해보자. Hong1=[80, 90], Jung1=[70, 80] 형태로 변수에 할당한다. 두 벡터의 합을 나타내는 Score=[150, 170]이고 이를 2로 나누면 평균값이 된다. 이를 리스트로 계산해보자.

❶ sum 함수, zip 함수 이용

변수 Hong1에는 [80, 90] 값을 할당하고 변수 Jung1에는 [70, 80] 값을 할당한다. 변수 a에는 0.5를 할당하는데 이는 두 과목의 평균을 구하기 위함이다. for 문으로 Hong1과 Jung1의 첫 번째 원소값을 리스트 형태로 각각 꺼내어 sum 함수로 더한 뒤 0.5를 곱하여 평균값을 구한다. 두 번째 원소값에도 똑같이 적용하면 [75.0, 85.0] 값이 반환된다.

```
Hong1=[80, 90]
Jung1=[70, 80]

a=0.5

avg=[a*sum(i) for i in zip(Hong1, Jung1)]
avg
```

```
[75.0, 85.0]
```

❷ 넘파이를 이용한 스칼라와 벡터의 곱

넘파이를 이용해서 계산하면 다음과 같이 매우 간단하다. Hong1과 Jung1을 np.array 함수를 이용하여 넘파이 배열을 생성하고 이 두 배열의 값을 합한 np_S 변수와 0.5로 할당된 변수 a와의 곱을 계산하면 다음과 같은 결과가 표시된다.

```
import numpy as np
npHong1=np.array(Hong1)
npJung1=np.array(Jung1)
np_S= npHong1+npJung1

a=0.5
a*np_S
```

```
array([75., 85.])
```

4 벡터의 내적

벡터의 내적Dot Product이란 벡터의 각 원소끼리 곱한 후 모두 더한 값을 말한다. 벡터의 내적의 결과값은 벡터가 아닌 스칼라다. 예를 들어, [4, 3] 벡터와 [6, 0] 벡터가 있을 때 각각의 원소를 곱하고 결과를 구하면 (4, 3)*(6, 0)=(4*6)+(3*0)=24와 같은 형태가 된다.

함수를 만들어 벡터의 내적 구하기

벡터의 내적을 구하는 함수를 정의해보자. 다음 예제를 보면, 함수 이름은 dot, 인자로 v와 w를 받는다. zip 함수로 v와 w 값을 쌍으로 묶어 각각 변수 v_i와 w_i에 반환하고 그 값을 곱한 후 sum 함수를 이용해 합계를 반환한다. 변수 A에 [4, 3] 리스트를 할당하고 변수 B에 [6, 0] 값을 할당해 A와 B를 dot 함수의 인자값으로 사용한다. 각각의 원소를 곱하고 더하면 24라는 결과가 반환되어 표시된다.

```
def dot(v, w):
    return sum(v_i * w_i for v_i, w_i in zip(v, w))


A=[4, 3]
B=[6, 0]
dot(A, B)
```

```
24
```

dot 함수에 다른 값을 넣고 계산해보자. x1에 [1, 2, 3]을 할당하고 y1에 [4, 5, 6]을 할당한다. dot 함수에 x1과 y1을 인자로 입력해 계산하면 각각의 원소를 곱하고 더한 32라는 결과가 표시된다.

```
x1=[1, 2, 3]
y1=[4, 5, 6]
dot(x1, y1)
```

```
32
```

넘파이로 벡터의 내적 구하기

넘파이를 이용해 벡터의 내적을 구해보자. 넘파이를 이용하면 조금 더 쉽게 벡터의 내적을 구할 수 있다. 변수 npx1에 np.array 함수를 이용해 [1, 2, 3]이라는 넘파이 배열을 생성하고 같은 방법으로 변수 npy1에 [4, 5, 6]을 넘파이 배열로 할당한다. npx1*npy1로 각각의 원소를 곱하고 sum 함수를 이용해 합계를 구한다.

```
npx1=np.array([1, 2, 3])
npy1=np.array([4, 5, 6])
sum(npx1*npy1)
```

```
32
```

이번에는 np.array 함수를 이용해 변수 a에는 [1, 2, 3, 4, 5]를 넘파이 배열로 생성하고 변수 b에는 [2, 4, 6, 8, 10]을 넘파이 배열로 생성한다. a와 b를 곱하고 sum 함수를 이용해 합계를 출력하면 다음과 같이 결과가 표시된다.

```
a=np.array([1, 2, 3, 4, 5])
b=np.array([2, 4, 6, 8, 10])
print(a*b)
print(sum(a*b))
print(np.sum(a*b))
```

```
[ 2  8 18 32 50]
110
110
```

넘파이 브로드캐스팅으로 벡터의 내적 구하기

원래 벡터의 합과 차는 크기(차원)가 같은 두 벡터에 대해서만 할 수 있다. 하지만 벡터와 스칼라의 경우에는 관례적으로 1-벡터를 사용해 스칼라를 벡터로 변환한 연산을 허용하며 이를 브로드캐스팅Broadcasting이라고 한다. 데이터 분석에서는 원래의 데이터 벡터 대신 그 데이터 벡터 원소의 평균값을 뺀 평균제거mean removed 벡터 혹은 0-평균zero-mean 벡터를 사용하는 경우가 많다. 앞에서 실습한 홍길동 학생과 정약용 학생의 항목별 평균은 중간고사, 기말고사, 출석, 과제 점수를 합한 값(v)에 벡터의 선형조합으로 0.5를 1벡터로 표현하여(여기서는 w) 각각의 값을 곱한 것이다. 즉, 다음의 결과와 같다. 이는 브로드캐스팅의 예다.

```
np_Hong1=np.array([80, 90, 10, 9])
np_Jung1=np.array([70, 80, 9, 8])
v=np_Hong1+np_Jung1
w=[0.5, 0.5, 0.5, 0.5]
[i * j for i, j in zip(v, w)]
```

```
[75.0, 85.0, 9.5, 8.5]
```

❶ 넘파이 브로드캐스팅 실습

홍길동, 정약용 학생의 항목별 평균 점수를 모두 구하고 각 항목별 가중치를 적용하여 100점 만점을 기준으로 한 두 학생의 평균 점수를 넘파이 브로드캐스팅을 이용하여 구해보자. 먼저 np.array 함수를 이용해 변수 avg에 할당된 값을 넘파이 배열로 생성하고 변수 avg1에 할당한다. 변수 W1에 중간고사, 기말고사 시험은 100점 만점 기준이었기 때문에 40% 가중치를 적용하고, 과제 점수와 출석 점수는 10점 만점을 기준으로 했기에 100% 가중치를 적용한다. 즉 [0.4, 0.4, 1, 1] 값을 넘파이 배열 형태로 할당한다. 변수 avg1과 W1을 이용해 사칙연산을 한 값을 출력한다.

```
avg=[75.0, 85.0, 9.5, 8.5]


avg1=np.array(avg)
W1=np.array([0.4, 0.4, 1, 1])
print(avg1*W1)
```

```
[30.  34.  9.5 8.5]
```

TIP • print(avg1*W1)은 앞으로 배울 행렬의 곱셈과 다른 개념으로, 이 벡터의 원소들의 합이 바로 내적이다. 벡터의 선형조합은 인공신경망에서 흔히 볼 수 있는 예다. 가중치를 통해 다음 계층의 노드로 값을 전달하는 경우에 속하며 자세한 내용은 다음 장에서 설명한다.

❷ 벡터의 내적 실습

벡터의 내적은 avg1*W1의 요소를 모두 합한 것이다. 여기서는 sum 함수를 이용해 결과를 출력한다.

```
Final=avg1*W1
print(Final.sum())
```

```
82.0
```

5 벡터의 길이

데이터 분석에서는 벡터를 자주 사용한다. 특히 벡터의 길이에 대해 잘 이해할 필요가 있다. 벡터의 길이는 벡터의 놈norm 이라 부르며 $\|a\|$로 정의한다. 놈은 벡터의 크기를 나타내는 양이며, 데이터 분석에서 자주 사용하는 놈으로는 L^2와 L^1이 있다. 자주 사용되는 L^2 놈에 대해서 소개한다. 이는 다음과 같이 표시할 수 있다.

$$\|\overline{x}\|_2 = \sqrt{x_1^2 + x_2^2 + x_3^2 + x_4^2 \ldots + x_n^2}$$

넘파이 함수로 벡터의 길이 구하기

넘파이에서 제공하는 함수를 이용해 벡터의 길이를 구할 수 있다. 다음과 같이 넘파이의 linalg.norm 함수를 이용하면 된다.

```
a1=np.array([1, 2])
np.linalg.norm(a1)
```

```
2.23606797749979
```

넘파이 함수 대신에 직접 함수를 만들어서 실습해보자. [1, 2] 형태의 리스트일 때 벡터의 길이는 어떻게 구할까? 벡터의 내적 개념을 이용해 구할 수 있다. 즉, 1*1+2*2=5다.

dot 함수를 정의하여 벡터의 길이를 구해보자. zip 함수의 인자로 받은 리스트를 원소 쌍으로 묶어 곱한 후 sum 함수로 합을 구한다. 벡터의 길이를 구하는 함수를 sum_of_squares로 정의한다. 이 함수의 인자로 받은 값을 dot 함수를 이용해 반환한다. [1, 2] 리스트 값을 v에 할당하고 함수의 인자로 사용하면 5라는 결과가 표시된다.

```
def dot(v, w):
    return sum(v_i * w_i for v_i, w_i in zip(v, w))

def sum_of_squares(v):
    return dot(v, v)
v=[1, 2]
sum_of_squares(v)
```

```
5
```

두 개의 인자를 받도록 함수를 변형해 sum_of_squares1으로 정의해보자. dot 함수로 두 원소를 곱하고 합한 값을 반환한다. v와 w에 각각 [1, 2], [3, 4] 값을 할당한다. sum_of_sqares1 함수의 인자로 두 개의 리스트를 사용하면 11이라는 결과가 표시된다.

```
def sum_of_squares1(v, w):
    return dot(v, w)
v=[1, 2]
w=[3, 4]
sum_of_squares1(v, w)
```

```
11
```

sum_of_squares 함수의 제곱근이 벡터의 길이다. math 함수를 이용해 제곱근을 적용하면 벡터의 길이를 구할 수 있다. math 함수를 사용하려면 import math라고 설정하여 임포트한다. magnitude 함수를 정의하고 sum_of_squares 함수로 구한 값을 sqrt 함수에 이용해 양의 제곱을 반환한다. 변수 v에 [1, 2] 원소를 할당하고 이 값을 magnitude 함수의 인자로 사용하면 2.23606797749979 값이 반환된다.

```
import math
def magnitude(v):
    return math.sqrt(sum_of_squares(v))
v=[1, 2]
magnitude(v)
```

```
2.23606797749979
```

벡터 간의 거리(유클리드 거리) 구하기

이제 벡터 간의 거리를 구해보자. 종류는 많지만 가장 많이 사용되는 거리인 유클리드 거리를 구해보자. 유클리드 거리Euclidean Distance는 두 벡터가 가리키는 점 사이의 거리다. 두 벡터의 유클리드 거리는 벡터의 놈의 정의와 벡터의 차의 정의를 이용해 구한다.

```
def vector_subtract(v, w):
    return [v_i - w_i for v_i, w_i in zip(v, w)]

def squared_distance(v, w):
    return sum_of_squares(vector_subtract(v, w))
v=[1, 2]
w=[3, 4]
squared_distance(v, w)
```

```
8
```

math 라이브러리의 sqrt 함수를 이용해 계산할 수도 있다.

```
def distance(v, w):
    return math.sqrt(squared_distance(v, w))

def distance1(v, w):
    return magnitude(vector_subtract(v, w))
v=[1, 2]
w=[3, 4]
print(distance(v, w))
print(distance1(v, w))
```

```
2.8284271247461903
2.8284271247461903
```

6 벡터를 이용한 평균 제곱 오차와 평균 제곱근 오차

평균 제곱 오차

예측값이 실제값에 얼마나 가까운지를 나타내는 평균 제곱 오차[MSE; Mean Squared Error] 값을 계산하는 함수를 만들어보자. y는 실제값, t는 예측값이며 각 변수에 값을 할당한다. 평균 제곱 오차는 벡터 y와 벡터 t의 차(y−t)를 제곱하여 더한 것을 2로 나누면 구할 수 있다. 2 대신에 벡터의 개수로 나누어도 되지만 평균 제곱 오차를 구할 때는 편의상 2를 사용한다.

```
y=[1, 1, 0, 1, 0, 1, 0, 1, 0, 0]        # 실제값
t=[0, 0, 1, 0, 0, 1, 0, 1, 0, 0]        # 예측값

import numpy as np
def mean_squared_error(y, t):
    return 0.5 * np.sum((y-t)**2)

mean_squared_error(np.array(y), np.array(t))
```

```
2.0
```

평균 제곱근 오차

평균 제곱근 오차[RMSE; Root Mean Square Error]는 평균 제곱 오차에 루트를 씌운 것이다. c가 예측값이고 d가 실제값이라면 이들의 차이의 제곱의 합을 개수로 나누면 평균 제곱 오차[MSE]가 되고, 이것의 제곱근이 평균 제곱근 오차가 된다. 아래와 같이 계산할 수 있다.

```
c=np.array([1, 2, 3, 4, 5])
d=np.array([2, 4, 6, 8, 10])
print((sum((c-d)**2)/len(c))**(1/2))
```

```
3.3166247903554
```

SECTION

02 행렬

행렬은 벡터의 모음, 즉 여러 벡터로 구성된 데이터셋이다. 하나의 벡터 안에서 원소의 값은 같은 성질을 가지는데 이러한 벡터가 쌓인 게 행렬이라고 할 수 있다. 3차원 벡터가 2개 있으면 2행 3열의 행렬이 있다고 말할 수 있다.

1 행렬의 표기

리스트, 튜플, 딕셔너리를 사용하여 행렬을 파이썬으로 표현해보자. 변수 Hong에는 리스트, 변수 Lee에는 튜플 형태로 값을 할당한다. Kim 변수에는 딕셔너리의 {키:value} 형태로 다음과 같이 표현할 수 있다. Kim 변수를 실행하면 다음과 같이 딕셔너리 형태로 표시된다.

```
Hong=[[80, 90, 20, 18], [70, 80, 18, 16]]                         # 홍길동 성적을 리스트로 표시
Lee=[(90, 80, 18, 20), (100, 95, 20, 18)]                          # 이몽룡 성적을 튜플로 표시
Kim={'m': (100, 95), 'f':(95, 100), 'a':(20, 20), 'r':(19, 18)}    # 김철수 성적을 딕셔너리로 표시
Kim
```

```
{'m': (100, 95), 'f': (95, 100), 'a': (20, 20), 'r': (19, 18)}
```

리스트를 행렬로 표시해보자. 리스트 A에는 2행 3열 형태, B에는 3행 2열 형태로 할당한다. 각각의 원소를 쉼표로 구분하고 전체를 대괄호로 묶는다. 이 행렬의 모양은 넘파이를 이용한 두 가지 방법으로 확인할 수 있다.

```
import numpy as np
A=[[1, 2, 3],
   [4, 5, 6]]

B=[[1, 2],
   [3, 4],
   [5, 6]]
```

```
A1=np.array(A)
A1.shape
np.shape(A)
```

```
(2, 3)
```

2 행렬의 연산

행렬의 덧셈, 뺄셈

넘파이를 이용한 행렬의 덧셈과 뺄셈은 간단하다. 벡터는 모양이 같으면 덧셈과 뺄셈이 가능하다.

```
x=np.array([10, 11, 12, 13, 14])
y=np.array([0, 1, 2, 3, 4])
x+y
x-y
```

```
array([10, 10, 10, 10, 10])
```

행렬의 곱셈

3행 1열 형태로 x, y를 정의하고 *을 이용해 곱셈을 해보자.

```
x=np.array([[1], [2], [3]])
y=np.array([[4], [5], [6]])
x*y
```

```
array([[ 4],
       [10],
       [18]])
```

그러나 이것은 행렬의 원소를 곱한 것으로 행렬의 곱셈 결과는 아니다. 행렬의 곱셈은 곱하는 행렬의 행과 열이 같아야 한다.

x와 y 행렬은 모두 3*1 행렬이다. 행렬의 곱셈을 하려면 행렬 x를 전치해야 한다. 전치를 하면

1*3 행렬이 된다. 곱셈을 해보자. x는 (1, 3)이 되고 y는 (3, 1)이 되어 결과로 스칼라가 나와야 하는데 다음 예제를 보면 3*3 행렬로 나타난다.

```
x.shape, y.shape          # (3, 1), (3, 1)
x.T                       # array([[1, 2, 3]])
x.T.shape                 # (1, 3)
x.T*y
```

```
array([[4,  8, 12],
       [5, 10, 15],
       [6, 12, 18]])
```

이는 행렬의 곱셈이 아니라 브로드캐스팅한 결과다. 즉 x를 전치하여 3*1 행렬을 1*3 행렬로 바꾸면 2~3행을 다음 연산 행과 맞추기 위해 같은 값을 넣어 원소끼리 곱셈을 한 것이다.

```
x_T=np.array([[1, 2, 3], [1, 2, 3], [1, 2, 3]])
y=np.array([[4, 4, 4], [5, 5, 5], [6, 6, 6]])
x_T*y
```

```
array([[4,  8, 12],
       [5, 10, 15],
       [6, 12, 18]])
```

그러면 x와 y 행렬의 곱셈은 어떻게 구할까? 넘파이에서는 @을 이용해 구한다. 이 방법은 행렬의 곱셈 규칙에 따르지 않는 것으로 오류가 발생한다. 그래서 x를 전치하고 곱셈을 하면 스칼라가 나오며, y를 전치하고 곱셈을 하면 3*3 행렬이 출력된다.

```
x=np.array([[1], [2], [3]])              # 3*1
y=np.array([[4], [5], [6]])              # 3*1
print(x.T@y)
print(x@y.T)
```

```
[[32]]
[[4,  5,  6],
 [8, 10, 12],
 [12, 15, 18]]
```

두 번째 결과인 x@y.T는 3*3 행렬을 의미하며 np.dot(x, y.T)로 표시해도 같은 결과를 나타낸다.

```
print(np.dot(x.T, y))
print(np.dot(x, y.T))
```

```
[[32]]
[[4, 5, 6],
 [8, 10, 12],
 [12, 15, 18]]
```

다른 예를 살펴보자. shape 속성으로 확인했을 때 A는 (2, 3), B는 (3, 2)이다. 이를 *를 이용해 곱해보면 다음과 같은 오류가 발생한다.

```
A=np.array([[1, 2, 3], [4, 5, 6]])
A.shape       # (2, 3)
B=np.array([[1, 2], [3, 4], [5, 6]])
B.shape       # (3, 2)
A*B
```

```
ValueError: operands could not be broadcast together with shapes (2,3) (3,2)
```

* 연산자는 요소끼리의 곱에 사용하는 것으로 행렬의 모양이 모두 같은 경우에 연산이 이루어진다.

행렬의 곱은 A@B로 다음 예제의 실행 결과 맨 마지막에 해당한다. 행렬 A는 2*3, 행렬 B는 3*2이므로 최종 행렬의 곱셈 결과는 2*2 행렬이 된다.

```
A=np.array([[1, 2, 3], [4, 5, 6]])
A.shape       # (2, 3)
B=np.array([[1, 2], [3, 4], [5, 6]])
B.shape       # (3, 2)
print(A.T*B)
print(A*B.T)
print(A@B)
```

```
[[ 1  8]
 [ 6 20]
 [15 36]]
[[ 1  6 15]
 [ 8 20 36]]
[[22 28]
 [49 64]]
```

A.T*B, A*B.T는 브로드캐스팅의 결과다.

TIP • 역행렬을 구하거나 요인 분석을 이해하기 위한 고유값과 고유 벡터에 대한 개념은 이 책에서 다루지 않는다.

SECTION
03 신경망 기초

선형대수와 넘파이를 이용해 간단한 신경망을 구현해보자. 이 책에서는 신경망에 대한 자세한 설명은 생략하고 지금까지 학습한 선형대수, 넘파이, 함수 그리고 앞으로 배울 경사하강법을 이용한 신경망 구현을 설명한다.

1 시그모이드 함수

신경망을 구현하기 전에 시그모이드 함수를 먼저 알아보자. 시그모이드 함수는 은닉층에 도달한 값을 다시 은닉층이나 출력층으로 전달하기 위해 0과 1 사이의 값으로 변환해주는 역할을 한다. 시그모이드 함수 값을 보여주기 위해 시각화 라이브러리인 맷플롯립Matplotlib을 임포트하자.

TIP • 시각화 라이브러리인 맷플롯립은 시각화를 다루는 12장에서 자세히 살펴본다.

```
import numpy as np
import matplotlib.pylab as plt

def sigmoid(x):
    return 1 / (1 + np.exp(-x))

X=np.arange(-5.0, 5.0, 0.1)
Y=sigmoid(X)
plt.plot(X, Y)
plt.ylim(-0.1, 1.1)
plt.show()
```

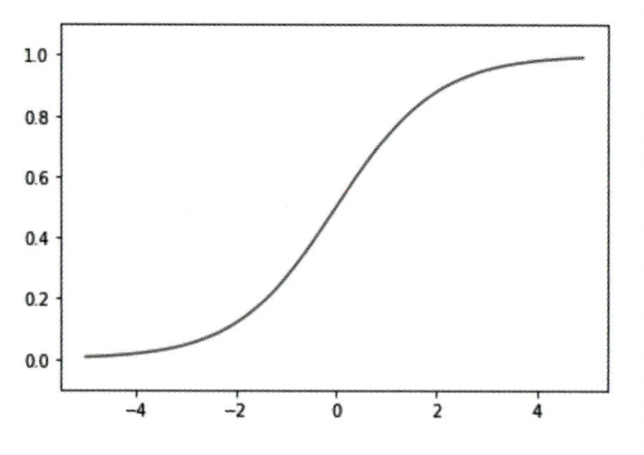

실행 결과를 보면, −5부터 5 사이의 입력값에 대한 시그모이드 함수 출력값을 그래프로 확인할 수 있다.

2 순전파 신경망 구현

지방과 소금 성분에 따른 치즈 선호도를 나타내는 데이터를 이용해 간단한 신경망을 구현해보자. 지방 지수를 나타내는 Fat과 염분 지수를 나타내는 Salt는 독립변수, 선호도를 나타내는 Acceptance는 종속변수로 사용하며 선형대수를 이용해 신경망을 설명한다.

표 9-1 지방과 염분 지수에 따른 치즈 선호도

Obs.	Fat	Salt	Acceptance
1	0.2	0.9	like
2	0.1	0.1	dislike
3	0.2	0.4	dislike
4	0.2	0.5	dislike
5	0.4	0.5	like
6	0.3	0.8	like

TIP • 〈Data Mining for Business Analytics: Concepts, Techniques and Applications in Python by Galit Shmueli〉의 예제 데이터다.

2*3*1 구조의 간단한 신경망을 예로 살펴보자. 이 신경망은 총 3개 계층으로 이루어지며 왼쪽부터 입력층Input Layer, 은닉층Hidden Layer, 출력층Output Layer 구조다. 각 층의 노드에서 다음 층의 노드로 계산된 값을 이동시킨다.

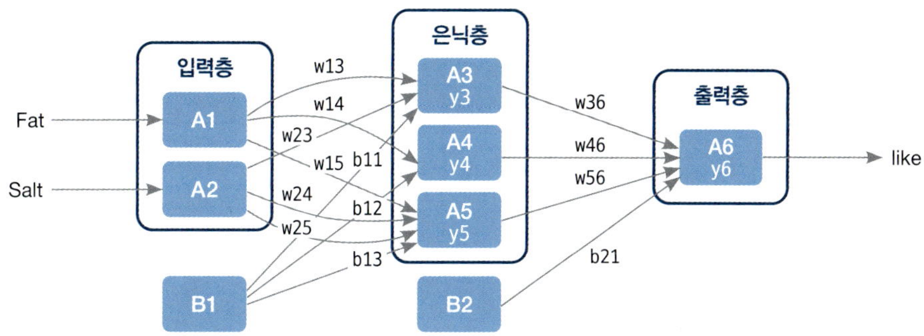

그림 9-1 2*3*1 신경망의 예

리스트를 활용한 순전파 신경망 계산

먼저 리스트를 이용하여 입력층에서 은닉층, 그리고 출력층으로 가중치가 적용되어 출력되는 과정을 살펴보자. 입력값을 변수 input에 저장하고 입력층에서 은닉층으로 이동하는 가중치는 변수

weight1에 3쌍의 값을 저장한다. 은닉층에는 3개의 노드가 있으므로 바이어스bias를 나타내는 변수 bias1에 3개의 값을 저장한다. 은닉층에서 출력층으로 가는 가중치는 변수 weight2에 저장하고 출력층으로 가는 바이어스 노드의 가중치는 변수 bias2에 저장한다.

```
input=[0.2, 0.9]                                          # 입력층의 2개의 값
weight1=[[0.05, 0.01], [-0.01, 0.03], [0.02, -0.01]]     # 입력층에서 은닉층으로 가는 가중치
bias1=[-0.3, 0.2, 0.05]                                   # 은닉층으로 가는 바이어스
weight2=[0.01,0.05,0.015]                                 # 은닉층에서 출력층으로 가는 가중치
bias2=[-0.015]                                            # 출력층으로 가는 바이어스
```

입력층에서 은닉층으로 신호 전달

다음은 입력값과 가중치를 곱하고 바이어스 값을 더하여 입력층의 첫 번째 노드(A1)에서 은닉층의 첫 번째 노드(A3)로 신호를 전달하는 내용이다.

```
# 입력층의 첫 번째 노드에서 은닉층의 첫 번째 노드로 신호 전달
def dot(v, w):
    return sum(i * j for i, j in zip(v, w))

dot(input,weight1[0])+bias1[0]      # 0.2*0.05 +0.9*0.01 + (-0.3)
```

```
-0.28099999999999997
```

변수 weight1에 저장된 가중치와 바이어스 값을 이용해 입력층의 첫 번째 노드(A1)에서 은닉층의 첫 번째 노드(A3), 두 번째 노드(A4), 세 번째 노드(A5)로 보내는 신호값을 다음과 같이 A3, A4, A5로 각각 저장한다.

```
# 입력층에서 은닉층 노드로 보내는 신호값
A3=dot(input,weight1[0])+bias1[0]
A4=dot(input,weight1[1])+bias1[1]
A5=dot(input,weight1[2])+bias1[2]
A3, A4, A5
```

```
(-0.28099999999999997, 0.225, 0.045)
```

시그모이드 함수를 이용해 은닉층 노드에 전달된 값을 출력층으로 전달하기 위한 값을 생성한다.

```
# 시그모이드 함수를 이용해 A3, A4, A5 노드에서 출력하는 값
import numpy as np
def sigmoid(x):
    return 1 / (1 + np.exp(-x))

outputA3=sigmoid(A3)
outputA4=sigmoid(A4)
outputA5=sigmoid(A5)
outputA3, outputA4, outputA5
```

```
(0.4302086298074603, 0.5560138905446199, 0.5112481019468548)
```

은닉층에서 출력층으로 신호 전달

이제 은닉층의 값을 출력층으로 보내고 최종 출력값이 어떻게 되는지 확인해보자.

```
Y1=[outputA3, outputA4, outputA5]
A6=dot(Y1, weight2)+bias2
outputA6=sigmoid(A6)
outputA6
```

```
array([0.50619256])
```

넘파이를 활용한 순전파 신경망 계산

지금까지 계산을 넘파이를 이용하면 매우 편리하게 진행할 수 있다. 입력층에서 은닉층으로 전달되는 값 A1을 구하고 시그모이드 함수를 이용하여 출력층으로 전달하기 위한 값 Y1을 구한다.

```
# 입력층에서 첫 번째 은닉층으로 신호 전달 방법
import numpy as np
input=np.array([0.2, 0.9])                                   # 1*2 행렬
weight1=np.array([[0.05,0.01], [-0.01,0.03], [0.02,-0.01]])  # 3*2 행렬
bias1=np.array([-0.3,0.2,0.05])
A1=np.dot(input, weight1.T) + bias1                          # weight1.T는 weight의 전치 행렬
Y1=sigmoid(A1)
Y1
```

```
array([0.43020863, 0.55601389, 0.5112481])
```

다음은 은닉층의 값 Y1에 가중치와 바이어스 값을 적용해 출력층으로 전달하는 과정이다. 이 값은 A2에 저장하고 시그모이드 함수를 이용해 출력층에서 최종 산출하는 값을 Y2에 저장한다.

```
weight2=np.array([0.01, 0.05, 0.015])
bias2=np.array([-0.015])
A2=np.dot(Y1, weight2.T)+bias2
Y2=sigmoid(A2)
Y2
```

```
array([0.50619256])
```

보통 마지막 출력층에서는 시그모이드 함수 대신 항등 함수를 사용하지만 이 책에서는 편의상 최종 출력값으로 시그모이드 함수를 사용한 값을 이용하기로 한다. 항등 함수를 사용할 때 출력층의 값은 다음과 같다.

```
def identity_function(x):
    return x
Y=identity_function(A2)            # 또는 Y=A2
Y
```

```
array([0.0247715])
```

순전파 구현 정리

지금까지 살펴본 순전파Feedforward 신경망을 함수로 정의해보자.

```
def init_network():
    network={}
    network['W1']=np.array([[0.05,0.01], [-0.01,0.03], [0.02,-0.01]])
    network['b1']=np.array([-0.3,0.2,0.05])
    network['W2']=np.array([0.01, 0.05, 0.015])
    network['b2']=np.array([-0.015])
    return network

def forward(network, x):
    W1, W2=network['W1'], network['W2']
    b1, b2=network['b1'], network['b2']
    a1=np.dot(x, W1.T) + b1
```

```
    y1=sigmoid(a1)
    a2=np.dot(y1, W2.T) + b2
    y2=sigmoid(a2)                          # 시그모이드 함수 사용
    # y2=identity_function(a2)              # 항등 함수 사용
    return y2

network=init_network()
input=np.array([0.2, 0.9])
Y=forward(network, input)
Y
```

```
array([0.50619256])
```

init_network 함수를 정의하여 가중치와 바이어스(편향) 값을 초기화한 후 딕셔너리 변수인 network에 저장한다. forward 함수는 입력 신호를 출력으로 변환하는 처리 과정을 모두 구현한 것으로 입력층에서 출력층으로 신호가 전달되는 것을 의미한다(출력층에서 항등 함수를 사용한 경우는 주석으로 처리해두었다). 이는 순전파 신경망으로부터 입력값이 [0.2, 0.9] 값만 전달했을 때의 과정으로 지금까지 배운 선형대수의 행렬 연산으로 해결할 수 있다.

예제에서 보듯이 입력값을 전부 넣고 출력값은 각각 like, dislike를 1, 0으로 바꾸고 입력값에 따른 출력값이 가능한 정확하게 맞아떨어지도록 노드에서 노드로 이동하는 가중치를 보정하는 것이 신경망의 원리다. 이때, 입력값을 한 개씩 전달할 때마다 보정을 하는 방식과 전체 입력값을 배치 방식으로 한꺼번에 전달한 후에 보정을 하는 방식이 있다. 보정을 하는 것을 epoch라고 하며 이 과정을 거치는 것이 역전파Backpropagation 신경망이다. 가중치를 조정하는 방식으로 경사하강법을 자주 사용한다. 일단 이상의 신호(값)이 전달되는 내용을 그림으로 나타내면 다음과 같다.

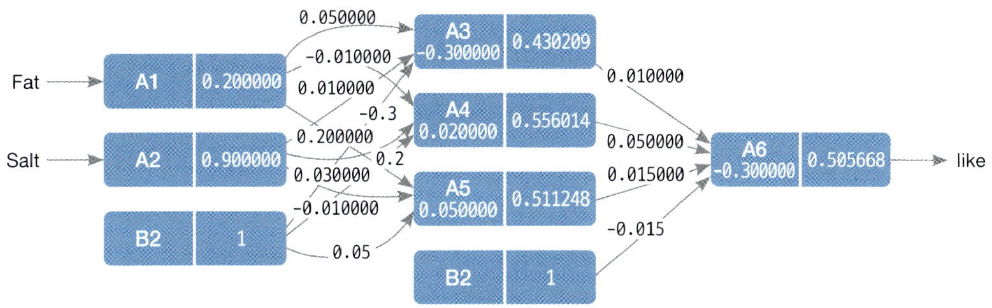

그림 9-2 순전파 신경망에서 전달되는 값

3 역전파 신경망 구현

선형대수와 간단한 미분 개념을 이용해 하나의 입력 데이터가 순전파 신경망을 통해 출력된 값과 실제값을 비교하여 노드 간 가중치를 조정하는 역전파Backpropagation 신경망에 대해 살펴본다.

먼저, 실제값은 like, dislike로 되어 있으므로 like는 1, dislike는 0으로 바꾸고 출력층의 출력값을 실제값과 유사해지도록 노드 간 가중치를 조정하는 과정을 살펴보자. 출력값을 y, 실제값을 t라고 하면 출력값과 실제값의 차이 $t-y$를 에러Error라고 한다. 보통 많이 사용하는 오차MSE, Mean Squared Error 함수의 MSE 값을 예로 들어 설명하면, 실제값이 1일 때 에러와 MSE 값은 다음과 같이 계산된다.

```
t, y=1, y
Error=t-y
def MSE(t, y):
    return 0.5 * np.sum((t-y)**2)
Error, MSE(t,y)
```

```
(array([0.49380744]), 0.1219228944272693)
```

이제 노드간 가중치(w)와 바이어스 노드에서 전달되는 가중치(b)를 보정하는 과정을 살펴보자. MSE 함수는 편의상 E로 표시한다. 은닉층에서 출력층으로 전달되는 신호를 노드 간 가중치는 w_2, 바이어스 노드의 가중치는 b_2, 은닉층에서 출력층에 도달한 값은 a_2, 출력층에서 시그모이드 함수를 통해 산출된 값은 y_2로 표시하자. 마찬가지로 입력층에서 은닉층으로 전달되는 신호를 노드 간 가중치는 w_1, 바이어스 노드의 가중치는 b_1, 입력층에서 은닉층에 도달한 값은 a_1, 은닉층에서 시그모이드 함수를 통해 산출된 값은 y_1로 표시하자. 가중치가 E의 영향은 체인룰Chain Rule을 이용해 계산할 수 있다. 이는 $\frac{\partial E}{\partial w_2}=\frac{\partial E}{\partial a_2}\cdot\frac{\partial a_2}{\partial w_2}$로 계산된다. 출력층에 도달된 값은 $a_2=w_2x+b_2$이다. a_2는 w_2의 함수이므로 w_2가 MSE 값에 영향을 미치는 것을 w_2에 의해 변하는 과정으로 표현한 것이다.

이를 나누어서 보면 $\frac{\partial a_2}{\partial w_2}=\frac{\partial(w_2x+b_2)}{\partial w_2}=x$이고, $\frac{\partial E}{\partial a_2}=\frac{\partial E}{\partial y_2}\cdot\frac{\partial y_2}{\partial a_2}=\delta_2$이다. 여기서 x는 은닉층에서의 활성화 함수(여기서는 시그모이드 함수)를 통해 산출된 y_1 값이며, 특히 $\frac{\partial E}{\partial a_2}$는 통상 δ_2로 부른다. δ_2는 오차(E)MSE를 출력값(y_2)으로 편미분한 값과 출력값(y_2)을 a_2로 편미분한 값(활성화 함수의 미분값)의 곱이다. 이때 오차(E)는 일반적으로 $E=\frac{1}{2}\Sigma(t-y)^2$을 많이 사용하므로 MSE 공식을 이용하면 δ_2의 앞부분은 $\frac{\partial E}{\partial y_2}=\frac{\partial}{\partial y_2}(\frac{1}{2}(t-y_2)^2)=-(t-y_2)$가 된다. δ_2의 뒷부분 $\frac{\partial y_2}{\partial a_2}$는 활성화 함수(여기서는 시그모이드 함수)를 편미분하여 구할 수 있다. 예에서 사용하고 있는 시그모이드 함수 $y_2(a)=\frac{1}{1+e^{-a}}$의 도함

수는 $y_2'(a)=(1-y_2)y_2$이다. 이를 이용하면 $\frac{\partial y_2}{\partial a_2}=(1-y_2)\cdot y_2$가 되므로 출력층에서의 δ_2, 즉 $\frac{\partial E}{\partial a_2}$는 $\delta_2=\frac{\partial E}{\partial a_2}=\frac{\partial E}{\partial y_2}\cdot\frac{\partial y_2}{\partial a_2}=-(t-y_2)\cdot(1-y_2)\cdot y_2$로 계산된다. 따라서 최종적으로 은닉층 노드에서 출력층 노드로 가는 가중치의 에러에 대한 기울기는 $\frac{\partial E}{\partial w_2}=\frac{\partial E}{\partial a_2}\cdot\frac{\partial a_2}{\partial w_2}=\frac{\partial E}{\partial y_2}\cdot\frac{\partial y_2}{\partial a_2}\cdot\frac{\partial a_2}{\partial w_2}=-(t-y_2)\cdot(1-y_2)\,y_2\cdot x=\delta_2\cdot y_1$이 된다. 또한 바이어스 노드 가중치의 에러에 대한 기울기는 $\frac{\partial E}{\partial b_2}=\frac{\partial E}{\partial a_2}\cdot\frac{\partial a_2}{\partial b_2}=\frac{\partial E}{\partial a_2}\cdot\frac{\partial(w_2x+b_2)}{\partial b_2}=\delta_2\cdot 1=\delta_2$가 된다.

노드 간 가중치의 에러에 대한 기울기와 바이어스 노드 가중치의 에러에 대한 기울기 값을 이용해 기존 노드 간 가중치와 바이어스 노드의 가중치를 보정하여 출력층에서 산출된 예측값이 실제값과의 차이가 줄어들 수 있도록 하는 것을 학습이라 하며, 학습을 반복하는 횟수를 epoch라고 한다. 이때, 노드 간 가중치와 바이어스 노드의 가중치 값의 조정폭은 사전에 학습률(η)learning rate을 통해 정할 수 있으며 에러가 일정 횟수동안 크게 줄어들지 않으면 학습률을 변경시켜가면서 학습시키기도 한다. 학습률은 일반적으로 가중치 기울기와 바이어스 기울기에 0.1 이하의 값을 곱한 값을 기존의 가중치와 바이어스 값에서 에러가 줄어들도록 빼주어(보정값을 기울기와 반대 방향으로 하기 위함) 새로운 값으로 업데이트한다.

이제 출력층에서 은닉층으로 역전파할 때 가중치와 바이어스 가중치를 조정하는 과정을 살펴보자. MSE 값을 최소화하기 위해 기울기 $\frac{\partial E}{\partial w_2}$, $\frac{\partial E}{\partial b_2}$의 부호와 반대 방향으로 가중치를 선택하여 MSE 값을 계산한다. 즉, 기존 가중치에서 음(−)의 부호를 사용하여 조정한다. 이전 가중치의 에러에 대한 기울기가 음수라면 이보다 우측의 가중치에서는 MSE 값이 작아지므로 기존 값에서 양(+)의 방향으로 가중치를 조정한다. 기울기가 양수라면 좌측의 값에서 MSE 값이 작아지므로 음(−)의 방향으로 가중치를 조정한다.

```
w2_old=np.array([0.01,0.05,0.015])    # 이전의 은닉층에서 출력층 노드 간 가중치
b2_old=np.array([-0.015])             # 이전의 은닉층에서 출력층 바이어스 가중치
# 업데이트되는 가중치
d2=-(t-y)*(1-y)*y                     # -(1-0.5061)·(1-0.5061)·0.5061=-0.1234
lr=0.01                               # 학습률
# 바이어스 업데이트
b2_new=b2_old-lr*d2*1                 # -0.015-0.1*(-0.12343)*1
# 가중치 업데이트
w36=w2_old[0]-lr*d2*Y1[0]             # 0.01-0.1*(-0.12343)*0.4302
w46=w2_old[1]-lr*d2*Y1[1]             # 0.05-0.1*(-0.12343)*0.5560
w56=w2_old[2]-lr*d2*Y1[2]             # 0.015-0.1*(-0.12343)*0.5112
print(b2_new, w36, w46, w56)
```

```
[-0.01376567] [0.01053102] [0.0506863] [0.01563105] # 업데이트 후 가중치
```

이상의 결과는 [그림 9-3]으로 나타낼 수 있다. 노드 A6에 있는 값은 역전파 과정에서 조정된 바이어스 값이며, 출력층 노드와 은닉층 노드 간의 화살표 위에 있는 값은 역전파를 통해 조정된 가중치다. 예제에서 가중치 기울기가 음(−)의 부호이므로 에러값(MSE)을 최소화하기 위해 업데이트된 가중치들은 이전 가중치에 비해 더 큰 값으로 조정된 것을 확인할 수 있다.

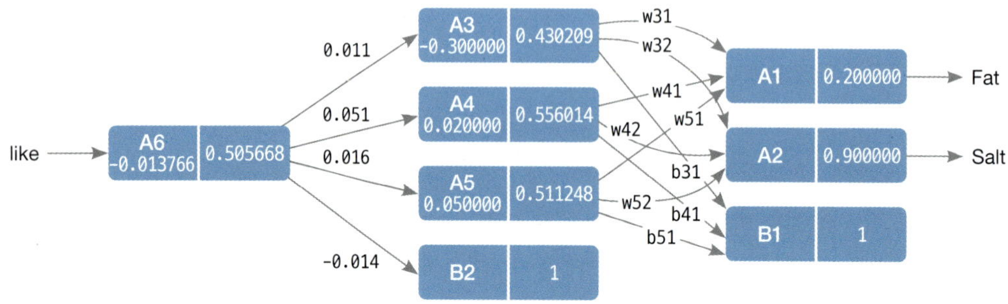

그림 9-3 출력층에서 은닉층으로 역전파 시 업데이트된 가중치 값과 바이어스 값

다음으로 은닉층에서 입력층으로 역전파 시 가중치와 바이어스 값이 업데이트되는 과정을 살펴보자. 앞서 사용한 표기대로 w_1과 b_1을 입력층에서 은닉층으로 가는 가중치와 바이어스 값이라 하면, 입력층에서 은닉층 간의 가중치 w_1에 미치는 영향은 $\frac{\partial E}{\partial w_1} = \frac{\partial a_1}{\partial w_1} \cdot \frac{\partial E}{\partial a_1} = \frac{\partial a_1}{\partial w_1} \cdot \delta_1$로 나타낼 수 있다. 여기서 $\delta_1 = \frac{\partial E}{\partial a_1} = \frac{\partial y_1}{\partial a_1} \cdot \frac{\partial a_2}{\partial y_1} \cdot \frac{\partial E}{\partial a_2} = \frac{1}{1+e^{-a_1}}(1-\frac{1}{1+e^{-a_1}}) \cdot w_2 \cdot \delta_2 = y_1(1-y_1) \cdot w_2 \cdot \delta_2$이다. 앞에서 구한 δ_2 값을 이용하여 노드 3에서의 δ_1은 $\delta_1 = (0.43021) \cdot (1-0.43021) \cdot (0.01) \cdot (-0.12343) = -0.00030257$로 계산된다. 노드 1과 노드 3의 새로운 가중치는 $\frac{\partial E}{\partial w_1} = \frac{\partial a_1}{\partial w_1} \cdot \delta_1 = \text{input}[0] \cdot \delta_1 = 0.2 \cdot (-0.00030257)$의 값을 이용하여 $w13_{new} = w13_{old} - lr \cdot \frac{\partial a_1}{\partial w_1} \cdot \delta_1 = (0.5) - (0.01) \cdot 0.2 \cdot (-0.00030257)$로 업데이트한다. 마찬가지로 다른 노드 간의 가중치도 같은 방식으로 구할 수 있으며, 바이어스 값도 같은 방식으로 구하지만 여기서는 $\frac{\partial E}{\partial b_1} = 1 \cdot \delta_2$이므로 input[0] 대신 1 값을 사용하여 업데이트한다.

```
#이전의 가중치
input=np.array([0.2, 0.9])
w1_old=np.array([[0.05,0.01], [-0.01,0.03], [0.02,-0.01]])
b1_old=np.array([-0.3, 0.2, 0.05])
#업데이트되는 가중치
lr=0.01                              # 학습률

dZ1_dA1=sigmoid(A1)*(1-sigmoid(A1))
d1=dZ1_dA1*weight2*d2
```

```
b13_new=b1_old[0]-lr*d1[0]
b14_new=b1_old[1]-lr*d1[1]
b15_new=b1_old[2]-lr*d1[2]
w13=w1_old[0][0]-lr*d1[0]*input[0]
w14=w1_old[1][0]-lr*d1[1]*input[0]
w15=w1_old[2][0]-lr*d1[2]*input[0]
w23=w1_old[0][1]-lr*d1[0]*input[1]
w24=w1_old[1][1]-lr*d1[1]*input[1]
w25=w1_old[2][1]-lr*d1[2]*input[1]
print(b13_new,b14_new,b15_new)
print(w13,w14,w15,w23,w24,w25)
```

```
-0.299997 0.200015 0.050004
0.050001 -0.009996 0.020001 0.010003 0.030014 -0.009995
```

[그림 9-4]는 은닉층에서 입력층으로 역전파되어 업데이트된 가중치까지 반영하여 보여주고 있다.

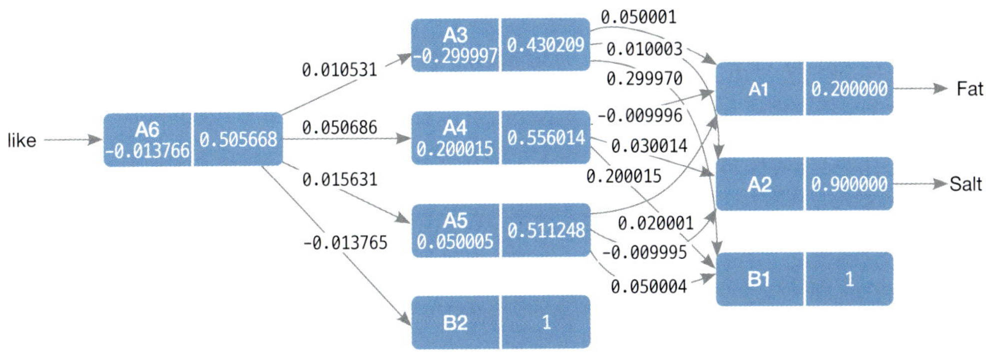

그림 9-4 은닉층에서 입력층으로 역전파 시 업데이트된 가중치 값과 바이어스 값

이렇게 순전파와 역전파를 한 번 거치는 것을 1 epoch라고 하며, 여러 번의 epoch를 통해 에러가 원하는 수준보다 더 이상 줄어들지 않게 되면 학습을 중단한다. 이때 최종적으로 업데이트된 가중치를 이용하여 신경망을 통해 원하는 예측 혹은 분류 문제를 해결하게 된다.

4 사이킷런을 이용한 신경망 구현

이번에는 사이킷런Scikit Learn 라이브러리를 이용해 전체 6개 데이터를 학습시키는 과정을 살펴보자.

```
import pandas as pd
url='https://raw.githubusercontent.com/sehakflower/data/main/TinyData.csv'
data= pd.read_csv(url,sep=',')                    # 또는 data=pd.read_csv('TinyData.csv')
data
```

	Obs.	Fat	Salt	Acceptance
0	1	0.2	0.9	like
1	2	0.1	0.1	dislike
2	3	0.2	0.4	dislike
3	4	0.2	0.5	dislike
4	5	0.4	0.5	like
5	6	0.3	0.8	like

이제 사이킷런을 이용해 예측해보자. Fat, Salt는 독립변수로 변수 predictors에 저장하고 Acceptance는 종속변수로 변수 outcome에 저장한다. sklearn의 neural_network에서 MLP Classifier를 불러와 가중치와 바이어스 값을 학습하고 최종 업데이트된 값으로 예측값을 산출한다. MLPClassifier에서 hidden_layer_sizes=(3,)은 은닉층 노드가 3개, activation='logistic'은 활성 함수로 logistic 즉 시그모이드 함수 사용, solver='lbfgs'는 모델을 학습시키는 방법으로 lbfgs를 사용, random_state=1은 초기 가중치 값을 고정하여 학습시킨다는 의미다.

```
predictors=['Fat', 'Salt']
outcome='Acceptance'
X=data[predictors]
y=data[outcome]
classes=sorted(y.unique())

from sklearn.neural_network import MLPClassifier
clf=MLPClassifier(hidden_layer_sizes=(3,), activation='logistic', solver='lbfgs', random_
state=1)
clf.fit(X, y)
clf.predict(X)
print('바이어스 값')
print(clf.intercepts_)
print('가중치 값')
print(clf.coefs_)
print(pd.concat([data, pd.DataFrame(clf.predict_proba(X), columns=classes)], axis=1))
```

```
바이어스 값
[array([0.13368042, 4.07247549, 7.00768105]), array([14.3074867])]
가중치 값
[array([[ -1.3065648 ,  -4.20427797, -13.29587331],
       [ -0.04399729,  -4.91606921,  -6.03356987]]), array([[ -0.27348314],
       [ -9.01211576],
       [-17.63504684]])]
   Obs.  Fat  Salt  Acceptance   dislike      like
0     1  0.2   0.9        like  0.000490  0.999510
1     2  0.1   0.1     dislike  0.999994  0.000006
2     3  0.2   0.4     dislike  0.999741  0.000259
3     4  0.2   0.5     dislike  0.997368  0.002632
4     5  0.4   0.5        like  0.002133  0.997867
5     6  0.3   0.8        like  0.000075  0.999925
```

clf.fit(X, y)는 학습을 시켜 가중치와 바이어스 값을 구하라는 것이며 clf.predict(X)는 학습된 값을 이용하여 X를 예측하라는 것이다. 최종 바이어스 값은 print(clf.intercepts_), 최종 가중치 값은 print(clf.coefs_)로 출력한다. 마지막으로 print(pd.concat([data, pd.DataFrame(clf.predict_proba(X), columns=classes)], axis=1))을 사용해 원래 데이터의 값과 예측값을 한 개의 데이터프레임으로 출력한다.

다음은 가중치와 바이어스가 최종 업데이트된 결과를 보여준다.

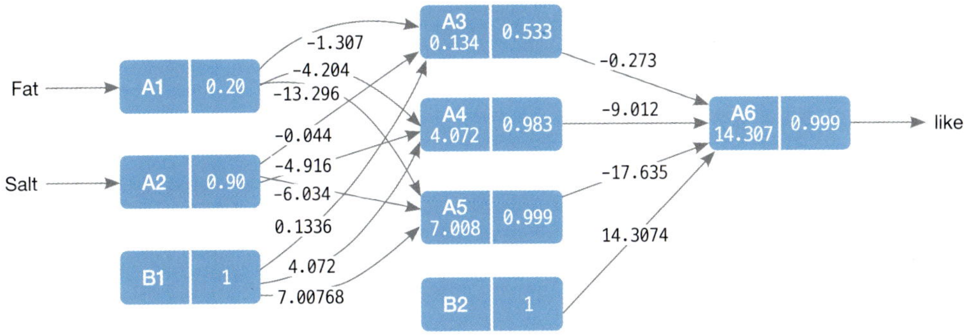

그림 9-5 학습 후 최종 업데이트된 노드 간 가중치와 바이어스 값

이번 장에서는 신경망을 자세히 알아보는 것이 아니라 넘파이를 이용한 선형대수로 신경망의 원리를 대략 이해하고 간단한 예제로 신경망을 작동시키는 실습을 해본 것에 의의를 두자.

연습문제

1 다음 코드의 결과를 적으시오.

```
import numpy as np
a=np.array([1, 2])
b=np.array([3, 4])
c=a+b
c
```

2 다음 코드의 결과를 적으시오.

```
a=np.array([1, 2])
b=np.array([3, 4])
c=a-b
c
```

3 다음 괄호 안에 들어갈 내용을 순서대로 적으시오.

> 파이썬에서 기본적으로 많이 사용되는 자료형으로 (　　)의 합을 구하면 (　　) 값이 연결되어 표시된다.
> (　)의 합은 넘파이의 array 함수를 이용해서 (　　)값을 할당하고 합을 구하면 각각의 원소값들이 더해져서 표시된다.

4 다음 코드의 결과로 옳은 것은?

```
Hong1=[80, 90]
Hong2=[70, 80]
Hong_S=[i+j for i, j in zip(Hong1, Hong2)]
print(Hong_S)
```

① [10, 20]　　② [100, 170]

③ [150, 170]　　④ [170, 150]

5 다음 코드의 결과로 옳은 것은?

```
A1=np.array([1, 2, 3, 4, 5])
B=A1*2
print(B)
```

① [10 8 6 4 2]　　② [2 2 2 2 2]

③ [2 8 6 10 8]　　④ [2 4 6 8 10]

6 다음 코드의 결과를 적으시오.

```
a=0.5
Hong_S=[150, 170]
avg_Hong1=list(map(lambda x: x*a, Hong_S))
print(avg_Hong1)
```

7 다음 코드의 결과로 옳은 것은?

```
import numpy as np
npx1=np.array([1, 2, 3])
npy1=np.array([4, 5, 6])
sum(npx1*npy1)
```

① 32　　② 120

③ 6　　④ 15

연습문제

IT@COOKBOOK

8 다음 코드의 결과로 옳은 것은?

```
a=np.array([1, 2, 3, 4, 5])
b=np.array([2, 4, 6, 8, 10])
print(np.sum(a*b))
```

① 130　　② 110

③ 100　　④ 120

9 다음 코드의 결과로 옳은 것은?

```
def vector_subtract(v, w):
    return [v_i - w_i for v_i, w_i in zip(v, w)]

def squared_distance(v, w):
    return sum_of_squares(vector_subtract(v, w))
v=[1, 2]
w=[3, 4]
squared_distance(v, w)
```

① 12　　② 8

③ 15　　④ 20

10 다음 코드의 결과로 옳은 것은?

```
y=[1,1,0,1,0,1,0,1,0,0]
t=[0,0,1,0,0,1,0,1,0,0]
import numpy as np
def mean_squared_error(y, t):
    return 0.5*np.sum((y-t)**2)
mean_squared_error(np.array(y), np.array(t))
```

① 3.0　　② 4.0

③ 2.0　　④ 5.0

CHAPTER 10

분석 기본 – 소비 데이터 분석과 승객 생존율 예측

학습목표

- BC카드 소비 데이터를 정제하여 COVID19 전후의 소매점 매출액의 차이를 분석한다.
- 타이타닉 승객 생존율을 예측하기 위해 데이터를 전처리한다.
- 다양한 머신러닝 라이브러리를 활용하여 타이타닉 승객 생존율을 예측한다.

SECTION 01

[판다스 활용] 카드 소비 데이터 분석

1 원본 데이터 소개

실습에 사용할 데이터는 BC카드 소지자가 서울시 BC카드 가맹점에서 소비한 관련 텍스트 데이터다. 이 데이터는 연월, 이용 지역, 업종 분류, 고객 거주 지역, 이용 건수 등 총 23개 열로 이루어져 있다.

이 데이터는 데이터진흥원의 데이터바우처사업 지원으로 구매한 데이터의 일부다. 이 책을 학습하는 용도(교육용)로만 사용해야 한다.

표 10-1 BC카드 소비 데이터 소개

No	컬럼명(영문)	컬럼명(한글)	Data Type	데이터형식	비고
1	REG_YYMM	연월	문자형	201901	기준 연월
2	MEGA_CTY_NO	이용 지역_시도_코드	문자형	11	가맹점 주소 기준 광역시도 구분
3	MEGA_CTY_NM	이용 지역_시도명	문자형	서울	가맹점 주소 기준 광역시도 구분
4	CTY_RGN_NO	이용 시군구_코드	문자형	1165	가맹점 주소 기준 시군구 구분
…					
22	AMT	이용 금액	숫자형	100000	이용 금액 합계
23	CNT	이용 건수	숫자형	10	이용 건수 합계

원본 데이터[Raw Data]의 파일명은 bc_card.txt이며 2019년 6월 전체 소비 데이터의 일부다. 용량은 13,179KB이며 100,002개 레코드로 이루어져 있다.

텍스트 파일인 원본 데이터를 엑셀로 불러오면 열 구분이 되지 않아 사용하기 쉽지 않다. 지금까지 배운 파이썬 문법을 활용해 사용하기 쉽게 가독성 있는 텍스트 데이터로 정제해보자. 다음은 이번 실습에서 답을 구하려는 질문이다.

- 총 고객 수는 몇 명인가?
- 서울시 거주/비거주 고객은 각각 몇 명인가?
- 남녀 고객의 성별 소비액은 각각 얼마인가?
- 편의점 소비액은 얼마인가?
- 강남구 편의점에서 소비한 금액은 얼마인가?
- 강남구에서 타거주자가 소비한 금액은 얼마인가?

데이터를 정제하여 이 질문에 대한 답을 구해보자.

2 데이터 전처리

작업용 파일 생성하기

분석에 사용할 파일을 업로드하기 위해 구글 코랩에서 가상 드라이브를 만들어 마운트한다. 파일을 업로드하기 위해 화면 왼쪽의 파일을 누른다.

```
from google.colab import drive
drive.mount('/content/drive')
```

그림 10-1 구글 드라이브 마운트

파일 창이 열리면 마우스 오른쪽 버튼 메뉴에서 [업로드]를 누른 뒤 분석 파일인 bc_card.txt를 선택해 업로드한다.

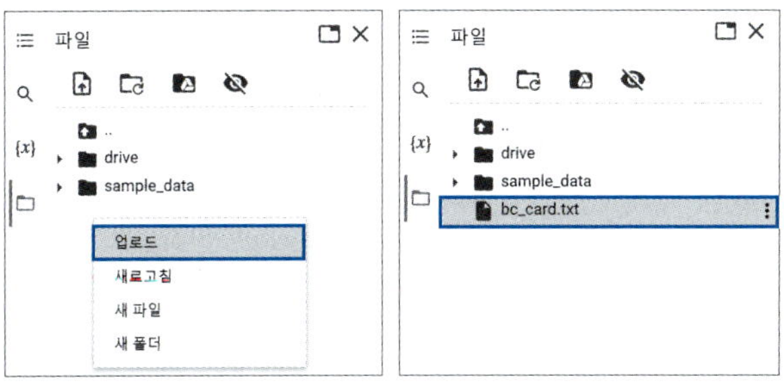

그림 10-2 분석 파일 업로드

업로드한 bc_card.txt 파일을 불러와 byte 형태를 str 형태의 아스키 코드로 디코딩하여 작업용 파일인 bc_card_output.txt를 만들어보자.

```
import pandas as pd
with open('bc_card.txt', mode='rb') as f:
    with open('bc_card_output.txt', mode='w') as w:
        data=f.read()
        print(type(data))
        data=data.decode('cp949')
        print(type(data))
        w.write(data)
```

```
<class 'bytes'>
<class 'str'>
```

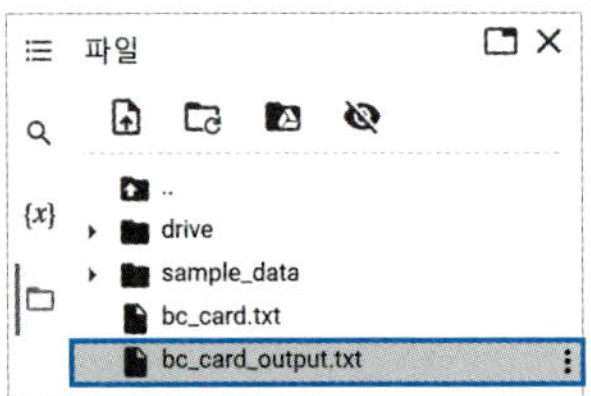

그림 10-3 작업용 파일 생성

작업용 파일로 생성한 bc_card_output.txt를 이용해 데이터를 정제한다.

데이터 정제하기

먼저, 생성된 bc_card_output.txt를 읽고 문자열 개수를 세어보자. 문자열이 총 10,235,713개라는 것을 확인할 수 있다.

```
with open('bc_card_output.txt', mode='r') as f:
    data=f.read()
len(data)
```

```
10235713
```

문자열을 100개만 출력해보자.

```
data[0:100]
```

```
'REG_YYMM\tMEGA_CTY_NO\tMEGA_CTY_NM\tCTY_RGN_NO\tCTY_RGN_NM\tADMI_CTY_NO\tADMI_CTY_
 NM\tMAIN_BUZ_CODE\tMAIN_BU'
```

원본 데이터의 컬럼명이 \t로 구분된 것을 확인할 수 있다. \t를 기준으로 데이터를 나눠보자.

```
split_data=data.split('\t')
split_data[0:25]
```

```
['REG_YYMM',
 'MEGA_CTY_NO',
 'MEGA_CTY_NM',
 'CTY_RGN_NO',
 ...
'AMT',
 'CNT201906',
 '11',
 '서울특별시']
```

[표 10-1]을 보면, 원본 데이터가 총 23개 열로 이루어져 있고 23번째 컬럼명이 CNT이므로 split_data[22]의 값이 CNT가 되어야 한다. 하지만 CNT201906이 출력되었다. 여기서 201906은 연도와 월을 나타내는 REG_YYMM의 첫 번째 값이다. CNT와 201906이 나누어지지 않은 것인데 이를 확인하기 위해 전체 원소 개수를 열로 나누어서 나머지가 0이 되는지 알아보자.

```
No_Column=23
len(split_data) % No_Column
```

```
3
```

나머지가 3이라는 것은 일부 레코드의 열 정보가 CNT201906처럼 잘못되어 있다는 의미다. 열 이름 CNT와 데이터 201906 사이가 탭(\t)으로 구분되어 있지 않았기 때문에 나누는(split) 과정에서 분리되지 않았다. 이를 해결하려면 CNT와 201906 사이에 탭(\t)을 넣어주고 다시 split을 실행한다. 먼저 데이터형을 살펴보자. data는 str형, split_data는 list형임을 알 수 있다.

```
type(data), type(split_data)
```

```
(str, list)
```

변수 data에서 CNT가 몇 번째 문자인지 확인한다.

```
data.find('CNT')
```

```
257
```

CNT2019에 탭(\t)을 넣어 CNT\t2019 형태로 바꾸고자 한다. data[257:260]이 CNT이므로 이 다음에 탭(\t)을 넣는다. 즉, CNT의 맨 마지막 문자 T는 data[259]로, 인덱스 번호는 260번째다. 2019로 새로 시작되는 레코드의 2는 data[260] 즉, 261번째다. 탭(\t)을 T와 2 사이인 261번째에 넣고 split 함수를 이용해 \t를 기준으로 나누어보자.

```
data=data[:260]+'\t'+data[260:]
split_data=data.split('\t')
split_data[22],split_data[23]
```

```
('CNT', '201906')
```

전체 원소 개수를 열로 다시 나누어보면 나머지가 여전히 0이 아닌 것을 확인할 수 있다.

```
len(split_data) % No_Column
```

```
4
```

이를 해결하려면 전체 데이터에 탭(\t)을 넣어야 한다는 것을 알 수 있다. 즉, 데이터의 레코드가 시작되는 곳을 확인한 뒤 탭(\t)을 넣어야 한다. 맨 마지막 열의 데이터와 다음 레코드가 시작되는 값 사이에 탭(\t)이 누락되었기 때문이다. 데이터의 레코드가 시작되는 지점은 201906이라는 것을 알고 있으니 이 앞에 탭(\t)을 삽입한다.

split_data[23]은 201906으로 레코드가 시작되는 값이다. 다음 201906은 22번째 이후에 시작된다. split_data[23], split_data[23+22]을 확인해보면 ('201906', '1892201906')으로 22번째 이후의 경우도 1892201906으로 연도 구분이 되어 있지 않다. 그래서 매번 22번째 이후에 탭(\t)을 넣어 분리할 것이다.

```
split_data[23],split_data[23+22]
```

```
('201906', '1892201906')
```

다음 코드를 이용해 탭(\t)을 넣을 기준 인덱스를 정한다.

```
split_data[23+22].find('201906')
```

```
4
```

실행 결과가 4라는 것은 5번째부터 201906이 시작된다는 의미다. 이전과 이후에 탭(\t)을 넣는다.

```
Cycle= 22
i=1 # 첫 번째와 두 번째 고객 레코드 사이의 cnt와 연도를 구분하기 위해 탭(\t)을 넣으므로
while i < round((len(split_data)-Cycle)/Cycle):
    target_index=split_data[No_Column+Cycle*i].find('201906')
    split_data[No_Column+Cycle*i]=split_data[No_Column+Cycle*i][:target_index]+'\t'+split_
    data[No_Column+Cycle*i][target_index:]
    i+=1
```

TIP • 가독성을 위해 코드 한 줄을 여러 줄로 나누고 싶을 때는 \(혹은 \)를 입력한 후 Enter를 눌러서 나눠야 오류가 발생하지 않는다.

```
Cycle= 22
i=1 #첫 번째와 두 번째 고객 레코드 사이의 cnt와 연도를 구분하기 위해 탭(₩t)을 넣으므로
while i < round((len(split_data)-Cycle)/Cycle):
  target_index=split_data[No_Column+Cycle*i].find('201906')
  split_data[No_Column+Cycle*i]=₩
  split_data[No_Column+Cycle*i][:target_index]+₩
  '₩t'+split_data[No_Column+Cycle*i][target_index:]
  i+=1
```

전체 데이터에 탭(\t)이 잘 적용되었는지 확인해보자.

```
split_data[23],split_data[23+22]
```

```
('201906', '1892\t201906')
```

이제, 탭(\t)이 삽입된 부분을 나눠보자. 그러나 split_data 변수는 리스트 형태이므로 split 함수를 적용할 수 없다. 따라서, join 함수를 이용해 모든 리스트 원소 사이에 탭(\t)을 넣는다. 앞에서는 레코드가 시작되는 지점에 탭(\t)을 넣었고 이번에는 모든 원소 사이에 탭(\t)을 넣는다.

예를 들어, join 함수를 이용해 원소 사이에 탭(\t)을 넣는 방법은 다음과 같다.

```
a=['a', 'b', 'c', 'd', '1', '2', '3']
print(a)
print()

result1="*****".join(a)      # join 함수로 리스트를 문자열로 변환
print(result1)
```

```
['a', 'b', 'c', 'd', '1', '2', '3']
a*****b*****c*****d*****1*****2*****3
```

이제 join 함수를 통해 전체 원소 사이에 탭(\t)을 넣어서 확인해보자. join_split_data='\t'.join(split_data)를 통해 join_split_data의 원소 앞에 탭(\t)이 있는 것을 확인할 수 있다.

```
join_split_data='\t'.join(split_data)
join_split_data[:24]
```

```
'REG_YYMM\tMEGA_CTY_NO\tMEG'
```

join 함수를 통해 데이터 join_split_data는 문자형이라는 것을 확인할 수 있다. 이제 \t를 기준으로 나누어서 새로운 변수 joined_splited_data에 리스트 형태로 저장해보자.

```
joined_splited_data=join_split_data.split('\t')
joined_splited_data[:23]
```

```
['REG_YYMM',
 'MEGA_CTY_NO',
 'MEGA_CTY_NM',
 'CTY_RGN_NO',
...
 'FLC',
 'AMT',
 'CNT']
```

len(joined_splited_data) % No_Column을 실행하면 나머지가 0임을 알 수 있다(각자 실행해보기 바란다). 다음과 같이 리스트 형태로 저장해보자.

```
total=[joined_splited_data[i: i+No_Column] for i in range(0,len(joined_splited_data),No_Column)]
total[1]
```

```
['201906',
 '11',
 '서울특별시',
...
 '관악구',
 '2',
 '30대',
 '2',
 '26284804',
 '1892']
```

데이터프레임 형식으로 저장하기

리스트로 저장된 total 변수를 데이터프레임으로 저장해보자. 먼저 맨 마지막 레코드를 다시 출력한다.

```
total=[joined_splited_data[i: i+No_Column] for i in range(0,len(joined_splited_data),No_Column)]
total[-1]
```

```
['201906',
 '11',
 '서울특별시',
...
 '의정부시',
 '1',
 '40대',
 '3',
 '5227500',
 '7']
```

총 레코드 수를 출력해보자.

```
len(total)
```

```
100002
```

total의 총 레코드는 100,002개로 첫 번째 레코드는 열 이름이다. 나머지 100,001개 레코드를 판다스의 데이터프레임으로 저장해보자. 그리고 뒤에서는 이 데이터프레임을 csv로 저장할 것이다.

먼저, 데이터프레임 형태로 바꾸면 total 변수의 첫 번째 원소 23개는 데이터프레임 헤더header가 되고 23개 원소를 갖는 total의 원소는 하나의 열row이 되어 총 100,001개의 고객 레코드로 구성된다.

```
import pandas as pd
total_df=pd.DataFrame(total[1:], columns=total[0])
total_df
```

	REG_YYMM	MEGA_CTY_NO	MEGA_CTY_NM	CTY_RGN_NO	CTY_RGN_NM	ADMI_CTY_NO	ADMI_CTY_NM	MAIN_BUZ_CODE	MAIN_BUZ_DESC	TP_GRP_NO	...
0	201906	11	서울특별시	1162	관악구	11620585	낙성대동	80	음식	80	...
1	201906	11	서울특별시	1159	동작구	11590560	상도4동	30	생활	40	...
2	201906	11	서울특별시	1162	관악구	11620595	청룡동	30	생활	83	...
3	201906	11	서울특별시	1144	마포구	11440660	서교동	80	음식	80	...
4	201906	11	서울특별시	1120	성동구	11200550	사근동	80	음식	80	...
...	...	...	...	...	...	...	...	...	...	...	...
99996	201906	11	서울특별시	1165	서초구	11650520	서초2동	30	생활	40	...
99997	201906	11	서울특별시	1117	용산구	11170520	용산2가동	30	생활	40	...
99998	201906	11	서울특별시	1156	영등포구	11560535	영등포동	30	생활	40	...
99999	201906	11	서울특별시	1141	서대문구	11410585	신촌동	40	쇼핑	42	...
100000	201906	11	서울특별시	1135	노원구	11350710	상계9동	20	문화	51	...

100001 rows × 23 columns

데이터프레임을 201906.csv 형태로 저장하고 다시 불러오자.

```
total_df.to_csv('201906.csv', encoding='utf-8')
bc_card=pd.read_csv('201906.csv',encoding='utf-8', index_col=0)
bc_card.head()
```

	REG_YYMM	MEGA_CTY_NO	MEGA_CTY_NM	CTY_RGN_NO	CTY_RGN_NM	ADMI_CTY_NO	ADMI_CTY_NM	MAIN_BUZ_CODE	MAIN_BUZ_DESC	TP_GRP_NO	...
0	201906	11	서울특별시	1162	관악구	11620585	낙성대동	80	음식	80	...
1	201906	11	서울특별시	1159	동작구	11590560	상도4동	30	생활	40	...
2	201906	11	서울특별시	1162	관악구	11620595	청룡동	30	생활	83	...
3	201906	11	서울특별시	1144	마포구	11440660	서교동	80	음식	80	...
4	201906	11	서울특별시	1120	성동구	11200550	사근동	80	음식	80	...

5 rows × 23 columns

TIP • 201906.csv 파일은 메모장에서는 한글 깨짐 없이 잘 보이는데 엑셀에서는 한글이 깨져 보일 수 있다. 이럴 때에는 메모장에서 201906.csv 파일을 열고 ansi 형식으로 저장한 뒤 다시 엑셀에서 열면 한글이 깨지지 않고 잘 보인다.

3 데이터 분석

앞에서 정제한 데이터에서 서울시 편의점 사용 거래를 추출하고 관련 정보를 분석해보기로 한다.

서울시 거주/비거주 고객의 소비 분석

BC카드 소비 데이터를 이용해 서울시 거주자와 비거주자의 소비액과 거래 건수를 살펴보자.

① 서울시 거주/비거주 고객 수 구하기

len 함수를 이용해 총 고객 수를 알 수 있다.

```
len(bc_card)
```

```
100001
```

이 중에서 서울시 거주 고객 수를 구해보자. 서울시 거주가 아닌 레코드의 인덱스를 index1로 설정하고 이를 데이터프레임에서 제거하자. 서울시 거주 고객이 총 54,150명임을 알 수 있다.

```
index1=bc_card[bc_card['CSTMR_MEGA_CTY_NM'] !='서울특별시'].index
seoul_bc_card=bc_card.drop(index1)
seoul_bc_card.reset_index(drop=True, inplace=True)
len(seoul_bc_card)
```

```
54150
```

같은 방법으로 서울시 비거주 고객 수를 구해보자.

```
index2=bc_card[bc_card['CSTMR_MEGA_CTY_NM']=='서울특별시'].index
nonseoul_bc_card=bc_card.drop(index2)
nonseoul_bc_card.reset_index(drop=True, inplace=True)
len(nonseoul_bc_card)
```

```
45851
```

TIP • 총 인원에서 54,150명을 제외해 서울시 비거주 고객 수를 구할 수도 있다.

② 총 소비액 구하기

서울시 거주/비거주 고객의 총 소비액을 구해보자. 서울 거주 고객의 데이터프레임은 seoul_bc_card이다. 여기서 AMT 열의 값을 모두 합하면 총 소비액을 구할 수 있다.

```
print(seoul_bc_card['AMT'].sum(axis=0))          # 서울시 거주 고객의 소비액
print(nonseoul_bc_card['AMT'].sum(axis=0))       # 서울시 비거주 고객의 소비액
```

```
119663142676
146587135822
```

서울시 비거주 고객의 총 소비액은 nonseoul_bc_card['AMT'].sum(axis=0)으로 수정해서 구할 수 있다.

③ 성별 소비액 구하기

남녀 고객의 성별 소비액을 구해보자. 판다스의 pivot_table 함수를 이용해 서울시 거주 고객의 남녀 성별 소비액을 다음과 같이 출력해본다. 이때 남녀 구분은 열 이름 SEX_CTGO_CD를 사용하고, 피벗 테이블의 집계 값은 합 즉, aggfunc='sum'을 사용했다. 그리고 나머지 열은 삭제했다. 이때 남성은 1, 여성은 2를 나타낸다.

```
seoulsex=pd.pivot_table(seoul_bc_card, index=['SEX_CTGO_CD'], aggfunc='sum')
seoulsex=seoulsex.drop(['ADMI_CTY_NO','CTY_RGN_NO','TP_GRP_NO','MAIN_BUZ_CODE','REG_
                        YYMM','CNT','CSTMR_CTY_RGN_NO','CSTMR_MEGA_CTY_NO','FLC','MEGA_
                        CTY_NO','TP_BUZ_NO'], axis=1)
seoulsex
```

SEX_CTGO_CD	AMT
1	58128378947
2	61534763729

이와 같이 남녀를 구분하여 성별 총 소비액을 비교하였다. 마찬가지로 서울시 비거주 고객의 남녀 소비액도 다음과 같이 출력할 수 있다.

```
nonseoulsex=pd.pivot_table(nonseoul_bc_card, index = ['SEX_CTGO_CD'], aggfunc = 'sum')
nonseoulsex=nonseoulsex.drop(['ADMI_CTY_NO','CTY_RGN_NO','TP_GRP_NO','MAIN_BUZ_CODE','REG_
                              YYMM','CNT','CSTMR_CTY_RGN_NO','CSTMR_MEGA_CTY_NO','FLC',
                              'MEGA_CTY_NO','TP_BUZ_NO'], axis=1)
nonseoulsex
```

```
                 AMT
SEX_CTGO_CD
      1    73579570815
      2    73007565007
```

④ 카드 이용 건수 구하기

서울시 거주/비거주 고객의 카드 이용 건수를 구해보자. 이 값은 서울시 거주 고객의 정보를 저장한 seoul_bc_card 데이터프레임의 CNT 열의 합계를 구하면 된다. 마찬가지로 서울시 비거주 고객의 카드 이용 건수는 nonseoul_bc_card['CNT'].sum(axis=0)으로 구하면 된다.

```
print(seoul_bc_card['CNT'].sum(axis=0))
print(nonseoul_bc_card['CNT'].sum(axis=0))
```

```
5542462
4950200
```

편의점 소비 정보 분석

이번에는 고객들이 편의점에서 지출한 금액을 더해보고 강남구 거주 고객과 비강남구 거주 고객이 강남구 편의점에서 지출한 금액의 차이를 살펴보자.

① 편의점 소비액 구하기

먼저 고객들이 편의점에서 소비한 금액을 모두 구해보자. 전체 데이터프레임에서 열 이름 TP_BUZ_NO가 4010인 값을 모두 더해서 구할 수 있다. 4010은 편의점을 의미한다.

```
import pandas as pd
bc_card_cov=bc_card[bc_card['TP_BUZ_NO']==4010]        # 4010은 편의점
bc_card_cov['AMT'].sum(axis=0)
```

```
7299184098
```

다음으로 강남구 편의점에서 소비한 금액을 구해보자. 전체 레코드 중 열 이름 CTY_RGN_NM이 '강남구'인 레코드만 찾아서 구하면 된다.

```
bc_card_gang_cov=bc_card[(bc_card['TP_BUZ_NO']==4010)&(bc_card['CTY_RGN_NM']=='강남구')]
bc_card_gang_cov['AMT'].sum(axis=0)
```

```
707275140
```

② 강남구 편의점 소비액 분석하기

고객들이 강남구 편의점에서 소비한 금액 중 강남구 거주자와 비거주자의 차이를 구하자. bc_card['CTY_RGN_NM']=='강남구'를 이용해 강남구에 위치한 편의점 매장의 전체 소비액을 구하는 레코드를 저장하는 데이터프레임을 bc_card_gang으로 저장한다. 그리고 bc_card_gang['AMT'].sum(axis=0)을 이용해 강남구 편의점 전체의 소비액을 구할 수 있다. 여기에 bc_card['TP_BUZ_NO']==4010 조건을 추가하여 강남구에 위치한 편의점 레코드를 bc_card_gang_cov의 데이터프레임에 저장한다. bc_card_gang_cov['AMT'].sum(axis=0)을 이용하면 총 소비액을 구할 수 있다.

```
import pandas as pd
bc_card_gang=bc_card[bc_card['CTY_RGN_NM']=='강남구']
print(bc_card_gang['AMT'].sum(axis=0))          # 강남구 전체

bc_card_gang_cov=bc_card[(bc_card['TP_BUZ_NO']==4010)&(bc_card['CTY_RGN_NM']=='강남구')]
bc_card_gang_cov['AMT'].sum(axis=0)
print(bc_card_gang_cov['AMT'].sum(axis=0))     # 강남구 편의점 전체
```

```
35535648502
707275140
```

강남구 거주 고객과 비거주 고객의 강남구 편의점 소비액을 구해보자. 먼저 강남구 거주 고객의 레코드를 찾아 강남구 거주와 비거주로 레코드를 나누어서 이들의 편의점 매출액을 합한다. 즉 고객 거주지(CSTMR_CTY_RGN_NM)가 강남구인 고객 레코드를 bc_card_gang_cov[bc_card_gang_cov['CSTMR_CTY_RGN_NM']=='강남구'].index를 이용해 index3으로 저장하고, bc_card_gang_cov.drop(index3)을 이용해 제외하면 강남구 비거주 고객의 레코드만 뽑아낸다. 그리고 bc_card_gang1['AMT'].sum(axis=0)를 통해 강남구 비거주 고객의 편의점 소비액을 구한다. 마찬가지로 강남구 거주 고객의 편의점 소비액도 구할 수 있다.

```
bc_card_gang=bc_card_gang_cov
index3=bc_card_gang_cov[bc_card_gang_cov['CSTMR_CTY_RGN_NM']=='강남구'].index
bc_card_gang1=bc_card_gang_cov.drop(index3)
bc_card_gang1.reset_index(drop=True, inplace=True)
bc_card_gang1['AMT'].sum(axis=0)
index4=bc_card_gang_cov[bc_card_gang_cov['CSTMR_CTY_RGN_NM']!='강남구'].index
bc_card_gang2=bc_card_gang_cov.drop(index4)
bc_card_gang2.reset_index(drop=True, inplace=True)
bc_card_gang2['AMT'].sum(axis=0)

print(bc_card_gang1['AMT'].sum(axis=0))          # 강남구 거주 고객의 강남구 소비액
print(bc_card_gang2['AMT'].sum(axis=0))          # 강남구 비거주 고객의 강남구 소비액
```

```
418895250
288379890
```

4 데이터 분석 응용

지금까지 배운 내용을 응용해보자. 이번에는 레코드가 100만 개를 넘는 2020년 3월의 카드 소비 데이터인 bc_card_out2020_03.txt를 이용해 자치구 내의 편의점 소비액 차이를 구해본다. 먼저 bc_card_out2020_03.txt를 코랩 환경에서 실습할 수 있도록 업로드한다. 각자 작업 환경에 따라 다르지만 데이터 용량이 커서 업로드에 상당한 시간이 필요할 수 있다.

```
import pandas as pd
df=pd.read_csv('bc_card_out2020_03.txt', sep="\t", encoding='utf-8')
df1=pd.DataFrame(df)
df1.head()
```

	REG_YYMM	MEGA_CTY_NO	MEGA_CTY_NM	CTY_RGN_NO	CTY_RGN_NM	ADMI_CTY_NO	ADMI_CTY_NM	MAIN_BUZ_CODE	MAIN_BUZ_DESC	TP_GRP_NO	...	CSTMR_GUBUN	CSTMR_MEGA_CTY_NO	CSTMR_MEGA_CTY_NM	CSTMR_CTY_RGN_NO	CSTMR_CTY_RGN_NM	SEX_CTGO_CD	AGE_VAL	FLC	AMT	CNT
0	202003	11	서울특별시	1168	강남구	11680750	수서동	30	생활	40	...	내국인	11	서울특별시	1168	강남구	2	20대	1	7927440	1089
1	202003	11	서울특별시	1129	성북구	11290660	길음1동	30	생활	70	...	내국인	11	서울특별시	1129	성북구	1	40대	4	274100	25
2	202003	11	서울특별시	1144	마포구	11440555	아현동	30	생활	40	...	내국인	11	서울특별시	1114	중구	1	60대 이상	5	34395725	808
3	202003	11	서울특별시	1126	중랑구	11260590	상봉2동	30	생활	40	...	내국인	11	서울특별시	1126	중랑구	2	20대	1	31860800	3699
4	202003	11	서울특별시	1168	강남구	11680630	대치4동	30	생활	62	...	내국인	41	경기도	4146	용인시	2	50대	4	2546487	45

5 rows × 23 columns

서울시 거주/비거주 고객의 소비액 구하기

2020년 3월 데이터에서 서울시 거주 고객의 소비액과 비거주 고객의 소비액을 구해보자. 서울시 비거주 고객의 레코드를 ind2로 인덱스하여 이를 전체 레코드에서 삭제하면 나머지가 서울 거주 고객의 레코드다. seoul['AMT'].sum(axis=0)을 통해 서울시 거주 고객의 소비액,

nonseoul['AMT'].sum(axis=0)을 통해 서울시 비거주 고객의 소비액을 구할 수 있다.

```
import pandas as pd
df=pd.read_csv('bc_card_out2020_03.txt', sep='\t', encoding='utf-8')
df1=pd.DataFrame(df)
df1=df1.drop(['CTY_RGN_NO','ADMI_CTY_NO','ADMI_CTY_NM','TP_GRP_NO',
              'TP_GRP_NM','CSTMR_GUBUN',\], axis=1)

ind2=df1[df1['CSTMR_MEGA_CTY_NM']!='서울특별시'].index # 서울시 비거주 고객 인덱스화
seoul=df1.drop(ind2)
seoul.reset_index(drop=True, inplace=True)

ind3=df1[df1['CSTMR_MEGA_CTY_NM']=='서울특별시'].index # 서울시 거주 고객만 추출
nonseoul=df1.drop(ind3)
nonseoul.reset_index(drop=True, inplace=True)

print(seoul['AMT'].sum(axis=0))                         # 서울시 거주 고객 소비액
print(nonseoul['AMT'].sum(axis=0))                      # 서울시 비거주 고객 소비액
```

```
1385914569631
1940899349900
```

서울시 거주/비거주 고객의 수는 len(seoul), len(nonseoul)로 구할 수도 있다. 각각의 카드 이용 건수는 seoul['CNT'].sum(axis=0), nonseoul['CNT'].sum(axis=0)으로 구할 수 있다.

남녀 지출액 구하기

2020년 3월 데이터에서 서울시 거주/비거주 고객의 남녀 소비액은 다음과 같이 구할 수 있다. pivot_table 함수를 이용해 남녀의 성별 소비액을 더해서 출력한다.

```
seoulsex=pd.pivot_table(seoul, index=['SEX_CTGO_CD'], aggfunc = 'sum')  # 1 남성 2 여성
seoulsex=seoulsex.drop(['CNT','CSTMR_CTY_RGN_NO','CSTMR_MEGA_CTY_NO','FLC','MAIN_BUZ_
                    CODE','MEGA_CTY_NO','REG_YYMM','TP_BUZ_NO'], axis=1)
seoulsex
```

	AMT
SEX_CTGO_CD	
1	682678945342
2	703235624289

거주지 소재 편의점 소비액 구하기

2020년 3월 데이터에서 서울시 거주 고객이 자신이 거주하는 구에 위치한 편의점에서 소비한 금액과 지출액과 타 자치구민이 해당구의 편의점에서 지출한 금액의 차이를 구해보자. 이는 어떤 자치구에 외부의 인구가 많이 유입되었는지 알 수 있는 정보로 활용하고자 분석하는 것이다. 먼저 다음과 같이 서울시 전체 편의점을 대상으로 한 레코드를 추출하고 총 매출액을 구해보자.

```
import pandas as pd
seoul_cov = seoul[seoul['TP_BUZ_NO']==4010]          # 편의점
seoul_cov['CNT'].sum(axis=0)
seoul_cov['AMT'].sum(axis=0)
```

```
66513977146
```

seoul[seoul['CTY_RGN_NM'] !=seoul['CSTMR_CTY_RGN_NM']]을 이용해 편의점 소재지를 나타내는 열인 CTY_RGN_NM과 고객 거주지를 나타내는 열인 CSTMR_CTY_RGN_NM이 일치하지 않은 레코드를 제외하면 거주지 소재 편의점에서 소비한 고객을 추출할 수 있다.

```
import pandas as pd

seoul=seoul_cov
index1 = seoul[seoul['CTY_RGN_NM'] != seoul['CSTMR_CTY_RGN_NM']].index
resid = seoul.drop(index1)
resid.reset_index(drop=True, inplace=True)

index2 = seoul[seoul['CTY_RGN_NM'] == seoul['CSTMR_CTY_RGN_NM']].index
nonresid = seoul.drop(index2)
nonresid.reset_index(drop=True, inplace=True)

print(resid['AMT'].sum(axis=0))          # 거주지 내 소비액
print(nonresid['AMT'].sum(axis=0))       # 거주지 외 소비액
```

```
44184614834
22329362312
```

SECTION 02

[sklearn 기본] 승객 생존율 예측1

1 분석 준비

7장에서 데이터 분석에 필요한 전처리 작업을 했다. 여기서는 7장 2절에서 전처리 작업을 실습한 titanic_df1을 머신러닝 방법론에 적용하는 기본 내용을 소개한다. 이 책에서는 대표적인 머신러닝 라이브러리인 sklearn을 이용해 학습 데이터와 테스트 데이터를 나누고 의사결정나무와 로지스틱 회귀분석을 적용한다.

이 장의 실습을 위해 7장에서 살펴본 데이터 전처리를 적용해 최종 데이터인 titanic_df1을 만들어 보자.

```
import pandas as pd
url='https://raw.githubusercontent.com/sehakflower/data/main/titanic.csv'
titanic_df= pd.read_csv(url,sep='\t')
# 컬럼명을 소문자로 바꾸기
new_columns=['passengerId', 'survived', 'pclass', 'name', 'sex', 'age', 'sibsp', 'parch',
'ticket', 'fare', 'cabin', 'embarked']
titanic_df.columns=new_columns
# 필요한 컬럼만 가져오기
titanic_df1=titanic_df[['survived', 'pclass', 'name', 'sex', 'age', 'sibsp', 'parch', 'fare']]
# 1. sex열을 gender로 바꾸고 여성은 0, 남성은 1로 바꾸기
tmp=[]
for each in titanic_df1['sex']:
    if each=='female':
        tmp.append(0)
    else:
        tmp.append(1)
titanic_df1['gender']=tmp
titanic_df1.drop(columns='sex', inplace=True)            # sex 열 삭제하기
```

```
# 2. 호칭을 숫자형으로 바꾸기
condition=lambda x: x.split(',')[1].split('.')[0].strip()
titanic_df1['title']=titanic_df1['name'].map(condition)          # name에서 호칭만 가져오기
Special=['Master', 'Don', 'Rev']                          # 3개 호칭을 title 열의 Special로 대체
for each in Special:
    titanic_df1['title']=titanic_df1['title'].replace(each, 'Special')
titanic_df1=titanic_df1.drop('name', axis=1)                     # 사용하지 않는 name 열 삭제하기
# 숫자형으로 만드는 함수 만들기
def convert_title(x):
    if x=="Special":
        return 1
    else:
        return 0
titanic_df1["special_title"]=titanic_df1["title"].apply(convert_title)
# special_title 열 만들어서 special은 1, 나머지는 0으로 바꾸기
titanic_df1.drop('title', axis=1, inplace=True)                  # title 열 삭제하기

# 3. sibpar 열 만들어 동반자 수 더한 값 넣기
titanic_df1['sibpar']=titanic_df1['sibsp']+titanic_df1['parch']
titanic_df1.drop(['sibsp','parch'], axis =1, inplace=True)
# 사용하지 않는 sibsp, parch 열 삭제하기

# 4. avgfare 열 만들어 1인당 평균 탑승 요금 넣기
titanic_df1['avgfare']=titanic_df1['fare']/titanic_df1['sibpar']
titanic_df1['n_family']=titanic_df1['sibpar']+1
# n_family 열 만들어 동반자에 1을 더하여 0으로 나누어지지 않도록 함
titanic_df1['avgfare']=titanic_df1['fare']/titanic_df1['n_family']      # 1인당 평균 탑승 요금
titanic_df1=titanic_df1.drop(['fare','sibpar'], axis=1)                 # 필요 없는 열 삭제하기

# 5. 최종 분석 데이터 컬럼명만 추출하기
titanic_df1.rename(columns={'gender':'sex', 'special_title':'title', 'avgfare':'fare',
                   'n_family':'num_family'}, inplace=True)              # 컬럼명 변경하기
titanic_df1=titanic_df1[['survived', 'pclass', 'sex', 'age', 'title', 'fare', 'num_family']]
# 컬럼 순서 다시 정하기
titanic_df1=titanic_df1.dropna()
# age에는 NaN 값이 있으므로 이를 삭제한 데이터를 분석에 사용
titanic_df1
```

	survived	pclass	sex	age	title	fare	num_family
0	0	3	1	22.0	0	3.625000	2
1	1	1	0	38.0	0	35.641650	2
2	1	3	0	26.0	0	7.925000	1
3	1	1	0	35.0	0	26.550000	2
4	0	3	1	35.0	0	8.050000	1
...	...	...	...	...	...	...	...
150	0	2	1	51.0	1	12.525000	1
151	1	1	0	22.0	0	33.300000	2
152	0	3	1	55.5	0	8.050000	1
153	0	3	1	40.5	0	4.833333	3
155	0	1	1	51.0	0	30.689600	2

126 rows × 7 columns

전처리 과정을 거친 titanic_df1 데이터프레임을 raw로 이름을 변경하여 사용하자. 그리고 이 데이터프레임에서 값만 넘파이 형태로 가져온다. 물론 리스트 형태로 값을 가져와서 분석에 사용해도 되지만, 편의상 넘파이 형태로 변경 후 이 값을 데이터 분석에 적용해보자.

```
raw=titanic_df1
np_raw=raw.values
type(np_raw)
```

```
numpy.ndarray
```

이번에는 100개 이전은 학습용 데이터, 이후는 테스트 데이터로 구분해보자. 학습용 데이터는 train, 테스트 데이터는 test로 저장한다.

```
train=np_raw[:100]
test=np_raw[100:]

y_train=[i[0] for i in train]
X_train=[j[1:] for j in train]
y_test=[i[0] for i in test]
X_test=[j[1:] for j in test]
len(X_train),len(y_train), len(y_test),len(X_test)
```

```
(100, 100, 26, 26)
```

변수는 일단 리스트 형태로 둔다. 이는 나중에 넘파이 형태로 바꿔서 사용하기 위한 것이다. 데이터 분석을 하려면 리스트, 넘파이, 판다스 형태를 자유롭게 사용할 수 있어야 한다. 이제 sklearn 라이브러리를 활용하여 데이터 마이닝 방법론이 어떻게 적용되는지 살펴보자.

TIP • 이 책에서는 분석 방법론에 대한 자세한 설명은 하지 않으니 관련된 다른 교재를 참고하기 바란다.

2 의사결정나무

의사결정나무는 분석한 데이터 사이에 존재하는 패턴을 예측 가능한 규칙의 조합으로 나타낸다. 그 모양이 '나무'와 같다고 해서 의사결정나무로 불린다. 주어진 입력값의 조합에 따른 패턴을 의사결정규칙에 따라 트리 구조의 출력값 그래프로 표현한다. 먼저 라이브러리를 통해 의사결정나무를 불러와서 타이타닉호 승객의 생존율을 예측해보자.

```
from sklearn.tree import DecisionTreeClassifier
model=DecisionTreeClassifier(criterion='entropy', max_depth=3,min_samples_leaf=5).
fit(X_train, y_train)

model.fit(X_train, y_train)
DecisionTreeClassifier(criterion='entropy', max_depth=3, min_samples_leaf=5)
print('Score:{}'.format(model.score(X_train, y_train)))
print('Score:{}'.format(model.score(X_test, y_test)))
```

```
Score:0.84
Score:0.8846153846153846
```

분석 결과를 그림으로 나타내보자.

```
from sklearn.tree import export_graphviz

export_graphviz(
    model,
    out_file="titanic.dot",
    feature_names=['pclass', 'sex', 'age', 'title', 'fare', 'num_family'],
    class_names=['0','1'],
    rounded=True,
    filled=True
)

import graphviz
with open("titanic.dot") as f:
    dot_graph=f.read()
dot=graphviz.Source(dot_graph)
dot.format='png'
dot.render(filename='titanic_tree', directory='image/decision_trees', cleanup=True)
dot
```

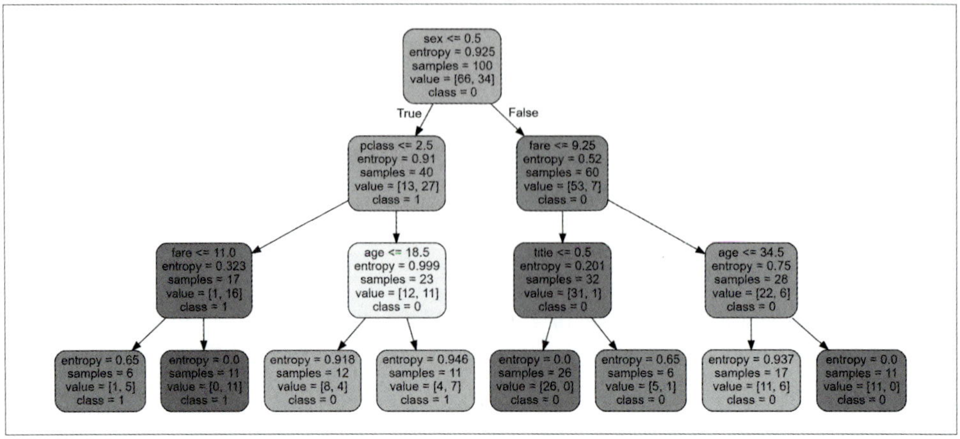

학습 데이터를 이용한 의사결정나무 분석 결과를 그림으로 나타낸 것이다. 이를 테스트 데이터에 적용하여 예측해보자.

```
from sklearn.metrics import accuracy_score

y_pred=model.predict(X_test)
print("Test Accuracy is ", accuracy_score(y_test, y_pred)*100)
```

```
Test Accuracy is  88.46153846153845
```

예측 결과는 88.46%로 나타났다. 실제 y_test를 confusion matrix를 통해 살펴본 결과는 다음과 같다. 이때 confusion matrix는 실제 승객이 사망 시 사망 혹은 생존이라고 예측하는 경우의 수, 그리고 생존 시 사망 혹은 생존이라고 예측하는 경우의 수를 나타내는 표다.

```
from sklearn.metrics import confusion_matrix
confusion_matrix(y_test, y_pred)
```

```
array([[18,  1],
       [ 2,  5]])
```

이번에는 다음과 같이 새로운 데이터가 주어졌을 때 승객의 생존율을 구해보자. Tom과 Jane의 feature_names 열에 해당하는 값이 아래와 같이 숫자로 표시되었다고 할 때 Tom과 Jane의 생존 확률을 의사결정나무 예측 모델에 적용해보자.

```
feature_names=['pclass', 'sex', 'age', 'title', 'fare', 'num_family']
Tom=[1,1,33,1,50,4]
Jane=[2,0,50,0,8,1]
```

값을 추정한 모델을 통해 Tom과 Jane의 값을 넣어 생존율을 예측해보자.

```
model.predict_proba([Tom])
```

```
array([[0.64705882, 0.35294118]])
```

Tom은 사망 확률이 0.64705882로 예측되었다. 마찬가지로 Jane에 대해서도 예측해보자.

```
model.predict_proba([Jane])
```

```
array([[0.16666667, 0.83333333]])
```

Jane은 생존 확률이 0.83333333으로 예측되었다. Tom은 남성, 1등급 승객, 33세, special title이 있는 귀족층, 50불 요금, 그리고 동반자가 4명임에도 불구하고 사망 확률이 생존 확률보다 낮았다. 그러나 Jane은 여성, 3등급 승객, 50세, 보통 사람, 8불 요금, 그리고 혼자 탑승했는데도 생존 확률이 사망 확률보다 높다. 즉 의사결정트리의 가장 첫 번째 요소인 성별 기준이 생존 확률에 영향을 가장 많이 미친다는 것을 보여준다.

3 로지스틱 회귀분석

종속변수를 0, 1 등으로 분류하는 경우에 로지스틱 회귀분석을 많이 사용한다. 실제 데이터를 분석하는 것을 보여주는 차원에서 앞의 타이타닉 예제를 통해 로지스틱 회귀분석을 설명한다. 먼저 표준화하지 않은 데이터를 이용하는 경우와 표준화한 데이터를 이용하는 경우를 예로 설명한다.

TIP • 이 책에서는 로지스틱 회귀분석에 대한 자세한 설명은 생략한다.

표준화하지 않은 데이터 이용하기

sklearn 라이브러리를 통해 LogisticRegression을 불러와서 적용한다. LogisticRegression을 불러온 다음 학습 데이터(X_train)와 테스트 데이터(y_train)를 이용하여 fit 함수로 회귀계수를 추정한다. 추정된 회귀계수 값을 이용해 예측값(pred)을 산출하고 sklearn.metrics에서 accuracy_score를 불러와 예측률을 출력한다. 학습 데이터에 대해 78% 적중률을 보여준다.

```
from sklearn.linear_model import LogisticRegression

log_reg=LogisticRegression(random_state=13, solver='liblinear', C=10.0)
log_reg.fit(X_train, y_train)
LogisticRegression(C=10.0, random_state=13, solver='liblinear')

from sklearn.metrics import accuracy_score
pred=log_reg.predict(X_train)
accuracy_score(y_train, pred)
```

```
0.78
```

TIP • 각 옵션에 대한 자세한 설명은 sklearn 라이브러리의 옵션 설명을 각자 살펴보기 바란다.

학습 데이터를 이용한 로지스틱 회귀계수를 테스트 데이터에 적용해 예측값(pred)을 산출하고, 실제값(y_test) 사이의 예측률을 다음과 같이 구해보자. 예측률은 88%다. 통상 테스트 데이터에 적용했을 때 예측률이 학습 데이터에 적용했을 때보다 낮게 나타나는데 이 경우는 높게 나왔다.

```
pred = log_reg.predict(X_test)
accuracy_score(y_test, pred)
```

```
0.8846153846153846
```

confusion matrix를 구해보자. 앞에서 의사결정나무를 사용한 것과 같은 결과가 나왔다.

```
from sklearn.metrics import confusion_matrix
confusion_matrix(y_test, pred)
```

```
array([[18,  1],
       [ 2,  5]])
```

표준화한 데이터 이용하기

이상의 내용을 seaborn 라이브러리를 이용해 그려보자.

```
import seaborn as sns
sns.boxplot(data=titanic_df1[['pclass', 'sex', 'age', 'title', 'fare', 'num_family']])
```

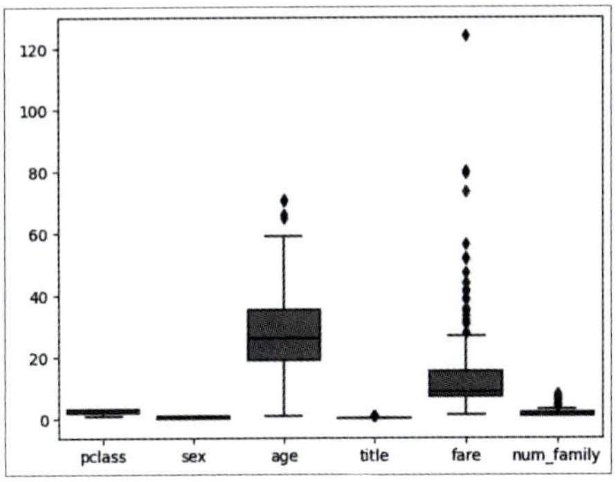

편의상 titanic_df1 데이터를 X로 정의하고 정규화 혹은 표준화를 한 뒤 데이터프레임으로 나타내 보자.

```
X=titanic_df1
from sklearn.preprocessing import MinMaxScaler, StandardScaler
MMS=MinMaxScaler()
SS=StandardScaler()

SS.fit(X)
MMS.fit(X)

X_ss=SS.transform(X)
X_mms=MMS.transform(X)

X_ss_pd=pd.DataFrame(X_ss, columns=X.columns)
X_mms_pd=pd.DataFrame(X_mms, columns=X.columns)
X_ss_pd.head()
```

	survived	pclass	sex	age	title	fare	num_family
0	-0.694516	0.814941	0.771321	-0.421929	-0.29361	-0.707577	-0.096803
1	1.439851	-1.659337	-1.296476	0.677291	-0.29361	1.041150	-0.096803
2	1.439851	0.814941	-1.296476	-0.147124	-0.29361	-0.472714	-0.677621
3	1.439851	-1.659337	-1.296476	0.471187	-0.29361	0.544571	-0.096803
4	-0.694516	0.814941	0.771321	0.471187	-0.29361	-0.465886	-0.677621

MinMaxScaler 함수는 정규화를 하는 것이고 StandardScaler 함수는 원래 데이터를 표준화할 때 사용한다. X의 값을 0과 1 사이로 정규화 혹은 표준정규분포를 따르게 하는 표준화한 값으로 만들 수 있다. 정규화한 데이터를 데이터프레임으로 상위 5개 레코드를 살펴보자.

```
X_mms_pd.head()
```

	survived	pclass	sex	age	title	fare	num_family
0	0.0	1.0	1.0	0.301696	0.0	0.020329	0.142857
1	1.0	0.0	0.0	0.529714	0.0	0.281416	0.142857
2	1.0	1.0	0.0	0.358700	0.0	0.055394	0.000000
3	1.0	0.0	0.0	0.486960	0.0	0.207276	0.142857
4	0.0	1.0	1.0	0.486960	0.0	0.056413	0.000000

원래 값과 어떻게 달라졌는지 seaborn 라이브러리를 사용해 비교해보자.

```
sns.boxplot(data=X_mms_pd[['pclass','sex','age','title','fare','num_family']])
```

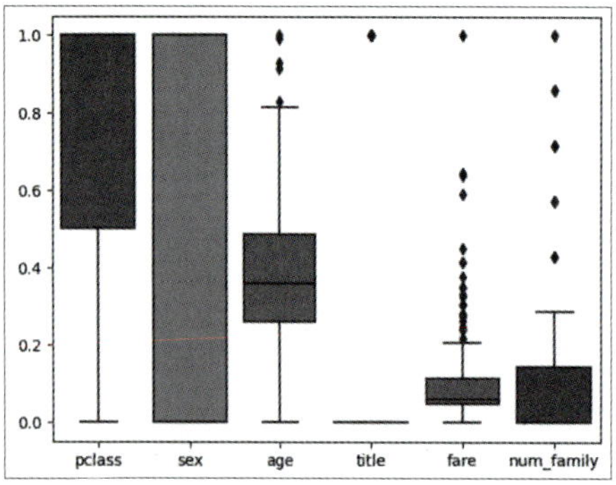

표준화를 한 값을 비교해보자. 평균을 0, 분산을 1로 하는 표준화된 값을 그림으로 볼 수 있다.

```
sns.boxplot(data=X_ss_pd[['pclass', 'sex', 'age', 'title', 'fare', 'num_family']])
```

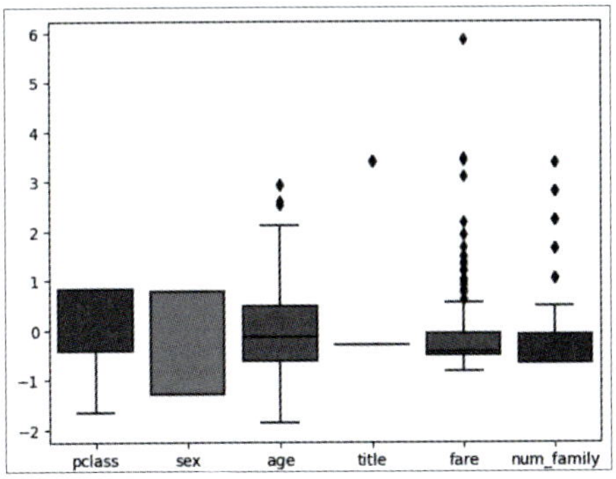

정규화한 데이터와 표준화한 데이터를 학습 데이터와 테스트 데이터로 나누어서 분석해보자. 다음은 원본 데이터다.

```
y=raw['survived']
X=raw.drop(['survived'], axis=1)
X.head()
```

	pclass	sex	age	title	fare	num_family
0	3	1	22.0	0	3.62500	2
1	1	0	38.0	0	35.64165	2
2	3	0	26.0	0	7.92500	1
3	1	0	35.0	0	26.55000	2
4	3	1	35.0	0	8.05000	1

```
y.head()
```

```
0   0
1   1
2   1
3   1
4   0
Name: survived, dtype: int64
```

sklean 라이브러리를 이용해 학습 데이터와 테스트 데이터로 나누어 볼 수 있다. test_size=0.2의 의미는 학습 데이터는 80%, 테스트 데이터는 20% 비율로 나눈다는 것이다.

```
from sklearn.model_selection import train_test_split

X_train, X_test, y_train, y_test=\
train_test_split(X, y, test_size=0.2, random_state=13)
```

y 값을 살펴보자.

```
import numpy as np
np.unique(y_train, return_counts=True)
```

```
(array([0, 1]), array([66, 34]))
```

X 값에 정규화한 값을 이용해보자.

```
X_out=X_mms_pd
X_train, X_test, y_train, y_test=\
train_test_split(X_out, y, test_size=0.2, random_state=13)
```

이제 로지스틱 회귀분석을 적용해보자.

```
log_reg=LogisticRegression(random_state=13, solver='liblinear', C=10.0)
log_reg.fit(X_train, y_train)
```

예측값을 출력하고 예측률을 살펴보자.

```
pred=log_reg.predict(X_test)
accuracy_score(y_test, pred)
```

```
1.0
```

정확도가 1인 것을 확인할 수 있다. 이번에는 표준화한 값을 이용해서 분석해보자.

```
X_out=X_ss_pd
X_train, X_test, y_train, y_test=\
train_test_split(X_out, y, test_size=0.2, random_state=13)

log_reg=LogisticRegression(random_state=13, solver='liblinear', C=10.0)
log_reg.fit(X_train, y_train)

pred=log_reg.predict(X_test)
accuracy_score(y_test, pred)
```

```
1.0
```

마찬가지로 예측률이 1이다. 다음은 실제로 이러한 예측률이 나오게 하는 로지스틱 회귀계수의 값을 출력한 것이다.

```
log_reg.coef_
```

```
array([[ 4.73666302e+00, -2.53303155e-01, -5.08052874e-01,
        -1.93453169e-01,  3.13171381e-02,  2.68954893e-03,
        -1.70331998e-01]])
```

지금까지 타이타닉 데이터에 의사결정나무와 로지스틱 회귀분석을 적용해 보았다. 좀 더 자세한 내용을 알고 싶다면 데이터마이닝 교재를 통해 공부하기 바란다. 여기서는 데이터프레임의 값을 넘파이로 불러온 뒤 일반적인 파이썬 라이브러리를 이용해 분석하는 방법을 소개하는 차원이다. 11장에서 최소자승법과 경사하강법을 이용해 회귀계수 값을 추정하는 방법을 한 번 더 설명한다.

SECTION 03

[sklearn 활용] 승객 생존율 예측2

sklearn 라이브러리를 활용해 학습 데이터와 테스트 데이터를 독립변수와 종속변수로 구분한 총 4개의 데이터 X_train, y_train, X_test, y_test를 다양한 머신러닝 기법에 적용해보자. 이전과 마찬가지로 자세한 설명보다는 어떻게 활용되는지 위주로 소개하고자 한다.

1 머신러닝 기법에 적용하기

7장 5절에서 전처리한 최종 데이터를 먼저 소개한다.

```
import pandas as pd
titanic_url='https://github.com/sehakflower/data/blob/main/titanic_1309.xlsx?raw=true'
titanic=pd.read_excel(titanic_url,sheet_name='total')
train_1000=titanic.iloc[:1000]
test_309=titanic.iloc[1000:]
train_1000.drop(['boat', 'body', 'home.dest'], axis=1, inplace=True)
test_309.drop(['boat', 'body', 'home.dest'], axis=1, inplace=True)
train_df=train_1000
test_df=test_309

# 1. name 열을 5개로 구분하고 숫자형 데이터로 바꾸기
total=[train_df, test_df]
titles={'Mr':1, 'Miss':2, 'Mrs':3, 'Master':4, 'Special':5}    # 호칭에 따라 숫자로 표시하기

for dataset in total:
    dataset['title']=dataset.name.str.extract('([A-Za-z]+)\.', expand=False)
    dataset['title']=dataset['title'].replace(['Lady', 'Countess', 'Capt', 'Col', 'Don',
                                               'Dr', 'Major', 'Rev', 'Sir', 'Jonkheer',
                                               'Dona'], 'Special')
    dataset['title']=dataset['title'].replace('Mlle', 'Miss')
    dataset['title']=dataset['title'].replace('Ms', 'Miss')
    dataset['title']=dataset['title'].replace('Mme', 'Mrs')
    dataset['title']=dataset['title'].map(titles)              # 타이틀을 숫자로 변경
```

```
    dataset['title']=dataset['title'].fillna(0)                # NaN을 0으로 변경
train_df=train_df.drop(['name'], axis=1)                        # 필요 없는 name 열 삭제
test_df=test_df.drop(['name'], axis=1)                          # 필요 없는 name 열 삭제

# 2. age 열의 빈 값을 호칭별 중앙값으로 바꾸기
train_df['age'].fillna(train_df.groupby('title')['age'].transform('median'), inplace=True)
test_df['age'].fillna(test_df.groupby('title')['age'].transform('median'), inplace=True)

data=[train_df, test_df]
for dataset1 in data:
    dataset1['age']=dataset1['age'].astype(int)
    dataset1.loc[ dataset1['age']<=11, 'age']=0
    dataset1.loc[(dataset1['age']>11)&(dataset1['age']<=18), 'age']=1
    dataset1.loc[(dataset1['age']>18)&(dataset1['age']<=22), 'age']=2
    dataset1.loc[(dataset1['age']>22)&(dataset1['age']<=27), 'age']=3
    dataset1.loc[(dataset1['age']>27)&(dataset1['age']<=33), 'age']=4
    dataset1.loc[(dataset1['age']>33)&(dataset1['age']<=40), 'age']=5
    dataset1.loc[(dataset1['age']>40)&(dataset1['age']<=66), 'age']=6
    dataset1.loc[ dataset1['age']>66, 'age']=6

# 3. sex 열에서 'male':0, 'female':1로 바꾸기
data=[train_df, test_df]
# 일부 전처리된 train_df, test_df를 다시 업데이트해서 더한 후 숫자로 바꾸기 위함

sex_mapping={'male':0, 'female':1}
for dataset in data:
    dataset['sex']=dataset['sex'].map(sex_mapping)

# 4. embarked 열
for dataset in data:
    dataset['embarked']=dataset['embarked'].fillna('S')

embarked_mapping={'S':0, 'C':1, 'Q':2}
for dataset in data:
    dataset['embarked']=dataset['embarked'].map(embarked_mapping)

# 5. sibsp, parch 열
for dataset in data:
    dataset['sibpar']=dataset['sibsp']+dataset['parch']
    dataset.loc[dataset['sibpar']>0, 'n_alone']=0
    dataset.loc[dataset['sibpar']==0, 'n_alone']=1
    dataset['n_alone']=dataset['n_alone'].astype(int)
```

```
# 6. fare 열, 개인별 요금 나타내는 fare_person 열 추가하기
train_df["fare"].fillna(train_df.groupby('pclass')['fare'].transform('median'),
inplace=True)
test_df["fare"].fillna(test_df.groupby('pclass')['fare'].transform('median'),
inplace=True)
for dataset in data:
    dataset.loc[ dataset['fare']<=20, 'fare']=1
    dataset.loc[(dataset['fare']>20)&(dataset['fare']<=30), 'fare']=2
    dataset.loc[(dataset['fare']>30)&(dataset['fare']<=50), 'fare']=3
    dataset.loc[(dataset['fare']>50)&(dataset['fare']<=100), 'fare']=4
    dataset.loc[ dataset['fare']>100, 'fare']=5

for dataset1 in data:
    dataset1['fare_person']=dataset1['fare']/(dataset1['sibpar']+1)
    dataset1['fare_person']=dataset1['fare_person'].astype(int)

# 7. 최종 데이터
X_columns=['pclass', 'sex', 'age', 'embarked', 'title', 'sibpar', 'n_alone', 'fare_person']
y_column=['survived']
X_train=train_df[X_columns]
y_train=train_df[y_column]
X_test=test_df[X_columns]
y_test=test_df[y_column]
```

X_train, y_train, X_test, y_test 데이터를 이용해 생존율을 예측해보자.

필요한 라이브러리

머신러닝 기법을 적용하기 위해 필요한 라이브러리를 불러오자.

```
import numpy as np          # 선형대수
import pandas as pd         # 데이터 처리
# 머신러닝 알고리즘
import numpy as np          # 선형대수
import pandas as pd         # 데이터 처리
# 머신러닝 알고리즘
from sklearn import linear_model
from sklearn.linear_model import LogisticRegression
from sklearn.ensemble import RandomForestClassifier
from sklearn.linear_model import Perceptron
```

```
from sklearn.linear_model import SGDClassifier
from sklearn.tree import DecisionTreeClassifier
from sklearn.neighbors import KNeighborsClassifier
from sklearn.svm import SVC, LinearSVC
from sklearn.naive_bayes import GaussianNB
# 시각화
import seaborn as sns
%matplotlib inline
from matplotlib import pyplot as plt
from matplotlib import style
```

의사결정나무

의사결정나무에 적용한 결과, 학습 데이터는 87.8%의 적중률을 보여주고 있다. 테스트 데이터에는 다음과 같이 적용하면 된다. 테스트 데이터에 적용한 결과, 적중률은 68.28%가 나왔다.

```
decision_tree=DecisionTreeClassifier()
decision_tree.fit(X_train, y_train)
Y_pred=decision_tree.predict(X_test)
train_acc_decision_tree=round(decision_tree.score(X_train, y_train)*100, 2)
test_acc_decision_tree=round(decision_tree.score(X_test, y_test)*100, 2)
train_acc_decision_tree,test_acc_decision_tree
```

```
(87.8, 68.28)
```

랜덤 포리스트

랜덤 포리스트에 적용한 결과, 적중률은 학습 데이터 87.8%, 테스트 데이터 69.26%다.

```
random_forest=RandomForestClassifier(n_estimators=100)
random_forest.fit(X_train, y_train)
Y_prediction=random_forest.predict(X_test)
random_forest.score(X_train, y_train)
train_acc_random_forest=round(random_forest.score(X_train, y_train)*100, 2)
test_acc_random_forest=round(random_forest.score(X_test, y_test)*100, 2)
train_acc_random_forest,test_acc_random_forest
```

```
(87.8, 69.26)
```

로지스틱 회귀분석

로지스틱 회귀분석에 적용한 결과, 적중률은 학습 데이터 80.3%, 테스트 데이터 79.61%다.

```
log_reg=LogisticRegression()
log_reg.fit(X_train, y_train)
Y_pred=log_reg.predict(X_test)
train_acc_log=round(log_reg.score(X_train, y_train)*100, 2)
test_acc_log=round(log_reg.score(X_test, y_test)*100, 2)
train_acc_log, test_acc_log
```

```
(80.3, 79.61)
```

나이브 베이지안

나이브 베이지안 모델에 적용한 결과, 적중률은 학습 데이터 77.8%, 테스트 데이터 75.4%다.

```
gaussian=GaussianNB()
gaussian.fit(X_train, y_train)
Y_pred=gaussian.predict(X_test)
train_acc_gaussian=round(gaussian.score(X_train, y_train)*100, 2)
test_acc_gaussian=round(gaussian.score(X_test, y_test)*100, 2)
train_acc_gaussian,test_acc_gaussian
```

```
(77.8, 75.4)
```

K-Nearest Neighbor

K-Nearest Neighbor 모델에 적용한 결과, 적중률은 학습 데이터 84.0%, 테스트 데이터 68.61%다.

```
knn=KNeighborsClassifier(n_neighbors=3)
knn.fit(X_train, y_train)
Y_pred=knn.predict(X_test)
train_acc_knn=round(knn.score(X_train, y_train)*100, 2)
test_acc_knn=round(knn.score(X_test, y_test)*100, 2)
train_acc_knn,test_acc_knn
```

```
(84.0, 68.61)
```

SVM 모델

SVM[Support Vector Machine] 모델에 적용한 결과, 적중률은 학습 데이터 80.3%, 테스트 데이터 78.64%다.

```
svc=LinearSVC()
svc.fit(X_train, y_train)
Y_pred=svc.predict(X_test)
train_acc_svc=round(svc.score(X_train, y_train)*100, 2)
test_acc_svc=round(svc.score(X_test, y_test)*100, 2)
train_acc_svc,test_acc_svc
```

```
(80.3, 78.64)
```

퍼셉트론 모델

퍼셉트론[Perceptron] 모델에 적용한 결과, 적중률은 학습 데이터 79.5%, 테스트 데이터 81.23%다.

```
perceptron=Perceptron(max_iter=5)
perceptron.fit(X_train, y_train)
Y_pred=perceptron.predict(X_test)
train_acc_perceptron=round(perceptron.score(X_train, y_train)*100, 2)
test_acc_perceptron=round(perceptron.score(X_test, y_test)*100, 2)
train_acc_perceptron,test_acc_perceptron
```

```
(79.5, 81.23)
```

확률적 경사하강법 방법

경사하강법[Stochastic Gradient Descent]에 적용한 결과, 적중률은 학습 데이터 68.3%, 테스트 데이터 80.58%다. 이 값은 매번 다를 수 있다.

```
sgd=linear_model.SGDClassifier(max_iter=5, tol=None)
sgd.fit(X_train, y_train)
Y_pred=sgd.predict(X_test)
sgd.score(X_train, y_train)
train_acc_sgd=round(sgd.score(X_train, y_train)*100, 2)
test_acc_sgd=round(sgd.score(X_test, y_test)*100, 2)
train_acc_sgd,test_acc_sgd
```

```
(68.3, 80.58)
```

2 모델 비교

모델의 정확도 비교

지금까지 여러 가지 모델을 적용해 생존율을 예측해보았다. 여기서는 라이브러리를 활용해서 구했지만, 다음 장에서는 실제 코드를 작성하는 실습을 통해 머신러닝 방법론을 이해하고자 한다.

for 문을 이용해 학습 데이터와 테스트 데이터 중에서 가장 높은 정확도를 보여주는 모델을 살펴보자.

```
results = pd.DataFrame({
        'Model': ['Support Vector Machines', 'KNN', 'Logistic Regression', 'Random Forest',
                'Naive Bayes', 'Perceptron', 'Stochastic Gradient Decent', 'Decision Tree'],
        'train_Score': [train_acc_svc, train_acc_knn, train_acc_log,train_acc_random_forest,
                train_acc_gaussian, train_acc_perceptron, train_acc_sgd, train_acc_decision_
                tree],
        'test_Score': [test_acc_svc, test_acc_knn,test_acc_log, test_acc_random_forest, test_
                acc_gaussian, test_acc_perceptron,  test_acc_sgd, test_acc_decision_tree]})
result_df=results.sort_values(by='train_Score', ascending=False)
result_df=result_df.set_index('Model')
result_df.head(10)
```

Model	train_Score	test_Score
Random Forest	87.8	69.26
Decision Tree	87.8	68.28
KNN	84.0	68.61
Support Vector Machines	80.3	78.64
Logistic Regression	80.3	79.61
Perceptron	79.5	81.23
Naive Bayes	77.8	75.40
Stochastic Gradient Decent	68.3	80.58

결과를 보면 랜덤 포리스트와 의사결정나무의 정확도가 가장 높다. 통상 학습 데이터의 적중률이 테스트 데이터보다 높은데 퍼셉트론이나 경사하강법은 학습이 충분히 이루어지지 않아서 테스트 데이터의 적중률이 높은 것으로 나왔다.

랜덤 포리스트 모델의 교차검증 실습

머신러닝에서는 교차검증K-Fold Cross Validation을 많이 한다. 교차검증은 학습 데이터를 몇 개로 나누어 여러 번 학습을 하는 것이다. 예를 들어 10-Fold 교차검증이라 하면 학습 데이터 1,000개를 100개씩 10번에 나눈 뒤 10번 실험의 평균으로 정확도를 도출하는 것이다. 이때 10번의 실험은 랜덤하게 100개씩(100개 이상도 가능) 10번으로 나눌 수도 있고, 순차적으로 100개씩 10번 실험을 할 수도 있다. 예를 들어 100개로 분할된 X_train과 y_train 데이터로 학습한 결과를 X_test에 적용할 수 있으며 이런 실험을 10번 한다는 것이다. 이렇게 하여 학습 데이터에 보다 신뢰도 높은 모델을 적용해 검증하는 것이다. 이를 라이브러리를 이용하여 실습해보자.

```
from sklearn.model_selection import cross_val_score
rf=RandomForestClassifier(n_estimators=100)
scores=cross_val_score(rf, X_train, y_train, cv=10, scoring="accuracy")
print("Scores:", scores)
print("Mean:", scores.mean())
print("Standard Deviation:", scores.std())
```

```
Scores: [0.71 0.71 0.83 0.81 0.84 0.77 0.8 0.83 0.65 0.67]
Mean: 0.762
Standard Deviation: 0.0674
```

앞에서 1,000개 데이터를 한 번에 이용하는 경우에는 학습 데이터의 정확도가 87.8%였다. 그런데 10번의 실험을 한 결과, 가장 정확도가 높은 경우는 84%다. 평균 76.2%이며 표준편차는 0.06이다.

이상, 간단한 교차검증 실습도 해보았다. 모델을 평가하는 기준과 예측이나 분류를 정확히 할 수 있는 방법을 더 공부할 필요가 있다. 다음 장에서는 머신러닝 방법을 실제 코드를 통해 이해하는 과정을 가져보고자 한다.

연습문제

1 다음 중 현재 경로를 표시하는 명령은?

① cd ② pwd

③ ls ④ mount

2 다음 코드에서 data 변수의 문자열 개수를 세려고 한다. 밑줄에 들어갈 내용을 입력하시오.

```
with open('bc_card_output.txt', mode='r') as f:
    data=f.read()
____(data)
```

3 다음 코드에서 데이터를 탭(\t)을 기준으로 나누려고 한다. 밑줄에 들어갈 내용을 입력하시오.

```
split_data=data.______('\t')
split_data[0:25]
```

4 다음 코드는 리스트 a에 입력된 각각의 원소 앞에 "*****" 문자를 붙여서 표시하려고 한다. 밑줄에 들어갈 내용을 입력하시오.

```
a=['a', 'b', 'c', 'd', '1', '2', '3']
print(a)
print()

result1="*****"._______(a)
print(result1)
```

```
['a', 'b', 'c', 'd', '1', '2', '3']

a*****b*****c*****d*****1*****2*****3
```

5 다음 코드는 '서울특별시'가 아닌 데이터를 레코드 index1로 설정하고 bc_card 데이터프레임에서 제거하려고 한다. 밑줄에 들어갈 내용을 순서대로 입력하시오.

```
index1=bc_card[bc_card['CSTMR_MEGA_CTY_NM'] ___'서울특별시'].index # 서울시 비거주자 제거
seoul_bc_card=bc_card._______(index1)
seoul_bc_card.reset_index(drop=True, inplace=True)
len(seoul_bc_card)
```

6 다음 코드는 서울시 거주자/비거주자의 소비액 합계를 구하는 것이다. 밑줄에 들어갈 공통적인 내용을 입력하시오.

```
print(seoul_bc_card['AMT'].___(axis=0))        # 서울시 거주자 소비액
print(nonseoul_bc_card['AMT'].___(axis=0))     # 서울시 비거주자 소비액
```

7 다음은 의사결정나무를 이용해 타이타닉 승객의 생존율을 예측한 것이다. 밑줄에 들어갈 공통적인 내용을 입력하시오.

```
from sklearn.tree import DecisionTreeClassifier
model=___________(
    criterion='entropy', max_depth=3, min_samples_leaf=5).fit(X_train, y_train)

model.fit(X_train, y_train)
__________(criterion='entropy', max_depth=3, min_samples_leaf=5)
print('Score:{}'.format(model.score(X_train, y_train)))
print('Score:{}'.format(model.score(X_test, y_test)))
```

연습문제

IT@COOKBOOK

8 다음은 의사결정나무를 이용해 타이타닉 승객의 생존율을 예측한 결과를 그림으로 나타내려고 한다. 밑줄에 들어갈 공통적인 내용을 입력하시오.

```
from sklearn.tree import export_graphviz

export_graphviz(
    model,
    out_file="titanic.dot",
    feature_names=['pclass','age','sex','title','fare','num_of_f'],
    class_names=['0','1'],
    rounded=True,
    filled=True
)

import __________
with open("titanic.dot") as f:
    dot_graph=f.read()
dot=______.Source(dot_graph)
dot.format='png'
dot.render(filename='titanic_tree',
directory='image/decision_trees', cleanup=True)
dot
```

11

CHAPTER

분석 심화 – 상관분석과 회귀분석

학습목표

- 파이썬 기초 통계를 이용해 상관계수를 도출한다.
- 최소자승법을 이용해 회귀계수를 도출한다.
- 경사하강법을 이용해 회귀계수를 도출한다.

SECTION 01

[상관분석] 기초 통계를 이용한 상관계수 도출

아파트 평형과 전력 사용량의 인과 관계에 대한 가설을 검증해보자. 이를 위해서는 상관계수와 회귀계수를 먼저 구해야 한다. 이러한 계수들은 두 변수 사이의 통계적 관계를 표현하는 것이다. 회귀계수는 두 변수 사이에 원인과 결과의 직선적 관계를 설명하고 상관계수는 그 직선적 관계가 얼마나 강한지를 나타낸다.

- [대립 가설] 아파트 평형이 클수록 전력 사용량이 많을 것이다.
- [귀무 가설] 아파트 평형은 전력 사용량에 영향을 주지 않는다.

귀무 가설은 통상적으로 받아들이는 기존 가설이고 대립 가설은 새롭게 주장하는 가설이다. 연구에서 새로운 가설이 채택되는 경우를 발견이라고 할 수 있다.

편의상 다음과 같은 학습 데이터가 있다고 하자. 현재 train 변수에는 총 다섯 개의 데이터(원소)가 있다. 첫 번째 원소의 첫 번째 값인 25는 아파트 평수, 두 번째 값인 100은 전력 사용량을 의미한다.

```
train=[[25, 100], [52, 256], [38, 152], [32, 140], [25, 150]]
```

이 학습 데이터를 독립변수(영향을 주는 변수, 즉 아파트 평수)와 종속변수(영향을 받는 변수, 즉 전력 사용량)로 나누어본다. 편의상 독립변수는 x, 종속변수는 y라 하고 각각의 데이터를 저장한다.

```
x=[i[0] for i in train]
y=[j[1] for j in train]
x,y
```

```
([25, 52, 38, 32, 25], [100, 256, 152, 140, 150])
```

상관분석을 위해서는 상관계수를 구해야 하는데 이를 위해서는 기초 통계 함수에 대한 이해가 필요하다. 즉, 아파트 평형과 전력 사용량의 인과 관계를 파악하기 위해 평균, 분산, 공분산, 상관계수를 도출하고, 이를 이용해 회귀계수를 도출한다. 회귀계수는 최소자승법과 경사하강법을 이용해 도출해본다. 통계 함수는 라이브러리를 불러와서 사용해도 되지만 원리를 이해하는 측면에서 리스트를 이용해 실습해본다.

1 기초 통계 함수 구현하기

평균

독립변수와 종속변수 값의 평균을 구하는 함수를 구현해보자. 평균을 구하는 함수를 따로 구현해 두면 분산, 표준편차, 공분산 등을 구할 때 사용할 수 있어 편리하다. 평균은 값을 모두 더한 뒤 개수만큼 나눠서 구하면 된다. 여기서는 이 과정을 mean 함수로 정의한다.

```
def mean(x):
    return sum(x) / len(x)

mean(x), mean(y)
```

```
(34.4, 159.6)
```

실행 결과를 보면, 다음과 같은 사실을 알 수 있다.

- 아파트 평수의 평균=34.4
- 전력 사용량 평균=159.6

개별 값과 평균의 차

개별 값과 평균의 차를 구하는 함수를 구현해보자. 이렇게 정의한 함수를 회귀계수를 구할 때 사용하면 계산을 빠르게 할 수 있다. 먼저 x_mean 변수에 인자로 받은 x의 평균을 할당한 후 개별 값과 평균 x_mean의 차를 구해서 반환한다. 실제 값을 구하는 과정을 예로 나타내니 비교해서 보자.

``
def d_mean(x):
    x_mean=mean(x)
    return [i - x_mean for i in x]
 	
d_mean(x), d_mean(y)
``
	``
	([-9.39, 17.6, 3.60, -2.39, -9.39],
	[-59.59, 96.4, -7.59, -19.59, -9.59])
	``

TIP • 원래 결괏값은 −9.399999999999999처럼 숫자가 이어지지만 책에서는 가독성을 위해 짧게 나타낸다. 이후 실습에서도 동일한 방식으로 나타내므로 참고해서 보기 바란다.

```
[25-34.4, 52-34.4, 38-34.4, 32-34.4, 25-34.4]= [-9.39, 17.6, 3.60, -2.39, -9.39]
```

d_mean(x)의 평균은 어떻게 구할 수 있을까? d_mean(x)의 평균을 정리해보면 결국 개별 값의 평균에서 평균을 뺀 것이니 0이 된다. 이를 확인해보자.

```
x1=d_mean(x)
mean(x1)
```

```
1.4210854715202005e-15     # 0
```

내적

변수로 받은 x, y 값을 쌍으로 곱하고 총합계를 구하는 내적 함수를 구현해보자.

```
def dot(x, y):
    return sum([x*y for x, y in zip(x, y)])
dot(x, y)
```

```
29818
```

```
25*100+52*256+38*152+32*140+25*150=29818
```

x	y	dot(x,y)	
25	100	25*100	합계 29818
52	256	52*256	
38	152	38*152	
32	140	32*140	
25	150	25*150	

제곱의 합

다음은 입력값으로 받은 인자를 이용해 제곱의 합을 구하는 함수다.

```
def sum_of_squares(v):
    return dot(v, v)
sum_of_squares(x), sum_of_squares(y)
```

```
(6422, 140740)
```

25*25+52*52+38*38+32*32+25*25=6422

x	→	x의 제곱(dot)	→	제곱의 합 sum_of_squares(x)
25		25*25		
52		52*52		
38		38*38		6422
32		32*32		
25		25*25		

분산

분산을 구하는 함수를 만들어보자. 먼저, 분산을 구하는 공식은 다음과 같다.

$$\frac{\sum_{i=1}^{n}(x_i - \bar{x})^2}{(n-1)}$$

분산을 구하려면 x의 개별 값에서 x의 평균(mean)의 차이를 구하고 그 값을 제곱한 뒤 합계를 구한다. 여기까지는 앞서 구현한 sum_of_squares 함수(제곱의 합 구하기)를 사용하면 된다. 그리고 이렇게 구한 (개별 값 x − x의 평균)의 제곱의 합을 전체 개수인 n−1로 나누면 된다. 이때 전체 개수인 (n−1)로 나누는 이유는 표본분산을 구하기 위해서다. 모분산을 구하려면 n으로 나누면 된다.

```
def variance(x):
    n=len(x)
    d=d_mean(x)
    return sum_of_squares(d) / (n-1)
variance(x)
```

```
126.3
```

(25*25+52*52+38*38+32*32+25*25)/(5-1)=**126.3**

표준편차

분산만 구해졌다면 표준편차는 쉽게 구현할 수 있다. 분산의 제곱근만 구하면 되기 때문이다.

$$\sqrt{\frac{\sum_{i=1}^{n}(x_i - \bar{x})^2}{(n-1)}}$$

따라서 표준편차는 다음과 같이 분산 함수에 제곱근을 의미하는 **0.5를 추가하면 된다.

```
def standard_deviation(x):
    return variance(x)**0.5

standard_deviation(x)
```

```
11.23
```

$$\sqrt{variance(x)} = \sqrt{126.3} = \mathbf{11.23}$$

여기서 잠깐

math 라이브러리의 sqrt 함수로 표준편차 함수 구현하기

표준편차는 표본 분산을 기준으로 계산하므로 이는 표본의 표준편차를 의미한다. math 라이브러리를 불러온 뒤 제곱근을 구하는 sqrt 함수를 이용해 함수를 정의할 수도 있다.

```
import math
def standard_deviation(x):
    return math.sqrt(variance(x))

standard_deviation(x)
```

```
11.23
```

공분산

공분산을 구하는 함수를 구현해보자. 공분산은 개별 값 x에서 x의 평균을 뺀 값(d_mean 함수)과 개별 값 y에서 y의 평균을 뺀 값을 쌍으로 묶어서 곱한 뒤 합하는 dot 함수를 이용해 구한다. 그 값을 전체 원소 개수인 n−1로 나누면 된다.

$$\frac{\sum_{i=1}^{n}(x_i-\overline{x})(y_i-\overline{y})}{(n-1)}$$

```
def covariance(x, y):
    n=len(x)
    return dot(d_mean(x), d_mean(y)) / (n-1)
covariance(x, y)
```

```
591.69
```

```
dot(d_mean(x), d_mean(y))/(len(x)-1)
=((-9.39*-59.59)+(17.6*96.4)+(3.60*-7.59)+(-2.39*-19.59)+(-9.39*-9.59))/(5-1)
=591.69
```

상관계수

상관계수는 공분산과 표준편차를 이용해서 구할 수 있다. 상관계수는 공분산을 분자로, 개별 변수의 표준편차의 곱을 분모로 하는 비율을 의미한다.

```
공분산(x,y) / 표준편차(x) * 표준편차(y)
=covariance(x, y)/(standard_deviation(x)*standard_deviation(y))
```

분모가 0이 되면 안 되기에 if 문을 사용하여 표준편차(x)와 표준편차(y)의 값이 0을 초과하면 covariance(x, y)/(stdev_x * stdev_y) 형태로 상관계수 값을 반환하고 0이 되면 0을 상관계수 값으로 반환한다. 다음과 같이 상관계수를 구하는 함수를 구현해보자.

```
def correlation(x, y):
    stdev_x=standard_deviation(x)                    # 표준편차(x) 할당
    stdev_y=standard_deviation(y)                    # 표준편차(y) 할당
    if stdev_x > 0 and stdev_y > 0:                  # stdev_x와 stdev_y가 0을 초과하면
        return covariance(x, y) / (stdev_x * stdev_y) # 상관계수 결과 반환
    else:
        return 0
correlation(x, y)
```

```
0.9103
```

2 넘파이 함수로 기초 통계 구하기

지금까지 원리를 이해하기 위해 함수를 직접 정의하는 실습을 해보았다. 이번에는 넘파이 함수를 이용해 좀 더 쉽게 기초 통계를 구하는 방법을 살펴본다. 평균은 mean 함수, 분산과 표준편차는 각각 var 함수와 std 함수를 이용해 구할 수 있다.

```
import numpy as np
x1=np.array(x)
x1.mean(), x1.var(), x1.std()
```

```
(34.4, 101.03999999999999, 10.05186549850325)
```

공분산은 cov 함수, 상관계수는 corrcoef 함수를 이용해 구할 수 있다.

```
np.cov(x1,y), np.corrcoef(x1,y)
```

```
array([[ 126.3,  591.7],
       [ 591.7, 3344.8]])
array([[1.        , 0.91036346],
       [0.91036346, 1.        ]])
```

실행 결과를 보면, 공분산과 상관계수가 행렬 형태로 나타난다. 행렬 대신 하나의 값으로 구하려면 다음 코드를 이용하면 된다.

```
np.cov(x1,y)[0][1], np.corrcoef(x1,y)[0][1]
```

```
(591.7, 0.91036346)
```

SECTION 02

[회귀분석 1] 최소자승법을 이용한 회귀계수 도출

두 변수 간의 인과 관계를 파악하기 위한 방법론으로 회귀분석을 많이 사용한다. 이번에는 최소자승법OLS; Ordinary Least Squares으로 구한 회귀계수 공식으로 회귀계수를 구해보자. 또한, 결정계수 R^2 값도 구하고 회귀계수를 이용하여 추정한 회귀선으로 예측을 해본다. 예측을 한 후 RMSE를 통해 예측력을 평가한다.

1 회귀계수 구하기

회귀계수는 공분산과 독립변수의 분산 사이의 비율이다. 이는 실제값과 추정치 값의 차이의 제곱의 합을 최소화하는 계수를 찾아서 구한다. 최종 결과는 다음과 같고, 분자의 공분산에 상관계수의 관계를 적용하면 일반적인 회귀계수의 계산식을 도출할 수 있다.

beta = covariance(x, y) / variance(x)

$$= \sum\left(x-\underline{x}\right)\left(y-\underline{y}\right)/\sum\left(x-\underline{x}\right)^2$$

=(correlation(x, y)*standard_deviation(y)) / standard_deviation(x)

```
def OLS(x,y):
    beta=covariance(x, y)/variance(x)          # 공분산(x,y)/분산(x)
    alpha=mean(y)-beta*mean(x)                 # 평균(y)-beta*평균(x)
    return [alpha, beta]

OLS(x,y)
```

```
[-1.55, 4.68]
```

다음과 같이 상관계수와 표준편차를 이용해도 회귀계수를 추정하는 함수를 정의할 수 있다. 같은 결과가 표시되는 것을 알 수 있다.

```
def OLS_fit(x,y):
    beta=(correlation(x, y)*standard_deviation(y))/standard_deviation(x)
    # beta=(상관계수(x,y)*표준편차(y))/표준편차(x)
    alpha=mean(y)-beta*mean(x)
    return [alpha, beta]

OLS_fit(x,y)
```

```
[-1.55, 4.68]
```

2 예측값 구하기

추정한 회귀계수를 학습 데이터에 이용하여 추정값을 계산하는 함수를 정의하자. train 변수의 첫 번째 값인 독립변수를 x, 두 번째 값인 종속변수를 y로 저장하고 OLS_fit(x,y)를 통해 회귀계수를 추정한다. 절편 값과 회귀계수 값을 x 값에 적용한 것을 yhat으로 설정하고 이를 predictions 리스트 변수에 저장한 뒤 출력한다.

```
def predict(alpha, beta,train, test):
    predictions=list()              # 예측값 선언
    x=[i[0] for i in train]         # 변수 x에 train 데이터의 아파트 평수 저장
    y=[j[1] for j in train]         # 변수 y에 train 데이터의 전력량 저장
    alpha, beta=OLS_fit(x,y)        # alpha와 beta에 OSL_fit 함수의 반환값 저장
    for i in test:
        yhat=alpha+beta*i[0]
        predictions.append(yhat)    # predictions 리스트에 변수 yhat에 입력된 값 추가
    return predictions              # predictions 리스트 값 반환

train=[[25,100],[52,256],[38,152],[32,140],[25,150]]
alpha,beta=OLS_fit(x,y)

pr=predict(alpha, beta, train, train) # predict 함수의 반환값을 변수 pr에 할당
print(pr)                             # 변수 pr에 할당된 prediction 값 출력
```

```
[115.56215360253366, 242.05384006334123, 176.46555819477433, 148.3562945368171,
 115.56215360253366]
```

실행 결과로 나타난 값은 [100, 256, 152, 140, 150]에 대한 추정값으로 학습 데이터 train의 종속변수인 전력 사용량에 대한 추정값을 의미한다. 테스트 데이터의 종속변수 값을 추정하는 것을 통상 예측이라고 하는데 이는 뒤에서 다시 설명한다.

다음은 엑셀에서 제공하는 추정된 회귀식 그림이다.

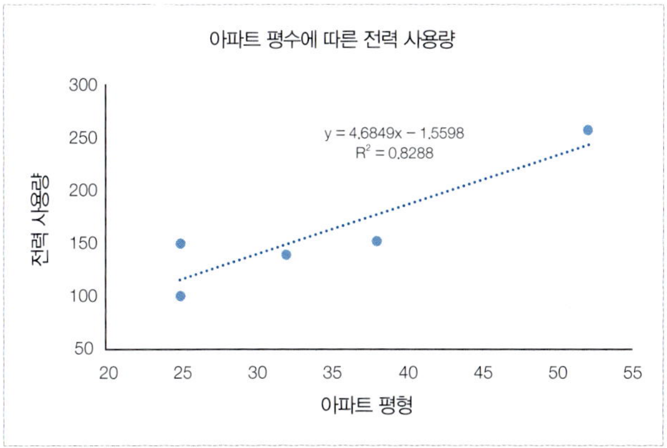

그림 11-1 아파트 평수에 따른 전력 사용량 그래프

3 SSE 구하기

다음은 실제값과 예측값의 차를 나타내는 에러값의 제곱의 합인 SSE^Error Sum of Squares^를 구해보자.

$$SSE = \sum_{i=1}^{n}(y_i - \hat{y})^2$$

```
def SSE(alpha, beta, train, test):
    sse=0
    for i in test:
        error=(i[1]-(alpha+beta*i[0]))**2     # (실제값-예측값)의 제곱
        sse=error+sse
    return sse

SSE(alpha, beta, train, train)
```

```
2291.03
```

4 SST 구하기

추정된 회귀선의 회귀식이 설명하는 부분과 에러 부분을 모두 합한 총 변동분인 SST^Total Sum of Squares^를 구해본다. 총 변동분은 설명 가능한 변수 x를 고려하지 않았을 때 실제 관측치인 y값이 평균을 중심으로 퍼져 있는 정도를 말한다. 추정된 회귀식은 설명 가능한 부분인 SSR^Regression Sum of Squares^과 설명 불가능한 부분인 SSE^Error Sum of Squares^로 나눌 수 있다.

설명 가능한 부분(y의 추정치)에서 y의 평균을 뺀 편차는 회귀 직선에 의해 설명되는 변동(SSR)이라고 할 수 있으며, 오차항은 회귀 직선으로는 설명되지 않는 변동(SSE)이라고 할 수 있다.

SST=SSR+SSE

$$SST=\sum_{i=1}^{n}(y_i-\bar{y})^2$$

$$SSR=\sum_{i=1}^{n}(\hat{y}_i-\bar{y})^2$$

$$SSE=\sum_{i=1}^{n}(y_i-\hat{y})^2$$

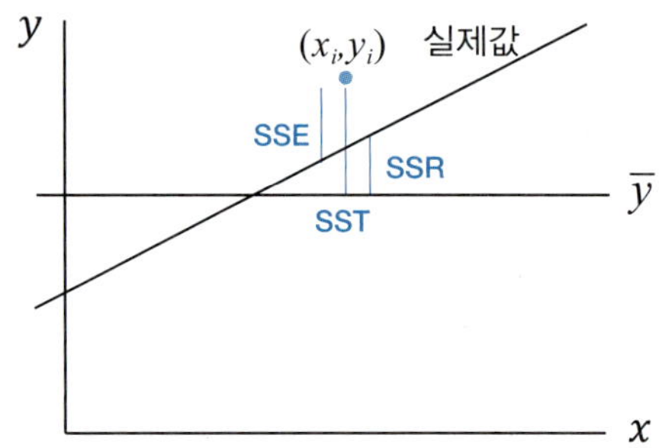


```
def SST(alpha, beta, train, test):
    sst=0
    x=[i[0] for i in train]
    y=[j[1] for j in train]
    for i in test:
        sum_ds=(i[1]-mean(y))**2
        sst=sum_ds+sst
    return sst

SST(alpha, beta, train, train)
```

```
13379.2
```

5 결정계수 구하기

결정계수^R squared^는 총 변동분 중에서 회귀선이 설명하는 부분을 말한다. 이는 다음과 같이 계산할 수 있다.

결정계수=1-SSE/SST

우리가 앞에서 계산한 상관계수는 결정계수의 제곱근이므로 상관계수를 제곱하면 결정계수가 된다.

```
def R_squared(alpha, beta, train, test):
    return 1.0-(SSE(alpha, beta, train, test)/SST(alpha, beta, train, test))

R_squared(alpha, beta, train, train)
```

```
0.8287
```

회귀분석에서 많이 사용하는 statsmodels 라이브러리로 앞에서 구한 회귀계수 값이 맞는지 확인해보자. 다음은 statsmodels.api 라이브러리를 이용한 최소자승법 회귀분석의 결과다.

```
train=[[25, 100], [52, 256], [38, 152], [32, 140], [25, 150]]
x=[i[0] for i in train]
y=[j[1] for j in train]

import statsmodels.api as sms

_X=sms.add_constant(x)
model=sms.OLS(y, _X).fit()
print(model.summary())
```

```
                            OLS Regression Results
==============================================================================
Dep. Variable:                      y   R-squared:                       0.829
Model:                            OLS   Adj. R-squared:                  0.772
Method:                 Least Squares   F-statistic:                     14.52
Date:                Sat, 01 Apr 2023   Prob (F-statistic):             0.0318
Time:                        12:33:58   Log-Likelihood:                -22.413
No. Observations:                   5   AIC:                             48.83
Df Residuals:                       3   BIC:                             48.04
Df Model:                           1
Covariance Type:            nonrobust
==============================================================================
                 coef    std err          t      P>|t|      [0.025      0.975]
------------------------------------------------------------------------------
const         -1.5598     44.063     -0.035      0.974    -141.788     138.668
x1             4.6849      1.229      3.810      0.032       0.772       8.598
==============================================================================
Omnibus:                          nan   Durbin-Watson:                   1.937
Prob(Omnibus):                    nan   Jarque-Bera (JB):                0.520
Skew:                           0.501   Prob(JB):                        0.771
Kurtosis:                       1.778   Cond. No.                         128.
==============================================================================
```

6 예측력 구하기

앞에서 학습 데이터로 추정한 회귀계수 값을 이용해 테스트 데이터의 아파트 평수에 따른 전력 사용량을 예측해본다. 테스트 데이터는 다음과 같다.

```
test=[[45,183],[40,175],[55,203],[28,152],[42,198]]
test
```

```
[[45, 183], [40, 175], [55, 203], [28, 152], [42, 198]]
```

종속변수 값 예측하기

테스트 데이터의 독립변수 값으로 종속변수인 전력 사용량을 예측하기 위해 앞에서 정의한 predict 함수를 이용한다.

```
def predict(alpha, beta, train, test):
    predictions=list()
    x=[i[0] for i in train]
    y=[j[1] for j in train]
    alpha, beta=OLS_fit(x,y)
    for i in test:
        yhat=alpha+beta*i[0]
        predictions.append(yhat)
    return predictions

predict(alpha, beta, train, test)
```

```
[209.25, 185.83, 256.10, 129.61, 195.20]
```

예측 결과 평가하기

비교를 위해 테스트 데이터의 실제값을 불러온다. 그리고 predict 함수를 이용해 테스트 데이터의 독립변수 값으로 종속변수인 전력 사용량을 예측해보자.

```
actual=[j[1] for j in test]
predicted=predict(alpha, beta, train, test)
actual, predicted
```

```
([183, 175, 203, 152, 198],
 [209.25, 185.83, 256.10, 129.61, 195.20])
```

실제값과 예측값을 불러온 뒤에 예측값이 실제값에 얼마나 가까운지를 나타내는 RMSE[Root Mean Squared Error]를 다음과 같이 함수를 정의하여 계산한다.

```
from math import sqrt
def RMSE(actual, predicted):                    # 변수 RMSE 선언, 인자는 actual, predicted
    sum_error=0.0                               # 변수 sum_error 값을 0.0으로 초기화
    for i in range(len(actual)):                # for 문으로 변수 actual에 저장된 값만큼 반복
        prediction_error=predicted[i]-actual[i]        # 예측값[i]-실제값[i] 반환
        sum_error+=(prediction_error**2)               # prediction_error 제곱 누적
        mean_error=sum_error/float(len(actual))        # sum_error/len(actual) 값 저장
    return sqrt(mean_error)                            # mean_error 제곱근 반환

RMSE(actual, predicted)
```

```
28.76
```

math 라이브러리에서 sqrt 함수를 불러와 제곱근을 구하는 데 사용하였다. RMSE는 개별 실제값에서 개별 예측값을 뺀 값의 전체 합계를 구한 뒤 전체 데이터 건수를 나눈 후 그 값의 제곱근을 구하면 된다.

$$\text{RMSE} = \sqrt{\frac{\sum_{i=1}^{n}(actual_i - predicted_i)}{n}}$$

SECTION 03

[회귀분석 2] 경사하강법을 이용한 회귀계수 도출

이번 절에서는 데이터 분석에서 가장 많이 사용하는 계수 추정 방식인 경사하강법을 소개한다. 경사하강법은 딥러닝에서 노드 간 가중치를 업데이트하는 경우를 비롯해 상당수의 머신러닝 방법에서 활용되는 것이니 잘 공부해두길 바란다.

앞에서 아주 간단한 10개 데이터에 최소자승법을 이용해 회귀계수를 구해보았는데 이번에는 경사하강법을 이용하여 회귀계수를 추정해볼 것이다. 원리는 예측값과 실제값의 차이인 에러값을 최소화할 수 있도록 계수를 계속 업데이트해가면서 최적 계수를 찾는 방식이다.

1 회귀계수 구하기

최소자승법을 이용한 때와 마찬가지로 전체 데이터를 학습 데이터와 테스트 데이터로 나누어본다.

```
dataset=[[25,100],[52,256],[38,152],[32,140],[25,150],[45,183],[40,175],[55,203],[28,152],
         [42,198]]
train=dataset[:5]
test=dataset[5:]
print('학습 데이터(train): {}, 테스트 데이터(test): {}'.format(train, test))
```

```
학습 데이터(train): [[25, 100], [52, 256], [38, 152], [32, 140], [25, 150]],
테스트 데이터(test): [[45, 183], [40, 175], [55, 203], [28, 152], [42, 198]]
```

절편과 회귀계수를 모두 0으로 초기화하기 위해 변수의 개수, 즉 len(train[0])만큼 회귀계수를 0으로 초기화한다.

```
coef=[0.0 for i in range(len(train[0]))]      # 회귀계수 값 초기화
coef
```

```
[0.0, 0.0]
```

초기화한 회귀계수부터 시작해 에러값을 최소화하는 회귀계수를 구한다. 이렇게 구한 회귀계수로 예측값을 산출하기 위해 다음과 같이 predict 함수를 정의한다.

```
def predict(row, coef):
    # yhat=coef[0]+coef[i+1]*row[i]
    yhat=coef[0]                             # 절편
    for i in range(len(row)-1):
        yhat+=coef[i+1]*row[i]               # 회귀계수*학습 데이터
    return yhat
```

coef[0]은 절편값을 의미한다. 회귀계수 값 coef[1]에 독립변수 값인 row[0]을 곱하여 예측값 yhat을 산출한다. 이제 초기화한 회귀계수부터 시작하여 반복 횟수 n_epoch를 지정하고 비용 함수인 SSE를 최소화하는 방법으로 회귀계수를 업데이트해본다. 다음 코드는 산출된 예측값으로 SSE를 구하고 이 값이 최소화되도록 한다.

```
def coefficients_sgd(train, l_rate, n_epoch): # 학습 데이터, 학습률, 학습 횟수
    coef=[0.0 for i in range(len(train[0]))]  # 절편과 회귀계수 모두 0으로 초기화
    for epoch in range(n_epoch):              # 학습 횟수만큼 반복
        sse=0                                 # 오차 제곱합
        for row in train:                     # 학습 데이터를 차례로 row에 넘겨 predict 함수 실행
            yhat=predict(row, coef)           # 예측값
            error=yhat-row[-1]                # 오차
            sse+=error**2                     # 오차 제곱
            coef[0]=coef[0] - l_rate * error  # 절편 수정
            for i in range(len(row)-1):
                coef[i+1]=coef[i+1]-l_rate*error*row[i]
        return coef, sse
```

앞의 코드는 경사하강법을 이용해 회귀계수를 추정할 때 비용 함수로 SSE를 이용한 것이다. 즉 다음과 같이 (yhat−y)의 제곱의 합을 최소화하는 계수를 찾고자 한다.

$$Min_{\alpha,\beta}\sum SSE = Min_{\alpha,\beta}\sum\left(\hat{y}-y\right)^2 = Min_{\alpha,\beta}\sum\left(\alpha+\beta x-y\right)^2$$

경사하강법의 기본 원리는 값을 최소화하는 알파와 베타를 여러 번 반복해서 찾아보는 것이다. 이를 위해 알파와 베타에 대해 편미분을 한다.

$$\frac{\partial SSE}{\partial \alpha} = 2\sum_{\alpha,\beta}(\alpha + \beta x - y)$$

$$\frac{\partial SSE}{\partial \beta} = 2\sum_{\alpha,\beta}(\alpha + \beta x - y)x$$

통상 이를 gradient라고 한다. 즉 회귀계수의 변화에 따른 오차의 크기를 확인하고 여기에 학습률 learning rate을 곱하여 다시 비용 함수 SSE가 작아지는 절편과 회귀계수 값을 찾아간다. 절편값의 수정은 원래 절편값에서 학습률*오차만큼 조정한다. 즉, coef[0]−l_rate*error다. 여기서 오차error는 앞에서 알파에 대해 미분한 gradient 값이다. 이 예제에서는 gradient 값 즉, 미분값이 음수이기에 조정하는 다음 계수는 오른쪽 값, 즉 더 큰 값으로 이동해야 비용 함수를 최소화할 수 있다. 그래서 현재 학습률*오차가 음수이므로 원래 절편값 coef[0]에서 빼기를 한 뒤 오른쪽 값으로 이동하여 조정한다. 처음에는 0으로 시작한 절편값도 0보다 더 큰 값으로 조정해가면서 비용 함수가 더 작아지도록 절편값을 찾는 과정이 경사하강법의 원리다. 회귀계수 베타에 대해서도 똑같은 방식으로 계수값을 찾는다.

다음은 학습률과 반복 주기를 정하여 경사하강법으로 구한 회귀계수 값을 최소자승법으로 구한 회귀계수 값과 비교한 뒤 SSE 값도 구하는 코드다. coefficients_sgd 함수는 경사하강법을 정의한다.

```
import math
def coefficients_sgd(train, l_rate, n_epoch):
    coef=[0.0 for i in range(len(train[0]))]                #초기 회귀계수 값
    for epoch in range(n_epoch):
        sum_error=0
        for row in train:
            yhat=predict(row, coef)
            error=row[-1]-yhat
            sum_error+=(error**2)
            coef[0]=coef[0]+l_rate*error
            for i in range(len(row)-1):
                coef[i+1]=coef[i+1]+l_rate*error*row[i]
        # print('>epoch=%d, lrate=%.5f, error=%.2f' % (epoch,l_rate,sum_error))
    return coef, math.sqrt(sum_error/len(train))
```

먼저, coef를 0으로 초기화한 후 반복 횟수인 epoch를 통해 예측값(yhat)과 실제값(row[−1])과의 차이인 오차(error)를 제곱하여 합한다. 그리고 업데이트하려는 절편값에 대해서는 기

존값(coef[0])에 학습률(l_rate)*오차(error)를 통해 조정한다. 또한 추정하려는 회귀계수만큼 (len(row)-1) 경사하강법을 이용하여 앞에서 설명한 방식으로 업데이트한다. 이때 절편이 아닌 회귀계수에 대한 오차의 편미분 값은 $(\alpha+\beta x-y)x$이므로 x 값을 곱해 조정한다. 즉, 기존 회귀계수 값인 (coef[i+1])+학습률(l_rate)*오차(error)*x값(row[i])이 된다. 반환값은 math.sqrt(sum_error/len(train))을 이용하여 RMSE 값을 구한다. 이렇게 정의한 경사하강법 함수로 찾은 절편과 회귀계수 값, 그리고 RMSE 값을 최소자승법에서 구한 값과 비교해보자. 이때 학습률과 반복 횟수(n_epoch)를 10으로 설정하고 반환값을 구한다.

```
l_rate=0.0001
n_epoch=10
coef=coefficients_sgd(train, l_rate, n_epoch)
coef
```

```
([0.12048176774574783, 4.6641909860014845], 22.58718935323457)
```

10회 반복할 때 회귀계수 값이 22.58임을 확인할 수 있다. 절편값은 조금 차이가 있지만 베타 값, 즉 회귀계수 값은 큰 차이가 없는 것을 확인할 수 있다.

2 예측값 구하고 결과 평가하기

이번에는 5개의 학습 데이터에 경사하강법으로 구한 RMSE 값과 최소자승법으로 계산한 RMSE 값을 적용해 비교해보자.

```
datas
et=[[25,100],[52,256],[38,152],[32,140],[25,150],[45,183],[40,175],[55,203],[28,152],[42,198]]

train=dataset[:5]
test=dataset[5:]
actual=[j[1] for j in test]

l_rate=0.0001
n_epoch=10
alpha,beta=coefficients_sgd(train,l_rate,n_epoch)[0][0],coefficients_sgd(train, l_rate, n_
epoch)[0][1]
alpha,beta
```

```
(0.12048176774574783, 4.6641909860014845)
```

학습 데이터와 테스트 데이터를 나눈 뒤 학습 데이터(train)만 이용해 경사하강법으로 계수값을 구한다. 이 계수값으로 다음과 같이 예측값을 구한다.

```
def predicted(train, test, alpha, beta):
    predictions=list()
    x=[i[0] for i in train]
    y=[j[1] for j in train]
    for i in test:
        yhat=alpha+beta*i[0]
        predictions.append(yhat)
    return predictions
pred=predicted(train, test, alpha, beta)
pred
```

```
[210.00907613781257,
 186.68812120780515,
 256.6509859978274,
 130.71782937578732,
 196.0165031798081]
```

테스트 데이터의 x 값에 절편값과 계수값을 적용해 5개의 예측치를 구하고 이를 변수 pred에 저장한다. 이 예측값(pred)과 테스트 데이터의 실제값(y)을 이용해 다음과 같이 RMSE를 정의하여 구해보자.

```
from math import sqrt

def RMSE(actual, predicted):
    sum_error=0.0
    for i in range(len(actual)):
        prediction_error=predicted[i]-actual[i]
        sum_error+=(prediction_error**2)
    mean_error=sum_error/float(len(actual))
    return sqrt(mean_error)

RMSE(actual, pred)
```

```
28.987568769523886
```

학습 데이터에 최소자승법으로 구한 회귀계수 값을 테스트 데이터에 적용한 RMSE 값은 28.76이었다. 마찬가지로 경사하강법을 이용해 테스트 데이터에 적용한 RMSE 값은 28.98임을 확인할 수 있다.

3 종합 및 심화

이번에는 경사하강법을 좀 더 일반화하여 정의한 뒤 회귀계수를 구해보자. 먼저, 경사하강법을 적용하는 sgd 함수를 정의한다. 여기서 매개변수 error는 에러 함수, gradient는 미분계수를 조정하는 함수, x와 y는 각각 독립변수와 종속변수를 의미한다. _theta_0은 초기화된 절편값과 회귀계수값을 의미하고 학습률을 의미하는 l_rate_0의 기본값은 0.01로 지정한다.

```
def sgd1(sq_error, sq_error_grad, x, y, theta_0, l_rate_0):
    data=list(zip(x, y))
    theta=theta_0
    l_rate=l_rate_0
    min_value=float("inf")
    iterations=0
    while iterations < 5:
        value=sum(sq_error(xi, yi, theta) for xi, yi in data)
        if value < min_value:
            min_theta, min_value=theta, value
            iterations=0
            l_rate=l_rate_0
        else:
            iterations+=1
            l_rate*=0.9
        for xi, yi in data:
            gradient_i=sq_error_grad(xi, yi, theta)
            theta=vector_subtract(theta, scalar_multiply(l_rate, gradient_i))
            # print("min_theta",min_theta)
    return min_theta
```

독립변수 x, y를 묶어 변수 data에 저장한다. 초기 계수값인 theta_0은 theta로 저장해서 이용하고 학습률 l_rate는 초기 학습률인 l_rate_0을 이용한다. 앞으로 비교하게 될 에러값인 SSE[sum of squared error]는 변수 min_value에 무한대로 저장한다. 그리고 학습률 새롭게 적용하는 횟수를

iterations으로 지정하고 처음에는 0으로 설정한다. 만약 기존보다 에러가 커지게 되어 기존 학습률에 0.9를 곱하여 적용하는 것을 5번으로 한정하고 싶다면 while iterations<5:을 이용한다. 그리고 초기 지정한 계수값인 theta를 이용해 SSE를 구하고 이 값(value)이 기존 SSE 값(min_value)보다 작으면 초기 학습율인 l_rate_0을 이용하고 for 문으로 이동해 gradient를 구한다. 이때는 sq_error_grad 함수를 이용한다. 이 함수의 첫 번째 반환값은 −2*(yi−(beta*xi+alpha))로, alpha의 편미분 값이다. 두 번째 반환값인 −2*(yi−(beta*xi+alpha))*xi는 beta의 편미분 값이다. 이 두 개의 gradient에 학습률 l_rate를 곱한 것을 기존 theta에서 조정(여기서는 차감)하여 theta를 업데이트한다.

다음은 앞의 함수에서 이용한 에러 함수와 그레이디언트 함수, 선형대수 함수를 소개한다.

```
def sq_error(xi, yi,theta):
    alpha, beta=theta
    error=yi-(beta * xi + alpha)
    sq_error=error**2
    return sq_error
def sq_error_grad(xi, yi, theta):
    alpha, beta=theta
    return [-2 *(yi-(beta * xi + alpha)),-2 *(yi-(beta * xi + alpha)) * xi]

def vector_subtract(v, w):
    return [vi - wi for vi, wi in zip(v,w)]

def scalar_multiply(c, v):
    return [c * vi for vi in v]
```

지금까지 살펴본 함수를 이용하여 학습 데이터에 경사하강법을 적용한 계수를 구해보자.

```
dataset=[[25,100],[52,256],[38,152],[32,140],[25,150],[45,183],[40,175],[55,203],[28,152],[42,198]]
train=dataset[:5]
test=dataset[5:]
x=[i[0] for i in train]
y=[j[1] for j in train]
l_rate_0=0.001
theta_0=[0,0]
sgd1(sq_error, sq_error_grad, x, y, theta_0, l_rate_0)
```

```
min_theta [0, 0]
min_theta [0, 0]
...
min_theta [-0.10951732977330134, 5.486891250958579]
min_theta [-0.10951732977330134, 5.486891250958579]
[-0.10951732977330134, 5.486891250958579]
```

앞의 실행 결과는 sgd1 함수에서 # print("min_theta",min_theta)의 주석 표시를 삭제하고 출력한 것이다. 최종 theta는 [−0.10951732977330134, 5.486891250958579]이다. 이 계수값으로 테스트 데이터에 대한 예측을 할 수 있고, RMSE 값을 구해볼 수도 있다. 이는 앞에서 살펴본 내용이니 자세한 구현은 생략한다.

연습문제

1 인자(x)의 평균을 구하는 함수를 정의하려고 한다. 밑줄에 들어갈 내용을 순서대로 입력하시오. 이때 평균은 인자의 합계를 인자의 개수로 나눠서 구한다.

```
def mean(x):
    return _____(x) / _____(x)

mean(x), mean(y)
```

2 인자로 받은 x의 개별값과 평균의 차이를 구하는 함수를 정의하려고 한다. 다음 밑줄에 들어갈 내용을 입력하시오.

```
def d_mean(x):
    x_mean=mean(x)
    return [____________]

d_mean(x), d_mean(y)
```

3 내적을 구하는 함수를 정의하려고 한다. 변수로 받은 x, y의 값을 쌍으로 곱하고 총합계를 구하는 함수가 되도록 밑줄에 들어갈 내용을 입력하시오.

```
def dot(x, y):
    return sum(________________)

dot(x, y)
```

4 인자로 받은 값 v의 제곱의 합을 구하는 함수를 정의하려고 한다. 밑줄에 공통으로 들어갈 내용을 입력하시오.

```
def sum_of_squares(v):
    return dot(_, _)

sum_of_squares(x),sum_of_squares(y)
```

5 분산을 구하는 함수를 정의하려고 한다. 밑줄에 들어갈 내용을 입력하시오.

```
def variance(x):
    n=____(x)                          # 전체 원소 개수 구하기
    d=d_mean(x)                        # x의 평균을 변수에 할당
    return sum_of_squares(d) / (n - 1)          # 표본분산

variance(x)
```

6 표준편차를 구하는 함수를 정의하려고 한다. 밑줄에 들어갈 내용을 입력하시오. 이때 표준편차는 분산의 제곱근이다.

```
def standard_deviation(x):
    return variance(x)_____

standard_deviation(x)
```

7 공분산을 구하는 함수를 정의하려고 한다. 밑줄에 들어갈 내용을 입력하시오.

```
def covariance(x, y):
    n=len(x)
    return dot(d_mean(x), d_mean(y)) / ________

covariance(x, y)
```

8 괄호 안에 들어갈 알맞은 내용을 입력하시오.

( ) 함수는 분산을 구한다. 분산은 편차 제곱의 합의 평균을 말하며 결과로 음수나 양수가 표시된다.

연습문제

IT@COOKBOOK

9 상관계수를 구하는 함수를 정의하려고 한다. 밑줄에 들어갈 내용을 입력하시오.

```
def correlation(x, y):
    stdev_x=standard_deviation(x)          # x 표준편차 할당
    stdev_y=standard_deviation(y)          # y 표준편차 할당
    if stdev_x > 0 and stdev_y > 0:        # stdev_x와 stdev_y가 0 초과면
        return ____________________        # 상관계수 결과 반환
    else:
        return 0

correlation(x, y)
```

10 다음 괄호 안에 들어갈 내용을 입력하시오.

(　　　　　) 함수는 표준편차를 구한다. 표준편차는 분산의 제곱근이다.

12

CHAPTER

데이터 시각화

학습목표

- 데이터 시각화가 필요한 이유를 이해한다.
- 맷플롯립 라이브러리를 사용해 데이터를 차트로 시각화하는 방법을 익힌다.
- 단어 빈도수를 워드 클라우드로 시각화하는 방법을 익힌다.
- 폴리엄 라이브러리를 사용해 지리 데이터를 시각화하는 방법을 익힌다.

SECTION 01

데이터 시각화 소개

데이터 시각화는 데이터 분석 결과를 시각적으로 표현하여 이해하기 쉽게 만드는 것이 목적이다. 하지만 데이터를 분석하기 전에 전반적인 데이터 분포를 파악하여 전처리를 어떻게 할지 아이디어를 얻거나 데이터를 정확히 해석하는 용도로 사용할 수도 있다. 예를 들어, 탐색적 데이터 분석에서 통계치를 보는데 가끔 통계치만 보고 데이터를 잘못 해석하는 경우가 있다. seaborn 라이브러리의 튜토리얼에서 제공하는 데이터 중에서 통계학자인 프란시스 안스콤Francis Anscombe의 1973년 데이터셋을 보면 시각화의 용도를 이해할 수 있다.

다음은 anscombe 데이터셋이다.

[anscombe 데이터셋]

```
import seaborn as sns
anscombe=sns.load_dataset('anscombe')
anscombe.head()
```

	dataset	x	y
0	I	10.0	8.04
1	I	8.0	6.95
2	I	13.0	7.58
3	I	9.0	8.81
4	I	11.0	8.33

이 데이터셋을 이용해 I, II, III, IV 그룹으로 x의 평균값을 구해보면 네 그룹 모두 9.0으로 같은 값이 표시된다.

[anscombe 데이터셋을 평균값으로 표시한 경우]

```
print(anscombe[anscombe['dataset']=='I']['x'].mean())
print(anscombe[anscombe['dataset']=='II']['x'].mean())
print(anscombe[anscombe['dataset']=='III']['x'].mean())
print(anscombe[anscombe['dataset']=='IV']['x'].mean())
```

```
9.0
9.0
9.0
9.0
```

하지만 다음과 같이 실제 데이터 분포를 살펴보면 네 개 그룹이 확연하게 다르다.

[anscombe 데이터셋을 분포로 표시한 경우]

```
import seaborn as sns
sns.set_theme(style='ticks')

df_anscombe=sns.load_dataset('anscombe')

sns.lmplot(
    data=df_anscombe, x='x', y='y', col='dataset', hue='dataset',
    col_wrap=2, palette='muted', ci=None,
    height=4, scatter_kws={'s': 50, 'alpha': 1})
```

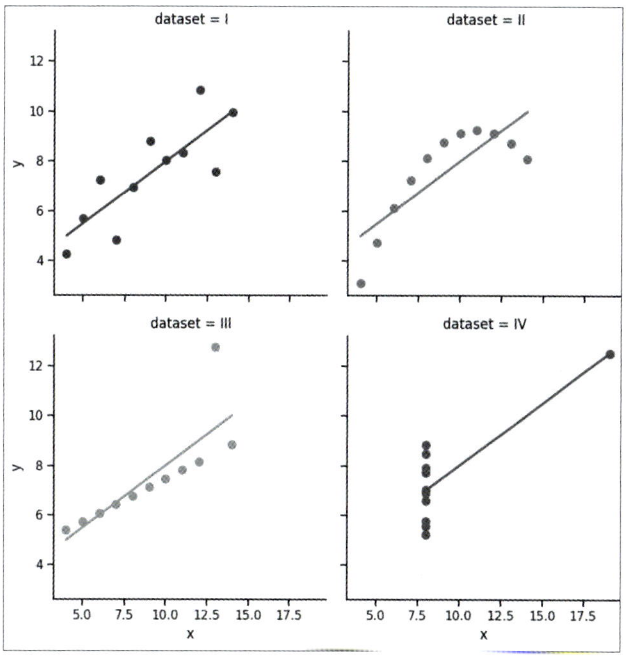

이처럼 시각화를 이용하면 통계치만 보고 데이터를 잘못 해석하는 실수를 방지할 수 있을 것이다.

다음은 seaborn 라이브러리를 이용한 다양한 시각화 예시다.

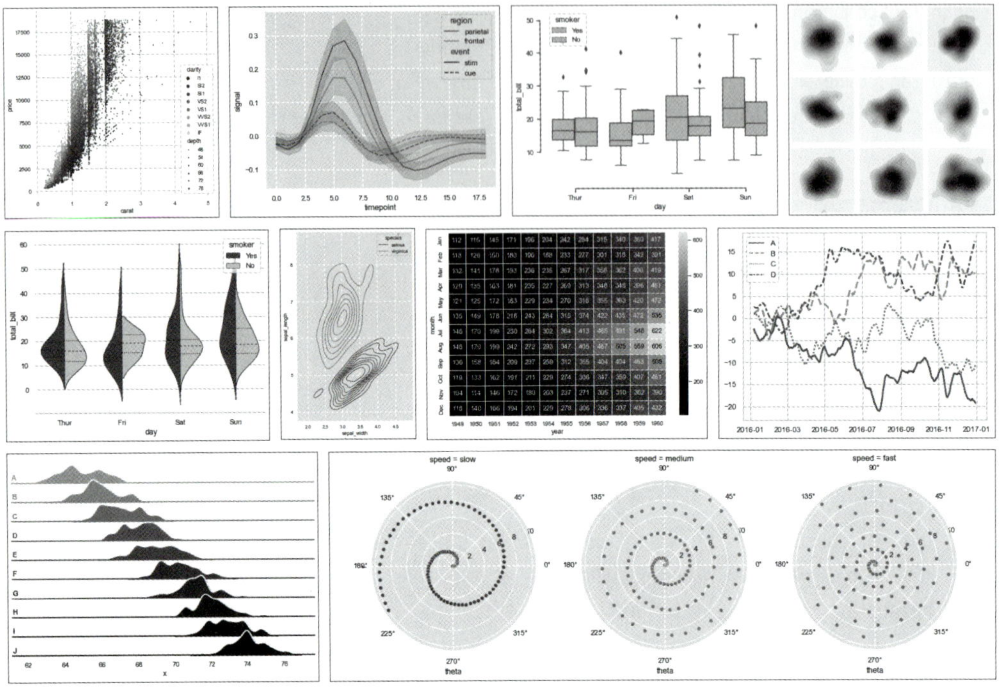

그림 12-1 다양한 시각화 예

TIP • seaborn 라이브러리에 대한 자세한 내용은 다음 사이트를 참고하고 다양하게 연습하길 추천한다.

- https://seaborn.pydata.org/tutorial.html

SECTION 02

차트 시각화 – 맷플롯립

맷플롯립Matplotlib은 가장 기본적이고 대표적인 시각화 라이브러리로 차트 시각화에 주로 사용한다. 맷플롯립 라이브러리를 사용하려면 설치를 해야 한다. 코랩에서 다음과 같이 입력하고 셀 실행을 눌러 설치한다.

TIP • 단축키인 shift+Enter나 ctrl+Enter를 눌러도 셀 실행을 할 수 있다.

```
!pip install matplotlib
```

1 선형 차트

선형 차트는 시간의 흐름에 따른 데이터 변화를 나타낼 때 적당하다. 예를 들어 분기별 매출 실적을 나타내거나 연도별 GDP 등과 같이 시간에 따른 데이터 추세를 나타낼 때 유용하다. 선형 차트는 plot 함수를 사용해 표현한다. plot 함수는 다음과 같은 형태로 사용한다.

```
plt.plot(x축, y축, 선 색상, 마커, 선 스타일)
```

기본 선형 차트

plot 함수를 이용해 연도별 GDP 변화를 선형 차트로 나타내보자. 다음 코드를 보면, year 변수에 연도를 표시하는 리스트를 할당하고 gdp 변수에 GDP 데이터를 리스트로 할당한다. x축에 year, y축에 gdp, 선 색상은 green, 마커는 o, 선 스타일은 실선으로 표현해보자. 그리고 title 함수를 사용해 plt.title('제목') 형태로 차트 제목을 작성하고 xlabel, ylabel 함수로 축 제목을 나타낸다. savefig 함수를 사용하여 plt.savefig('viz_gdp.png')라고 설정하면 차트가 viz_gdp.png라는 이미지 파일로 저장된다.

```
from matplotlib import pyplot as plt

years=[1950, 1960, 1970, 1980, 1990, 2000, 2010, 2020]
gdp=[300, 543, 1075, 2862, 5979, 10289, 14958, 18320]

plt.plot(years, gdp, color='green', marker='o', linestyle='solid')
plt.title('GDP')
plt.ylabel('$')
plt.show()
plt.savefig('viz_gdp.png')
```

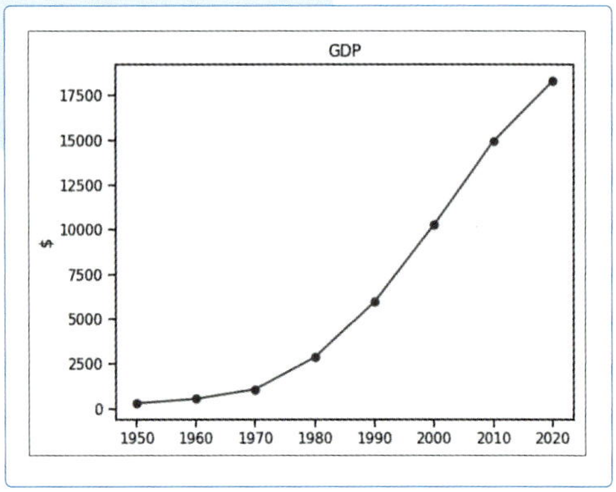

옵션 설정

plot 함수를 이용해 선형 차트를 만들 때 선과 마커의 색상이나 선 스타일 등의 옵션을 어떻게 설정하는지 자세히 살펴보자.

① 선 색상 설정

선형 차트의 색상을 녹색으로 설정하려면 green이라고 입력해도 되지만 보통 g라고 입력한다.

```
plt.plot(xs, x, 'g-', label='x')      # 초록색 실선
```

사용할 수 있는 색상 설정 값은 다음과 같다.

표 12-1 선형 차트의 선 색상 설정 값

설정 값	색상	설정 값	색상
b / blue	파란색	m / magenta	자홍색
g / green	초록색	y / yellow	노란색
r / red	빨간색	k / black	검은색
c / cyan	청록색	w / white	흰색

② 선 종류 설정

실선, 점선 등과 같이 선의 종류를 설정할 수 있다.

```
plt.plot(xs, y, 'r-.', label='y')    # 빨간색 점선
```

표 12-2 선형 차트의 선 종류 설정

설정 값	종류	설정 값	종류
-	실선(Solid line style)	-.	1점 쇄선(Dash-dot line style)
--	파선(Dashed line style)	:	점선(Dotted line style)

③ 마커 종류 설정

원형, 삼각형, 별형 등과 같이 마커[marker]의 종류를 설정할 수 있다.

```
plt.plot(years, gdp, marker='o', ms=20)      # 원형 마커
```

표 12-3 선형 차트의 마커 종류 설정

설정 값	종류	설정 값	종류
.	점형(Point marker)	v	아래 삼각형(Triangle_down marker)
,	픽셀형(Pixel marker)	^	위 삼각형(Triangle_up marker)
o	원형(Circle marker)	*	별형(Star marker)

마커의 크기, 테두리 색상, 내부 색상도 원하는 대로 설정할 수 있다. 마커의 크기는 ms[marker size], 테두리 색상은 mec[marker edge color], 내부 색상은 mfc[marker face color]로 설정한다.

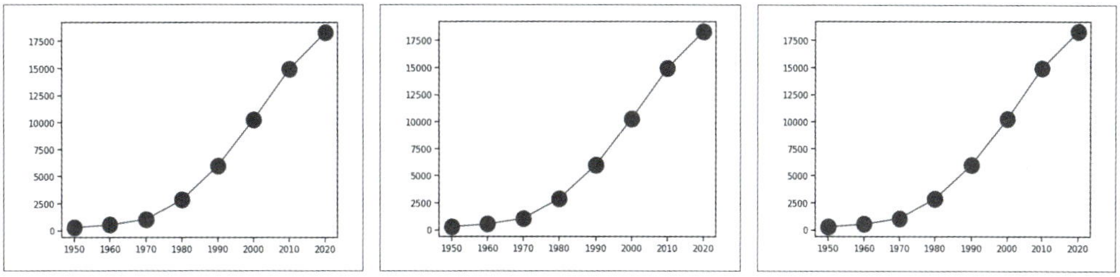

(a) marker='o', ms=20 (b) marker='o', ms=20, mec='r' (c) marker='o', ms=20, mfc='r'

그림 12-2 선형 차트의 마커 설정

계열별 선형 차트

계열이 여러 개인 선형 차트를 만들 수 있다. 11장에서 소개한 아파트와 전력 사용량 데이터를 이용해 실제 전력 사용량과 예측값 리스트를 나타내는 계열과 두 리스트의 차이를 나타내는 계열로 이루어진 선형 차트를 만들어보자.

다음 코드를 보면, error 변수에는 리스트 내포를 이용해 실제값(Actual)과 예측값(Predicted)의 차이를 원소로 하는 리스트를 할당한다. xs 변수에는 enumerate 함수를 이용해 error의 인덱스를 리스트로 할당한다. xs=[i for i, _ in enumerate(error)]에서 언더바는 변수가 필요한 위치에서 변수를 생략했기 때문에 리스트의 값은 표시되지 않고 인덱스만 표시된다. 그리고 계열의 색과 모양에 따라 어떤 데이터인지 알려주는 범례를 표시한다. 범례는 legend 함수를 사용해 표시하고 loc에 설정된 값으로 위치를 설정한다.

TIP • 범례 위치를 나타내는 legend 함수의 loc 값은 다음과 같이 표시된다.

- 0: 자동(best)
- 1: 오른쪽 위(upper right)
- 2: 왼쪽 위(upper left)
- 3: 왼쪽 아래(lower left)
- 4: 오른쪽 아래(lower right)
- 5: 오른쪽(right)
- 6: 왼쪽 가운데(center left)
- 7: 오른쪽 가운데(center right)
- 8: 가운데 아래(lower center)
- 9: 가운데 위(upper center)
- 10: 가운데(center)

```
dataset=[[25, 100], [52, 256], [38, 152], [32, 140], [25, 150], [45, 183], [40, 175], [55, 203],
        [28, 152], [42, 198]]

actual=[j[1] for j in dataset]
predicted=[115, 242, 176, 148, 115, 209, 185, 256, 129, 195]
error=[(x - y) for x, y in zip(actual, predicted)]
xs=[i for i, _ in enumerate(error)]

plt.plot(xs, actual, 'g-', label='x')          # 녹색 실선
plt.plot(xs, predicted, 'r-.', label='y')      # 빨간색 점선
plt.plot(xs, error, 'b', label='error')        # 파란색 점선

plt.legend(loc=9)                              # 범례 표시: loc 숫자로 위치 설정
plt.xlabel('mode')
plt.title('actual vs predicted')
plt.show()
```

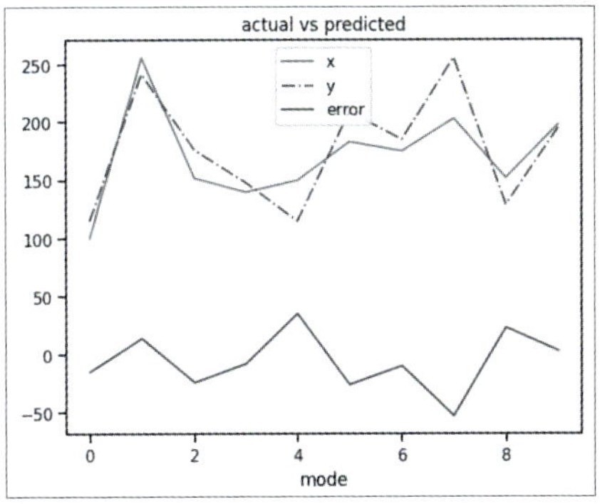

그리드 표시

x축과 y축의 눈금을 선으로 연결하여 격자로 표시하는 그리드를 차트에 표시하는 방법을 알아보자. 그리드를 표시할 때는 grid 함수를 사용한다. 앞에서 만든 차트에 plt.grid()를 적용해 그리드를 표시하고 scatter 함수를 이용해 아파트 평형과 전력 사용량 정도를 산포도로 나타낸다.

```
import matplotlib.pyplot as plt
import numpy as np
dataset=[[25, 100], [52, 256], [38, 152], [32, 140], [25, 150], [45, 183], [40, 175], [55, 203],
        [28, 152], [42, 198]]
apt=[i[0] for i in dataset]
kw=[i[-1] for i in dataset]

xpoints=np.array(apt)
ypoints=np.array(kw)
plt.xlabel('apt')
plt.ylabel('kw')
plt.title('apt vs kw')
plt.scatter(xpoints, ypoints)
plt.grid()
plt.show()
```

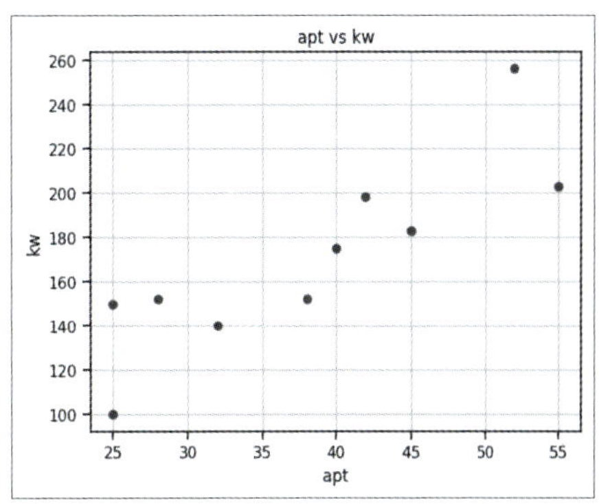

구간 확대 및 축소

x축 눈금의 최댓값과 최솟값, y축 눈금의 최솟값과 최댓값을 설정할 수 있다. 다음과 같이 xlim 함수와 ylim 함수를 사용한다.

```
import matplotlib.pyplot as plt
import numpy as np
dataset=[[25, 100], [52, 256], [38, 152], [32, 140], [25, 150], [45, 183], [40, 175], [55, 203],
         [28, 152], [42, 198]]
apt=[i[0] for i in dataset]
kw=[i[-1] for i in dataset]

xpoints=np.array(apt)
ypoints=np.array(kw)
plt.xlabel('apt')
plt.ylabel('kw')
plt.title('apt vs kw')
plt.scatter(xpoints, ypoints)

plt.xlim(10, 70)          # x축은 10부터 70까지 표시
plt.ylim(0, 300)          # y축은 0부터 300까지 표시

plt.grid()
plt.show()
```

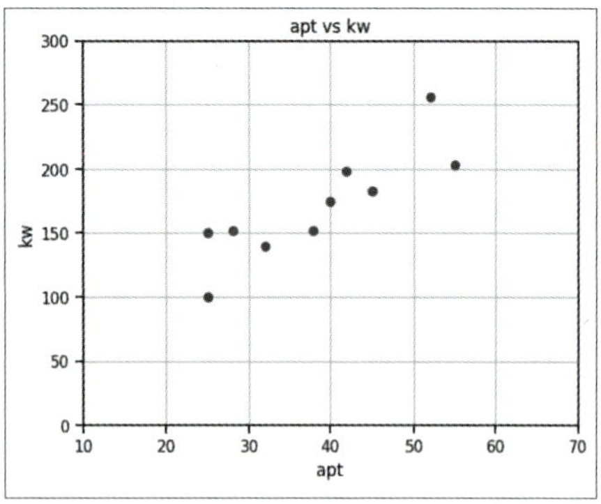

데이터 강조

특정 데이터에 화살표와 문자를 함께 표시해 강조할 수 있다. 다음 형식으로 annotate 함수를 사용하면 된다.

```
plt.annotate('hello', xy=(2,10), xytext=(5,20), arrowprops={'color':'red'})
                 ⓐ          ⓑ            ⓒ                      ⓓ
```

ⓐ: 화살표 옆에 나타낼 문자로 여기서는 hello라고 나타남

ⓑ: 화살표 끝이 나타날 위치로 여기서는 x축 2, y축 10이 만나는 지점에 화살표 끝이 위치함

ⓒ: 문자가 나타날 시작 지점으로 여기서는 x축 5, y축 20이 만나는 지점부터 hello라고 표시됨

ⓓ: 화살표 속성으로 여기서는 빨간색 화살표로 표시됨

다음은 x축 4, y축 1.5가 만나는 위치부터 녹색 화살표를 표시한 예다.

```
import matplotlib.pyplot as plt
import numpy as np
xpoints=np.arange(1, 10, 0.1)
ypoints1=xpoints*0.2
ypoints2=np.sin(xpoints)
plt.plot(xpoints, ypoints1, label='first')
plt.plot(xpoints, ypoints2, label='second')
plt.annotate('annotate', xy=(2, 1), xytext=(4, 1.5), arrowprops={'color':'green'})
plt.show()
```

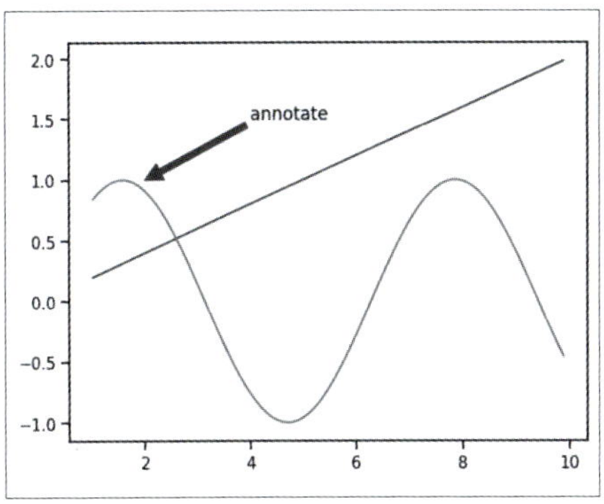

하위 차트 표시

subplot 함수를 이용해 여러 개의 작은 차트를 한꺼번에 표시할 수 있다. subplot 함수의 기본 형식과 예시는 다음과 같다.

```
plt.subplot(행 개수, 열 개수, 위치)

plt.subplot(1, 2, 1)   # 1행 2열, 가장 첫 번째 위치에 표시
plt.plot(x, y1)        # x축에 x, y축에 y1 변수 값을 plot 함수에 적용해 차트 생성
```

다음 예는 subplot 함수로 총 네 개의 선형 차트를 만든다. plot 함수로 x축과 y축 데이터를 설정해 차트를 표시한 후 subplot 함수로 하위 차트의 개수와 위치를 설정한다.

```
from matplotlib import pyplot as plt
import numpy as np
x=np.arange(1, 10)
y1=x*5
y2=x*1
y3=x*0.3
y4=x*0.2

# 왼쪽 위에 표시
plt.subplot(2, 2, 1)
plt.plot(x, y1)
# 오른쪽 위에 표시
plt.subplot(2, 2, 2)
plt.plot(x, y2)
# 왼쪽 아래 표시
plt.subplot(2, 2, 3)
plt.plot(x, y3)
# 오른쪽 아래 표시
plt.subplot(2, 2, 4)
plt.plot(x, y4)

plt.show()
```

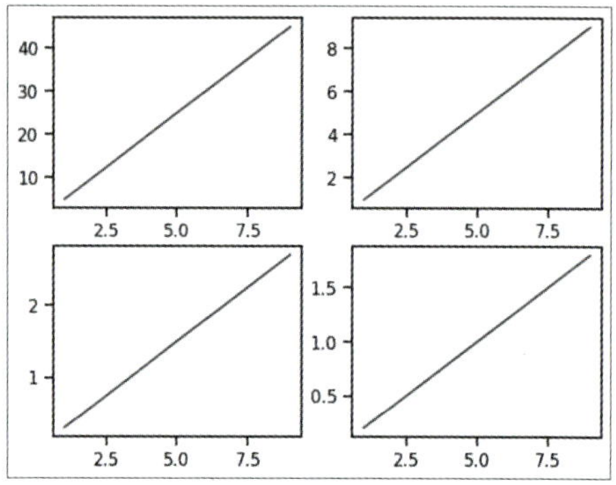

차트 크기 설정

figure 함수로 차트의 크기를 설정할 수 있다. figure 함수의 사용 형식은 다음과 같다.

```
plt.figure(figsize=(가로 길이, 세로 길이))
```

앞에서 만든 차트의 크기를 변경하려면 다음과 같이 인자로 가로와 세로 크기를 설정한 figure 함수를 추가하면 된다.

```
from matplotlib import pyplot as plt
import numpy as np
x=np.arange(1, 10)
y1=x*5
y2=x*1
y3=x*0.3
y4=x*0.2

plt.figure(figsize=(20,5))

# 왼쪽 위에 표시
plt.subplot(2, 2, 1)
plt.plot(x, y1)
# 오른쪽 위에 표시
plt.subplot(2, 2, 2)
plt.plot(x, y2)
# 왼쪽 아래 표시
plt.subplot(2, 2, 3)
plt.plot(x, y3)
# 오른쪽 아래 표시
plt.subplot(2, 2, 4)
plt.plot(x, y4)

plt.show()
```

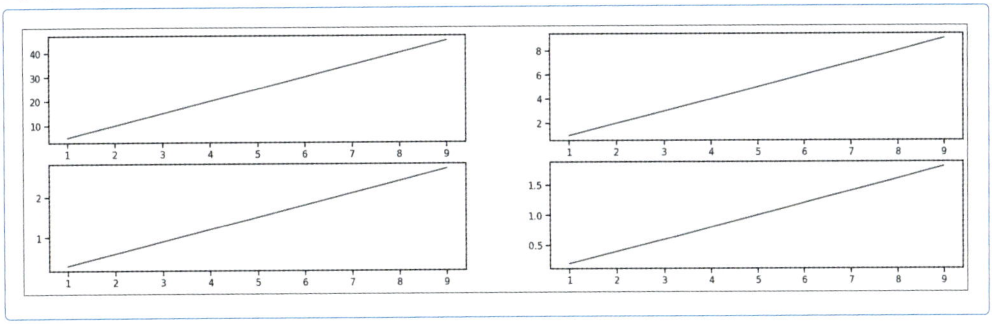

2 막대형 차트, 히스토그램, 산포도, 원형 차트

선형 차트 외에 자주 사용하는 시각화 요소에는 막대형 차트, 히스토그램, 산포도, 원형 차트 등이 있다. 각각 어떤 데이터를 표현할 때 효과적이고 어떻게 작성하는지 알아보자.

막대형 차트

막대형 차트는 항목 간의 크기를 비교할 때 유용하다. 막대형 차트는 bar 함수를 이용하며 기본적으로 세로 막대형 차트로 표시된다. plt.bar(x축, y축) 형태로 x축 데이터와 y축 데이터를 설정한다. 다음 예에서는 x축에 movies 리스트에 할당된 값을 사용하고 y축에 오스카상 개수인 score 리스트에 할당된 값을 사용한다. y축 레이블은 score로 표시하고, 차트 전체 제목은 Movies로 나타낸다.

```
from matplotlib import pyplot as plt

movies=['cinema', 'avengers', 'squid game', '007', 'iron man']
score=[5, 10, 3, 8, 9]

plt.bar(movies, score)
plt.ylabel('score')
plt.title('Movies')
plt.xticks([i+0.1 for i, _ in enumerate(movies)], movies)          # 0.1에서 막대형 차트 그리기 시작
plt.show()
```

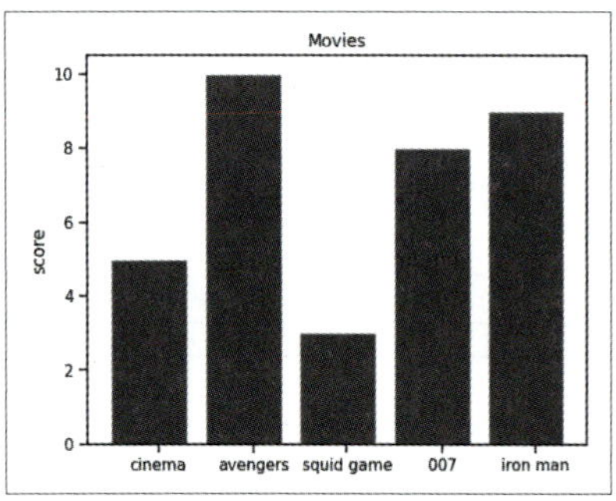

가로 막대형 차트는 barh 함수를 사용한다.

```
plt.barh(movies,score)
plt.ylabel('Movies')
plt.title('score')

plt.yticks([i + 0.1 for i, _ in enumerate(movies)], movies)      # 0.1부터 y축 그리기 시작
plt.show()
```

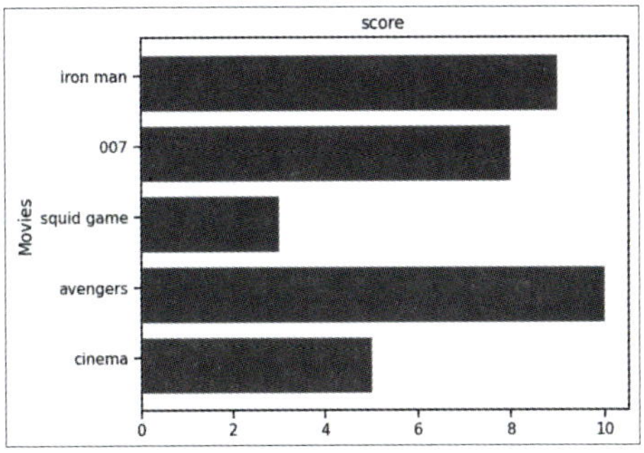

plt.bar(x축, y축, 색상, 간격) 형태로 설정하여 막대 사이 간격을 조절할 수도 있다. 다음은 x축은 movie, y축은 score, 색상은 빨간색, 막대 사이 간격인 width는 0.3으로 설정한 예다.

```
plt.bar(movies, score, color='red', width=0.3)
plt.ylabel('score')
plt.title('Movies')

plt.xticks([i + 0.1 for i, _ in enumerate(movies)], movies)
plt.show()
```

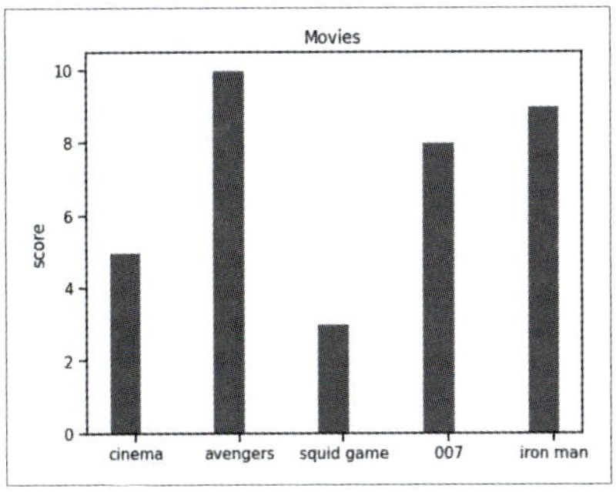

히스토그램

히스토그램은 도수분포표라고 생각하면 된다. 학생 10명의 수학 성적을 구간이 10점인 히스토그램으로 그려보자. 히스토그램은 hist 함수를 이용해 그릴 수 있다. 이때, Counter 클래스를 사용하기 위해 collections 모듈을 임포트해야 한다. grades 변수에 리스트 형태로 점수를 할당한다. for 문을 이용해 grades 변수의 값을 하나씩 histogram 변수에 대입해 10으로 나눈 몫에 10을 곱한 값으로 점수대를 구한 후 Counter 클래스를 이용해 점수대별 인원수를 구한다.

plt.bar 함수를 이용해 histogram의 키 값에 5씩 더한 값이 x축으로 표시되도록 한다. y축은 histogram의 value 값인 인원수가 표시되도록 한다. 막대의 테두리는 rgb 값을 모두 0으로 설정했으므로 검은색으로 나타난다.

```
from collections import Counter
grades=[83, 95, 91, 87, 70, 0, 85, 82, 100, 67, 73, 77, 0]

histogram=Counter(min(grade // 10 * 10, 90) for grade in grades)
plt.bar([x+5 for x in histogram.keys()],        # 오른쪽으로 5만큼 이동해서 그리기 시작
    histogram.values(),
    10,
    edgecolor=(0, 0, 0))

plt.axis([-5, 105, 0, 5])                       # x축 범위와 y축 범위 지정

plt.xticks([10 * i for i in range(11)])         # x축 라벨 표시
plt.xlabel('Decile')
plt.ylabel('# of Students')
plt.title('Distribution of Exam 1 Grades')

plt.savefig('viz_grades.png')                   # 그림 파일 저장
```

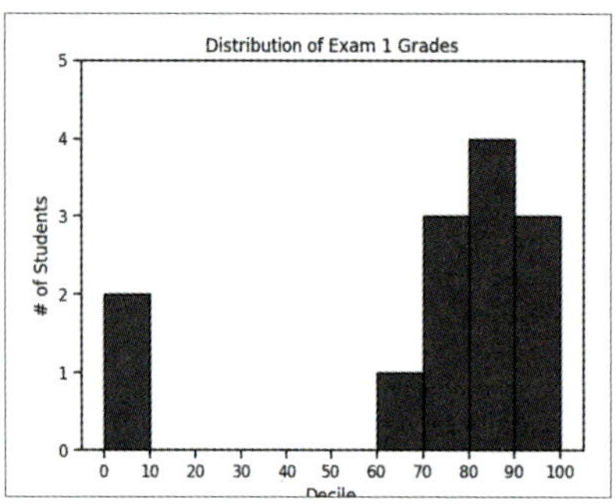

산포도

산포도Scatter Plots는 scatter 함수를 이용해 x축과 y축을 설정한다. 산포도 차트는 엑셀의 분산형 차트와 같다고 생각하면 된다. 몸무게와 키 데이터를 이용해 산포도 차트를 작성해보자. height 변수에 키 데이터를 할당하고 weight 변수에 몸무게 데이터를 할당한다. scatter 함수를 이용해 x축은 height, y축은 weight로 설정한다.

```
from matplotlib import pyplot as plt

height=[175, 170, 162, 171, 186, 175, 166, 169, 189, 178]        # x 독립변수
weight=[ 70, 65, 61, 63, 78, 64, 60, 64, 88, 76]                 # y 종속변수

labels=['a', 'b', 'c', 'd', 'e', 'f', 'g', 'h', 'I', 'j']
plt.scatter(height, weight)
```

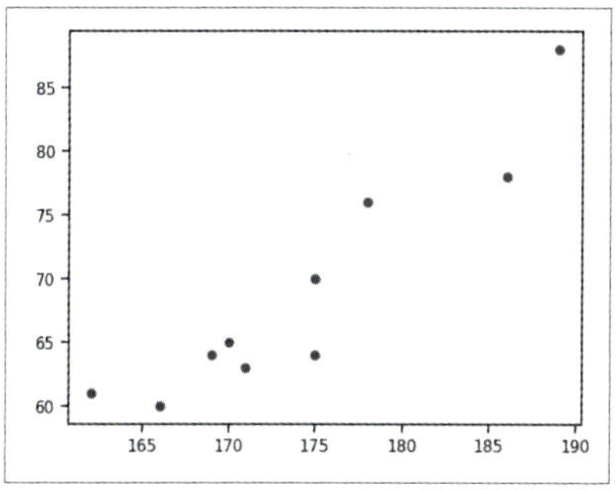

annotate 함수를 이용해 데이터 레이블을 표시할 수 있다. 데이터 위치에 a, b, c, d가 표시되어야 하는데 데이터 레이블과 텍스트가 데이터 옆에 정확하게 표시되도록 for 문을 이용해 첨자 i, j, k에 각각의 데이터 labels, height, weight 값을 하나씩 할당한다. xy는 레이블이 나타날 위치(화살표 끝이 나타날 위치)로 j, k 값을 이용하고 텍스트를 나타낼 위치는 xy를 기준으로 오른쪽으로 5px, 위쪽으로 −5px 위치에 표시되도록 설정한다. 이 시각화는 키와 몸무게 간의 상관분석에 많이 사용한다.

```
from matplotlib import pyplot as plt

height=[175, 170, 162, 171, 186, 175, 166, 169, 189, 178]          # x 독립변수
weight=[70, 65, 61, 63, 78, 64, 60, 64, 88, 76]                     # y 종속변수

labels=['a', 'b', 'c', 'd', 'e', 'f', 'g', 'h', 'I', 'j']
plt.scatter(height, weight)

for i, j, k in zip(labels, height, weight):
    plt.annotate(i,
        xy=(j, k),                                                  # 레이블 표시
        xytext=(5, -5),                                             # 텍스트 위치
    textcoords='offset points')

plt.title('height vs. weight')
plt.xlabel('height')
plt.ylabel('weight')
plt.show()
```

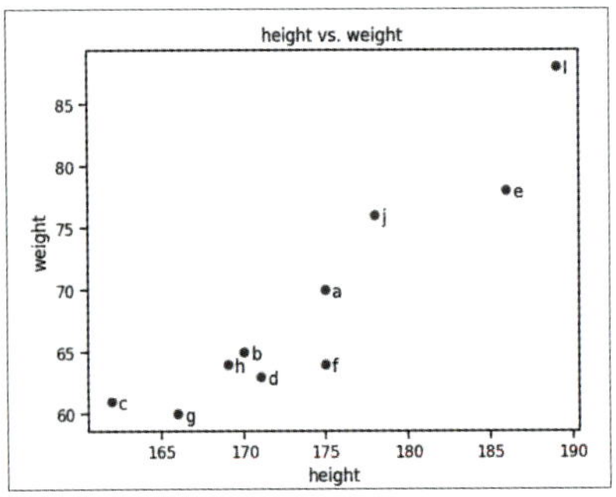

원형 차트

원형 차트는 전체에서 일부가 차지하는 비율을 나타낼 때 사용하는 것으로 각 항목이 얼마의 비율을 가지는지 표시할 때 유용하다. pie 함수를 plt.pie(비율, 항목, 서식) 형태로 사용해서 나타낸다. 다음 코드를 보면, rat 변수에 비율에 해당하는 데이터를 리스트 형태로 할당하고 fruits 변수에 항목으로 표시할 데이터를 할당한다. autopct는 %.2f%%로 설정했으므로 소수점 둘째 자리까지 비율이 나타난다.

```
import matplotlib.pyplot as plt

rat=[55, 15, 14, 16]
insect=['butterflies', 'dragonflies', 'spiders', 'bees']
plt.pie(rat, labels=insect, autopct='%.2f%%')

plt.show()
```

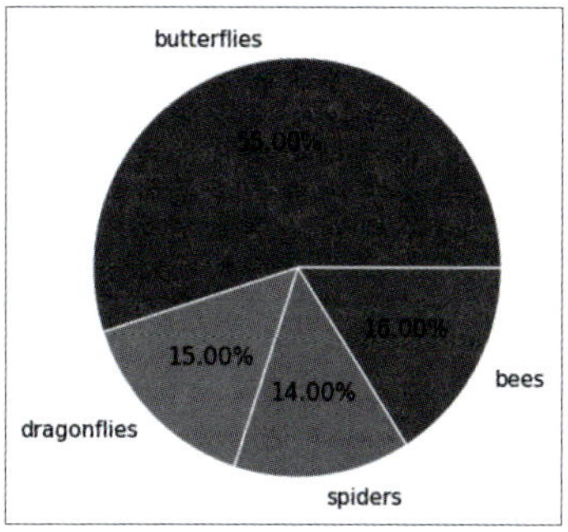

pie 함수로 원형 차트를 만들 때 계열의 색상을 지정할 수 있다. pie 함수의 colors 옵션을 사용하면 되는데 여기서는 colors라는 별도의 리스트를 만들어 색상을 할당한다. 이때, red, blue, pink 등과 같이 색상을 직접 입력해서 할당해도 되고 #000000, #FF0000과 같이 16진 코드로 색상을 할당해도 된다.

```
import matplotlib.pyplot as plt

rat=[55, 15, 14, 16]
insect=['butterflies', 'dragonflies', 'spiders', 'bees']

colors=['lightpink', 'silver', 'lightblue', 'lightgray']
plt.pie(rat, labels=insect, autopct='%.2f%%', colors=colors)

plt.show()
```

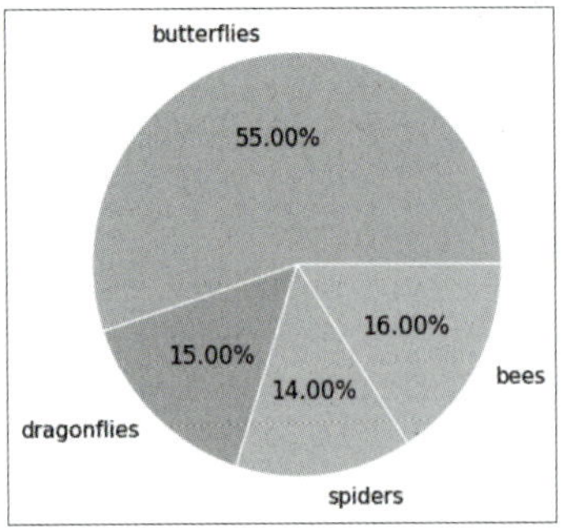

explode 옵션을 사용하면 차트를 중심에서부터 쪼개진 형태로 만들 수 있다. 총 네 개의 계열을 사용하므로 네 개의 explode 값을 할당한다. 이 값의 숫자가 크면 클수록 중심으로부터 멀어지는 형태가 된다. pie 함수의 shadow를 True로 설정하면 차트에 그림자가 생긴다.

```
import matplotlib.pyplot as plt

rat=[55, 15, 14, 16]
insect=['butterflies', 'dragonflies', 'spiders', 'bees']
colors=['lightpink', 'silver', 'lightblue', 'lightgray']
explode=[0.07, 0.07, 0.07, 0.07]

plt.pie(rat, labels=insect, autopct='%.2f%%', colors=colors, explode=explode, shadow=True)
plt.show()
```

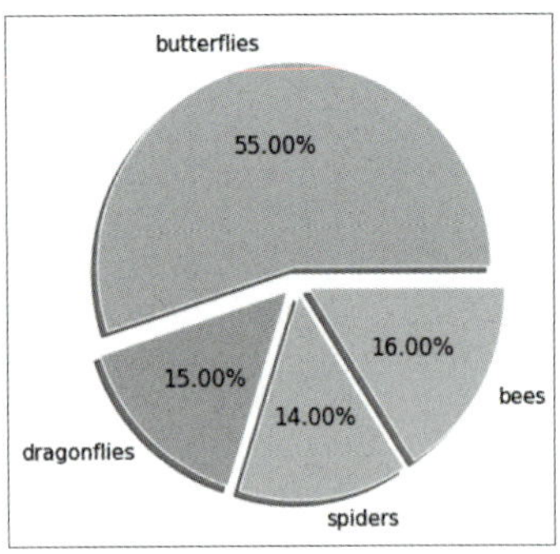

SECTION

03 워드 클라우드 시각화

워드 클라우드는 단어를 시각화하기 위해 사용하는 것으로 단어를 빈도수나 중요도에 따라 부각시켜서 나타낸다. 워드 클라우드로 만들 수 있는 데이터는 다양한데 크롤링으로 수집한 키워드나 텍스트 파일로 저장된 내용 중 단어를 뽑아 만들 수 있다. 여기서는 워드 클라우드를 이용해 단어별 빈도수를 나타내본다. 빈도수가 가장 많은 단어는 크게, 적은 단어는 작게 표현한다.

1 데이터 가져오기

주어진 텍스트 파일 속 단어를 빈도수에 따라 워드 클라우드로 작성해 보자. 이를 위해 6장 실습에서 사용한 proverb.txt, hello.txt, fruits.txt 파일을 다음과 같이 다시 생성해서 올려보자. 다음 코드를 실행하면 입력창이 나타난다. 텍스트를 입력한 뒤 Enter를 누르면 해당 텍스트를 한 번 더 화면에 보여준 뒤 다시 입력창이 나타난다. 아무것도 입력하지 않고 Enter를 누르면 입력창이 사라진다.

```
# proverb.txt
contents="""  작은 일에 성실한 사람은 큰일에도 성실하고,
작은 일에 정직하지 못한 사람은 큰일에도 정직하지 못하다.
누가복음 16:10

변함없이 서로 사랑하는 이가 친구이며
위급할 때 서로 돕는 이가 형제다.
잠언 17:17"""

file=open("proverb.txt", 'w') # mode w
file.write(contents)
file.close()

# hello.txt
file=open("hello.txt",'a')
while 1:
```

```
    content=input()
    if not content: break
    file.write(content+ '\n')
    print(content)
file.close()

# fruits.txt
fruits=["apple","apple","apple","banana","banana","orange","mango","orange","orange","oran
ge"]
index=len(fruits)

file=open("fruits.txt",'a')
for i in range(len(fruits)):
    if i < (index-1):
        file.write(fruits[i]+'\t')
    else:
        file.write(fruits[i]+'\n')
file.close()
```

세 개의 파일이 준비되면 다음과 같이 for 문과 glob.glob 함수를 이용해 여러 개의 파일을 불러온 뒤에 file 변수에 저장한다. 그리고 with 문과 open 함수를 이용해 읽기 모드로 파일을 연다. for 문에서 contents=row.split()라고 설정하면 행 단위로 나눠서 리스트에 추가된다. for 문을 한 번 더 사용해 i.strip('.').strip(',').strip('')이라고 설정하면 행 단위로 contents에 입력된 데이터 중에서 마침표, 쉼표, 공백을 제거하고 단어 단위로 f1 리스트의 원소로 추가한다.

```
import os
import glob
f1=[]

for file in glob.glob('*.txt'):
    with open(file, 'r', newline='') as filereader:
        for row in filereader:
            contents=row.split()
            for i in contents:
                contents=i.strip('.').strip(',').strip('')
                f1.append(contents)

f1
```

```
['apple',
 'apple',
 'apple',
 'banana',
 'banana',
 ...
 '때',
 '서로',
 '돕는',
 '이가',
 '형제다',
 '잠언',
 '17:17']
```

워드 클라우드를 만들 때 사용하지 않을 단어인 불용어를 제거해보자. 한글에서 불용어 처리가 어려운 이유는 'ㅋㅋㅋㅋㅋ', 'ㅎㅎㅎㅎㅎ'처럼 의미 없이 사용되거나 문법에 맞지 않는 문자 때문이다. 여기서는 리스트의 원소로 추가한 단어 중 '을', '를'과 같은 조사와 '합니다', '하세요' 등을 삭제해보자. 마찬가지로 strip 함수를 이용한다.

```
import os
import glob

f1=[]
for file in glob.glob('*.txt'):
    with open(file, 'r', newline='') as filereader:
        for row in filereader:
            contents=row.split()
            for i in contents:
                contents=i.strip('.').strip(',').strip('').strip('를').strip('을').strip("'")
                contents=contents.strip('합니다').strip('하세요')
                contents=contents.strip('에')
                f1.append(contents)
f1
```

```
['apple',
 'apple',
 'apple',
 'banana',
 'banana',
 'orange',
 ...
 '돕는',
 '이가',
 '형제다',
 '잠언',
 '17:17']
```

2 단어의 빈도수 구하기

f1 리스트에 포함된 단어별 개수를 세어 표시해보자. Counter 클래스를 사용할 것이므로 collections 모듈의 Counter 클래스를 임포트한다. Counter 모듈을 사용하면 동일한 단어의 수

를 세어 딕셔너리 형태로 표시해준다. Counter 클래스로 f1 리스트에 동일한 원소가 몇 개인지 세어 word_counts 변수에 할당한다. dict(word_count)로 설정하면 word_counts를 딕셔너리로 변환한다. sorted 함수를 이용해 정렬한 결과는 wc 변수에 할당한다. reverse가 True이기 때문에 내림차순으로 정렬된다. key 값에 lambda식을 이용해 개수를 기준으로 내림차순 정렬하여 표시되도록 한다. key에서 count[1]이 아니라 count[0]으로 설정하면 단어 기준으로 내림차순 정렬된다. wc를 실행하면 단어별 개수와 개수를 기준으로 내림차순 정렬된 결과를 확인할 수 있다.

```
from collections import Counter
f1
word_counts=Counter(f1)
dict(word_counts)
# word_counts.items()
wc=sorted(word_counts.items(),key=lambda count:count[1], reverse=True)
wc
```

```
[('orange', 4),
 ('apple', 3),
 ('banana', 2),
 ('작은', 2),
 ('일', 2),
 ...
 ('형제다', 1),
 ('잠언', 1),
 ('17:17', 1)]
```

wc 변수의 값을 pd.DataFrame 명령으로 wcdf 변수에 데이터프레임으로 저장하고 wcdf의 열 이름은 각각 word, freq로 설정한다.

```
import pandas as pd
wcdf=pd.DataFrame(wc)
wcdf.columns=['word', 'freq']
```

head 함수를 이용해 wcdf1의 첫 5행을 표시하면 orange 단어가 네 개, apple 단어가 세 개, banana 단어가 두 개로 표시된다.

```
wcdf1=wcdf.set_index('word')
wcdf1.head()
```

word	freq
orange	4
apple	3
banana	2
작은	2
일	2

3 워드 클라우드 구현하기

한글을 워드 클라우드로 구현하려면 몇 가지 라이브러리를 추가로 설치해야 한다. 코랩에서 다음을 입력한 뒤 실행하여 wordcloud와 konlpy 라이브러리를 설치한다.

```
!pip install wordcloud
!pip install konlpy
```

한글로 워드 클라우드를 만들기 위해 폰트와 글꼴을 설정해보자.

```
import pandas as pd
import numpy as np
import re

# 한글 표현을 위해 폰트 설치
%config InlineBackend.figure_format ='retina'

!apt -qq -y install fonts-nanum > /dev/null
import matplotlib.font_manager as fm

# 나눔바른고딕 사용
fontpath='C:/Windows/Fonts/nanum/NanumGothic.ttf'
font=fm.FontProperties(fname=fontpath, size=9)
```

앞에서 만든 wcdf1을 워드 클라우드로 구현해보자. 워드 클라우드를 표현하기 위해 matplotlib 라이브러리와 WordCloud 라이브러리를 임포트한다.

```
import matplotlib.pyplot as plt
from wordcloud import WordCloud

word_freq=wcdf1['freq'].to_dict()

wordcloud=WordCloud(font_path='NanumGothic.ttf',
          width=1000, height=1000).generate_from_frequencies(word_freq)

plt.imshow(wordcloud)
plt.show()
```

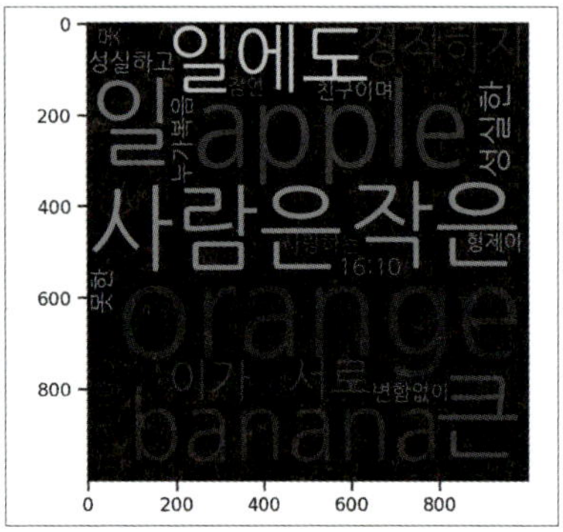

WordCloud 함수를 이용해 글꼴, 배경색, 컬러맵 등을 변경할 수 있다.

```
wordcloud=WordCloud(font_path='NanumGothic.ttf', background_color='white', colormap
                    ='autumn').generate_from_frequencies(word_freq)

plt.imshow(wordcloud)
plt.title('Word Frequency', size=13)          # 제목 지정
plt.show()
```

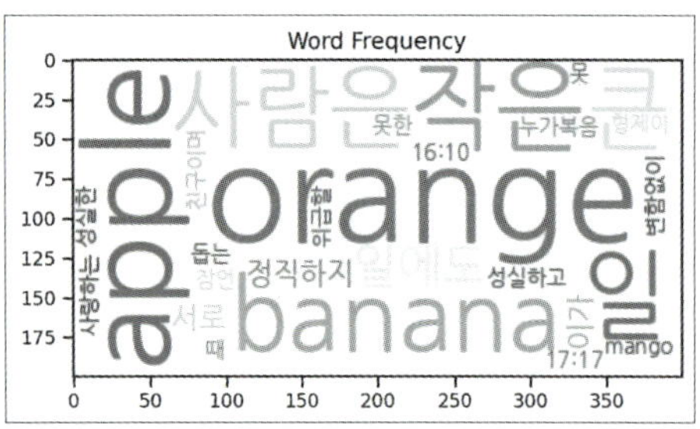

워드 클라우드를 하트나 별 등의 여러 모양으로 표시할 수도 있다. 이때, 원하는 모양의 파일을 준비해야 하는데 배경이 흰색인 이미지 파일이 필요하다. 여기서는 예제 소스로 제공하는 heart.png 파일을 사용한다. heart.png 파일을 현재 작업하고 있는 구글 드라이브에 업로드한다. 코랩 화면 왼쪽의 파일을 클릭한 뒤 현재 폴더 창에서 마우스 오른쪽 버튼을 클릭한다. [업로드] 메뉴를 눌러 heart.png 파일을 업로드한다.

워드 클라우드에 마스크를 설정하기 위해 image 라이브러리와 numpy를 임포트한다. 이미지 파일을 읽어오기 위해 임의의 변수 im을 선언하고 Image.open('파일명') 형태로 파일을 설정한다. 이미지를 이루는 픽셀을 배열 형태로 변환하기 위해 mask_arr=np.array(im)으로 설정한다. WordCloud 함수에서 mask=mask_arr로 설정한다. 다음 코드를 입력하고 실행하면 워드 클라우드가 하트 모양으로 표시된다.

```
from PIL import Image
import numpy as np

im=Image.open('heart.png')          # 이미지 파일 읽어오기
mask_arr=np.array(im)               # 픽셀 값 배열 형태 변환

wordcloud=WordCloud(font_path='NanumGothic.ttf', background_color='white', colormap='autu
          mn',width=700,height=700,random_state=43,mask=mask_arr,prefer_
          horizontal=True).generate_from_frequencies(word_freq)

plt.figure(figsize=(6, 6))
plt.imshow(wordcloud)
plt.title('Word Frequency', size=13)
plt.axis('off')
plt.show()
```

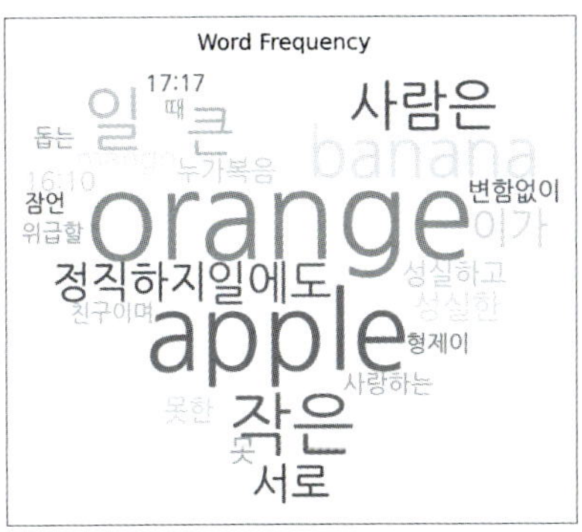

SECTION
04 지도 데이터 시각화 – 폴리엄

폴리엄Folium은 지도에 좌푯값을 그려주는 지리 정보 시각화 라이브러리로, 빠르고 직관적이게 지도 데이터를 사용할 수 있도록 해준다. 먼저, folium 라이브러리를 설치하고 임포트하자.

```
!pip install folium
import folium
```

그리고 서울시청의 위도와 경도 정보를 이용해 다음과 같이 지도에 서울시청을 표시해보자.

```
# 서울시청 지도 좌표인 위도 37.5662952, 경도 126.9779451인 지점을 location에 추가
foliumMap=folium.Map(location=[37.5662952, 126.9779451], zoom_start=16)
# 지도에서 마커를 표시할 위치를 location 옵션에 위도와 경도로 추가
folium.Marker(location=[37.5662952, 126.9779451]).add_to(foliumMap)

popup=folium.Popup('서울시청위치.', max_width=300)
folium.Marker(location=[37.5662952, 126.9779451], popup=popup).add_to(foliumMap)
foliumMap.save('./foliumMap.html')
foliumMap
```

foliumMap 변수에 서울시청의 위치를 지정하고 zoom_start를 이용해 초기 화면의 크기를 정한다. 또한 add_to 함수를 이용해 마커를 표시한다. 마우스를 클릭하면 팝업이 뜨도록 팝업의 크기를 지정하고 add_to 함수로 이를 추가한다. 마지막으로 html 문서로 저장한다.

이번에는 종로구에 있는 스타벅스 지점 3개의 위도와 경도 정보를 구해 지도에 표시해보자. 스타벅스 코리아 사이트를 이용해 지점 3개의 위도와 경도 정보를 구할 수 있다.

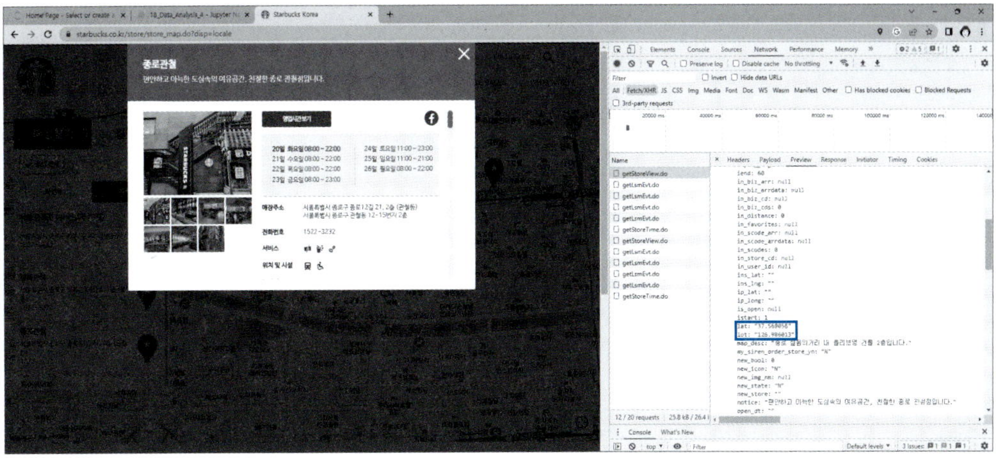

시각화를 위해 필요한 라이브러리를 다음과 같이 임포트하자.

```
import requests
import folium
from pandas.io.json import json_normalize
```

매장의 위치 정보를 가져와서 딕셔너리로 변환하자.

```
targetSite='https://www.starbucks.co.kr/store/getStore.do?r=8K3XF06R9Q'
req=requests.post(targetSite, data={
    'ins_lat': 37.563398, 'ins_lng': 126.9863309, 'p_sido_cd': '01',
    'p_gugun_cd': '', 'in_biz_cd': '', 'iend': 600, 'set_date': ''
})
starbucks=req.json()
print(type(starbucks))
```

```
<class 'dict'>
```

json_normalize 함수로 딕셔너리를 데이터프레임으로 변환한다.

```
starbucks_df=json_normalize(starbucks, 'list')
starbucks_df
```

	seq	sido_cd	sido_nm	gugun_cd	gugun_nm	code_order	view_yn	store_num	sido	gugun	...	t21	p90	t05	t30	t36	t27	t29	t43	t48	z9999
0	0	None	None	None	None	None	None	None	None	None	...	0	0	0	0	0	0	0	0	0	0
1	0	None	None	None	None	None	None	None	None	None	...	0	0	0	0	0	0	0	0	0	0
2	0	None	None	None	None	None	None	None	None	None	...	0	0	0	0	0	0	0	0	0	0
3	0	None	None	None	None	None	None	None	None	None	...	0	0	0	0	0	0	0	0	0	0
4	0	None	None	None	None	None	None	None	None	None	...	0	0	0	0	0	0	0	0	0	0
...	...	...	...	...	...	...	...	...	...	...	...	...	...	...	...	...	...	...	...	...	...
595	0	None	None	None	None	None	None	None	None	None	...	0	0	0	0	0	0	0	0	0	0
596	0	None	None	None	None	None	None	None	None	None	...	0	0	0	0	0	0	0	0	0	0
597	0	None	None	None	None	None	None	None	None	None	...	0	0	0	0	0	0	0	0	0	0
598	0	None	None	None	None	None	None	None	None	None	...	0	0	0	0	0	0	0	0	0	0
599	0	None	None	None	None	None	None	None	None	None	...	0	0	0	0	0	0	0	0	0	0

600 rows × 130 columns

총 599개의 스타벅스 지점 정보가 있다. 일부 컬럼만 선택해서 데이터프레임으로 출력해보자.

```
starbucks_df_map=starbucks_df[['s_name','sido_code','sido_name','gugun_code','gugun_name',
'doro_address','lat','lot']]
starbucks_df_map
```

	s_name	sido_code	sido_name	gugun_code	gugun_name	doro_address	lat	lot
0	역삼아레나빌딩	01	서울	0101	강남구	서울특별시 강남구 언주로 425 (역삼동)	37.501087	127.043069
1	논현역사거리	01	서울	0101	강남구	서울특별시 강남구 강남대로 538 (논현동)	37.510178	127.022223
2	신사역성일빌딩	01	서울	0101	강남구	서울특별시 강남구 강남대로 584 (논현동)	37.5139309	127.0206057
3	국기원사거리	01	서울	0101	강남구	서울특별시 강남구 테헤란로 125 (역삼동)	37.499517	127.031495
4	대치재경빌딩R	01	서울	0101	강남구	서울특별시 강남구 남부순환로 2947 (대치동)	37.494668	127.062583
...	...	...	...	...	...	...	...	...
595	사가정역	01	서울	0125	중랑구	서울특별시 중랑구 면목로 310	37.579594	127.087966
596	상봉역	01	서울	0125	중랑구	서울특별시 중랑구 망우로 307 (상봉동)	37.59689	127.08647
597	묵동	01	서울	0125	중랑구	서울특별시 중랑구 동일로 952 (묵동, 로프트원 태릉입구역) 1층	37.615368	127.076633
598	양원역	01	서울	0125	중랑구	서울특별시 중랑구 양원역로10길 3 (망우동)	37.6066536267232	127.106359790053
599	중화역	01	서울	0125	중랑구	서울특별시 중랑구 봉화산로 35	37.60170912407773	127.07841136432036

600 rows × 8 columns

astype 함수를 이용해 위도와 경도 값을 숫자로 바꾸자. 그리고 종각점, 종로관철점, 종로구청점만 마커로 지도에 표시해보자.

```
starbucks_df_map['lat']=starbucks_df_map['lat'].astype(float)
starbucks_df_map['lot']=starbucks_df_map['lot'].astype(float)
```

종각점, 종로관철점, 종로구청점에 해당하는 데이터만 추출하고 이를 starMap1.html로 저장한다.

```
starbucksMap=folium.Map(location=[37.5700249, 126.9836398], zoom_start=17)
popup=folium.Popup('종각점', max_width=300)
folium.Marker(location=[37.569918, 126.984528], popup=popup).add_to(starbucksMap)
popup=folium.Popup('종로관철점', max_width=300)
folium.Marker(location=[37.569058, 126.986013], popup=popup).add_to(starbucksMap)
popup=folium.Popup('종로구청점', max_width=300)
folium.Marker(location=[37.572662, 126.981138], popup=popup).add_to(starbucksMap)
starbucksMap.save('./starMap1.html')
starbucksMap
```

연습문제

1 다음은 리스트에 포함된 원소의 개수를 세는 코드다. 밑줄에 들어갈 함수로 옳은 것은?

```
fruits=['apple','apple','apple','banana','banana','orange','mango','orange','orange',
'orange']
index=_____(fruits)
print(index)
```

```
10
```

① find　　② len
③ length　　④ split

2 다음은 워드 클라우드를 표시하기 위한 코드다. 눈금을 표시하지 않을 때 밑줄에 들어갈 내용으로 옳은 것은?

```
import matplotlib.pyplot as plt
from wordcloud import WordCloud
from konlpy.tag import Okt

# 워드 클라우드의 글꼴 경로 및 크기 설정
wordcloud=WordCloud(font_path='NanumGothic.ttf', width=800, height=800)

# 원본으로 사용할 텍스트 파일 열기
text=open('total2.txt', 'r').read()
wcloud=wordcloud.generate(text)

# 워드 클라우드가 표시될 차트의 크기
fig=plt.figure(figsize=(12,12))
plt.imshow(wcloud)          # 워드 클라우드를 이미지 형태로 표시
plt.axis('_____')           # 차트의 눈금 표시 여부
plt.show( )
```

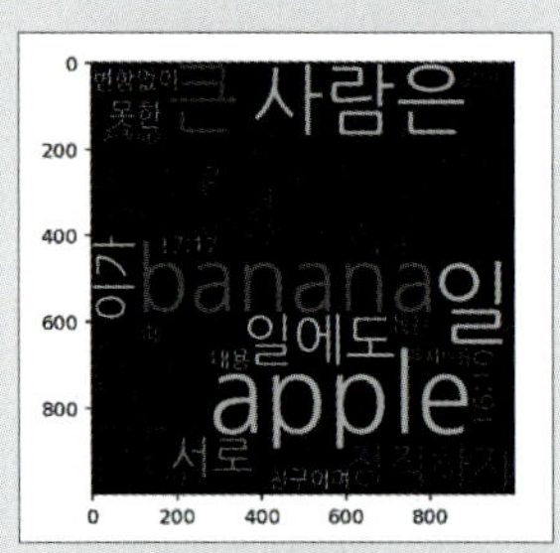

3 다음은 데이터를 행 단위로 나눠서 표시하는 코드다. 밑줄에 들어갈 함수로 옳은 것은?

```
import os
import glob

f1=[]

for file in glob.glob('*.txt'):
    with open(file, 'r', newline='') as filereader:
        for row in filereader:
            contents=row._______()
            f1.append(contents)
f1
```

```
[['apple',
  'apple',
  'apple',
  'banana',
  'banana',
  'orange',
  'mango',
  'orange',
  'orange',
  'orange'],
 ['안녕하세요'],
 ['hello'],
 ['내용을', '추가합니다.'],
 ['저장하는', '문서 이름', "'w'", '대신', "'a'를", '사용합니다.'],
 ['작은', '일에', '성실한', '사람은', '큰', '일에도', '성실하고,'],
 ['작은', '일에', '정직하지', '못한', '사람은', '큰', '일에도', '정직하지', '못하다.'],
 ['누가복음', '16:10'],
 [],
 ['변함없이', '서로', '사랑하는', '이가', '친구이며'],
 ['위급할', '때', '서로', '돕는', '이가', '형제다.'],
 ['잠언', '17:17']]
```

① find ② len

③ length ④ split

연습문제

IT@COOKBOOK

4 다음은 맷플롯립 라이브러리를 이용하여 산점도 차트를 나타내는 코드다. 밑줄에 들어갈 내용을 적으시오.

```
from matplotlib import pyplot as plt

height=[175, 170, 162, 171, 186, 175, 166, 169, 189, 178]      # x 독립변수
weight=[70, 65, 61, 63, 78, 64, 60, 64, 88, 76]                # y 종속변수

labels=['a', 'b', 'c', 'd', 'e', 'f', 'g', 'h', 'i', 'j']
plt.______(height, weight)
```

5 다음은 폴리엄 라이브러리를 이용하여 특정 장소의 위치를 마커로 표시하고 마커 옆에는 풍선 도움말을 표시하는 코드다. 밑줄에 들어갈 내용을 적으시오.

```
# 서울시청 좌표인 위도 37.5662952, 경도 126.9779451 지점을 location에 추가
foliumMap=folium.Map(location=[37.5662952, 126.9779451], zoom_start=16)

# 마커를 표시할 위치의 위도와 경도를 location 옵션에 추가
folium.Marker(location=[37.5662952, 126.9779451]).add_to(foliumMap)
folium.Marker(location=[37.5662952, 126.9779451], popup='서울특별시청').add_to(foliumMap)

popup=folium.______('서울시청입니다.', max_width=300)
folium.Marker(location=[37.5662952, 126.9779451], popup=popup).add_to(foliumMap)

foliumMap.save('./foliumMap.html')
foliumMap
```

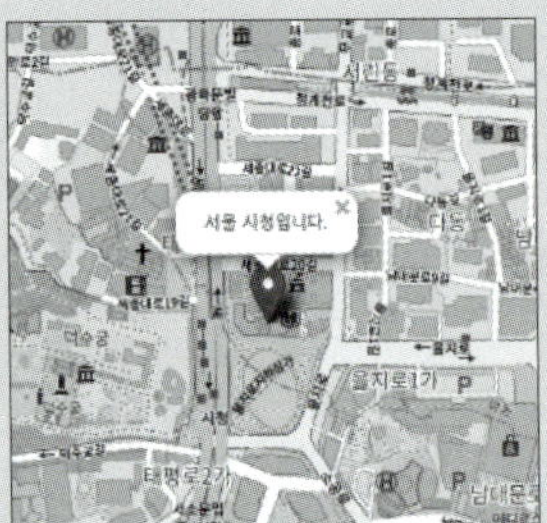

부록

파이썬 사용하기

SECTION 01 파이썬 설치 및 사용하기

SECTION 02 아나콘다 주피터 노트북 설치 및 사용하기

SECTION
01 파이썬 설치 및 사용하기

1 파이썬 설치하기

1 설치 파일 다운로드하기 파이썬 공식 홈페이지(https://www.Python.org/)에서 파이썬 최신 버전을 다운로드한다.

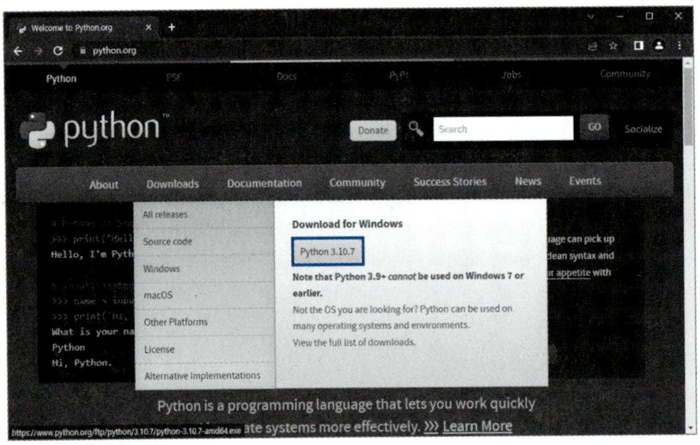

2 설정 후 설치하기 다운로드한 설치 파일을 더블클릭해 실행한 뒤 다음 화면에서 Add Python 3.x to PATH에 체크하고 [Install Now]를 눌러 설치를 진행한다.

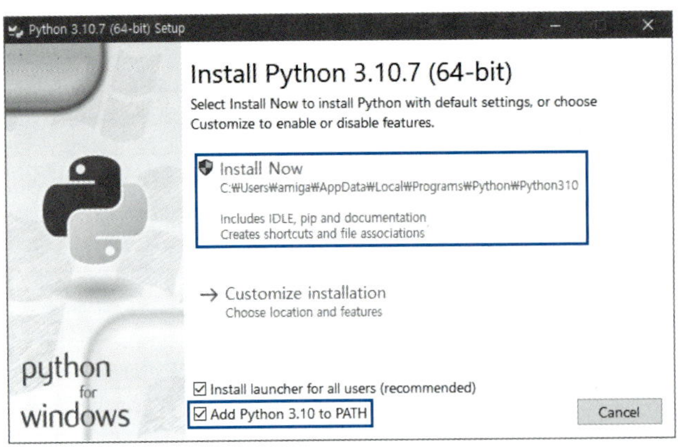

2 파이썬 사용하기

파이썬은 통합 개발 환경으로 IDLE[Integrated Development and Learning Environment]을 포함하고 있다. IDLE('아이들'이라 읽음)을 실행해 파이썬을 사용해보자.

1 파이썬 IDLE 실행하기 윈도의 [시작] 버튼을 누르고 설치된 프로그램 목록에서 [Python 3.10]–[IDLE (Python 3.10 64–bit)] 메뉴를 선택한다.

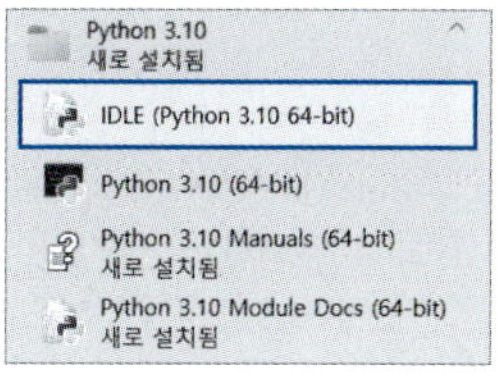

파이썬 IDLE이 실행되면 파이썬 버전 정보가 출력되고 프롬프트[prompt]인 >>> 옆에 커서가 깜박거린다. 이 화면은 한 번에 하나의 명령이 실행되고 실행 결과가 바로 나타나는 파이썬 셸[python shell]로, 대화형 모드에 해당한다. print("Hello Python")이라고 코드를 입력하거나 1+1을 입력한 후 Enter를 누르면 실행 결과를 확인할 수 있다. IDLE을 종료할 때는 [File]–[Exit] 메뉴를 선택한다.

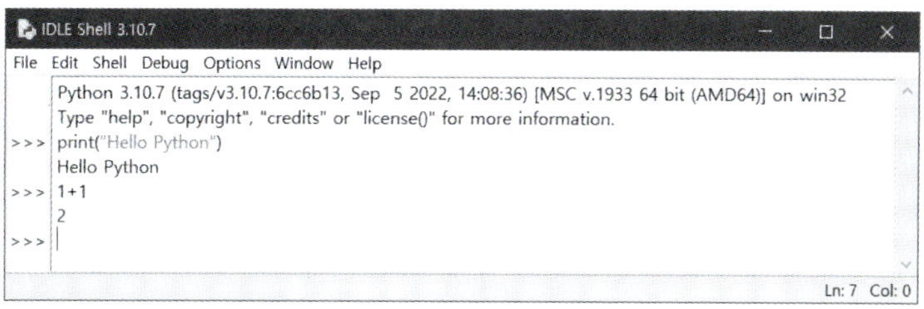

2 스크립트 모드 사용하기 단순한 코드는 대화형 모드에서 작성해도 되지만 긴 코드는 스크립트 모드에서 작성하는 것이 편리하다. IDLE에서 [File]–[New File] 메뉴를 선택하면 메모장 같은 창이 열리는데 이것이 바로 스크립트 모드다.

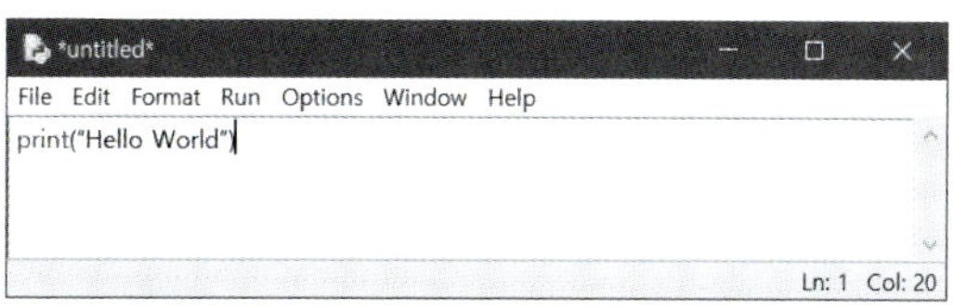

여기에 print("Hello World")를 입력하고 미리 만들어둔 작업 폴더인 C:\workspace 폴더에 파일 이름을 hello로 저장한다. 확장명 py가 자동으로 붙어 hello.py 파일로 저장되고 스크립트 모드 위쪽에 표시된다. 확장명 py는 python의 약자이며, 파일명은 원하는 다른 이름으로 지정해도 상관없다.

TIP • 작업 폴더의 이름과 경로는 원하는 것으로 미리 만들면 된다.

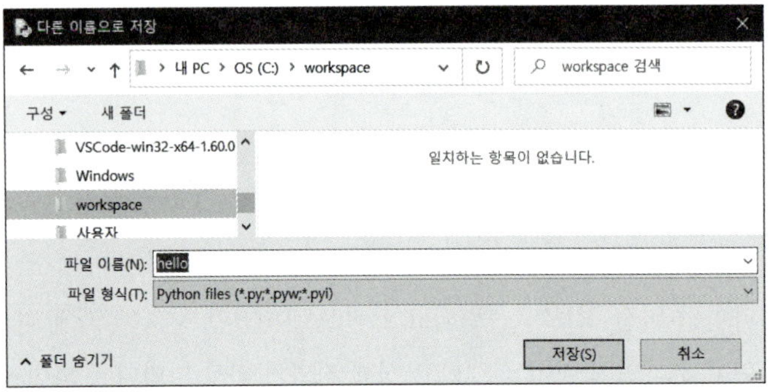

3 코드 실행하기 스크립트 모드에서 [Run]-[Run Module] 메뉴를 선택하거나 F5를 누르면 코드가 실행되어 파이썬 셸 창에 나타난다. 파이썬 셸과 달리 입력한 코드들이 한꺼번에 실행된다.

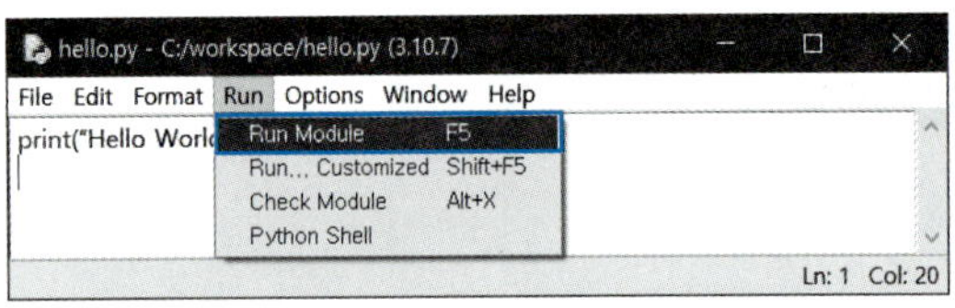

SECTION 02 아나콘다 주피터 노트북 설치 및 사용하기

아나콘다를 설치하면 웹 브라우저에서 코드 실행 결과를 확인하며 실습을 해볼 수 있고 문서 편집 기능도 있는 주피터 노트북을 활용할 수 있어 매우 유용하다. 특히 주피터 노트북은 이 책에서 주로 사용하는 구글 코랩 환경과도 유사하다.

1 아나콘다 설치하기

아나콘다 홈페이지(https://www.anaconda.com)에서 〈Download〉 버튼을 찾아 파일을 다운로드해 설치한다.

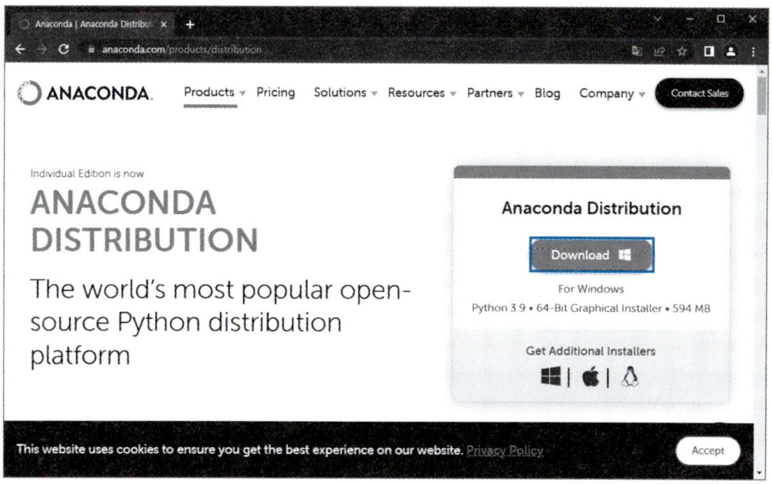

2 주피터 노트북 사용하기

1 주피터 노트북 실행하기 윈도의 [시작] 버튼을 누르고 설치된 프로그램 목록에서 [Anaconda3 (64-bit)]-[Jupyter Notebook (anaconda)]를 선택하면 웹 브라우저에서 주피터 노트북이 실행된다.

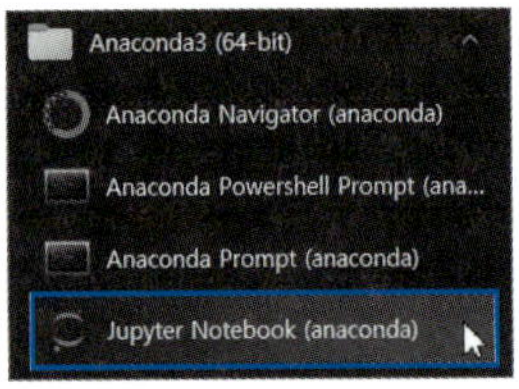

주피터 노트북이 실행되지 않고 다음과 같이 프롬프트 창이 나타나면 화면에 적힌 대로 파일을 찾아 실행하거나 URL을 복사 후 웹 브라우저에 붙여 넣는다.

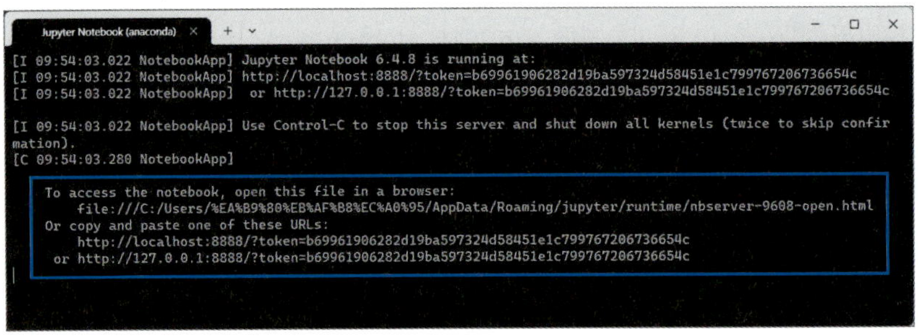

2 새 페이지 생성하기 주피터 노트북 화면이 나타나면 오른쪽에 있는 [New]-[Python 3]을 클릭하여 새 파이썬 페이지를 생성한다. 이렇게 생성된 새 페이지를 Notebook, 즉 노트북이라고 부른다.

3 파일 이름 변경하기 생성된 노트북 페이지에서 'Untitled'를 클릭하여 파일 이름을 변경한다.

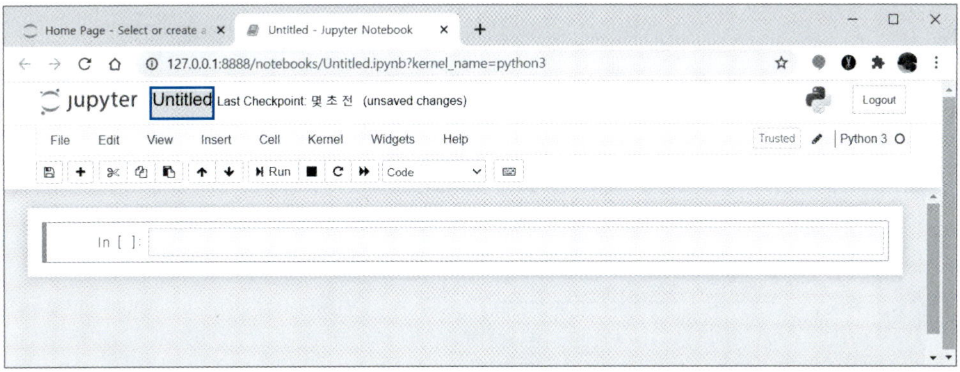

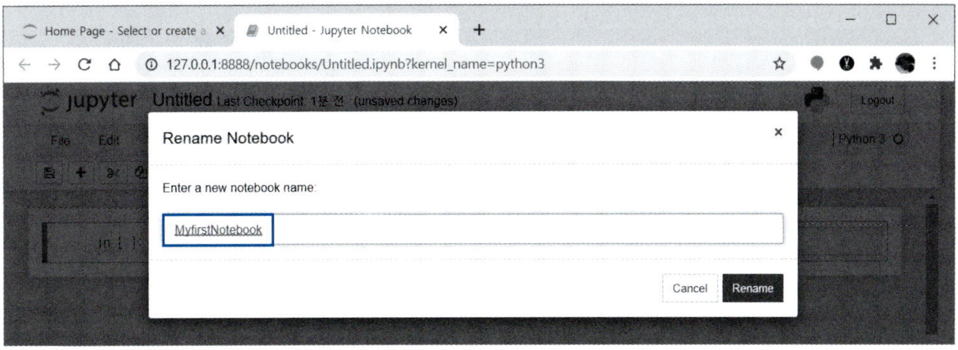

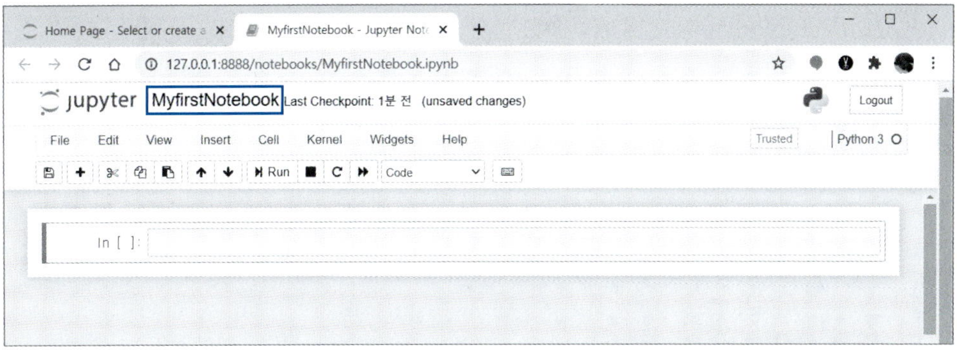

4 코드 입력 및 실행하기 In [ ]:으로 표시된 입력 셀에 코드를 입력하고 Shift+Enter를 눌러 실행한다.

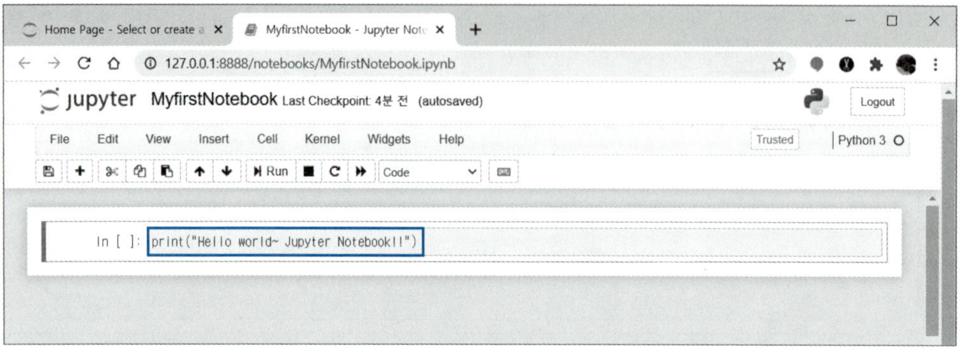

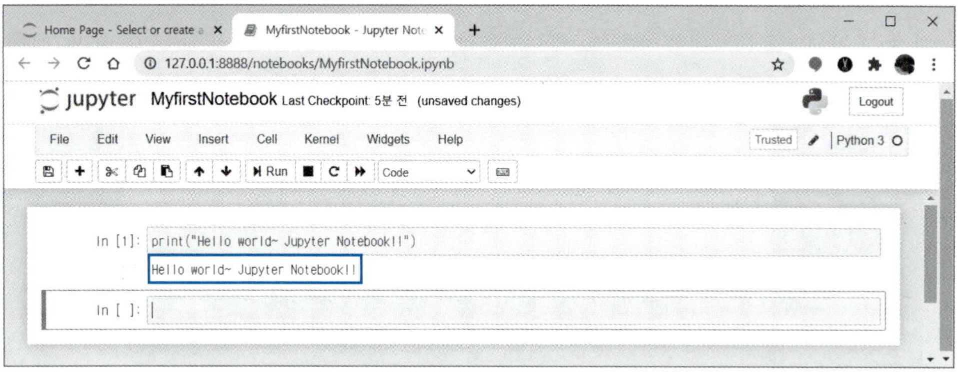

5 기본 메뉴 주피터 노트북의 기본 메뉴는 다음과 같다.

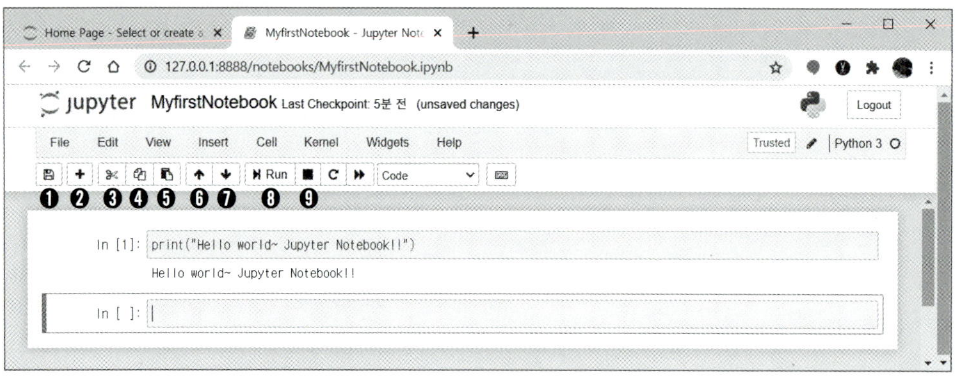

❶ 저장	❷ 입력 셀 추가	❸ 셀 잘라내기
❹ 셀 복사	❺ 셀 붙여넣기	❻ 셀을 위로 이동
❼ 셀을 아래로 이동	❽ 셀 실행	❾ 실행 중지

6 문서 작성하기 주피터 노트북은 마크다운Markdown을 지원하므로 일반 텍스트로 서식이 있는 문서를 작성하는 데 사용된다. 주로 블로깅, 인스턴스 메시징, 온라인 포럼, 협업 소프트웨어, 문서 페이지 및 Readme 파일 등에 사용된다. 주피터 노트북을 실행하면 마크다운이 'Code'로 되어 있는데 도구상자를 이용하거나 메뉴를 이용해 마크다운으로 변경할 수 있다.

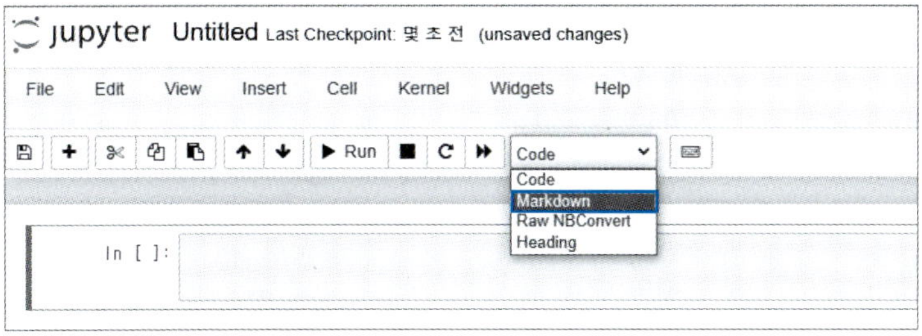

▲ 도구상자를 이용한 마크다운 변경

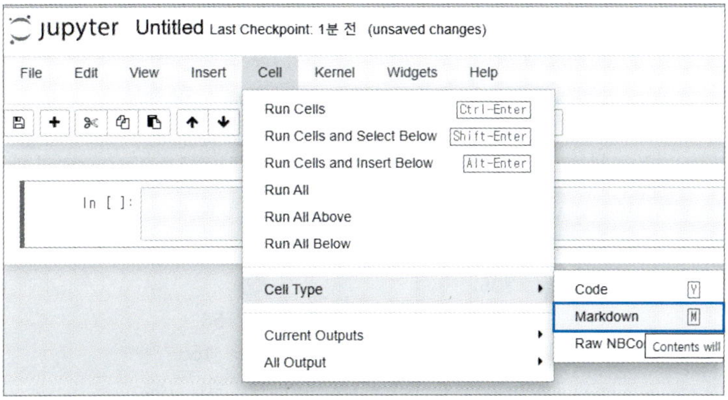

▲ 메뉴를 이용한 마크다운 변경